Denis Trossero

RÈGLEMENTS DE COMPTES À MARSEILLE

Une histoire de la violence dans la cité phocéenne

Mareuil
Éditions

Ce livre paraît dans la collection Jacques Dallest

Déjà paru dans la collection Jacques Dallest
Cold cases, un magistrat enquête Jacques Dallest, 2023
L'écho des ombres, Jean-Yves Labrousse, Camille Labrousse, Constance Bostoen, 2023
Ma rencontre avec le mal, Michel Fourniret – Monique Olivier, Francis Nachbar, 2023

Pour vous tenir informé des prochaines publications de Mareuil Éditions, rendez-vous sur : www.mareuil-editions.com

ISBN 9782372543422

À Caroline
À Pierre-Antoine, Richard et Arthur
À la justice qui m'a appris le contradictoire
Aux nombreux bonheurs d'audiences
Aux victimes des règlements de comptes
À la vérité trop souvent chahutée
À Marseille

« Marseille n'a point de complaisance pour le passé. Elle vit face au présent. »

SAINT-JOHN PERSE

Préface

Je prends le pari : un jour, un monument sera élevé à la gloire de Denis Trossero. D'abord, parce qu'il incarne mieux que personne la sagesse marseillaise qui cultive l'ironie et sait que « tout est grave mais que rien n'est important ». Ensuite, parce qu'il symbolise une forme de journalisme libre qui réussit le tour de force de rester bienveillant. Je sais où sera érigée la statue de Denis Trossero : place Monthyon, à Marseille, devant les colonnes du palais de justice. C'est un joli quartier qu'il n'a cessé d'arpenter, la nuit, le jour. À la rencontre des avocats, des policiers et des voyous, voire des grands caïds, dans les bistrots ou dans la salle des pas perdus, sous le portrait de Napoléon. J'ai connu Denis quand il travaillait au quotidien régional *La Provence* où, avec bonne humeur, il accomplissait mille tâches, pilotant les pages littéraires ou de débats tout en couvrant les procès, les faits divers et les questions de justice ou de police. Toujours disponible, bûcheur acharné, ce prince charmant donnait pourtant l'impression de se la couler douce. Il n'aimait pas se faire mousser. Denis Trossero est le contraire du cacou marseillais, avatar de Tartarin de Tarascon. Jamais il n'élève la voix et son sourire apaisant désarme tout le monde, même les grincheux. Il ne perd pas son temps dans les questions de territoires ou de bornages. Allant toujours droit au fait, il fait partie de la race des seigneurs de la presse, celle qui n'a jamais peur de rien. Ni de son ombre, ni des pouvoirs, ni de leurs menaces, ni de quitter, quand il le faut, le troupeau médiatique des moutons de Panurge.

L'ami Denis a une particularité que vous allez pouvoir vérifier en lisant ces pages : il écrit avec l'accent de Marseille. Je ne plaisante pas. La preuve, les pages suivantes chantent. D'où, sans doute, son recul sur l'événement. Voilà un journaliste qui n'est au service de personne et n'en fait qu'à sa tête. S'il fouille, fouine et furète, c'est d'abord pour raconter ses histoires, des tranches de vie marseillaises. Dans son métier, il n'a qu'un dieu : la vérité. Sur elle, pour accommodant qu'il soit, il ne transige jamais, car il ne porte ni œillères ni lunettes idéologiques. Il n'est pas seulement l'honneur de notre profession, il est aussi sa mémoire et, comme le montre avec éclat ce *Règlements de comptes à Marseille*, son meilleur chroniqueur. Il n'y a qu'un Marseillais qui pouvait parler si bien, sans clichés ni stéréotypes, de la face sombre d'une ville qu'il chérit et qui, depuis sa naissance, il y a deux mille six cents ans, a toujours été tournée vers l'avenir, n'en déplaise aux Parisiens et à tous les mauvais coucheurs.

Franz-Olivier Giesbert

Avant-propos

« Si ceux qui disent du mal de moi savaient exactement ce que je pense d'eux, ils en diraient bien davantage. » Sacha Guitry aurait fait un excellent prophète en règlements de comptes à la marseillaise. Riche de 2 600 ans d'histoire, cette ville a été bâtie sur des légendes autant que sur des promesses. Elle est un règlement de comptes permanent, au propre comme au figuré. Comme si la jalousie et la convoitise étaient consubstantielles à la cité phocéenne.

Marseille est faite de ces histoires revisitées ou enjolivées, ternies ou racornies. De Gyptis à Protis, de la grotte Cosquer fondatrice aux tours pleines de promesses d'Euroméditerranée, Marseille est tout et son contraire. Elle est la beauté extraordinaire de ses projets aux enfantements successifs et la laideur ordinaire de ses grèves à répétition, de ses poubelles qui s'entassent, tel un pied de nez à la vie qui voudrait avancer.

Depuis toujours, Marseille aime souffler le chaud et le froid avec le même tempérament et la même impassibilité. Jolie fille, mais à la mauvaise réputation, elle est ville du verbe, contrasté, souvent passionné et violent, celui qui fait feu dans les prétoires, lors d'audiences chahutées. Mensonges ? Vérités ? Comment identifier les uns et les autres à la barre, à la barbe des avocats bavards ? Marseille et ses règlements de comptes jonchent désormais le pavé, sèment la mort dans les rues, de jour mais surtout de nuit, à l'abri des regards.

Pendant trop longtemps, on est allé jeter les cadavres de ses rivaux aux Goudes, au bout du bout de Marseille, ou depuis le non moins fameux Cap Canaille, à la verticalité légendaire, la plus haute falaise maritime d'Europe, située sur la commune voisine de Cassis. Aujourd'hui, on tue au hasard. On tire dans le tas, au risque de donner la mort à un inconnu, à un innocent, pour préserver le magot, sans vraiment savoir de quoi sera fait demain.

Le crime a fait sa mue. Il a bien changé. Pour le pire davantage que pour le meilleur. Marseille ne compte plus ses « règlements de comptes » politiques. Ni ses affaires qui sont autant d'occasions d'opposer juges et avocats, juges et bandits d'aujourd'hui, politiques de droite et politiques de gauche, comme dans un je-t'aime-moi-non-plus à répétition.

La prison des Baumettes fait partie de la famille et l'OM a longtemps cheminé entre la chronique des faits divers et les colonnes de *L'Équipe*. Comme dit un magistrat avec nuance : « L'OM a toujours été une grosse préoccupation judiciaire. » Pour ses affaires internes et le bruit expulsé dans les médias. Pour ses non-dits mis au jour par la justice. Pour ses relations avec les mauvais garçons. Pour les prouesses diurnes ou nocturnes de ses joueurs. Pour les cambriolages ou les agressions dont ils ont été victimes, alors qu'ils étaient en déplacement à l'extérieur. Comme si l'argent attirait le crime. Et réciproquement.

À Marseille, les arènes sont nombreuses, les matadors en concurrence permanente et les taureaux y sont souvent lâchés. La presse locale aime l'exercice pugilistique avec les autorités qui essaient de ralentir le cours de l'Histoire, ces autorités souvent taiseuses, sans rapport avec l'effusion méditerranéenne, qui sont tentées de ne pas tout lui confier, à elle la scandaleuse. Thémis répugne à s'exposer sur la place publique. Le juge Casamayor disait naguère que, de tous les ministères, celui de la Justice était justement le seul à porter le nom d'une vertu. N'est-ce pas l'occasion d'en apporter la preuve ?

Seulement voilà, les talents de ses détenteurs d'autorité sont variés... Les procureurs et les préfets de police ne parviennent pas toujours à accorder leurs violons. Marseille peut être tremplin ou cimetière pour celui qui s'y jette à corps perdu. Grand juge, grand flic ou grand préfet, on n'y reste pas. Ou si peu. On y passe ou on y trépasse. On prend ses galons ou on repart avec un passeport pour l'oubli. On va se reposer ailleurs, sur des terres plus hospitalières assurément moins violentes. L'occasion de faire mentir Albert Camus qui pensait que, pour être « au centre des choses », il fallait être à Paris. À Paris plutôt qu'à Marseille ? Aujourd'hui, l'histoire du pays se construit pour beaucoup ici. La chirurgie lourde du plan « Marseille en grand » voulu par le président Macron – nouveaux policiers, nouveaux équipements, nouvelles caméras de vidéosurveillance, nouvel hôtel de police –, mais aussi son plan écoles, transports, logements et cadre urbain pour rattraper le temps perdu, et les 5 milliards d'euros promis suffiront-ils à sortir Marseille de l'ornière ?

Car Marseille épuise. « S'il fallait étudier toutes les lois, on n'aurait pas le temps de les enfreindre. » Sans doute les Marseillais, qui aiment à marcher sur un fil, comme d'autres jouent avec le feu, ont-ils, sans le savoir, fait leur ce mot badin de Goethe. La deuxième ville de France ne se cache pas, c'est une certitude. C'est même son ADN. Elle hystérise souvent. Elle sait aussi se faire généreuse, intégratrice, mais elle reste follement, terriblement violente. La mort frappe souvent sur les coups de 20 heures, sur les coups de 20 ans aussi... Pourtant, on aime tant Marseille. Comme le dit Franz-Olivier Giesbert, « il y a deux catégories d'êtres humains : ceux qui sont marseillais et ceux qui rêvent de le devenir ».

Voilà plus de trente-cinq ans que je fréquente l'infréquentable, comprenez les tribunaux, les cours d'assises, les commissariats, que j'explore la noirceur humaine et tente de décrypter Marseille. Chroniqueur judiciaire, chef du service police-justice du quotidien *La Provence* pendant plus de quinze ans, je suis toujours journaliste spécialisé, désormais free-lance, pigiste pour divers médias, dont le magazine *Légende*, *Les Nouvelles Publications*, le site mesinfos.fr…

Voilà plus de trente-cinq ans que je fais le choix de l'inconfortable, oui réellement inconfortable, choix délibéré et heureux, celui du banc de la presse, dans la salle judiciaire, banc aussi peu moelleux que les affaires qu'il raconte, et qui, lui, pratique régulièrement la mise au ban. Sans doute est-ce une démarche volontaire, comme dans certaines enseignes de restauration rapide, destinée à ce que le client reste le moins possible. Il n'empêche, cette observation assidue aura été pour moi d'une rare richesse.

Voici donc la traversée de deux siècles, l'un finissant, l'autre naissant, et, à leur confluence, le portrait contrasté mais critique et sincère de deux mondes passionnants, la justice et la police marseillaises. Pour le meilleur et pour le pire.

1

Marseille, une jolie fille à la mauvaise réputation

À l'un de ses adjoints novices qui tentait de prendre le pouls marseillais à son arrivée au tribunal judiciaire, un procureur en titre aimait à glisser il y a quelques années : « Prenez garde, jeune homme ! Ici, s'il ne s'est rien passé de grave le matin, si l'après-midi a été calme, c'est que la nuit va être rude. Il faut savoir se ménager ! » Nombre de magistrats ont retenu la leçon. Toujours garder quelques forces. De jour comme de nuit. Marseille n'est jamais à l'abri d'une épuisante surprise. Et les surprises ont toujours été nombreuses. Si l'on parodiait l'écrivaine américaine Mary Higgins Clark, on dirait que « Marseille fonctionne comme un train fantôme. Vous achetez un ticket et, à partir de là, elle vous promet des sueurs froides ».

Tout a commencé très tôt. Avant même Caïn tuant son frère Abel. Au fond de la grotte Cosquer, entre Marseille et Cassis. On sait que « l'homme tué » est né ici, en terre provençale, il y a vingt-sept mille ans. Il est même dessiné sur les parois de la cavité à cent vingt mètres de profondeur. Le premier crime. L'empreinte du mal à l'encre de l'Histoire. Marseille avait-elle une prédisposition particulière ? Avec le recul, on peut s'interroger. Le temps n'a érodé ni les pulsions ni les passions.

Comment cette ville, depuis tant de siècles, nage-t-elle dans le crime ? On peut cheminer à loisir dans les couloirs du temps, sans exhaustivité aucune, se dire que Marseille ne fait décidément rien comme les autres. Tant de crimes ont été tristement fondateurs. Mais ils signent souvent le début d'une époque. Ils sont l'empreinte d'une dérive, la marque d'une prise de conscience.

Toutes les catégories sont ici représentées. Et elles s'y sont souvent exprimées avec un délice criminel qui fait froid dans le dos. Comme l'écrit Tonino Benacquista, dans *Malavita*, « à dire la vérité, en matière de crime, je ne déteste rien tant que l'amateurisme. Le crime appartient aux criminels. Les tueurs patentés sont les seuls que je respecte. Les autres, les assassins occasionnels, les délinquants attardés, les vengeurs de causes perdues, les massacreurs azimutés, les terroristes illuminés, les surfeurs va de la gueule, les gangsters au petit pied, tous ceux qui ne sont ni formés ni habilités à tailler dans le vif, tous ceux-là ne méritent que mon mépris ».

C'est que Marseille n'est pas une ville uniforme. Quand on est policier ou magistrat, il faut savoir lutter avec le même talent et la même ténacité contre le crime de sang réitéré, le vol à main armée, l'agression mortelle qui coûtera la vie à un professeur de collège en septembre 2003 ou le meurtre sauvage en novembre 2012 d'une avocate tranquille installée au cœur de la ville. Il faut savoir débusquer le crime plus tordu, pister le raffinement criminel et se débarrasser du crime crapuleux.

« Mais qui commande ici ? »

Le crime est partout. Marseille a des taches noires sur son gilet blanc. Tandis que Jules Supervielle écrit volontiers qu'« à Marseille, ici, le soleil pense tout haut », Blaise Cendrars rappelle que « Marseille la jolie, Marseille la belle, Marseille où il fait si bon vivre » est aussi « le premier marché de l'opium du monde » et que la ville a « la renommée peu enviable d'égaler

Chicago par la fréquence et l'horreur des crimes crapuleux qui s'y commettent[1] ».

Le 28 août 1588, le chef du parti royaliste et deuxième consul de Marseille, Antonio Lenche, y est assassiné par les ligueurs. Huit ans plus tard, c'est Charles de Casaulx, un autre ligueur, une sorte de despote éclairé, qui a vendu aux Marseillais quelques rêves d'indépendance et promis la désobéissance civile envers Paris, qui l'est à son tour. On n'est jamais sûr de rien à Marseille. Le retournement de veste est toujours possible.

Quand, le 9 octobre 1934, le roi Alexandre Ier de Yougoslavie, grand ami de la France, est en visite dans la cité phocéenne pour démontrer que les 2 pays sont frères, près de 1 500 policiers sont sur le qui-vive. Le ministre des Affaires étrangères Louis Barthou est là pour l'accueillir, mais sur la Canebière, devant le palais de la Bourse, un homme, un nationaliste macédonien commandité par les révolutionnaires croates, fait feu sur le roi et l'atteint mortellement. Bilan : 10 morts, dont le ministre français qui hérite d'une balle perdue, et 9 blessés. Quatre ans plus tard, le 28 octobre 1938, quand l'incendie du magasin *Les Nouvelles Galeries*, toujours sur la Canebière, se déclenche, le Premier ministre Édouard Daladier est de passage à Marseille. « Mais qui commande ici ? N'y a-t-il donc personne pour faire régner l'ordre dans cette ville ? » lâche-t-il, sur le ton des aigreurs à peine refoulées. Car le bilan est lourd : 73 morts. La cité phocéenne sera même placée sous tutelle. Et l'on se dit alors que Marseille a décidément la scoumoune.

C'est pourquoi, lorsque le pape François se rend à Marseille les 22 et 23 septembre 2023 – pour la première fois depuis la visite de Clément VII en 1533 venu assister au mariage de sa nièce Catherine de Médicis –, ce sont plus de 5 000 policiers et gendarmes, ainsi que 1 000 agents de sécurité privée, qui sont mobilisés. Le ministre de l'Intérieur Gérald Darmanin ne cache

1. Cité par Michel Vergé-Franceschi, dans *Marseille (Histoire et dictionnaire)*, Robert Laffont, coll. « Bouquins », 2013.

pas ses craintes qu'un tireur isolé, tapi dans l'ombre, fasse feu en direction du souverain pontife, notamment lors de la déambulation prévue en papamobile sur l'avenue du Prado. Ce seront les vingt minutes les plus chaudes sur les vingt-six heures que le pape François passera à Marseille. On multipliera donc par six, au dernier moment, comme pour se rassurer, le nombre de policiers en civil capables de s'infiltrer et de surgir au milieu de la foule en cas de coup dur. Mais le côté « chat noir » de Marseille reste dans tous les esprits. Finalement, tout se passera bien. Marseille paraît avoir renoué avec la sérénité, en tout cas pour les visites de hautes personnalités. C'est presque le service de sécurité du pape qui poussera pour que le public ait un contact direct avec François. Croisons les doigts !

Le record des allongés

Les mauvaises ondes ont, hélas, longtemps rongé la ville. *Bar du Téléphone*, 3 octobre 1978, 20 h 22, rue du Commandant-Finat-Duclos. Quartiers nord de Marseille. Derniers apéros, ultimes parties de cartes. Une avenue bordée de platanes centenaires qui sent le soufre depuis un demi-siècle, parce que tout à coup affublée de l'odeur âcre de la mort subite. Neuf morts alignés comme des prises de guerre sous de blancs linceuls sur les clichés torves de l'identité judiciaire. Et bientôt une dixième victime. La tuerie record de la Saint-Gérard. « Mieux » que celle de la Saint-Valentin, à Chicago, le 14 février 1929, qui avait fait sept victimes et pointé Al Capone comme l'instigateur. Le temps de dire que Marseille était capable de faire pire que la pire des Amériques.

Dix morts, dix rivaux. « Al Capone dépassé », titre non sans humour *Le Parisien* du jeudi 5 octobre 1978. « La loi du milieu a toujours été beaucoup plus répressive et beaucoup plus efficace que toutes nos institutions », a toujours dit le commissaire de police Roger Le Taillanter. En 1980, le réalisateur Claude Barrois en a conçu un film.

« D'emblée, il apparaissait que tous ces homicides ne résultaient pas d'un affrontement, mais bel et bien d'un massacre où les victimes, correspondant aux personnes encore présentes dans le bar, avaient été abattues sans possibilité de défense ou d'esquive, par des tueurs qui avaient aussitôt pris la fuite », écrira le juge d'instruction Jacques Calmettes. Il signera à contrecœur, le 30 septembre 1988, une ordonnance de non-lieu, cet acte contrit qui est toujours quelque part une défaite de la vérité sur le crime organisé. Il confiera, des années plus tard, devenu président de la cour d'assises des Bouches-du-Rhône, qu'il eût préféré qu'il en fût autrement. Un crime de nerveux. Des soupçons d'adultère parmi les victimes. Le juge Calmettes évoquait aussi dans son ordonnance des « infidélités conjugales », mais on tue rarement dix personnes pour se venger d'un mari volage. Quelques jours avant le « Bar du Téléphone », la police a récupéré une valise pleine de faux billets en gare Saint-Charles. La piste d'une embrouille qui serait passée par le quartier du Canet est explorée, mais elle ne tient pas. La justice aura davantage la conviction que cette sanglante diagonale du crime était l'œuvre folle de bandes rivales de proxénètes. Parce qu'à Marseille, au seuil des années 1980 comme aujourd'hui, on ne chasse pas impunément sur les terres de la concurrence. Difficile pourtant d'en rapporter la preuve judiciaire. On n'accuse pas sans preuves, sans indices graves ou concordants. On ne renvoie pas au hasard son prochain devant un jury criminel. On n'accuse pas au doigt mouillé, ni sur un caprice de magistrat, encore moins en suivant le mistral entêtant du moment.

Le *Bar du Téléphone* a survécu. Il a certes changé de nom, est devenu un restaurant, a pris des airs de joyeuse croisière des Balkans. Il a été rebaptisé *L'Adriatic*. Mais l'empreinte des balles tirées ce jour-là est restée dans les murs, le sol et le parquet du restaurant. Balafres d'un temps qui ne s'effacent pas et qui racontent l'histoire perpétuelle de Marseille. Pour déjouer le mauvais sort, policiers et journalistes marseillais viennent même y déjeuner chaque semaine, comme s'ils ne pouvaient se passer de l'idée de revisiter une impensable scène de crime avec l'espoir qu'elle parlera bien un jour. Avec l'espoir aussi d'endiguer cette course aux statistiques qui n'en finit pas. Il fallait chasser les mauvaises ondes tout en cultivant l'histoire du bar.

Le lieu sert chaque jour de rite initiatique pour les touristes qui doutent et ceux qui voudraient savoir pourquoi et comment Marseille a toujours encouragé cette politique du chiffre. Oui, à Marseille, tout est possible, leur répond-on régulièrement. Même l'impossible... Des tireurs, on n'a pas su grand-chose, sinon qu'ils étaient quatre, que la police les a sûrement entendus, qu'ils portaient des bas et des passe-montagnes sur la tête...

Des secrets qu'on ne partage pas

Attention, il ne faut pas mettre tout le monde dans le même Sac, mélanger les torchons et les serviettes, mais six morts sur ordonnance, quand même... Tout cela pour se débarrasser d'un inspecteur de police, Jacques Massié, un homme très introduit, qui savait beaucoup de choses, forcément trop. Courroucé, comme l'ont parfois décrit ses proches, menaçait-il de dévoiler au Parti socialiste, l'adversaire, des secrets inavouables, ceux du très sulfureux Service d'action civique (Sac), cette milice gaulliste devenue service d'ordre du RPR, et de ses compromissions ? On a voulu le tuer, le faire disparaître, lui et sa valise qui transportait tant de documents mystères, mais il n'était pas seul cette nuit-là. Alors, on a tiré dans le tas, comme au ball-trap de la politique des années 1980.

On a tué l'essentiel de sa famille, le 18 juillet 1981, dans la fameuse bastide de la Douronne, à Auriol, tout près de Marseille. Même le petit Alexandre, 8 ans, a été achevé à coups de tisonnier par un instituteur de métier, Jean-Bruno Finocchietti, réputé jusque-là très attentif à son prochain. Pour ne laisser ni traces ni témoins. Une bien triste histoire. Marina Massié, la sœur de l'inspecteur de police, y a perdu tous ses proches et ses illusions avec. Le Sac a été dissous le 28 juillet 1982. Les six membres du commando ont écopé, en 1985, de peines qui iront de quinze ans à la réclusion criminelle à perpétuité.

Trois morts sur ordonnance

Tuerie des *Marronniers*. Nom de la brasserie éponyme. 4 avril 2006. Trois morts un soir de match de Ligue des champions. C'en était fini de l'homme qui montait, Farid Berrhama, dit « L'Indien » ou « Le Rôtisseur » pour sa propension à pratiquer le « barbecue », la mise à feu des véhicules de ses rivaux afin de faire disparaître toute trace ADN. Il s'était fait une réputation dans l'obscur monde des machines à sous. Pas le genre à faire du sentiment, et sûrement pas avec Roch Colombani, un Corse de Marignane, tué douze jours plus tôt, quand il voulait se débarrasser d'un concurrent. Ange-Toussaint Federici, l'un des tueurs et membres du commando de huit hommes, sera le seul identifié. Le seul condamné aussi. Perpétuité. Il dira être venu « siroter une Vittel en attendant un ami ». Comme quoi, à Marseille, la consommation d'eau minérale n'est jamais très bonne pour la santé…

Si l'on remonte plus haut dans l'histoire de Marseille, la cité phocéenne a toujours été féconde en « équipes ». Aujourd'hui, elles sont souvent à tiroirs dans les affaires de règlements de comptes. Hier, il fallait compter sur le ticket Paul Bonaventure Carbone, dit « Le Tatoué », et François Spirito, surnommé « Lydro » ou « Beau Ficelle ». Le Corse et l'Italien, les VRP multicartes du « milieu ». Ils tenaient le port, les docks, les commerçants, les souteneurs, les tenanciers de bars. Ils étaient parvenus à tout contrôler à Marseille dans les années 1930. Suspects de collaboration, ils devront laisser la place à un autre « ticket », les frères Guérini, proches de la Résistance, plus fréquentables ou moins infréquentables, Antoine et Barthélémy, encartés socialistes, mais tous les quatre étaient déjà les fers de lance du crime organisé à la marseillaise.

Règlements de comptes chez les mineurs…

Au mois de septembre 1996, le meurtre en plein centre-ville de Nicolas Bourgat, un adolescent de 15 ans, marque un tournant dans le monde de la délinquance. Le jeune Khtab a « planté » Nicolas d'un coup de couteau, simplement parce qu'il lui refusait une cigarette. L'un et l'autre, le tueur et sa victime, sont mineurs. Dès lors, Marseille va prendre conscience de la dérive en cours d'une certaine jeunesse avec ceux que l'on baptise sur un ton résolument guimauve « les jeunes errants ». Il est exclu à l'époque d'affirmer qu'un enfant peut se muer en tueur. Ce sont des mots interdits, des choses qui ne se disent pas. Tout au plus se chuchotent-elles. Ce n'est pas politiquement correct. Même les juges des enfants en ont des pudeurs de gazelle. Ce serait remettre en question leur travail quotidien, leur œuvre de pacification. Pourtant, il faut bien appeler un mineur délinquant « un mineur délinquant ».

Loin de toute revanche sociale, Michel Bourgat, le père de la victime, mènera une longue croisade en faveur de la prévention de la délinquance. Il bousculera les certitudes des pères fondateurs de l'ordonnance de 1945, la Bible de l'enfance délinquante, qui prône l'antériorité de l'éducatif sur le répressif. Le maire de Marseille Jean-Claude Gaudin lui fera confiance. Il en fera courageusement un de ses adjoints. Pendant plusieurs années, Michel Bourgat va porter la bonne parole dans les lycées et collèges de France. Il a aussi fédéré les associations de victimes de la violence. Avec le recul, tout cela a-t-il servi à quelque chose ? On avait alors la faiblesse de croire que oui.

Trente ans plus tard, notre société a-t-elle vraiment retenu les leçons du passé ? Le travail de Michel Bourgat sur le terrain a-t-il porté ses fruits ? Car il avait, le premier, compris que notre jeunesse avait perdu tout sens des valeurs, qu'elle reste souvent murée dans un univers d'hyperviolence et qu'elle ne fait plus la différence entre la vie et la mort.

Il a largement contribué en tout cas à l'idée qu'il fallait prendre en main notre jeunesse, sauf à la voir s'échouer sur les berges hyperviolentes d'une délinquance à répétition. Il reste aujourd'hui un éclaireur, un des cicérones du nouveau Code de justice des mineurs, mis en place en septembre 2021 par le garde des Sceaux Éric Dupond-Moretti, qui pose des jalons et fixe des règles désormais incontournables pour ces enfants de la marge.

Au musée des horreurs

Au musée des horreurs, la cité phocéenne s'est longtemps inclinée devant la douleur de Stéphanie Jusac, une jeune étudiante de 22 ans, jolie comme un cœur. Par un de ces matins d'hiver, en janvier 1998, elle a cru bon de faire du stop entre Aix-en-Provence et Marseille, avant d'être embarquée par une brochette de Polonais avinés. « Bêtes et vides comme des cruchons sans bière », aurait dit Malraux. Stéphanie sera séquestrée dans un squat du Vieux-Port, puis violée par ses bourreaux pendant sept jours, avant d'être emmurée dans une armoire métallique. C'est dans cette armoire que le patron de la brigade criminelle de Marseille de l'époque, Christian Sainte, la retrouvera au petit matin du 7 juillet 1998. « Vous êtes des monstres ! » leur lancera l'avocat général Jules Pinelli aux assises. Perpétuité pour les bourreaux avec des peines de sûreté de vingt-deux ans.

Horreur indicible encore, lorsqu'une famille entière est prise en otage au rond-point du Prado, un quartier pourtant tranquille, par un légionnaire biélorusse. Il s'appelle Alek Voituc et il a à peine 20 ans. Dans la nuit du 30 juin au 1er juillet 2000, il a décidé de voler une voiture, un monospace Citroën. Les choses se passent mal. Le mari résiste-t-il ? L'agresseur menotte les parents et leur fille, enferme le père dans le coffre du véhicule. Le couple tentera en vain d'alerter la police en composant plusieurs lignes, dont le 112, numéro d'urgence. Mais le légionnaire fou a pris la direction de l'arrière-pays varois. À l'abri, dans une clairière, il a poignardé le père, tué la mère, violé la fille avant de l'étrangler et de fuir. Il sera arrêté à Toulon, alors qu'il nettoyait le véhicule sur une aire de lavage. Croyait-il effacer l'ineffaçable ? Le 4 juillet 2000, il se donne la mort à la prison de Luynes. Il n'y aura jamais de procès.

Marseille brûle-t-elle ?

En octobre 2006, ce sont les blessures sauvages infligées dans un bus à une jeune étudiante sénégalaise de 26 ans qui jettent une lumière crue sur la violence marseillaise. Ceux qui faisaient mine de croire que les Bleuets, les Cyprès, les Oliviers, les Hirondelles ou les Lilas n'étaient que des cités qui chantent la Provence et le bien-vivre se trompent. Mama Galledou a été brûlée aux deuxième et troisième degrés sur 62 % de sa surface corporelle, mais dignement, courageusement, elle se battra et survivra. Marseille signe néanmoins son entrée dans le club de moins en moins fermé des villes au large spectre des violences urbaines, dont on pensait qu'elle resterait exclue.

Jusque-là, on n'osait pas dire que les banlieues prenaient feu à Marseille. D'ailleurs, il n'y a pas de banlieues. Ici, les banlieues, les fameux « quartiers nord », sont à l'intérieur de la ville. Marseille ne fait jamais les choses comme les autres. Les cités sensibles se cachent habilement dans ses murs. Et les pouvoirs publics ont longtemps et naïvement feint de croire que la sage conjugaison du soleil, de l'OM et d'un tissu associatif dense aurait raison de la mauvaise réputation de la ville.

Une association pour la défense de l'image de marque de Marseille sera même créée par un ancien bâtonnier local, défenseur acharné, au civil comme au pénal, des dérives de cette ville contre les attaques venues d'ailleurs. C'était oublier tous les petits trafics qui ont si longtemps fait vivre tant de familles. Les auteurs des brûlures infligées à la jeune Mama Galledou, tous mineurs, seront condamnés à des peines qui iront jusqu'à neuf ans de prison ferme. Désormais, Marseille ne pourra plus se vanter de ne pas faire comme les autres.

La cité phocéenne invente le crime d'aimer

Si Marseille ne fait jamais rien comme les autres, elle a quand même inventé l'amour. Celui qui, bien sûr, finit en correctionnelle. Marseille a néanmoins fait avancer le droit et l'histoire. Une jeune prof de lettres, Gabrielle Russier, a fait progresser la cause féminine, mais elle l'a payé de sa vie. Car Gabrielle, en cette année 1969, pas encore tout à fait érotique, va mourir, se donner la mort pour cause d'amour incompris, parce que notre société n'a rien compris ou rien voulu comprendre. Elle aime Christian, un jeune garçon mineur, et entend le hurler à la face de la société. C'est une fine lettrée qui enseigne au lycée Nord de Marseille. Brillante lauréate du concours de l'agrégation de lettres. Une femme de tête. Elle manie la dialectique avec une rare habileté. Elle est aussi proche de ses élèves, elle aime à faire partager son savoir. Elle déroule ses cours d'une façon tellement vivante qu'elle suscite très vite l'enthousiasme de ses élèves, de classe de 2nde notamment. Elle est l'une de ces professeures très appréciées qui vit ce qu'elle sait et sait ce qu'elle vit. Elle est divorcée, mère de deux enfants. Il est mineur, il n'a que 17 ans. C'est un enfant mais il a tellement la tête sur les épaules.

On saura plus tard que Gabrielle était étonnamment moderne. En décembre 1967, leur histoire n'en est qu'à ses balbutiements. Leur amour ne s'étale pas, il se vit intensément. Mais la société n'est pas prête à entendre leur histoire. Les parents du jeune garçon, enseignants eux-mêmes à la faculté d'Aix-en-Provence, s'indignent de cette relation incongrue. Ils ne nient pas la valeur intrinsèque de Gabrielle, ni la qualité et la sincérité de son amour pour leur fils, mais ils trouvent que la différence d'âge de seize ans est considérable et évidemment inadmissible.

Ils interdisent à Christian de revoir Gabrielle, son soleil de lettres, sa littérature à mots choisis. L'adolescent refuse. Christian est obligé de fuir. Ses parents portent plainte pour « détournement de mineur ». En décembre 1968, Gabrielle Russier fait même un tour par la case prison. Huit jours. Puis deux mois de nouveau en avril 1969, comme une criminelle ordinaire, presque comme une voleuse d'amour. Elle sera traumatisée par la promiscuité de la détention. « On m'a placée dans une cellule avec des voleuses et des prostituées pour me laisser entendre que j'étais moi aussi une femme perdue, confiera-t-elle à ses amis. On m'a humiliée à plaisir. Je ne l'oublierai jamais ! » Dans le huis clos glacé de la prison des Baumettes, on lui explique que ce qu'elle a fait est mal.

Il faisait trop noir dans le cœur gris de Gabrielle

Le 10 juillet 1969, Gabrielle est même condamnée à douze mois de prison avec sursis et 500 francs d'amende. Le bâtonnier Raymond Guy, son avocat, tente de relativiser. Il se dit que cette justice va s'adoucir, songe à une probable amnistie, d'autant qu'un président de la République, Georges Pompidou, vient d'être élu le 15 juin 1969. Mais le temps n'est ni aux douceurs politiques ni aux guimauves judiciaires. Gabrielle y croit. Me Guy reçoit un télégramme de sa cliente qui paraît avoir retrouvé l'espoir : « Merci. Vive le soleil ! » Il est signé Antigone, fragile Antigone. Il le conservera jalousement dans son cabinet pendant des années après l'annonce du pire…

Car le parquet de Marseille s'entête. Il fait appel de cette décision, aussi lourde de peine que de sens. L'éclaircie est courte. Derrière le parquet, c'est l'université de Provence qui pointe son nez, qui n'entend pas en rester là. Gabrielle rêvait, en guise de mutation, d'un poste d'assistante linguistique à Aix. L'université, rancunière, qui n'aime pas les vagues, ni les vagues d'amour, ni les ondulations de l'âme, s'y oppose.

Me Raymond Guy ne comprend d'ailleurs pas cet acharnement de la justice sur Gabrielle. Appel, nouveau procès, nouveaux vertiges, nouvelle vague médiatique. Il va falloir affronter tout cela. Gabrielle Russier y survivra-t-elle ? Elle va de dépression en cure de sommeil, de maison de santé en consultations. À l'une de ses amies, elle écrit alors : « Mon avenir est bien sombre. Que vais-je devenir, si on m'oblige à quitter l'Éducation nationale après une condamnation ? Je suis malade. Je vous en supplie. Aidez-moi. Ne me laissez pas mourir d'épuisement et de désespoir. »

Elle sombre peu à peu. Un abîme s'ouvre à elle. L'angoisse des lendemains sans espoir se dessine. Le 1er septembre 1969, veille de la rentrée scolaire, Gabrielle ouvre le gaz. « J'aimerais qu'au moins ce qui arrive serve à quelque chose, écrit-elle, même si cela a l'air d'une catastrophe, même si cela a l'air décourageant, même si cela ressemble à une défaite. » Poésie des mots, mais détresse de l'âme. Son seul crime ? Aimer à en mourir. Gabrielle Russier s'est suicidée.

En janvier 1971, Charles Aznavour, bouleversé par l'histoire de cette femme, en fera une chanson, André Cayatte un film avec Annie Girardot dans le rôle clé. Le nouveau président, Georges Pompidou, interrogé sous les lambris de l'Élysée sur ce tragique fait divers, appellera Paul Éluard à la rescousse : « Comprenne qui pourra. Moi, mon remords, ce fut la malheureuse qui resta sur le pavé, la victime raisonnable au regard d'enfant perdue. » Trop tard. Depuis Gabrielle Russier, on sait que la politique, c'est aussi l'art, si souvent mal maîtrisé, d'anticiper le pire. Il faisait trop noir dans le cœur gris de Gabrielle.

Marseille réécrit le viol dans les textes

À compter du mois d'août 1974, c'est le crime de viol qu'entreprend d'inscrire dans le Code pénal la justice marseillaise pour la première fois. Deux jeunes touristes belges, Anne et Araceli, qui campaient dans les calanques, sont battues, puis violées par trois hommes. Leur calvaire va durer cinq heures. Le couple est lesbien, naturiste et féministe, et vite tourné en dérision au prétexte de mœurs légères. Leurs adversaires vont prétendre qu'elles étaient consentantes. Les jeunes femmes s'en défendent avec force. L'affaire fait scandale. Elle secoue la presse et entrouvre des portes jamais ouvertes.

En dépit de la préméditation avérée et de l'absence de consentement, la juge d'instruction requalifie l'affaire en « coups et blessures », un simple délit qui vaut renvoi en correctionnelle pour ses auteurs. Jusque-là, le viol est classé dans les « atteintes aux mœurs » et passible de cinq ans de prison. Mais les deux jeunes victimes n'entendent pas en rester là. Elles saisissent l'avocate Gisèle Halimi, qui, deux ans plus tôt, a porté avec verve, lors du procès de Bobigny, le combat pour l'avortement. Finalement, le tribunal correctionnel de Marseille se déclare incompétent au profit de la cour d'assises des Bouches-du-Rhône.

Le 2 mai 1978 s'ouvre donc à Aix-en-Provence un procès aussi passionné que passionnant. Le crime de « viol » va peu à peu s'imposer dans l'arène judiciaire. Les débats seront émaillés de maints incidents entre les avocats de la défense et ceux des parties civiles. Le principal accusé est déclaré coupable de « viol » et condamné à six ans de prison. Les deux « suiveurs » sont déclarés coupables de « tentative de viol » et condamnés chacun à une peine de quatre ans. Deux ans seulement après ce verdict de feu qui a enflammé la France, la loi du 23 décembre 1980 rendra le viol passible de quinze ans de réclusion criminelle. Il est défini comme « tout acte de pénétration, de quelque nature qu'il soit, commis sur la personne d'autrui, par violence, contrainte ou surprise » et devient l'article 222-23 du Code pénal. Une criminalisation qui sera confirmée et renforcée par le Code pénal de 1994, modifié en avril 2021. La loi stipule également que le huis clos, dans de telles affaires, n'est désormais plus obligatoire.

Ici, on tue aussi ses avocats

Non content d'avoir tué un juge en 1981[2], Marseille tue ses avocats. Trente ans plus tard, le 30 novembre 2012, Me Raymonde Talbot, 66 ans, est retrouvée morte dans une mare de sang, le cou tranché à l'arme blanche dans son cabinet de la rue Saint-Ferréol, une artère très animée du centre-ville. Le 6 décembre 2012, plusieurs centaines d'avocats manifestent en robes devant le palais de justice pour rendre hommage à leur consœur assassinée. Moins de dix jours plus tard, le suspect est

2. L'assassinat du juge Michel est abordé dans le chapitre suivant.

démasqué. Les caméras de vidéosurveillance de la ville ont fait leur office.

Au domicile du mis en cause, les enquêteurs vont retrouver « des éléments lourds et convergents », selon la formule du procureur de Marseille : sac à main, bijoux, papiers d'identité, carte professionnelle d'avocat, relevé d'identité bancaire. Mais surtout l'ADN du suspect est mis en évidence sur un de ses pantalons de survêtement et, dans le tiroir de la chambre, les enquêteurs trouvent un couteau portant à la fois des traces d'ADN de la victime et du tueur présumé. D'ailleurs, le couteau est ébréché et le morceau de lame manquant ressemble étrangement au bout de métal découvert lors de l'autopsie dans l'oreille de l'avocate. Difficile de faire plus accusateur.

« J'exprime le soulagement du barreau, commente le bâtonnier de Marseille, Jérôme Gavaudan. Je représente le barreau meurtri. » Le mis en cause nie les faits. Il affirme avoir trouvé les objets de la victime dans une poubelle. Il souffre de problèmes psychologiques qui ne le rendront pourtant pas inaccessible à la sanction pénale. Le 5 juillet 2018, il est condamné par la cour d'assises des Bouches-du-Rhône à la réclusion criminelle à perpétuité, assortie d'une période de sûreté de vingt-deux ans, pour le meurtre de Raymonde Talbot, mais aussi pour celui d'un restaurateur d'Aubagne qu'il a tout aussi sauvagement poignardé à quatre-vingt-dix reprises quatre mois plus tôt. Sur l'agenda de Me Talbot, le nom de « Sahki » est resté noté au jour du drame, avec une rare sobriété qui ne sera pas plus bavarde. Elle défendait les parents du suspect.

Un « mytho » pas si « mytho »

Personnage affable, au contact facile, ce qui lui valait d'être souvent considéré comme un juge de paix, Jacques Cassandri, dit « Le Tondu » en raison de sa calvitie, a eu la faiblesse de signer, en 2010, un livre dans lequel, sous le pseudonyme amical d'Amigo, il s'est autoproclamé « cerveau » du casse de Nice du 18 juillet 1976.

Un fait d'armes pacifique au cours duquel les malfaiteurs, dont le très fuyant Albert Spaggiari, avaient emporté 46 millions de francs, environ 29 millions d'euros, en fracturant « sans haine ni violence » trois cent dix-sept coffres de la Société générale. C'était un caprice d'auteur, un acte d'orgueil qui allait lui coûter cher. Il s'en est ensuite défendu avec force devant le tribunal – même si les policiers avaient retrouvé le manuscrit dans son ordinateur –, affirmant avoir eu « la fanfaronnerie mal placée ». « Je sais que je vais passer pour un comique, mais c'est uniquement un roman. Je n'ai pas du tout participé », va-t-il marteler. Pensait-il que le « casse » était prescrit ? Qu'on ne pourrait plus l'atteindre ? Il avait juste oublié que la prescription de certains délits financiers ne court qu'au jour de leur découverte… Petite erreur de compte et de décompte pour quelqu'un qui savait pourtant bien compter dans les coffres bancaires. Il aurait dû retenir la leçon de Michel Audiard : « Les bénéfices, ça se divise. La réclusion, ça s'additionne ! » Rester dans l'ombre est un privilège que goûtent peu de grands malfaiteurs. Ils aiment tellement voir leurs méfaits et gestes étalés dans la presse. Cela épaissit l'étoffe du personnage, même quand c'est un peu exagéré. Bref, Jacques Cassandri n'était pas le « mytho » que l'on pensait qu'il était. En tout cas, il a feint de le laisser penser pour se refaire une virginité judiciaire ! Mais dans le « milieu », il y en a qui savent. Il y en a qui ne sont pas près d'oublier. Longtemps fiché au grand banditisme, six fois condamné, Jacques Cassandri a géré de nombreux restaurants et établissements, dont *Il Duomo*, *Le Palais de la Major*, *La Casa Pietra* ou *Le Son des Guitares*. Il est retombé pour la gestion opaque de ces enseignes bien connues, qui racontent à livre ouvert l'histoire de Marseille, des Marseillais et du monde de la nuit. Avant de se poser récemment en protecteur de sa grande famille. Il sera condamné en 2018 à trente mois de prison et 200 euros d'amende pour abus de biens sociaux, travail dissimulé et trafic d'influence, mais il sera relaxé pour le délit de blanchiment en bande organisée du casse de Nice. Une paille pour cet homme natif de Balagne, en Corse, fiché au grand banditisme, et condamné dans les années 1970 pour sa participation à un trafic de drogue entre la France et l'Amérique du Sud dans le cadre de la French Connection. On ne prête qu'aux riches...

L'affaire du casse des Cinq-Avenues

Marseille a eu à gérer un de ces remakes du même « casse de Nice ». Une copie quasi conforme. Presque une contrefaçon de talent du braquage de 1976. Le coup marseillais le plus fumant. Le 9 février 1987, la presse s'en amuse follement. Les titres tombent comme à Gravelotte. « Coup de bluff en sous-sol », « Des taupes chez l'Écureuil » ou encore « La journée des caves » arracheront éclats de rire chez les uns, rictus chez les autres. Au bout du tunnel, 270 coffres éventrés sur un total de 2 800 et 15 millions de francs de butin, dont 3 millions de bijoux. Plus de 2 millions d'euros d'aujourd'hui. Treize clients et neuf employés sont retenus en otages. La guerre entre le commissaire Robert Broussard, le fondateur du Raid, dépêché de Paris, et le commissaire Georges N'Guyen Van Loc, dit « Le Chinois », patron du GIPN local, fait rage. Les deux hommes se détesteraient presque plus qu'ils ne haïraient leurs braqueurs hivernaux ! La police arrivera trop tard. Les voleurs ont creusé un boyau entre la chaufferie de la Caisse d'épargne et un égout désaffecté, lui-même relié au boulevard de la Blancarde, avant de prendre la fuite. Ni vus ni connus. Les petits Mozart du perçage de coffres avaient de la suite dans les « biftons ». Sept mois plus tard, des suspects sont arrêtés, mais ils nieront avec force et les preuves sont rares. Ils seront acquittés aux assises en 1994 pour leur participation au hold-up. Quatre d'entre eux seront bien condamnés pour le recel des bijoux et des pièces d'or à des peines de trois à huit ans, mais la justice n'a officiellement jamais identifié les auteurs du hold-up chez l'Écureuil.

Le premier tueur en série

Chose rare, Marseille a produit pour la première fois dans son histoire un tueur en série. Enfin, pas tout à fait, puisqu'il n'a jamais été jugé pour assassinats, mais pour enlèvements et séquestrations suivies de mort. Pourquoi ? Parce qu'on n'a jamais retrouvé les quatre corps de ses victimes. Qu'en a-t-il fait ? Les a-t-il brûlés dans une déchèterie locale ? Les a-t-il enterrés à Marseille ou ailleurs ? Les juges successifs saisis de ce douloureux dossier ont multiplié les fouilles, mais jamais identifié les cadavres. Quatre corps disparus, envolés. C'est dire la rouerie perverse de cet homme, connu jusque-là pour des faits de braquage en région parisienne. En effet, entre mai et novembre 2008, Patrick Salameh se terre, puis rejoue *Peur sur la ville.* Il est une sorte de « Jack L'Éventreur » à la phocéenne. Les policiers de la PJ ont cherché et cherché encore, mais en vain. Ils acquerront la conviction, cette fille aînée du flair policier, qu'au mois de mai 2008, le suspect s'en est pris à Fatima, qu'il croyait isolée, une « baby-sitter » qui passait des annonces sur Internet, une fille trop jeune et trop discrète pour susciter l'indignation des Marseillais. Mais très vite, quand Fatima Saiah disparaît, son petit copain Medhi crible les murs de la ville d'affiches qui appellent à retrouver sa trace.

Pour les policiers, Patrick Salameh aurait cherché des proies faciles, une baby-sitter innocente d'abord, pour se rabattre ensuite sur des proies encore plus faciles, des prostituées étrangères, une Ukrainienne, une Roumaine, une Algérienne, toutes déracinées. Ainsi naissait le parfait cocktail de la quadrature du cercle convertie en théorème policier. Il sera jugé et condamné à perpétuité. Nul n'a jamais retrouvé les corps de ses victimes. Si, à Marseille, n'est pas truand qui veut, Patrick Salameh détient encore bien des secrets. Du fond de sa cellule, il doit se sentir bien seul. Il est pourtant un des rares dont la police n'est pas parvenue à désamorcer les codes criminels.

2

Un juge qu'on assassine

Le garde des Sceaux Éric Dupond-Moretti s'est toujours dit fan de Marseille, adorateur ou presque de « la Bonne Mère », évidente protectrice de ses pêcheurs, de ses navigateurs, petits ou grands, et de ses mauvais garçons bien sûr, ceux que le ministre a bien connus dans une vie antérieure. S'il fallait en leur nom accrocher autant d'ex-voto à la nef de la basilique que de remerciements pour les bateaux sauvés du tourment des eaux, Notre-Dame-de-la-Garde serait bien plus qu'une sainte patronne, elle serait un supermarché du fait divers.

Le maire de Marseille, Gaston Defferre, n'a pas eu de nez, lui qui croyait bon d'asséner en 1978, après l'assassinat du juge François Renaud à Lyon : « Je tiens à rappeler que Marseille, depuis de nombreuses années, n'est plus la capitale du crime en France. On ne tue pas de magistrat à Marseille. » Car une date clé compte plus que d'autres dans l'histoire marseillaise. Et cette date signe un tournant, parce que d'autres, injustement, ont cru bon de signer un acte de mort, de mettre un « contrat » sur la tête du premier juge d'instruction Pierre Michel. L'homme qui en savait trop. Trop sur les grands bandits de Marseille. Trop sur les filières de la drogue. Trop, assurément trop sur ce qu'il fallait chercher, où et comment aller le chercher. Il avait 37 ans. C'était le 21 octobre 1981 et, depuis plus de quarante ans, juges, avocats et policiers déposent, une fois l'an, une gerbe à la mémoire de celui qui a donné le ton. *Primus inter pares*[1].

Ce jour-là, vers 12 h 50, comme tous les mercredis, Pierre Michel regagnait son domicile de l'allée des Buis, dans le quartier de Sainte-Anne, dans le 8e arrondissement de Marseille, pour déjeuner avec son épouse et ses deux filles. Un moment de répit hebdomadaire. Une parenthèse familiale enchantée dans l'univers corseté d'un juge d'instruction.

Avait-il l'habitude d'emprunter toujours le même itinéraire ? Quelqu'un aura-t-il été informé de cette rituelle bouffée d'oxygène de milieu de semaine ? Inévitablement, il aura été suivi. Il était au guidon, quand, au moment d'emprunter la contre-allée du Prado, deux hommes à moto ont surgi. Trois balles de 9 mm tirées à bout portant ne lui ont laissé aucune chance. La moto s'est couchée contre un platane centenaire des quartiers chics. Le juge Michel est mort à deux pas de la « cité radieuse », celle que les Marseillais appellent affectueusement « la maison du Fada », le célèbre immeuble du Corbusier. Ce n'était que le début d'un séisme dans le monde judiciaire. Depuis la Libération, en effet, seul un homme, le juge lyonnais François Renaud, a été tué, en 1975, et encore l'affaire n'a jamais été élucidée. Ce « contrat » marseillais avait, dès lors, des airs de déclaration de guerre du « milieu ».

« Les avocats, vous êtes tous des lopettes ! »

Fallait-il faire un lien avec le démantèlement, quelques semaines avant les faits, d'une filière franco-sicilienne qui avait conduit le juge Michel à Catane ? Deux magistrats italiens étaient d'ailleurs venus à leur tour lui rendre visite à Marseille, aussitôt après. La preuve que les échanges fonctionnaient, que la justice avançait, que le banditisme reculait, que la coopération

1. Littéralement, « premier parmi les pairs ».

internationale était en route. Celle-là même qui inquiète généralement les trafiquants.

Le juge Pierre Michel avait ses méthodes, parfois critiquées, souvent *border line*, mais généralement efficaces, comme celle qui consistait à laisser entendre aux mis en cause, aux trafiquants de tout poil et de toutes substances vénéneuses que, s'ils ne parlaient pas, il n'hésiterait pas à placer en détention leurs épouses. Une provocation, même pas voilée, adressée au « milieu », pour qui on ne touche pas aux femmes. Chez les Méditerranéens, en effet, la langue maternelle, c'est le silence...

Ce n'était pas pour rien qu'on l'appelait « le shérif ». Avec les avocats, ce n'était guère mieux. Jean-Claude Valéra, un grand pénaliste marseillais, est intarissable sur le sujet Pierre Michel. Il raconte volontiers qu'il avait souvent de vifs échanges avec le magistrat, qui, un jour, sur le ton de la confidence, lui avait lâché : « Vous savez pourquoi je fais ce que je veux ? Parce que, vous, les avocats, vous êtes tous des lopettes ! » Il fallait comprendre qu'à son goût, l'avocat en général, de quelque étoffe qu'il puisse être fait, était trop docile dans les procédures, qu'il ne bataillait pas assez, qu'il manquait de conviction, qu'il aurait mieux fait de résister davantage aux décisions du juge. Seulement voilà, peu osaient.

Valéra était pourtant de ceux-là. Cela lui valut quelques sorties mémorables. Mais il suffit parfois d'un rien, d'un petit clin d'œil du destin, pour rapprocher deux hommes qui, professionnellement, se détestent, pour qu'ils se respectent enfin. Comme ce jour où l'avocat Valéra et le juge Michel, tous deux victimes d'une mauvaise chute, s'étaient retrouvés sérieusement empêchés au *Palais Bar*, le bar du tribunal, l'annexe immédiate de la rue Grignan, munis de bien encombrantes béquilles. Mêmes prothèses, mêmes galères, mêmes horizons. Chacun dut composer avec ses douleurs, mais dans la douleur a pointé, à défaut d'une complicité, l'aube d'un respect mutuel. Valéra l'avocat apprit à respecter Michel le juge, à être plus indulgent avec lui. Michel le juge se mit à regarder ceux qu'il pointait avec dédain avec plus d'indulgence professionnelle.

Ce qui a vraiment changé depuis

Ce règlement de comptes, car c'en est un, marque un vrai tournant. Cette date du 21 octobre 1981 est incontestablement un détonateur. Magistrats et avocats en parlent librement. « On est passé d'une époque où le juge travaillait de façon extrêmement solitaire à un temps où les juges travaillent en équipes », aime à résumer Olivier Leurent, le président du tribunal judiciaire de Marseille. C'est vrai qu'il en dérangeait du monde le juge Michel, le grand « petit juge », l'empêcheur de trafiquer en rond, de magouiller en petits cercles de compromissions dans la grande famille du crime organisé. Quarante ans après, on en parle encore.

« Jamais nous n'admettrons que notre justice soit soumise à la menace », grondait le garde des Sceaux Michel Mercier, en octobre 2011, pour le trentième anniversaire de l'assassinat du juge Michel, qualifié de « magistrat d'exception ». Dix ans plus tard, en octobre 2021, un colloque organisé sur le sujet, intitulé « Un juge de son temps à l'aune de notre temps », a permis de prendre la mesure des évolutions consenties et des progrès qui restent encore à faire. Pierre Michel ou « le juge qui en savait trop », comme l'ont souvent baptisé les médias. Tout était dit. Un infatigable chasseur d'indices. C'est bien ce qui a fait peur à la « bande d'Endoume », celle qu'il traquait alors, sans toutefois savoir qui, à l'instant T, faisait vraiment partie de cette « bande ».

Ce qui a vraiment changé depuis la mort du juge Michel tient à la fin de la personnalisation des affaires à travers un homme seul, un homme isolé, un juge en direct avec les voyous, et donc un homme évidemment plus vulnérable. « Ce qui a profondément évolué, insiste Olivier Leurent, c'est la spécialisation, avec la création en 2004 des juridictions interrégionales spécialisées (Jirs), versées dans la lutte contre le crime organisé, mais aussi et surtout la collégialité. » C'est aussi une évolution qui, à plusieurs têtes, a permis de confronter les points de vue, avec cette idée aujourd'hui évidente qu'on est toujours plus intelligents à plusieurs.

Les progrès de la coopération internationale

Cela n'a certes pas empêché les dérives du juge Jean-Michel Lambert dans l'affaire Grégory dans les années 1980 ni celles du juge Fabrice Burgaud dans le dossier d'Outreau à la fin des années 1990, preuve que la justice est capable de renouveler ses erreurs, mais cela a à tout le moins permis la naissance d'un nouveau regard et d'une nouvelle approche, en tout cas sur le crime organisé.

Dans l'univers de la drogue, les choses ont aussi beaucoup changé. Aux vieux parrains d'hier ont succédé des hommes bien plus jeunes, bien plus pressés, qui entrent dans le trafic, puis en gravissent les échelons. En termes de substances, l'héroïne d'hier a majoritairement laissé la place aux trafics de cannabis et aux importations de cocaïne, à l'ecstasy et aux drogues chimiques, telles que le MDMA, ou encore au crack aujourd'hui.

Le juge Michel a aussi été un des premiers à croire à la coopération internationale. Il s'est heurté à ce qu'il est convenu d'appeler des « organisations ». La coopération a fait un grand bond en avant. Un petit pas pour le consommateur profane, un grand pas pour la lutte contre le crime organisé. De la Terre à la Lune anti-drogue… Ce que ne mesuraient sans doute pas ceux qui ont tiré sur le juge Michel, c'est qu'ils allaient déclencher un tsunami, c'est qu'en lui donnant la mort, ils allaient trouver face à eux un État fort, un État réactif, un État qui ferait front en toutes circonstances. Un assassinat dont ils furent les audacieux artisans et qui, finalement, allait conduire à leur propre perte. Tous ont écopé de la réclusion criminelle à perpétuité, assortie d'une peine de sûreté de dix-huit ans.

Le scénario du crime

Trois balles de 9 mm qui allaient assombrir le siècle. La première dans l'épaule, la deuxième dans la nuque, la dernière en plein thorax, qui viendra perforer cœur et poumon. Deux balles mortelles sur trois.

Des décennies plus tard, ce drame forge encore les mentalités du microcosme judiciaire. On se dispute sur tout. Avocats contre magistrats. Robes noires contre robes noires. On se chahute allègrement, on se jalouse gentiment, on se disperse en petites querelles. Mais chaque année, au palais de justice de Marseille, on vient se recueillir sur sa stèle symbole, comme pour chasser les mauvais sorts d'hier et conjurer ceux de demain. Le rite est immuable et compassé. Le premier des juges marseillais avait du courage, « l'éloquence du caractère », comme disait Lamartine. Nul ne l'a jamais nié.

Désormais, la justice allait chercher. Elle trouverait forcément les coupables. Car « juger, c'est comprendre », lui avait appris Malraux, même si la raison répugne parfois à cerner l'incompréhensible. Des pistes, on en défricha beaucoup. Quelques-unes, tâtonnements obligent, conduisirent à d'évidents culs-de-sac. On revint à l'essentiel, à la question fondatrice : à qui profite le crime ?

Le juge Guérin ne néglige aucune piste

On revint donc au principal, à cette empreinte laissée sur la moto des tueurs présumés, une Honda 125 Twin rouge, type « Bol d'or 900 ». Ce n'était pas la voie royale. C'était le bout de la pelote qu'on allait tirer désormais. Pendant deux mois, les policiers marseillais vont chercher. Un receleur d'abord, surnommé « Coupe-circuit ». Une équipe qui fournit la moto. Une autre qui exécute le « contrat ». Même dans le crime organisé, il y a des castings. Mais il ne suffit pas de distribuer les rôles. Il faut choisir les bons talents. « Dans un premier temps, on nous a servi tout un tas de fables qu'on a vérifiées les unes après les autres », se souvient le commandant Jean-Louis Pietri, l'un des directeurs d'enquête de la police judiciaire de l'époque.

Le juge d'instruction Patrick Guérin rouvre un à un les dossiers du défunt Pierre Michel. Il tente d'y débusquer un indice. Les affaires de trafics de drogue en cours d'instruction sont alors nombreuses et tentaculaires. Chronique de la grande délinquance : l'affaire du Dr Bousquet, le laboratoire d'héroïne de Saint-Maximin, l'affaire de la valise de la gare Saint-Charles, l'imprimerie des Cigales, l'affaire De Marchi, le laboratoire de Palerme... Ce sont à coup sûr des caïds en devenir, bruisse la rumeur judiciaire. François Girard, dit « Le Blond », Charles Altieri, dit « Lolo », François Checchi, dit « La Gâchette », parce qu'il a la réputation de viser juste et droit, sans ciller, sans trembler, même si ce n'est pas encore un grand nom du banditisme. Trois surnoms comme trois secondes peaux.

Zampa : « Quand est-ce qu'on parle du juge ? »

Le juge Guérin revient à la piste principale. Le 21 octobre 1983, deux ans jour pour jour après l'exécution du juge Michel, un mandat d'amener est délivré par un autre juge contre Gaétan Zampa, mais dans une affaire financière. Quelques jours plus tard, Zampa est interpellé à Istres. Le commandant Pietri notifie le rendez-vous au caïd marseillais. « Il est là pendant deux heures en face de moi. Il me dit : “C'est toi Pietri ? Quand est-ce qu'on parle du juge ?” Je n'imaginais pas qu'il puisse connaître le nom des enquêteurs en charge de l'affaire Michel. De plus, on avait instruction de ne pas l'interroger sur ce dossier. En procédure, aucun élément probant ne permettait de conclure à une participation de Zampa à la préparation de l'assassinat. À tout le moins, il ne pouvait pas ne pas savoir. »

Depuis sa cellule, en novembre 1983, Zampa écrit à sa femme. Il sait pourtant que son courrier est tracé et retracé, lu et relu : « D'ailleurs, mon amour, si le juge Guérin venait à vouloir t'interroger au sujet bien sûr de la mort du juge Michel, tu ne lui réponds pas. Ne lui dis pas un seul mot, ne réponds à rien ! Demande-lui seulement pourquoi ton mari aurait voulu tuer le juge Michel. C'est tout ! Ton mari n'est pas un mafioso, il est français ! »

« Oh ! les cons, ils vont penser que c'est moi ! »

Avec des pudeurs de gazelle, la justice ne l'interrogera donc jamais dans ce dossier brûlant. « L'assassinat d'un juge dans la ville où il s'était taillé une réputation de parrain, on a du mal à imaginer que cela puisse se faire sans qu'il en soit informé ! Son erreur fut peut-être de laisser faire », observe Jean-Louis Pietri. La justice aurait-elle pu négocier des choses, arracher quelques pistes ?

On peut affirmer aujourd'hui qu'à l'heure de l'assassinat du juge, le 21 octobre 1981, Zampa déjeunait à son domicile avec son avocat. C'est même ce dernier qui lui apprendra la mort du magistrat, alors qu'il venait, peu avant 14 heures, d'arriver au palais de justice pour y plaider un dossier. Zampa en sera le premier surpris. Il aurait même lâché : « Oh ! les cons, ils vont penser que c'est moi ! » Il en aurait profité, par pure opportunité, pour se débarrasser à la hâte de quelques armes, afin que les policiers ne les trouvent pas, mais Zampa n'y était pour rien. Ces armes n'avaient rien à voir avec l'assassinat du juge.

Gaétan Zampa va mourir dans sa cellule. Selon certains, il se serait suicidé. Selon ses proches, il se serait simplement blessé pour être plus facilement transféré des Baumettes, mais la blessure sera mal soignée. Il ne survivra pas. Il meurt le 16 août 1984 à l'âge de 51 ans, après plusieurs jours de coma, à l'hôpital Salvator de Marseille où il avait été transféré. Son implication, au final, dans l'assassinat du juge Michel ne sera jamais établie.

Le juge Patrick Guérin nous confirmera plus tard que rien dans le dossier ne permettait de mettre en cause le « parrain » marseillais. Rien ne le désignait, ni comme commanditaire ni comme donneur d'ordres. Difficile, dès lors, de l'entendre. Difficile de trouver un biais procédural qui le permette sans encourir les habituelles critiques. Tout le reste ne serait qu'approximations, conjectures ou coquecigrues.

Une dénonciation d'une rare concision

Quatre ans d'enquête et de vaines démarches jusqu'au 11 novembre 1985. Ce jour-là, un laboratoire clandestin de transformation de la morphine base est mis au jour dans le canton suisse de Fribourg. L'adresse – le chalet des Paccots – sonne davantage comme celle d'une villégiature que comme celle d'un repaire du crime organisé. Dix kilos d'héroïne sont saisis, quatre Français sont interpellés. Les policiers trouvent une bouteille de pastis sur la table. Signature d'évidence marseillaise. Entre deux questions des Suisses sur le trafic de drogue, les inspecteurs français se font curieux. Ils ont pris des airs gourmands. Philippe Wiesgrill, un vendeur de bonbons, les seules douceurs qu'ait révélées le dossier, est sur le gril. Il passe à table. En marseillais dans le texte, cela donne littéralement : « C'est François (Checchi) qui a charclé (tué) le juge (Michel) avec Lolo (Charles Altieri) sur ordre du Blond (François Girard). » Difficile de fairc plus ramassé. Cela restera comme un modèle de concision dans la dénonciation. Il vient en fait de livrer trois noms, trois rôles titres : François Checchi était le tueur, Charles Altieri le motard, François Girard le commanditaire. Du concentré d'aveux. Mais il faut les étayer. Le juge François Badie reprend l'instruction. Il succède au juge Guérin. Il goûte l'air des alpages suisses. Le 1er mars 1986, Wiesgrill lui confirme ses déclarations. Les dépositions d'un cinquième homme, François Scapula, vont recouper celles du premier. Wiesgrill explique pourquoi Girard, que les enquêteurs font alors passer pour le *capo di tutti capi* – le « chef de tous les chefs », en italien – « en voulait à mort » au juge Michel. Et pas un petit ressentiment, ni une colère passagère. Une envie de vengeance, une vraie. Un appétit d'ogre. Il rêvait d'avoir sa peau, car Pierre Michel était persuadé de son implication dans l'affaire du « labo » de drogue de Palerme. Et le juge attendait le retour de commissions rogatoires qui promettaient d'être redoutables.

Un contrat au prix fort

François Girard voulait donc « se faire » le juge avec deux Siciliens, mais Altieri n'est pas du genre patient et Checchi, son ami d'enfance, se sent tout à coup pousser des ailes. Ce n'est pas pour rien qu'il a hérité du sobriquet de « La Gâchette ». Il a négocié le contrat au prix fort : 500 000 francs de l'époque, un peu plus de 75 000 euros d'aujourd'hui, et un exil doré à Saint-Tropez. Climat idéal, jolies filles et air pur. Pas l'air vicié de la marginalité qu'il côtoie tous les jours.

« Au cours de la dernière nuit de garde à vue, il nous lâche : "Je veux que l'on sache que je ne parlerai que pour moi." Il gardera le silence sur ses complices », se souvient Jean-Louis Pietri qui l'auditionne. Une rencontre sera même organisée nuitamment avec une figure du « milieu » qu'on fera spécialement extraire de la prison, uniquement pour que Checchi soit rassuré et que le message passe auprès des grands voyous de Marseille : non, Checchi n'est pas une « balance »... D'ailleurs, François Checchi ne citera aucun nom en dehors du sien. Il restera fidèle à lui-même. Il soutiendra ensuite qu'il ne savait pas qu'il allait attenter à la vie d'un magistrat. Il dira avoir cru qu'il tirait sur un nommé « Jo le Libanais ». « Je n'en sais rien, commente Jean-Louis Pietri, mais le prix de la vie d'un homme se mesure-t-il à l'aune de son statut social ? »

En juin 1988, quand s'ouvre le procès des assassins présumés du juge Michel devant la cour d'assises des Bouches-du-Rhône, nul ne sait de quel côté il va pencher. « Scapula-la-Balance » reviendra-t-il sur ses déclarations ? Non, il restera aux abonnés absents. Les espoirs de la défense de le faire comparaître seront réduits à néant. Les Américains se le sont approprié. L'équipe d'Endoume est placée sur la même marche : François Checchi, le tireur, est condamné à la réclusion criminelle à perpétuité, assortie d'une mesure de sûreté de dix-huit ans. François Girard, le commanditaire, se voit infliger la même peine. Pour Charles Altieri, le pilote de la moto, c'est la perpétuité, mais par contumace. Arrêté quelques années plus tard à Chypre, il hérite, le 19 janvier 1994, d'une peine identique à celle de ses coaccusés. Homère Filippi, cocommanditaire présumé, écopera à son tour de la perpétuité par contumace. En cavale depuis le milieu des années 1980, il a disparu. Il serait mort. Philippe Wiesgrill aurait longtemps vécu dans le sud de la France. Il ne serait plus, non plus, de ce monde.

« Prenez donc Girard comme sous-directeur ! »

Malade, François Girard, qui a passé ses dernières années en prison, se définit comme « un autodidacte », rapporte son avocat Me Jean-Jacques Campana : « Il se cultive en cellule, participe à l'atelier musique. » Il est décrit comme « une personne extrêmement respectueuse et polie envers les personnels et les autres détenus ». Girard ne fait pas de vagues. Il va bénéficier en mai 2005 d'une suspension de peine pour raison médicale. Au mois d'octobre suivant, il subit en effet une double opération cardiaque. Avec succès. Mais Girard, en proie à ses vieux démons, va replonger. Il se dit malade, il est repéré en train de faire son footing sur la promenade de la Corniche, alors qu'il a interdiction de demeurer à Marseille. La police se met à ses trousses. Elle se rend alors compte qu'il a regoûté au trafic de stupéfiants. Dix ans de prison de plus, qui aboutissent aussitôt à la révocation de sa libération conditionnelle.

Girard repasse donc par la case détention. Et il n'est pas près de sortir. « À la suite de la levée d'écrou intervenue le 14 mai 2005, il a été constaté que François Girard persistait dans ses activités de délinquant », relève la cour d'appel de Riom dans sa décision du 16 février 2017. Mais pour une fois, Girard se serait amendé. Son « très bon comportement » en détention est souligné par ses juges. Et si la justice continue de relever l'« ambiguïté » de sa position, elle note qu'il ne revendique pas la « commandite » de l'assassinat du juge Michel, mais « reconnaît qu'il était informé du projet et admet que sa condamnation était légitime ». Voilà qui ne déplaît pas à ses juges. Devant eux, il pleure. À la prison de Moulins-Izeure, où il est alors détenu, tout le monde loue le calme qu'il a généré en détention par sa seule personnalité. Le directeur n'en revient pas. Il s'en émeut auprès de son avocat. « Prenez-le donc comme sous-directeur ! » lancera non sans humour Me Jean-Jacques Campana au directeur d'établissement. Girard en refondateur de la paix civile, on aura résolument tout vu... Mais voilà ce qui aurait permis, selon son conseil, de lui rouvrir les portes de la liberté.

« Là, on est sur de vrais voyous ! »

Il vit désormais en Gironde, car la justice l'a mis en demeure de réparer les dommages causés par l'infraction, d'indemniser la famille du juge Michel, de ne pas fréquenter les tueurs du magistrat. Il lui est évidemment interdit de résider en Provence et dans l'Hérault et de diffuser tout ouvrage ou œuvre audiovisuelle dont il serait l'auteur ou qui porterait sur ce qui lui a valu de passer l'essentiel de sa vie en prison. Checchi et Altieri ont tour à tour fait l'objet d'une libération conditionnelle en 2014. Ils ont longtemps figuré sur la liste restreinte et peu enviable des plus vieux détenus de France. La République n'est pas bonne fille.

Le 15 septembre 2014, François Checchi fait ses premiers pas d'homme libre devant le centre de semi-liberté de Caen, dans le Calvados. Voilà près de trente ans que nul n'a croisé à l'air libre le tueur du juge Michel. Quand ce jour-là j'essaie d'engager la conversation avec lui, il me répond du tac au tac : « Tu joues avec mes nerfs ! » François Checchi, le cheveu blanc légèrement ébouriffé et le sourcil envahissant, a gardé ce regard métallique et froid. À 65 ans, il tient maladroitement une sacoche comme un enfant qui tiendrait son cartable pour la première fois. Il n'a pas le droit de s'entretenir avec la presse. Il ne dira rien, sauf son énervement de croiser un journaliste qui a retrouvé sa trace en Normandie. La dernière fois qu'on l'avait aperçu, c'était à la fin des années 1980, lors d'une visite impromptue au parloir familles de la prison des Baumettes. « Oh, il n'a jamais été très loquace. Et quand il a passé des aveux, même rétractés ensuite, il a vu ce que cela lui a coûté », nous confiait naguère le juge Patrick Guérin, le premier magistrat à avoir mené l'instruction sur la mort de son collègue de travail. De la sortie de prison du tueur du juge Michel, le juge Guérin dit que « c'est le jeu institutionnel ». La perpétuité réelle à l'américaine n'existe pas en France. « On aurait peut-être intérêt à le surveiller de près, pariait le juge. Il y a des gueules cassées de la vie, mais là, on est sur d'autres profils, de vrais voyous ! »

Qu'est donc devenu Scapula-la-Balance ?

Mais qu'est donc devenu Scapula-la-Balance ? Avec ses associés américains, les Benevento, la « bande d'Endoume » avait formé le projet de partir raffiner en Inde une tonne de drogue pakistanaise destinée au marché nord-américain. En 1987, François Scapula a écopé de vingt ans de prison en Suisse pour l'affaire des Paccots. Scapula restera pendant des années dans un pénitencier helvète. Jusqu'au 6 novembre 2000 où il est parvenu à s'évader du centre semi-ouvert où il était retenu. Depuis, il est résolument introuvable. Sans doute encore vivant et bien vivant, mais condamné à se faire oublier, pour cause de bavardages excessifs. Certains auraient croisé son regard chafouin au Portugal, d'autres en Espagne, où rien ne dit pourtant qu'il a pu bâtir quelque château que ce soit, sous une identité d'emprunt improbable. La légende marseillaise, tenace, prétend, comme dans les romans de Tonino Benacquista, qu'il vit à ce jour aux États-Unis, grâce aux prouesses de la chirurgie esthétique.

Au juge Michel Debacq qui l'entendait, François Scapula avait confié un jour, entre deux questions acérées : « J'espère que la France saura se souvenir des services que je lui ai rendus et qu'elle clarifiera ma situation. » Scapula avait dit craindre pour sa vie. Outre-Atlantique, il aurait conquis le statut plus protecteur de repenti. Il a aussi livré aux Américains les clés de plusieurs affaires de trafic international de drogue, dont celle du laboratoire de Phoenix, en Arizona. François Scapula voyagerait désormais sous une fausse identité. Peut-être a-t-il appris à se taire.

S'il était encore de ce monde, le juge Michel aurait sans doute fait siens ces mots de Sarah Bernhardt : « Il faut haïr, très peu, car c'est très fatigant, il faut mépriser, beaucoup, pardonner souvent, et ne jamais oublier. » Les juges italiens antimafia Giovanni Falcone et Paolo Borsellino, assassinés à leur tour en Sicile en mai et juillet 1992, engagés avec la même persévérance que le juge Michel dans la lutte anti-drogue, diraient sans doute la même chose, et avec eux tous ces magistrats qui ont donné leur vie à la défense vertueuse de leur métier.

3

OK Corral entre Yoda et DZ Mafia

« Les procès sont à huis clos et les exécutions à l'air libre », écrivait déjà Albert Londres dans *Marseille, porte du Sud*. L'aphorisme reste hélas empreint d'une folle et tragique vérité. Les exécutions n'ont d'ailleurs jamais autant été à l'air libre... Dans les quartiers nord, la mort frappe souvent la nuit, quand les trafiquants sont gris, mais elle s'invite aussi à l'heure de l'apéro ou du café, sur une terrasse de bar ou de restaurant, à la pause méridienne ou à l'heure vespérale.

Il y a d'ailleurs, dans le match que se livrent les gangs marseillais depuis près de cinquante ans, quelque chose de la guerre sans merci que se sont menés à Vérone, en Italie, aux XIIIe et XIVe siècles, toute richesse mise à part, les deux clans de la ville, les Capulet et les Montaigu. Une bataille qui va dégénérer dès après le meurtre du fils de Capellio, à la tête du clan Capulet.

À Marseille, tuer un fils, abattre un père, c'est bien plus qu'une déclaration de guerre. C'est une guerre à mort. Seuls, ici, les noms ont changé. Au début des années 2000, on assiste au match sans pitié que se livrent les « Blacks » et les « Gitans ». D'un côté, les Ahamada, originaires de la cité des Lauriers. De l'autre, côté gitans, les frères Nicolas et François Bengler, leurs voisins de la cité des Cèdres. Avec, pour moment fondateur, le triple assassinat du 27 janvier 2009, inscrit dans le marbre et la mémoire de la brigade criminelle de la police judiciaire marseillaise, qui fera, sous le pont dit de Sainte-Marthe, trois morts et deux blessés graves, tous âgés de 22 à 31 ans. Quatorze orifices d'entrée relevés sur la voiture ciblée, quarante-deux étuis percutés retrouvés sur la scène de crime. Deux équipes qui ont pourtant grandi ensemble avant de faire de l'argent, puis de se déchirer. Et l'on parlait déjà de « matchs retours », selon la formule policière, pour désigner une réplique immédiate donnée à un assassinat. Un acte qui aurait été commis en riposte à l'exécution sauvage, à l'été 2008, d'un membre du clan des Ahamada.

Le clan des « Yoda » contre celui des « DZ Mafia »

Désormais et depuis février 2023, la guerre fait rage entre deux clans de La Paternelle, l'une des cités les plus emblématiques du trafic, le clan des « Yoda », comme le plus sage des maîtres Jedi de la *Guerre des étoiles*, et celui de la « DZ Mafia », le code « DZ » renvoyant au mot « Algérie » en algérien et en berbère. Ils iront jusqu'à régler leurs comptes, début mai 2023, à Salou, une station balnéaire au sud de Tarragone, en Espagne. Deux morts de 25 et 28 ans, réputés proches de l'un des deux clans. La preuve que les trafiquants en guerre sont prêts à tout, y compris à parcourir 600 km pour chasser leur adversaire, là où il s'y attend le moins, là où il a cru pouvoir lâcher prise, et à lui régler son compte.

D'ailleurs, les « Yoda » et les « DZ Mafia » se cachent à peine. Leurs noms s'affichent en lettres noires ou rouges – pas encore en lettres de sang, mais on n'en est pas loin – sur les murs des cités des quartiers nord de Marseille, comme pour rappeler aux oublieux ou aux trop gourmands le nom de l'équipe qui occupe le terrain et qui n'entend pas le brader. Aux dernières nouvelles du front des « narcobandits », les « Yoda », largement amputés par cette guerre à mort, ne seraient plus d'ailleurs tout à fait ce qu'ils étaient. Neuf de leurs membres ont été interpellés et mis en examen fin novembre pour « participation à une association de malfaiteurs ». Mais le 28 novembre, vingt membres du groupe criminel concurrent « DZ Mafia » étaient à leur tour arrêtés. Douze d'entre eux seront finalement écroués dans le cadre d'un vaste coup de filet anti-stupéfiants qui leur fait encourir jusqu'à dix ans de prison, mais il reste à les « accrocher » sur la cinquantaine de « règlements de comptes » qui ont endeuillé Marseille depuis janvier 2023.

Faut-il en déduire que tout a changé ? Pas vraiment. Les équipes des « parrains » de Marseille d'hier, dans les années 1980 et 1990, les Tany Zampa, Francis le Belge et Jacky Le Mat, qui avaient eux aussi grandi au sein de la même « Bande des Trois Canards », n'hésitaient pas à pourchasser leurs rivaux et à les éliminer au-delà de la cité phocéenne. Le monde se divisait alors déjà « en deux catégories, ceux qui ont un pistolet chargé et ceux qui creusent », comme dirait Clint Eastwood, dans l'une de ses formules lapidaires du cultissime *Le Bon, la Brute et le Truand.*

Aujourd'hui, on tire à l'aveugle

Ce qui a changé, ce sont les méthodes utilisées par les « néo-bandits », les « narcos » : l'anticipation, le balisage des voitures pour mieux suivre leurs proies, le « go » donné pour tuer, le recours aux tueurs à gages, les harcèlements des cités, la façon dont les gérants aiment à terroriser les guetteurs, les enlèvements de petits « charbonneurs » – les vendeurs –, au prétexte qu'ils auraient « volé » le réseau, vols réels ou supposés, pour faire peur. Sans omettre, désormais, les tirs à l'aveugle, à coups de 7,62, le calibre de la kalachnikov, l'arme reine, le calibre facile, qui n'épargne plus personne, petites mains du trafic et guetteurs compris.

Dans les années 1980, on tuait un rival, un transfuge passé à la concurrence, un traître au clan. Aujourd'hui, on tue au hasard, on rafale à l'aveugle, pour protéger l'argent du trafic. L'argent n'a jamais autant été le nerf de la guerre des stupéfiants. 50 000 euros de chiffre d'affaires quotidien, et parfois jusqu'à

80 000 dans certaines cités. 100 à 200 euros par jour pour un simple guetteur. Pour des jeunes sans formation, sans conscience ni morale, sans espoir de vie professionnelle, la drogue est devenue un Eldorado sans fin, sans visibilité, y compris pour ceux qui, de Paris, Lyon, Nancy ou Grenoble, viennent « jober » à Marseille, comme ils disent. La plupart acceptent de courir le risque de mort, pour une vie de chimère, sans assurance sur l'avenir.

La chronique de la mort subite ne faiblit pas. À ce rythme, on a franchi allègrement, avec déjà près de 50 morts, 118 blessés et plus de 80 fusillades en 2023, le chiffre des 34 tués par balles de 2016 – record de la décennie précédente –, et dépassé les statistiques de 2022 avec 32 homicides recensés sur fond de criminalité organisée. 80 % de ces morts seraient liées au seul conflit de la cité La Paternelle. Tout cela, racontent les enquêteurs, pour une sombre histoire de glaçons qui auraient été jetés au visage d'un des chefs de réseau, dans une discothèque de Thaïlande, lors d'une bagarre entre clans de la même cité, deux amis prétendus qui se seraient disputé une « meuf ». Une blessure d'ego qui vire à la blessure mortelle. Chez ces gens-là, on a la susceptibilité à fleur de peau, et l'on apprend très jeune à se méfier de tout le monde. C'est peut-être la seule leçon qu'ils auront retenue de leurs aînés. C'est aussi la preuve que beaucoup de chefs de ces réseaux, les mieux rémunérés, se cachent, dès qu'ils le peuvent, à l'étranger, à Dubaï, au Maghreb, en Espagne ou en Thaïlande notamment.

Tueur à gages pour 20 000 euros

Pour 5 000, 10 000, voire 20 000 euros, on tue aujourd'hui à Marseille sans état d'âme. 5 000 euros pour une tentative d'assassinat en forme d'intimidation, 10 000 à 20 000 euros pour ce qu'on appelait hier un « contrat » mortel. On voit surgir ce qu'on appelle des « équipes feu », chargées de tirer sur l'adversaire et recrutées précisément pour cette mission, parfois sur des messageries cryptées telles que ECC ou Cryptochat, parce que les commanditaires savent que le travail sera bien fait. Ces équipes ont remplacé ce qu'on appelait non moins pudiquement il y a dix ans les « charcleurs ». Les tireurs se baptisent aussi les « tapeurs ». Des tueurs galvanisés sur les réseaux sociaux, qui semblent ne plus éprouver le moindre interdit et qui bénéficieront d'une ascension record dans la hiérarchie du réseau. Le jeune M., 18 ans, en a fait l'aveu public il y a quelques mois sur les réseaux sociaux. Il dort depuis le mois d'avril 2023 en prison, accusé de six assassinats successifs sur commande, dont trois dans le quartier de La Joliette. A-t-il seulement pris la mesure, entre deux ricanements prépubères, de la gravité de ses actes ? On en doute fortement.

La capacité du crime organisé à se régénérer sans cesse est aussi faite d'équipes à tiroirs. Cela permet de brouiller les pistes côté police, mais les enquêteurs de la PJ ne sont pas des perdreaux de l'année. C'est ainsi que les hommes de la brigade de recherche et d'intervention (BRI) ont pu faire tomber, le 2 juin 2023, un commando armé, accusé d'une tentative d'assassinat à L'Estaque. Trois suspects de l'équipe des « DZ Mafia » sont sous les verrous depuis le 6 juin 2023, un quatrième sous contrôle judiciaire.

« Au mauvais endroit, au mauvais moment »

Il faut aussi se faire à l'idée entêtante que les victimes collatérales ne sont plus exceptionnelles, celles qui étaient « au mauvais endroit, au mauvais moment », comme on dit aussi pudiquement que tristement, ainsi que le regrettent les associations de victimes. Citons Larbi, 63 ans, abattu alors qu'il jouait aux cartes à la terrasse d'un bar de la cité La Busserine, le 24 avril 2023. Citons Jessica, 33 ans, qui a été touchée à l'instant où elle fumait une cigarette, le 11 janvier 2023, sur son balcon des Aygalades. Ou encore Kamel, 63 ans, fauché à la sortie de la mosquée de la Maurelette, le 14 mars 2023. Sans oublier le cas le plus lourd, celui qui a fait sursauter tout Marseille, Socayna, cette jeune étudiante en droit de 24 ans, victime d'un tir de kalachnikov en pleine tête, dans la nuit du 10 au 11 septembre 2023, alors qu'elle se trouvait dans sa chambre, sur son ordinateur, à son domicile de la cité Saint-Thys, dans le 10e arrondissement de la ville. La balle a traversé un contreplaqué de bois situé au bas de la fenêtre de sa baie vitrée.

« On a vraiment atteint le stade ultime », déplorera la procureure de Marseille Dominique Laurens, le 11 septembre 2023. Secourue, la victime était alors en état de mort cérébrale. Elle succombera à ses blessures le lendemain, au petit matin. « Au mauvais endroit, au mauvais moment » : une formule qui aurait valeur d'excuse absolutoire, si elle ne jouait à pile ou face la vie de mères de famille, de retraités tranquilles ou de jeunes sans rapport aucun avec le trafic. En quatre ans, une douzaine de victimes collatérales sont mortes à Marseille, à Toulon et à Nîmes sur fond d'affaires de stupéfiants ou de vendettas.

Règlements de comptes tous azimuts

Les cités des quartiers sud de Marseille, épargnées jusque-là, ne sont plus tranquilles. Depuis l'été 2023, la Cayolle, Saint-Thys, Château Saint-Loup font du bruit, s'agitent et sont en passe de rejoindre la plus turbulente d'entre elles, Air-Bel, dans le 11e arrondissement, connue pour être le point de deal le plus important du sud de la ville. L'immense espace des quartiers nord serait-il devenu trop exigu, trop contraint, pour pousser certains trafiquants à s'installer au Sud ? Car effectivement, on tue désormais jusqu'aux quartiers sud de la ville, devenus aussi chocs que chics, comme à l'été 2023, à la Cayolle ou à Périer. Les grands bourgeois marseillais ne sont pas encore tout à fait prêts à marcher sur un linceul blanc impudique, ni à croiser les petits hommes blancs de la police technique et scientifique, ni à compter les « cavaliers » jaunes, ces indices numérotés, dans le périmètre de leur déambulation dominicale.

En cet automne 2023, ce sont même des cibles républicaines qui sont successivement attaquées : l'école de la Cayolle, dans le sud de la ville, puis la crèche des Grands-Carmes, un quartier résolument populaire, et enfin le site d'Aix-Marseille Université, au cœur même de la ville, la Halle Puget, dans le secteur Colbert, un lieu historique où se pressent chaque jour les étudiants en économie et gestion. La preuve que les trafiquants ne reculent plus devant rien. Ils paraissent mépriser les symboles d'hier chers à Jules Ferry : sa crèche, son école et son université. Demain, peut-être, ils effaceront les mots « Liberté, égalité, fraternité », au fronton de nos bâtiments communaux, pour les souiller du dernier prix de la « beuh » ou de la « coke » qui finira d'achever les jeunes générations.

Le site de l'université menacera de fermer une semaine, mais dans l'urgence, la préfète de police Frédérique Camilleri y a mis le holà. Elle parviendra à réunir à sa table les représentants de la mairie et de l'université. « Il est hors de question que les dealers aient le dernier mot. Il faut que le service public reprenne dès demain matin », scande-t-elle, ce 4 octobre 2023, devant toutes les télés de France en haleine. En deux mois, la police a en effet opéré vingt-neuf interpellations sur la Halle Puget et envoyé les CRS à quarante-deux reprises. Quarante-deux interventions successives de la police n'y ont rien fait. Pourra-t-on faire mieux ? « Les collègues sont très attachés à leur service public », renchérit Éric Berton, le président de l'université. « Personne ne peut tolérer ce qu'il se passe et ce qu'il s'est déjà passé sur d'autres territoires. Il ne sera jamais acceptable de voir le moindre service public reculer face à un climat de peur. Autant de fois que nécessaire, nous serons présents », promet Yannick Ohanessian, l'adjoint au maire chargé de la sécurité. Il fallait en sortir. Une présence statique et pérenne sera mise en place du matin au soir, avec l'espoir secret que les trafiquants n'aient pas envie de venir ferrailler avec l'uniforme.

La préfète de police des Bouches-du-Rhône Frédérique Camilleri et la procureure de Marseille Dominique Laurens n'auront de cesse de dire leur motivation d'« aller couper les tentacules de la pieuvre », avant que les trafiquants ne « menacent d'infiltration la sphère publique », ainsi que l'a vécu l'Italie par exemple.

Dès après les règlements de comptes, des manifestations de collectifs de victimes ou des « marches blanches » sont organisées à intervalles réguliers pour dire « stop » à la violence gratuite sur fond de trafic de stupéfiants. Mais une semaine plus tard, la mort est de nouveau au rendez-vous. L'une de ces mobilisations a eu lieu le 10 juin 2023 à l'initiative de l'association Conscience, créée par le jeune Amine Kessaci, en deuil depuis la mort de son frère il y a deux ans. Quelque cent cinquante personnes ont manifesté devant la mairie, derrière une banderole barrée de la mention « Mamans en pleurs, jeunes en danger ». Elles réclament la création d'une commission parlementaire sur ces assassinats en série, toutes les autres initiatives ayant jusque-là échoué.

Le vocabulaire des nouveaux bandits a changé

Face au crime organisé, le vocabulaire des nouveaux bandits a changé. On parle à peine de « barbecues », ces incendies de voitures destinés à faire disparaître les preuves, ou encore du fameux cri de guerre « Arah » toujours prompt à alerter les complices du réseau de l'arrivée imminente de la police, ou de ces « caddies » qui bloquent les escaliers des cités et pourrissent la vie quotidienne des résidents. La hiérarchie des réseaux reste néanmoins une hiérarchie quasi militaire qui a ses codes, avec ses vendeurs « charbonneurs », ses « nourrices » qui gardent le produit ou l'argent, ses « go-fast » devenus des « go-slow » pour mieux endormir la police et passer inaperçus, ses « guerres de territoires » qui sont de vraies guerres du feu armé, ses « balisages » et ses PGP, ces téléphones réputés « incraquables » mais qui ne le sont plus du tout.

Tout cela sent la « télénovella » à plein nez mais qu'importe. Les personnalités sont rares. Les gérants présumés de ces réseaux ont le désir de gagner vite et beaucoup en peu de temps. Leur espérance de vie dépasse rarement la trentaine. Ils blanchissent l'argent de la drogue et croient s'assurer des lendemains qui chantent. Ils ont oublié que la justice entend désormais les frapper rudement au portefeuille, quitte à les dépouiller de leur patrimoine bien mal acquis. Le travail de l'Agence de gestion et de recouvrement des avoirs saisis et confisqués (Agrasc) est le plus redouté.

Chez les policiers, ce qui a changé, c'est « la méthode proactive », qui commande de suivre les trafiquants bien avant qu'ils ne passent à l'acte pour les arrêter, afin d'éviter un nouvel assassinat, dès lors que c'est possible, et le « pilonnage », cher à la préfète de police des Bouches-du-Rhône Frédérique Camilleri, mis en place dès son arrivée à Marseille en 2020, qui passe par cinq à six opérations de déstabilisation par jour. Cela dérange le trafic, mais cela marche-t-il vraiment ? Et si tout cela n'était, tel le tonneau des Danaïdes, voué qu'à de très parcellaires résultats ?

130 millions d'euros de chiffre d'affaires annuel

« La réalité marseillaise est que, pendant de trop nombreuses années et encore aujourd'hui, une partie de la ville et de sa jeunesse a été laissée de côté », a tenu à déclarer le maire de Marseille Benoît Payan, lors du Conseil local de sécurité qui s'est tenu, le 12 juin 2023, en assemblée plénière devant plus de trois cents acteurs de la lutte contre la délinquance. « Alors, dans quelques semaines, a-t-il insisté, j'aurai l'occasion de vous faire part de ces mesures que je souhaite proposer aux jeunes Marseillais habitant les quartiers prioritaires pour que tous sachent qu'il n'y a pas de fatalité à Marseille. »

À ce jour, on compte officiellement 123 points de deal. « Il y en avait 225 dans le département en janvier 2021. Et ils ne se sont pas reconstitués ailleurs », assure la préfète de police des Bouches-du-Rhône. Soixante-dix d'entre eux ont été démantelés rien que sur la ville de Marseille. Les stupéfiants ont causé depuis 2009 la mort de 252 personnes et fait 185 blessés. Plus de 1 850 trafiquants ont été interpellés depuis janvier 2023, soit 7 % de plus qu'en 2022.

130 millions d'euros de chiffre d'affaires : c'est ce que génère chaque année le trafic de drogue dans la cité phocéenne. Un chiffre qu'aimait à citer le procureur adjoint de Marseille, Damien Martinelli, chaque fois qu'il organisait des séances pédagogiques destinées à informer les consommateurs de drogue sur les amendes pénales qui leur sont infligées. C'est aussi une manière de leur dire en audience publique : « Vous avez une part de responsabilité ! » En 2022, on a saisi à Marseille 1,7 tonne de cocaïne mais seuls 10 % de la marchandise seraient interceptés. Cela en dit long sur le « chiffre noir » du trafic. Face à cela, le tribunal judiciaire de Marseille compte à ce jour 27 juges d'instruction et 56 magistrats du parquet, mais tous ne sont pas spécialisés, ni affectés à la lutte contre les trafics de stupéfiants et la délinquance organisée.

Marseille n'en finit pas de courir de « chiffre noir » en « chiffre noir ». Le nombre de vols à main armée recensés dans le département des Bouches-du-Rhône à la fin de l'année 2023 inclinait peu à l'optimisme : 133 affaires contre 109 recensées en 2022, autant dire une augmentation de 22 %, 9 faits sur 10 étant constatés dans le seul ressort du tribunal judiciaire de Marseille. Voilà qui ne réjouit guère les services de police. « Les effectifs ont été sensibilisés à la veille des fêtes. Nous avons mis en place un maillage territorial beaucoup plus important et demandons à nos divers services d'être beaucoup plus vigilants », témoigne Sébastien Lautard, directeur départemental adjoint de la sécurité publique.

Du coup, un nouveau protocole a été installé, qui permet désormais à la sécurité publique de récupérer certains de ces vols à main armée et de leur apporter une réponse immédiate dans le cadre de la procédure de flagrant délit. C'est ainsi qu'au sein de la sûreté départementale de Marseille, une équipe travaille sur les dossiers en cours, tandis qu'une autre est totalement dédiée au flagrant délit. « Ce dernier groupe est toujours en alerte et permet de dérouler aussitôt le vol à main armée », explique le commissaire divisionnaire David Brugère, chef de la sûreté. Heureusement, en dix ans, la nature des vols à main armée a bien changé. Hier, ils étaient le fait d'équipes organisées et constituées. Aujourd'hui, on a surtout affaire à des braqueurs solitaires avec des préjudices qui sont souvent des fonds de caisse, et donc de peu d'importance. Quant aux vols avec violences, ils sont en baisse de 10 %, ce qui réjouit au moins momentanément les Marseillais.

Des trafics d'armes insuffisamment tracés

De fait, c'est le débat sur les armes qui ressurgit également. Comment circulent-elles ? Cela reste une des inconnues majeures. De l'aveu de Frédérique Camilleri, « on n'a jamais autant saisi d'armes à Marseille que depuis deux ans[1] ». Une cellule spécialisée baptisée « Impact » a même été créée au sein de la police judiciaire, afin de recouper tous les renseignements issus de ces saisies et d'essayer de remonter sur les trafiquants. « Et l'on a trouvé des personnes dont le métier est d'acheter et de revendre des armes », insiste, un rien sibylline, la préfète de police. Débusquer un vendeur, c'est souvent faire tomber un premier domino, qui en fera tomber un deuxième, puis un troisième, jusqu'à la mise au jour complète d'une équipe.

D'où viennent ces armes que l'on retrouve dans tous les règlements de comptes ? Des Balkans, où sévirait une importante filière d'importation depuis l'effondrement de l'ex-Yougoslavie. D'Albanie, par la route, tout simplement par la route. Des arrière-cuisines de collectionneurs aux idées larges et aux penchants pugilistiques. Ou encore de cambriolages, notamment ceux d'armureries bien connues. Les spécialistes constatent également que le commerce d'armes en kit se développe. De

1. Florent Bonnefoi, *La Provence*, 29 avril 2023.

nombreuses pièces détachées sont achetées sur Internet, *via* des sites de vente en Amérique du Nord, avant d'être acheminées dans les colis postaux jusqu'à la France. Autre nouveauté : les pistolets d'alarme, notamment de la marque turque Zoraki, seraient de plus en plus trafiqués pour en faire des armes létales. Enfin, les malfaiteurs parviennent même à imprimer des pistolets en 3D, canons non compris, grâce aux imprimantes dernière génération.

Une chose est sûre : à en croire le rapport dressé par le Service d'information, de renseignement et d'analyse stratégique sur la criminalité organisée (Sirasco), notre pays serait devenu le terrain de jeu favori de nombreux groupes criminels, français, mais aussi africains, voire européens de l'Est, versés dans le trafic des drogues et le trafic d'armes[2].

Le prix ne serait en tout cas pas un frein, les tireurs pensant sans doute que la fin justifie les moyens. Dès lors, tous les tarifs circulent. De l'aveu des spécialistes, les premiers « effets Ukraine » commenceraient à se faire sentir. La guerre de la Russie contre Kiev va ouvrir des pistes et susciter des convoitises grâce au nouveau stock d'armes de guerre qui a été créé. Selon certaines sources, un fusil d'assaut AK47, qui se vendait naguère au prix de 2 500 euros l'unité, se monnaierait aujourd'hui à peine plus de 300 euros. Mais il est encore trop tôt pour avoir un regard aiguisé sur le phénomène.

La police arrête de plus en plus de trafiquants d'armes. Cette hausse est-elle le reflet d'une réelle augmentation du trafic à Marseille et de son inquiétante prospérité ? Ou bien seulement un état des lieux qui démontre que la police travaille mieux et plus contre ces gangs ? Éternel débat. Il reste que ce combat est évidemment un combat de tous les jours. Les autorités disent veiller à ce que les réseaux ne deviennent pas hégémoniques, des réseaux qui iront plus loin que le simple

2. Rapport du Sirasco, *Le Figaro*, 27 juin 2023.

trafic de drogue, et menaceront durablement nos ressorts démocratiques.

Dès lors, on ne peut pas dire que la police ne va pas partout à Marseille. Elle peut aller partout, à condition évidemment d'y mettre les moyens, d'engager une compagnie de CRS, soit plus de cent hommes simultanément. Deux équipages de brigades anti-criminalité (Bac) et quelques poignées d'effectifs de sécurité publique ne suffisent pas à décourager un réseau en marche forcée. Le film *Bac Nord*, bien que décrit comme très fictionnel, n'est pas très éloigné de la réalité de terrain que vivent les policiers marseillais chaque jour, et surtout chaque nuit.

Que sont devenus les anciens caïds ?

Dans ce nouveau paysage du crime, les vieux caïds, dont beaucoup de Corso-Marseillais, ceux dont on disait qu'ils tenaient hier la ville d'une main de fer, se sont retirés sur la pointe des pieds, ou ont été fauchés violemment sur le théâtre de leurs opérations. Le « milieu » traditionnel n'est plus. Le « milieu », ce mot que Francis Carco, le premier, l'écrivain et poète, le peintre des bas-fonds et de l'obscurité humaine, a utilisé pour désigner le crime organisé. Au XIXe, on préférait parler de « haute pègre ».

Les principales figures tutélaires ont disparu du paysage. Francis le Belge, né Vanverberghe, a été tué en septembre 2000, dans un bar-PMU parisien proche des Champs-Élysées, où il avait trop d'habitudes. Et comme dit Tony Cossu, un autre voyou marseillais à l'ancienne, « les habitudes, c'est ce qui tue le plus dans le milieu ».

Jacky Imbert, né le 30 décembre 1929 à Toulouse, dit « Le Fou » ou « L'Immortel », qui avait miraculeusement survécu le 1er février 1977 à Cassis à un guet-apens où il avait reçu vingt-deux balles dans le corps, n'est plus non plus. « Je crois à la justice divine », répétait-il de son vivant. Ses tireurs sont morts peu après… Intelligent, cultivé, ami d'Alain Delon et de quelques autres gloires du showbiz français, connu pour son regard métallique qui ne rassurait pas les plus constants, Jacky Imbert avait aussi le sens de la réplique culte, celle que Michel Audiard lui aurait volontiers enviée. « Les flics sont toujours venus me chercher pour les coups que je n'avais pas faits. Pour ceux que j'avais faits, je n'ai jamais vu personne », disait-il fièrement. Info ou intox ? Jacky Imbert a toujours été un grand joueur, un grand amateur de courses de chevaux. Un grand bluffeur peut-être aussi… Après avoir coulé des jours heureux au Maroc sur la fin de sa vie, il est mort en 2019 de mort naturelle, ce qui prouve qu'à Marseille on peut encore mourir dans son lit, même quand on a été une figure du banditisme. Il avait 89 ans. On ne le croisera plus au magasin de sa jeune épouse Christine, en plein centre-ville de Marseille.

« Taiseux par discipline personnelle »

Jacques Cassandri, dit « Le Tondu », figure aussi sympathique qu'historique du banditisme corso-marseillais, s'est éteint le 19 janvier 2022, terrassé par un vilain Covid. En tout cas, les derniers « survivants » ont acquis la sagesse de rester à l'écart. Et on ne leur prête même pas le rôle de conseils de l'ombre des nouvelles figures du narcobanditisme. Deux mondes qui ne se ressemblent pas. Roland Cassone, qui avait réussi la prouesse de détenir jusqu'à l'âge de 70 ans un casier judiciaire vierge, s'est retiré sur ses terres de Simiane, dans la campagne des Bouches-du-Rhône. Pour le juge Duchaine, Cassone était « taiseux par discipline personnelle autant que par nécessité ». Il a été l'un des rares à échapper à l'amende douanière de 7 millions d'euros dans l'affaire du cercle de jeux Concorde. Au procès de juin 2013, il s'était tourné en direction de la salle d'audience pour qualifier ceux qui tenteraient de l'instrumentaliser de « porcs ». Le procureur s'était étonné de cette autorité naturelle distributrice de bons et de mauvais points.

Jean-Claude Kella, équipier notoire de la French Connection, est mort en juillet 2014 après avoir passé plus de vingt-cinq ans en prison. L'un des rares à avoir gardé, selon son avocate, Me Catherine Martini, « le sens de la parole donnée ». Une vertu de voyou qui se perd. Deux fois relaxé pour trafic de stupéfiants, il combattait, au soir de sa vie, l'ennui par l'écriture. Il avait épousé en secondes noces la fille de l'empereur des jeux de la Côte d'Azur, Jean-Dominique Fratoni.

Laurent Fiocconi, ex-proche de Francis le Belge, figure lui aussi de la French Connection, surnommé « El Mago » (Le Magicien) pour ses talents de chimiste de la drogue, est mort en mars 2023.

Naguère condamné pour corruption policière et proxénétisme, André Cermolacce, dit « Gros Dédé », à la tête d'une société de café, a longtemps passé l'essentiel de son temps dans le quartier de l'Opéra, son port d'attache. Il n'y fait plus que de rares et discrètes apparitions. Même le très turbulent Roland Talmon, pilier de la même bande de l'Opéra, as du blanchiment et des machines à sous, se fait oublier. De même que Raymond Mihière, dit « Le Chinois », longtemps interdit de séjour dans le sud de la France et qui s'était exilé en Espagne, plusieurs fois condamné pour association de malfaiteurs, mais plusieurs fois relaxé aussi. Il vivrait entre l'Eure-et-Loir et la Provence. Cet as de l'esquive, longtemps présenté comme un pionnier des Bingos en France, ces jeux de hasard sans véritable hasard, n'en est pas moins discret. Comme si les anciens préféraient désormais regarder de loin ceux qui occupent le terrain. Sans faire des commentaires qui pourraient être désobligeants…

Restent les frères Campanella, propriétaires de plusieurs établissements de jour comme de nuit, dont deux pizzerias des quartiers chics de la ville et une discothèque, située non loin de là, qui draine toute la jeunesse marseillaise. Les Campanella sont plutôt du genre efficace. Ils viennent même de racheter un bar marseillais du centre-ville pour en faire une sorte de « brasserie à la parisienne », ce qui manque beaucoup dans la cité phocéenne.

C'est qu'ils ont toujours eu du nez dans les affaires. Né le 1er juillet 1967 à Marseille, surnommé « Bombellus », Gérald est le cadet des frères. Il était en fuite depuis 2004. Jusqu'à son arrestation en juin 2010 à Golfe-Juan.

Michel Campanella, l'aîné, est né le 21 avril 1963 dans les Ardennes. Surnommé « Canari », il a su se faire adopter par Marseille. Libéré en 2008, il a géré les affaires familiales, avant de replonger. Fin novembre 2023, il a de nouveau été placé en garde à vue dans les locaux de la Division économique et financière de la police judiciaire dans le cadre d'un dossier d'abus de biens sociaux ouvert en 2022. Son nom est apparu, dans une société, comme celui d'un commercial que le patron avait omis de déclarer. « Évidemment, quand les enquêteurs ont vu le nom de Campanella dans le listing, les esprits se sont échauffés ! » confie une source proche du dossier. Deux jours de garde à vue. Petit détour par le bureau du juge d'instruction saisi, « complicité d'abus de biens sociaux » notifiée le 30 novembre 2023. Le parquet voulait l'envoyer en détention. Le juge des libertés et de la détention l'a remis en liberté, après avoir constaté la maigreur du dossier.

Bernard Barresi est un ami des Campanella. Il partage son temps entre Gardanne et la Côte d'Azur. En cavale pendant dix-huit ans lui aussi, il s'est fait arrêter le 5 juin 2010 sur le même yacht que les Campanella, un bateau mis à leur disposition par le P-DG d'un des groupes de luxe les plus importants de la planète. L'affaire sur fond de machines à sous n'a toujours pas été jugée. Il y est question de rachats de tickets gagnants de PMU et de parties de cartes clandestines, deux méthodes très prisées des grands voyous depuis de longues années. La fine équipe jouit d'un relationnel sans bornes. Elle a les réseaux qu'il faut dans tous les univers marseillais. Elle sait ce qu'elle fait et où elle va. Comme en témoigne cette écoute téléphonique où Michel Campanella a ce mot : « Nice, on travaille pas. On s'arrête à Toulon ! » En revanche, les Campanella-Barresi ont leurs entrées en Corse et ils ne s'en privent pas, notamment dans la région de Calenzana, où Bernard Barresi a fait construire une maison de deux cent quarante-sept mètres carrés pour son ex-femme.

Seuls demeurent finalement ces sobriquets qui ont toujours fait partie de la langue fleurie du « milieu ». Vestiges d'un folklore qui répugne à passer de mode. Parce qu'on peut avoir fait le choix assumé de vivre à la marge de la société et se gargariser des bons mots de cette même société qu'ils rejettent. Les surnoms des voyous se ramassent à la pelle. « C'est quoi ton blase ? » Question récurrente. Chez les voyous, grands ou petits, c'est la première interrogation qui vient. Comme une fiche d'identité. Nom, surnom, « blase » ou « surblase », c'est un peu l'ADN du malfaiteur, un passeport pour le succès ou la gaudriole. Hier, ils s'appelaient « le Beau Serge », « Coco le Dingue », « Jojo la mandoline », « Docteur Satan », « Pierrot les grandes feuilles », « René la Canne », « Raymond la Science » ou plus récemment encore « Babouin », ce qui ne promettait pas un physique de premier rôle. Alors, autant se trouver un surnom qui chante le « milieu ».

Beaucoup croient que cela les mettra à l'abri de la curiosité policière. Ils se trompent. Parfois, le surnom est choisi. Parfois, il s'impose de l'extérieur. Francis « le Belge », bien que natif du Panier, le tenait de son père, un menuisier des Flandres. Jacky Imbert a été « Le Mat », ou « Le Fou », parce que souvent imprévisible, voire « Ben Hur », pour avoir gagné en 1973 le championnat de France amateur de trot attelé. François Scapula fut « la Balance ». Pour avoir, au tableau d'honneur du banditisme, beaucoup parlé dans l'affaire du juge Michel. On retrouve trop souvent « Le Chinois ». « Il suffit que l'individu ait un début de commencement de profil asiatique », analyse un flic averti.

Antoine Cossu, ex-beau-frère du Belge, reste « Tony l'Anguille » pour avoir longtemps glissé entre les doigts des enquêteurs et échappé à la justice. Il a gardé, tel un titre de propriété, son sobriquet en forme de bail emphytéotique. Jean-Claude Kella ne reniait pas l'appellation contrôlée « Le Chanceux » pour avoir été remis en liberté sur la malheureuse erreur d'un juge. Malheureuse pour le juge, bienheureuse pour le premier concerné. Plus rigolo était « Jo le Petit Doigt », surnom de Georges Bertoncini, ex-ravisseur du baron Empain. « Parce qu'il était connu pour avoir coupé un doigt du pauvre baron », décrypte un magistrat. Bernard Barresi reste « Jambon », pour être lié à Mme Serrano, comme le jambon espagnol éponyme.

Mais où vont-ils donc puiser leur imagination, s'étonnerait le grand public ? Les voyous savent humour garder. Même et surtout dans les écoutes téléphoniques qui sont leur terrain de galéjade préféré. Car le surnom conserve ce côté ludique que n'aurait pas renié le scénariste Michel Audiard. « Pour nous, c'est un instrument de travail, confie un juge spécialisé. On y retrouve un concentré des origines de l'intéressé : "Jo le Libanais" par exemple, de ses caractéristiques physiques, "Roger Lunettes" pour Roger Spanu, "Bugs Bunny", "Marteau", "Tarzan", "Loucheur", "Tronche plate" ou "Tête de pioche" aujourd'hui dans les cités marseillaises, voire de ses spécialités, comme "Lucky Luke" pour Franck Perletto, connu hier pour tirer plus vite que son ombre. »

Aujourd'hui, les « narcobandits » n'échappent pas à la règle, tel ce mis en cause dans un règlement de comptes de l'été 2023, âgé de 22 ans, membre présumé de la redoutable et redoutée équipe des DZ Mafia, qui, jusqu'à son arrestation, se faisait appeler « O'Connor », par référence au pilote du film *Fast and Furious* ou encore « Sicario 13090 », comme ce film qui raconte la guerre des cartels en Amérique latine, soit « sicaire » – tueur à gages – en français, ce qui ne promet rien de bon.

Dans les années 1930, le duo François Spirito-Paul Carbone était « Beau Ficelle » pour le premier, en raison de sa haute silhouette, et « Lydro », pour les cicatrices qui lui mangeaient les joues. « Le Tatoué » pour le second, qui portait humblement l'inscription « Au plaisir des dames » sur le bas-ventre. Tout un programme ! « Poteau » ou « Bicou » sont très répandus à Marseille. « J'ai même un "Ma Couille", raconte un magistrat marseillais qui assure le détenir dans un de ses dossiers. Mais ne me demandez pas pourquoi ! » Le secret de l'instruction sûrement...

4

Règlements de comptes et guerres de territoires

Procrastiner. Procrastiner sans cesse. Ce serait donc un mal bien français. Depuis plus de trente ans, on sait que le match contre la drogue sera difficile à mener, mais de médications passagères en traitements homéopathiques, en passant par les habituels cautères sur une jambe de bois à vocation urbaine, on a multiplié les opérations coups-de-poing éphémères, les scénarios médiatiques, pour rassurer la population transie derrière son poste de télévision. Surtout, ne pas affoler la France ! Comme dirait le philosophe Pascal Bruckner, les violences dans les quartiers sont devenues « la bande-son de la vie quotidienne ».

On a appris à vivre avec. On a prôné les passages réguliers, les contrôles de police réitérés, même nocturnes, destinés à chahuter le réseau. On a inventé les stratégies dites de « pilonnage », qui ont pour effet d'agacer les gérants de la drogue, parce qu'elles leur posent des problèmes de logistique et d'approvisionnement, parce qu'elles font nécessairement chuter les profits, essaiment l'argent et renvoient dans la nature guetteurs, vendeurs et autres collecteurs, le temps que ce mauvais mistral répressif passe.

On a ainsi fabriqué sans le savoir ce qu'on appelle désormais des « guerres de territoires » sans se douter qu'on allait allumer un feu encore plus brûlant, celui qui consiste pour les trafiquants à sortir les fusils d'assaut et les armes de guerre pour défendre leurs espaces et éviter de se les faire reprendre par un concurrent plus gourmand ou plus harcelé par la police. L'idée principale consiste à être le plus imprévisible pour les trafiquants et les tueurs de l'ombre et d'être le plus visible possible pour la population. Le plan « Marseille en grand » voulu par le président Macron ne porte pas prioritairement sur la sécurité, mais il passe nécessairement par la sécurité, sans laquelle les autres piliers ne sauraient avoir d'assise pérenne. C'est une première pierre qui doit permettre de bâtir durablement le reste de l'édifice.

Deux fois plus de « plans stups » que de bureaux de poste

Telles les cinquante filles du roi Danaos, mariées contre nature à leurs cousins, puis condamnées aux Enfers à remplir sans fin un tonneau percé, la mythologie du trafic de drogue est tristement répétitive. On ne saurait pourtant reprocher à nos policiers de terrain, à ceux qui planquent jour et nuit, au péril de leur vie, de traquer le trafic de drogue comme on chasse l'ours polaire. Avec un œil toujours en éveil. Mais cette chasse à l'homme ressemble de plus en plus au mythe précité du « tonneau des Danaïdes ».

L'économie souterraine est devenue l'économie tout court de cités en déliquescence. On disait jadis avec une forme de contorsionnisme politique que Marseille puisait là la quintessence de sa paix sociale. Les choses sont plus compliquées, mais le tonneau se vide et se remplit sans fin aujourd'hui. Il y a deux fois plus de « plans stups » que de bureaux de poste dans les Bouches-du-Rhône, ce qui en dit long sur la continuité du service public. En l'occurrence, et en dépit des coups de balai policiers, on est plutôt sur la continuité du service privé aux consommateurs de drogue.

Le « couteau suisse » anti-drogue

On a même envoyé la fameuse CRS 8, le couteau suisse anti-drogue, la baguette magique sans magie, la super-compagnie républicaine de sécurité vouée au grand retour de l'ordre public dans ces quartiers ou ces zones de non-droit. Mais la CRS 8, bien qu'animée d'hommes de bonne volonté et de convictions chevillées au corps, a couru hélas de ruche en ruche, de cité vérolée en cité vérolée, de Marseille à Nîmes et de Nîmes à Marseille. Elle a paré au plus pressé, comme lors de son séjour dans la cité phocéenne du 19 au 23 août 2023. Cinq petits jours de présence et puis, elle s'en est allée chasser sur d'autres terres tout aussi inhospitalières. Simulacre de réponse, la CRS 8 n'aura finalement que rarement eu les moyens de ses ambitions, encore moins celui de revenir sur les lieux du crime… Du coup, elle a laissé un terrain en jachère qui va repousser très vite, avec ses cultures de la drogue que sont shit, herbe de cannabis, cocaïne et drogues de synthèse.

On a oublié qu'il n'est de politique efficace, dans cet univers complexe et corseté bien que très lucratif, qui ne se résout à intégrer la règle de droit, sans traitement des problèmes en profondeur. D'où l'idée qu'il faut rester sur place pour bousculer durablement les réseaux de stupéfiants. Alors, on a promis désormais de rattacher non pas la CRS 8 à Marseille, mais une de ses sœurs siamoises, la CRS 81, à sa ville fusionnelle.

Depuis le mois de novembre 2023, les deux cents hommes de cette nouvelle compagnie sont arrivés sur place. Ils ont pour rude mission quotidienne d'« occuper le terrain ». Si l'on en croit la préfète de police des Bouches-du-Rhône Frédérique Camilleri, ils devraient être capables de mener « jusqu'à vingt opérations par jour contre les points de deal ». N'est-ce pas courir trop de lièvres à la fois ? D'autant qu'on vient, entre-temps, de dépêcher la CRS 8 aussi à Avignon.

À la minute où la police quitte les cités sensibles, les réseaux se reconstituent, telle la queue du lézard qui repousse après avoir été coupée. La création des zones de sécurité prioritaires (ZSP) n'a pas permis de répondre à toutes les attentes, loin de là, sinon de pointer les verrues et de faire un peu plus peur. Et ce ne sont pas les visites successives des ministres de l'Intérieur, de Nicolas Sarkozy à Manuel Valls, en passant par Bernard Cazeneuve ou Gérald Darmanin, sous l'œil cathodique et gourmand des caméras, qui ont identifié la solution miracle. D'autant qu'à l'heure où Marseille et Nîmes brûlaient, en août 2023 – huit morts par balles en un mois dans la première et deux dans la seconde ville –, le ministre de l'Intérieur Gérald Darmanin en déplacement, un rien lyrique, paraissait plus préoccupé de se construire un destin présidentiel, avec le soutien éditorial d'un ancien chef de l'État, qu'à gérer les affaires courantes, celles pour lesquelles il a pourtant été dûment mandaté par le président et sa Première ministre Élisabeth Borne.

Il faudra un déplacement de cette dernière dans le Nord pour lui rappeler quelles étaient les priorités des priorités, les Français se fichant comme d'une guigne, à trois ans de la présidentielle, de la nouvelle tête qui sortira du chapeau, un peu moins de ce qu'ils vivent dans leurs cités sensibles quotidiennement taraudées par le trafic de drogue.

Et pourquoi pas l'armée ?

Lors d'une conférence donnée au Cercle des nageurs de Marseille, l'un des hauts lieux de rencontre, très prisé du Tout-Marseille, l'ex-procureur Jacques Dallest avait été interrogé par son auditoire. « Comment donc éradiquer la délinquance dans cette ville ? » lui demandait très sérieusement un de ses auditeurs. « Il faudrait d'abord supprimer la gent masculine ! » avait-il répondu d'un humour grinçant, 90 % des faits de délinquance constatés étant le fait d'hommes. « Il faudrait aussi rétablir l'amputation pour les voleurs et la pendaison pour les trafiquants de drogue ! » avait-il ajouté. Ce n'était évidemment qu'un bon mot sans équivoque qui visait à détendre l'atmosphère, mais il en dit long sur l'impossible défi lancé aux autorités pour faire reculer cette hyperviolence marseillaise.

Finalement, c'est peut-être Samia Ghali, l'ex-sénatrice des Bouches-du-Rhône, implantée dans les quartiers nord de la ville, aujourd'hui adjointe au maire de Marseille, qui avait raison, quand au mois d'août 2012 elle lançait l'idée, alors saugrenue, surtout pour une élue PS, d'envoyer l'armée.

« Aujourd'hui, face aux engins de guerre utilisés par les réseaux, il n'y a que l'armée qui puisse intervenir », plaidait-elle alors. « Pour désarmer les dealers d'abord. Et puis, pour bloquer l'accès des quartiers aux clients, comme en temps de guerre, avec des barrages. Même si cela doit durer un an ou deux, il faut tenir », expliquait l'élue.

« Là où il y a une volonté, il y a un chemin »

« Cela ne sert plus à rien d'envoyer un car de CRS pour arrêter des dealers. Quand dix d'entre eux sont arrêtés, dix autres reprennent le flambeau. C'est comme combattre une fourmilière[1]. » À cela, le ministre de l'époque Manuel Valls avait répliqué aussitôt : « Il est hors de question que l'armée puisse répondre à ces drames et à ces crimes. Il n'y a pas d'ennemi intérieur. » Question d'idéologie sans doute.

« Là où il y a une volonté, il y a un chemin », aimait à dire Winston Churchill. Sans doute Marseille et la France derrière elle ont-elles besoin d'un vrai « plan Marshall des cités » contre la drogue. Le plan « Marseille en grand » lancé par le président Macron y suffira-t-il ? Rien n'est moins sûr. On a compris, bien que tardivement, qu'il fallait traiter le problème dans sa globalité, avec l'aide de la police bien sûr, mais aussi avec les écoles, les collèges, les lycées, tant les mineurs sont aujourd'hui impliqués dans le trafic, avec les bailleurs, avec les gardiens d'immeubles,

1. *La Provence*, 30 août 2012.

avec les travailleurs sociaux, avec les médiateurs urbains, et jusqu'aux acteurs du monde de l'économie et de l'emploi.

Et surtout, on a oublié qu'il faudrait rééduquer tout le monde, reprendre à la racine l'éducation civique des plus jeunes. Quand ils descendent dans la rue, en juin et juillet 2023, pour piller les commerces des centres-villes de Marseille, Paris ou Lyon, ils sont dans ce que Laurent Nunez, le préfet de police de Paris, ex-préfet de police des Bouches-du-Rhône, appelle « une délinquance d'appropriation ». Ils n'entendent nullement retourner à l'école, ni écouter les leçons de vie que voudraient leur faire leurs aînés. Ils veulent tout et tout de suite, la drogue et surtout l'argent, celui qui, feignent-ils de croire, fera d'eux les pachas de demain.

Le comité interministériel fondateur de septembre 2012

Le comité interministériel convoqué le 6 septembre 2012 à Paris par le Premier ministre socialiste Jean-Marc Ayrault avait, croyait-on, permis de prendre conscience de l'urgence de la situation. On était sur la bonne voie. C'était pourtant il y a plus de dix ans. Que de temps, de coups de menton et de salive perdus ! Quinze ministres étaient ce jour-là réunis autour de la même table, dont Manuel Valls, ministre de l'Intérieur, Christiane Taubira, ministre de la Justice, Arnaud Montebourg, ministre du Redressement productif, François Lamy, ministre de la Ville, et Cécile Duflot, ministre du Logement. On enregistrait à cet instant, et pour les huit premiers mois de l'année 2012, déjà vingt morts sur fond de règlements de comptes à Marseille. Un préfet de police de plein exercice, le seul existant en France avec Paris, sera créé pour l'occasion, afin de répondre avec ses soixante-six agents aux profils très divers aux enjeux de sécurité et d'ordre public à Marseille et dans les Bouches-du-Rhône. Deux cent cinq policiers et gendarmes y seront affectés, une deuxième zone de sécurité prioritaire (ZSP) sera créée, des moyens divers seront aussi alloués aux douanes, à la justice et au monde pénitentiaire. Le 20 août 2013, Jean-Marc Ayrault faisait le voyage jusqu'à Marseille avec cinq de ses ministres et tirait les premiers bilans : « Le travail est en train de payer, mais il ne faut pas baisser la garde. » Que reste-t-il aujourd'hui sur l'éventaire du marchand de rêves des cités marseillaises ?

On a aussi oublié d'écouter l'ancien ministre de la Ville Jean-Louis Borloo, qui avait été mandaté par Emmanuel Macron pour faire un état des lieux sur le sujet. Remis en 2018, son rapport a été enterré. On l'a remisé dans un tiroir pour ne plus l'en extraire. Il préconisait pourtant une série de mesures d'urgence à mettre en place, afin de stopper les trafics efficacement.

Le directeur de la police sauve sa tête

Faut-il se souvenir que, le 9 février 2015, la police s'est fait tirer dessus, alors qu'elle s'apprêtait à intervenir massivement dans la cité La Castellane, l'une des plus emblématiques des quartiers nord de la ville ? Les trafiquants ont même poussé fort loin le bouchon, ce jour-là, en recrutant un commando paramilitaire venu de l'Est, composé pour l'essentiel d'Albanais et de Kosovars, dûment formés et entraînés, pour prendre le contrôle de la tour K de la cité, réputée la plus lucrative. Le directeur départemental de la sécurité publique (DDSP) des Bouches-du-Rhône, Pierre-Marie Bourniquel, qui, avec une belle réactivité, se rendait sur le site au petit matin, entendra même fuser les balles, sans être toutefois blessé. Quant au Premier ministre Manuel Valls qui passait alors pour un « chat noir » chaque fois qu'il venait à Marseille, il était effectivement là quelques heures plus tard, confortant ainsi sa vilaine réputation de montreur de vérités indicibles… Sept kalachnikovs seront saisies, plus de trois cents cartouches retrouvées sur les lieux et sept personnes – des mercenaires venus des Balkans – seront finalement identifiées, mises en examen et écrouées quelques mois plus tard.

Dix ans plus tard, rien n'a été résolu. Il semble que la « garde » évoquée en 2013 par le Premier ministre Jean-Marc Ayrault ait été inexorablement baissée, en tout cas que le boxeur Premier ministre ait pris quelques uppercuts dans le nez de ses certitudes.

Les trafics de drogue décryptés

« On ne peut qu'être inquiets ! » Le 29 juin 2023, au cours d'une réunion presse-parquet, qui avait pour vocation de faire œuvre de transparence, la procureure de la République de Marseille Dominique Laurens ne mâchait pas ses mots. On croyait lire dans les chiffres quelques tendances qui vont dans le sens d'un optimisme mesuré, mais les faits sont têtus. Avec près de 50 morts par homicides et plus de 110 blessés fin 2023, les statistiques ne plaident pas en faveur d'une amélioration. D'autant que l'activité liée aux stupéfiants pèse à ce jour dans l'action publique du parquet à hauteur de 19,4 %, soit près d'une affaire sur cinq, contre 18,7 % en 2022. Dans les autres juridictions de la taille de Marseille, le chiffre est de 12 %. 36 % des personnes déférées en comparutions immédiates l'ont été en 2023 pour des faits d'infraction à la législation sur les stupéfiants. Plus d'une affaire sur trois. De l'aveu des représentants du parquet de Marseille, « il y a une fusillade tous les deux à trois jours et c'est allé jusqu'à trois fusillades par nuit ».

La part prépondérante des mineurs

Tout aussi préoccupante est la part des 14-21 ans chez les victimes. Elles sont 41 % en 2023 (14 % ont entre 14 et 17 ans et 27 % entre 18 et 21 ans), ce qui confirme l'évolution vers un rajeunissement des victimes de ces homicides. Les 14-21 ans représentent également 66 % des mis en examen à Marseille et dans les Bouches-du-Rhône, les plus de 26 ans seulement 12 %. Un mineur est déféré chaque jour dans la cité phocéenne devant un juge des enfants ou devant le tribunal pour enfants pour des faits liés aux stupéfiants.

Sans doute faut-il relire Platon qui, dans *La République*, écrivait : « Lorsque les pères s'habituent à laisser faire les enfants, lorsque les fils ne tiennent plus compte de leurs paroles, lorsque leurs maîtres tremblent devant leurs élèves et préfèrent les flatter, lorsque finalement les jeunes méprisent les lois parce qu'ils ne reconnaissent plus au-dessus d'eux l'autorité de rien ni de personne, alors c'est là en toute beauté et toute jeunesse le début de la tyrannie. »

À l'arrivée, comme dit un flic marseillais cité par le journaliste Romain Capdepon, point de salut pour ces jeunes : « Il n'y a que deux issues : quatre murs ou quatre planches[2]. »

« Depuis 2013, nous avons recensé 256 morts », aimait à préciser la procureure de Marseille Dominique Laurens, soit plus de 25 morts par an en moyenne, avec des années hautes telles que 2023, l'année 2022 avec 33 morts et 43 blessés, et l'année 2016 avec 32 morts et 13 blessés. 70 % de l'activité des juges des libertés et de la détention (JLD) ciblent d'ailleurs des affaires de crime organisé.

La stratégie de la terreur

Les faits les plus récents tendent vers une stratégie de la terreur, une stratégie assumée, avec une intensification de la mise en scène de la violence, qui ne laisse pas d'inquiéter les magistrats du parquet. « On n'est plus à Marseille, on est dans les favelas de Rio », disait déjà en 2010 l'ex-procureur de Marseille Jacques Dallest, un rien prophétique. « Maintenant, il faut qu'on tienne dans la durée. Mais le problème, c'est que ça va de plus en plus vite de l'autre côté, et que nous, il faudrait qu'on arrive non seulement à aller aussi vite qu'eux, mais à prendre les devants », résumait la procureure de Marseille Dominique Laurens[3]. Faut-il lire entre les lignes un aveu de faiblesse ?

De source judiciaire, on estime qu'une tête de réseau de drogue percevrait 150 000 euros de revenus – et non de chiffre

2. Romain Capdepon, *Les Minots*, Jean-Claude Lattès, coll. « Les Invisibles », 2019.
3. *La Provence*, 15 octobre 2023.

d'affaires – par mois. Le président Emmanuel Macron a indiqué, lors de sa visite à Marseille du 26 au 28 juin 2023, que le nombre des « points de deal » aurait baissé en France de 40 %. Mais qui pourrait prétendre détenir une compatibilité exacte de ces lieux de revente, tant elle est mouvante, avec beaucoup de petits « plans » et d'autres plus gros, qui se ferment, se forment et se reforment ailleurs, aussitôt, certaines cités marseillaises totalisant parfois jusqu'à quatre points de « deal », comme ce fut le cas dans la cité La Paternelle ? Avec également tous ces *coffees*, du nom de ces petits « points de deal » qui fleurissent au pied des immeubles et affichent insolemment leurs tarifs, avec un jeu de couleurs presque ludique qui fera illusion chez les plus influençables.

Jeunes femmes « offertes », viols, séquestrations et tortures

Le cannabis se monnaie 3 000 euros le kilo et se revend 8 euros le gramme. La cocaïne s'achète 32 000 euros le kilo et se revend 65 euros le gramme en moyenne. Sans compter les coupes de produit souvent fréquentes qui permettent encore de doper les ventes. Plus grave semble être le constat récent fait autour de la prostitution de jeunes filles intégrées aux réseaux qui serviraient d'appâts ou de *goodies* pour le client… Un vrai phénomène nouveau qui semble démontrer que le banditisme n'est jamais à court d'idées. Il devance souvent les policiers dans sa quête de stratégies pour étendre ses réseaux et ses profits.

Adieu le geste commercial d'hier, le briquet offert ou le petit mais modeste cadeau sympathique qui avait pour vocation de fidéliser le consommateur. On a indubitablement franchi un seuil, qui rapproche de la « traite des êtres humains », un délit hélas très difficile à caractériser en droit, et qui n'accouche donc, pour l'heure, que de très peu de poursuites et de condamnations.

Et l'on ne compte plus désormais les faits de séquestration suivis de violences diverses et variées, à l'encontre d'un membre du réseau, au prétexte qu'il aurait, à tort ou à raison, détourné du produit. Des violences qui vont parfois jusqu'au viol, comme cette folle équipée de six mineurs de la cité La Busserine, jugés en septembre 2023 par la cour d'assises des Bouches-du-Rhône pour avoir séquestré et torturé pendant plusieurs jours leurs victimes. Les auteurs, dont des petites mains du réseau, n'ont pas hésité à l'automne 2020 à tyranniser des rivaux, en leur portant des coups de poing, de pied, de genou, en les brûlant avec des cigarettes, simplement « pour le plaisir », voire en pratiquant sur eux des étranglements jusqu'à l'évanouissement. Ils iront jusqu'à imposer une fellation à l'une de leurs victimes et à filmer la scène pour mieux la diffuser ensuite sur les réseaux sociaux, au cas où la victime viendrait à se plaindre. Ils ont écopé, le 29 septembre 2023, de peines de sept à vingt-cinq ans de prison.

Le (mauvais) exemple vient parfois d'ailleurs

Marseille donne trop souvent le mauvais exemple, mais elle prend parfois des leçons commerciales en Vaucluse. À Cavaillon, dans la cité du Dr Ayme, les dealers ont en effet organisé, le 14 juillet 2023, une « petite sauterie », ou plutôt une gigantesque fête avec château gonflable, piscine, jeu de pêche aux canards, barbecue gratuit et merguez à volonté. Le but ? Occuper le terrain et remercier la clientèle. Les petits cadeaux renforcent le commerce régulier.

Parmi les pistes d'action de lutte, le parquet de Marseille a réitéré, le 29 juin 2023, sa volonté de poursuivre les stratégies dites « proactives » qui ont porté leurs fruits par le passé et qui consistent à essayer d'anticiper un passage à l'acte homicide en arrêtant les auteurs en amont, mais la démarche se heurte aux problèmes de capacité de la police judiciaire. Huit commandos ont quand même été stoppés en 2023. L'accent sera aussi mis sur le recours accru aux moyens des offices centraux, notamment l'Office anti-stupéfiants (Ofast) et l'Office central de lutte contre le crime organisé (OCLCO). La justice promet également d'accentuer son travail d'investigation sur les importations de stupéfiants par voie maritime. Elle promet enfin d'apporter une réponse pénale à chaque type de protagonistes, de renforcer la réponse qui cible les consommateurs et de systématiser le volet armes dans les enquêtes. Il n'est pas si éloigné que cela le temps où un président de tribunal correctionnel, qui passait son temps à juger des affaires de stupéfiants, d'extorsion de fonds et de proxénétisme, s'étonnait que les trafics d'armes soient si absents de son audience. Il était pourtant au cœur du réacteur de la justice.

Les axes de lutte prioritaires du parquet

Le parquet confirme en tout cas que, davantage qu'hier, les jeunes impliqués dans les trafics de stupéfiants viennent « jober » à Marseille en provenance d'autres régions de France, de la région parisienne, voire ont le statut d'étrangers en situation irrégulière. Marseille, porte du Sud ? Ou Marseille, porte du vain espoir de s'en sortir par la drogue ? Voilà qui aurait fait sourire, il y a plus d'un siècle, le journaliste baroudeur Albert Londres, fin connaisseur de cette ville.

Les priorités du parquet vont être orientées vers la traque des filières de blanchiment, un domaine trop laissé de côté. Sage résolution. Le travail reste d'ampleur. Et il ne va pas porter ses fruits tout de suite. On a souvent chassé le « produit stup » et trop souvent omis les filières de l'argent. Comment l'argent sort-il des points de vente ? Comment est-il transféré au profit des têtes de réseau ? Comment les chefs font-ils pour ne pas être démasqués ? Quelles sont leurs stratégies de l'occulte ? La récente mode de la traque des avoirs criminels et le dossier des « collecteurs » mis au jour en 2018-2019 ont permis de recentrer le débat. Un travail a été mené dans ce sens à la cité des Rosiers, dans le 14e arrondissement avec l'identification d'un système de blanchiment.

C'est ainsi qu'à Marseille une riche initiative a aussi été prise en 2022 : celle de créer un Colbac-S, comprenez un comité opérationnel de lutte contre le blanchiment et les avoirs criminels, le S désignant la spécificité « stupéfiants ». Une démarche purement marseillaise qui n'existait encore nulle part ailleurs et à laquelle le parquet de Marseille croit beaucoup. Elle aura pour difficile mission de « pister l'argent », selon la formule du procureur adjoint Damien Martinelli, « en déplaçant le regard et les capteurs du produit stup vers la liasse de billets ».

Reçus dans la cité phocéenne en mars 2023, les Américains de la prestigieuse Drug Enforcement Administration (DEA) sont venus voir ce qu'on savait faire ici, comme au temps jadis de la French Connection, et prendre la mesure de l'internationalisation de cette nouvelle guerre contre les « narcos ». En 2022, 83 affaires de blanchiment ont occupé les magistrats du tribunal judiciaire de Marseille, dont 14 liées à des dossiers de stupéfiants, soit encore trop peu, puisqu'à peine plus d'une affaire sur six. Elles ont néanmoins abouti à 215 mises en cause et à la saisie de plus de 49 millions d'euros, contre 19 millions en 2020, soit une hausse sensible de 157 %.

Les amendes forfaitaires déclarent forfait

Créées par la loi du 24 mars 2019, distribuées à tour de bras depuis 2020, les amendes forfaitaires délictuelles (AFD) pour usage de stupéfiants, passible de 200 euros, n'ont pas vraiment réussi à faire fuir le client aux abords des cités. Les Bouches-du-Rhône ont pourtant battu en 2022 un triste record de France avec plus de 19 000 procès-verbaux dressés, loin devant Paris et la Seine-Saint-Denis. Un chiffre a d'ailleurs valeur d'exemple : pour les seuls mois de l'été 2023 – juin à septembre inclus –, ce sont plus de 1 000 infractions pour usage de stupéfiants qui ont été relevées sur le seul littoral marseillais (57 km de côtes) sur les 3 750 recensées, autant dire près d'une constatation sur trois, ce qui en dit long sur le niveau d'addiction de la population cible. Record à nouveau battu en 2023 avec la distribution de plus de 48 000 AFD aux consommateurs des Bouches-du-Rhône.

A-t-on vraiment compris qu'il va falloir mettre le prix, le vrai prix, renoncer à d'autres choix, si l'on veut que les choses avancent, comme hier, en juillet 1971, lorsque les États-Unis, agacés par le laxisme à la française, avaient su tirer l'oreille du ministre de l'Intérieur Raymond Marcellin, afin de lui faire comprendre qu'il faudrait d'autres moyens que quelques inspecteurs de police marseillais pour faire tomber les grands laboratoires clandestins marseillais à vocation internationale ? On avait alors réussi. La stratégie de la répression avait fonctionné à plein.

La chute de « Mimo » l'indomptable

Heureusement, de temps en temps, tombent quelques bonnes nouvelles. La persévérance paie. Les trafiquants de drogue qui se croient à l'abri en Thaïlande, à Dubaï ou ailleurs se trompent. Ils trébuchent. Ils se pensent pensent en paix à l'étranger mais ils ne seront plus jamais tranquilles. Ils ne dormiront plus jamais sur leurs deux oreilles. Avec la crainte d'une intrusion au petit matin et le spectre toujours possible d'une extradition vers la France.

C'est ce qu'il s'est passé avec l'arrestation, le 15 juin 2023, d'une figure du trafic, un de ceux que l'on avait fini par croire intouchables, Mohamed Djeha, dit « Mimo », le « big boss » de la cité La Castellane, sans doute l'un des réseaux les plus rentables de la cité phocéenne, organisé autour de la tour K, celle où est né et où a grandi Zinédine Zidane. Considéré comme l'un des narcotrafiquants les plus puissants de France, Mohamed Djeha, un Franco-Algérien de 41 ans, traqué depuis longtemps par les hommes de l'Office anti-stupéfiants (Ofast), a été repéré puis interpellé à Oran par la police algérienne. Le suspect avait écopé, en mai 2023, devant la cour d'assises des Bouches-du-Rhône, d'une peine de trente ans de réclusion criminelle pour son rôle de commanditaire dans le sauvage règlement de comptes qui avait suivi une course-poursuite sur l'autoroute A-55, entre Martigues et Marseille, le 16 février 2017. « Mimo », auquel on prêtait beaucoup de talents, dont celui d'avoir su se faire discret tout en continuant à tirer les ficelles de son business particulièrement rentable, est tombé sur un os. Avec son arrestation, c'est une organisation criminelle tout entière, celle qui approvisionnait Marseille en cannabis mais aussi en cocaïne, qui en prend un coup. Une organisation qui approvisionnait d'autres villes de France. Repéré un temps aux Émirats arabes unis ou encore à Dubaï, il se savait traqué depuis 2020. Les multiples fausses identités qu'il aura utilisées pendant ces quatre années n'ont pas suffi à lui permettre de bénéficier de son statut de riche trafiquant.

Les autres piégés en terre hostile

De la même façon, Kamel Meziani, dit « Souris », 39 ans, considéré par la police judiciaire marseillaise comme l'un des patrons du narcobanditisme marseillais, et notamment du trafic réputé très juteux de la cité des Oliviers A, est tombé après des années de cavale. Il a été arrêté le 1er février 2019 à l'aéroport de Marrakech, au Maroc, et extradé vers la France le 31 décembre de la même année. En février 2023, il a écopé de trente années de réclusion criminelle devant la cour d'assises des Bouches-du-Rhône à la suite d'un règlement de comptes mortel commis en 2016 sur le parking d'un fast-food local. Il était parvenu à s'échapper de nouveau en juillet 2020 à la faveur d'une erreur de procédure, avait rejoint l'Algérie *via* l'Espagne, avant d'être arrêté de nouveau au mois d'août 2021.

Le 18 février 2021, c'est Hakim Berrebouh, dit « Marcassin », qui a été piégé par la police. Interpellé dès potron-minet sous le soleil de Dubaï, il sera extradé quelques mois plus tard et mis en examen par un juge d'instruction marseillais. Le 13 octobre de la même année, c'est cette fois en Colombie qu'est tombé Hacène Mabrouk, surnommé « DSK », une figure de la bande des Carmes, à la suite d'un signalement d'Interpol et en dépit d'une identité d'emprunt qui lui aura servi pendant quelques années à se dissimuler. Le 14 novembre suivant, c'est Karim Harrat, dit « Rantanplan », une autre figure notable du deal, qui a été interpellé à l'aéroport de Casablanca, au Maroc, alors qu'il arrivait tout juste de Dubaï.

Dernier en date : Kamel Nabti, plus connu sous le sobriquet de « Marteau », en fuite lui aussi depuis une condamnation à douze ans de prison prononcée à Marseille en 2019 pour trafic de stupéfiants, mais traqué depuis de longs mois par la police judiciaire marseillaise, a été arrêté fin octobre 2023 à Bruxelles. Il doit faire l'objet d'un prochain mandat d'arrêt européen. Au total, ils sont à ce jour dix-sept « narcos » à avoir été récupérés à l'étranger dans les filets de la police grâce à une coopération internationale proactive[4].

La traque des machines à laver l'argent sale

De même, le 31 mars 2023, c'est une vaste opération de lutte contre le blanchiment d'argent sale qui a été menée dans le Sud-Est avec le démantèlement d'un véritable réseau structuré de blanchiment d'argent sale qui passait par des nébuleuses de sociétés et par lesquelles auraient transité pas moins de 45 millions d'euros en cinq ans. Des sociétés du BTP facturaient des prestations fictives qui permettaient de réintroduire dans le circuit de nombreuses espèces provenant notamment du trafic de stupéfiants. Une manière désormais connue de « blanchir » l'argent en le faisant passer par la machine à laver d'une économie prétendument légale. C'est le rêve de tous les trafiquants. Chacun tente d'y trouver son compte. Le trafiquant réintroduit l'argent sale dans le circuit normal. Le chef d'entreprise peu scrupuleux qui l'aide dans sa démarche dispose dès lors d'un « cash » qui lui permet de financer des chantiers au « black » ou de s'assurer un train de vie de luxe. D'ailleurs, des véhicules Porsche, BMW, Rolls-Royce, des bouteilles de vin millésimé, tel du Château Petrus, ou encore des montres de luxe Cartier ou Bulgari ont été saisies. À la préfecture de police, on ne cache pas que le « pilonnage » par la traque de l'argent sale est une autre clé d'entrée dans la lutte contre l'économie souterraine. L'opération aura mobilisé 156 fonctionnaires de divers services, avec à l'arrivée 25 interpellations,

4. Florent Bonnefoi, *La Provence*, 27 octobre 2023.

30 perquisitions et 7 personnes placées en détention provisoire, soupçonnées d'être les têtes pensantes du réseau.

Ce qui n'a pas changé du tout

Au moment de dresser un bilan, additions et multiplications du trafic comprises, il apparaît qu'un certain nombre de choses n'ont pas changé du tout. Parmi elles, nous apprend le pessimiste inventaire de la rue, la quête du profit immédiat, qui permet de gagner vite et beaucoup d'argent en peu de temps, avec son corollaire : l'évidente non-déclaration de ce chiffre d'affaires ou de ces revenus parallèles au service des impôts. Antienne des grands malfaiteurs de tout temps, de tous profils et de toutes extractions, qui ont choisi la marge plutôt que les études supérieures ou le travail de labeur. Encore que l'on se demande parfois, ainsi qu'on le constate dans nombre de dossiers, pourquoi ils mettent tous leurs efforts au service d'un enjeu de crime organisé plutôt que d'investir toute leur énergie au service d'un projet professionnel, voire d'une création d'entreprise, qui parfois en demanderait moins.

Gérard Guilpain, l'ancien patron de la police judiciaire de Marseille, avait une jolie formule pour résumer cette quête aussi froide que lucrative, qui permet d'échapper aux cas de force majeure, aux circonstances climatiques, aux imprévus et désagréments divers : « Les machines à sous sont plus rentables que les prostituées, et surtout elles ne tombent jamais malades ! » Il oubliait juste qu'elles ont parfois aussi leurs petits caprices de fonctionnement et qu'il faut savoir les réparer efficacement en temps et en heure. Conception évidemment très pragmatique des voyous, mais qui n'est pas idiote, quand on sait que nombre de grands malfaiteurs entendent ensuite réinvestir leurs profits dans d'autres activités parallèles, avec le produit d'un vol à main armée qui sera par exemple la mise de départ dans une importation de produits stupéfiants.

Ce qui ne change pas davantage, c'est la mise en place d'organisations structurées, voire très structurées. Avec un rôle défini pour chacun. Les réseaux de drogue en sont l'illustration, avec des rémunérations qui changent selon le barreau de l'échelle auquel s'agrippe le trafiquant.

Ce qui n'a pas évolué non plus, c'est le bavardage des trafiquants. S'ils savent tenir leur langue un certain temps, le naturel revient vite au galop. Il suffit d'une fois, d'une confidence sur l'oreiller ou du récit imprudent à un ami que l'on croyait définitivement acquis à sa cause. Il suffit aussi d'une écoute téléphonique et ce sera la descente aux Enfers, l'imprudence fatale, le retour à la case prison. Jacques Cassandri en a fait l'amère expérience, pour avoir eu l'ego boursouflé et cru naïvement en 2005 qu'il pouvait écrire un livre sans être démasqué en se donnant le beau rôle dans l'affaire du spectaculaire casse de Nice de 1976.

Ne pas laisser de traces ou en laisser le moins possible est un des fonctionnements les plus vertueux que les malfaiteurs n'ont pas encore résolu complètement. Bernardo Provenzano, l'un des chefs suprêmes de la mafia sicilienne Cosa Nostra, avait mis en place un système archaïque mais efficace à l'heure du téléphone portable, dit de « pizzini », des petits bouts de papier roulés en boule et abandonnés çà et là, destinés à faire passer les messages d'importance à ses affidés. Un système de messages secrets. Pour les décrypter, il fallait évidemment connaître le code de déchiffrage. Ils lui ont permis de rester dans l'ombre pendant près de quarante ans jusqu'à son arrestation en avril 2006.

L'autre système, tout aussi artisanal mis en place, l'est encore fréquemment dans les trafics entre le Maghreb et le sud de la France. C'est un procédé de blanchiment de l'argent sale, qui passe par des *sarafs*, des « agents de change » en arabe, sortes d'hommes de confiance. Nul besoin de faire transiter de l'argent de compte bancaire à compte bancaire. Tout repose sur un système de compensation à distance. Un client donne une somme d'argent à l'un de ces agents, qui contacte l'agent le plus proche du destinataire de cette somme, et lui demande de lui verser cette somme en échange de la promesse de la lui rembourser plus tard. Ces banquiers occultes perçoivent une commission au passage lors de chaque transaction. Pas de virement, donc pas de traces bancaires. Interdiction, évidemment, de renier la parole donnée pour celui qui joue le rôle de l'homme de confiance, souvent choisi parmi les personnes réputées au-dessus de tout soupçon. En octobre 2019, à Marseille, l'un des plus gros réseaux de drogue à avoir eu recours à ce système de « tour de passe-passe » a été démantelé. L'enquête a abouti à la condamnation de dix-huit collecteurs. Accusés d'avoir blanchi 70 millions d'euros en quinze mois entre la France et le Maroc, ils ont écopé de peines de deux à dix ans de prison ferme.

Ce qui a vraiment changé

Au chapitre des choses qui ont vraiment changé, on notera bien sûr la nature des équipes. Hier très corso-marseillaises, elles sont aujourd'hui essentiellement composées de Français d'origine maghrébine, de la deuxième ou troisième génération, même si le principe des équipes à tiroirs demeure. Principe qui permet de brouiller les pistes mais ajoute du risque. Une équipe de malfaiteurs préférera toujours agir avec un des siens, connu, éprouvé et déjà testé sur le terrain, plutôt que de faire appel à un petit nouveau dont la réputation est encore à faire, et qui les exposerait inutilement.

Bien sûr, la nature des produits n'est plus la même. Hier, on transformait la morphine base, venue de Turquie, en héroïne, avant de l'expédier aux États-Unis. Aujourd'hui, l'héroïne a quasiment disparu, même si on la voit parfois réapparaître de façon très isolée dans certains dossiers. Les enquêteurs se trouvent essentiellement confrontés à des saisies de cocaïne et de cannabis, mais aussi à des mélanges de produits, souvent fatals pour ceux qui les consomment naïvement, ou encore aux drogues de synthèse dont la composition est encore plus difficile à appréhender, et qui se révéleront d'autant plus dangereuses.

Le pistage des concurrents reste évidemment d'actualité. Il permet de savoir ce que prépare l'adversaire et d'anticiper ses mouvements. Le « go » a toujours cours, mais le procédé a pris des formes différentes du passé. Quand une équipe suivait hier à moto un concurrent, elle a aujourd'hui recours à des balises qui seront placées sous les véhicules et seront forcément plus discrètes, sauf à ce que l'adversaire les identifie et s'en débarrasse.

L'autre vérité de ces trafics de stupéfiants, c'est que tout est désormais permis. Hier, on se contentait de cibler les chefs du réseau pour les affaiblir en les privant de leurs têtes, de leurs gérants. Aujourd'hui, personne n'est à l'abri d'un règlement de comptes, ni le guetteur, ni le petit revendeur, ni la « nourrice » qui garde l'argent ou la marchandise. Les cibles de l'adversaire se sont étendues à un cercle élargi, voire aux petites mains du trafic, comme pour fragiliser l'ensemble du réseau. Ce qui se traduit sur le terrain par une vendetta à l'aveugle avec des fusillades à l'aveugle, de jeunes blessés, voire de très jeunes blessés, et des victimes collatérales que tout le monde déplore.

La justice marseillaise tente de riposter comme elle peut. Depuis novembre 2017, elle a même mis en place des comparutions immédiates dans les dossiers de stupéfiants d'importance, ce qu'elle ne faisait jusque-là que dans les dossiers mineurs – vols, dégradations, violences légères… – et rapidement bouclés, afin de juger plus vite et plus efficacement, pour que les trafiquants prennent la mesure de la réponse systématique mise en œuvre. La justice a décidé de frapper fort. Des peines de prison de deux à sept ans ferme ont été prononcées en 2017. C'était le premier message lourd de sens répressif destiné aux trafiquants des cités. Six ans plus tard, les comparutions immédiates perdurent mais le message s'est manifestement brouillé.

Des « gros bonnets » aux « narchomicides »

Quant au narcobanditisme, il essaime à la banlieue de Marseille et s'étend désormais au Vaucluse ou au Gard. Et depuis le mois de novembre 2023, il y a de fortes suspicions qu'il ait aussi gagné l'aire toulonnaise. Deux Varois ont été mortellement fauchés et trois autres blessés dans leur voiture, dans la nuit du 11 au 12 novembre 2023. « Le narcobanditisme marseillais se répand un peu partout sur la région », analyse Dominique Abbenanti, le nouveau directeur zonal de la police judiciaire. Les malfaiteurs ont-ils besoin de prendre de la distance et de se « mettre au vert » pour échapper à la pression de la concurrence ? Les fusillades de Nîmes qui ont fait deux morts à l'été 2023 en seraient l'illustration flagrante. Cela ne veut pas dire pour autant qu'ils désertent le terrain et qu'ils ne sont plus présents.

Le parquet de Marseille, dans un élan de générosité fondatrice, a même inventé il y a peu un nouveau mot pour désigner les morts sur fond de trafic de stupéfiants. On appelle désormais cela des « narchomicides », comme si on évoquait des morts sur fond de guerre des gangs entre cartels mexicains. Faut-il faire un parallèle avec la trouvaille d'un journaliste marseillais du *Méridional* qui, au temps de la French Connection, avait baptisé les barons des stupéfiants les « gros bonnets de la drogue », sûrement parce qu'ils en avaient autant dans que sous le bonnet ?

Avec le terme de « narchomicides », on a donc remisé au rayon des accessoires usagés le mot de « règlement de comptes », un vocable rugueux qui répondait à trois critères précis : le mode opératoire – celui d'un commando lourdement armé –, le mobile – une cible dans une guerre de territoires – et le profil des victimes – un pedigree judiciaire qui n'en faisait pas une oie blanche. On pourra dire que la nouvelle appellation a pour vocation de faire réfléchir, de responsabiliser tout le monde, surtout quand des mineurs ou des personnes étrangères au trafic sont touchés. Mais changer les mots n'est jamais gratuit. On a changé les « inculpations » en « mises en examen », les « mauvais comportements » en « inconduites », le « voyage du souvenir » en « itinérance mémorielle », le « doute » en « zone de confort », l'« inquiétude » en « lâcher-prise », au risque de croire que le monde avait vraiment changé… Chassés du périmètre verbal, les vocables du passé ont été expulsés de la modernité prétendument en marche !

Cela veut-il dire que la réalité du nombre de morts n'est plus quantifiable, qu'elle a dépassé ses comptables les plus scrupuleux, voire qu'elle fait peur au point de modifier la règle du jeu ? C'est une question qu'on peut se poser. Comme si le nouveau monde, débarrassé des scories verbales qui dérangent, allait se porter mieux… Une chose est sûre : l'ordre naturel des choses est bousculé et ce dérangement chahute les autorités policières et judiciaires. Quand on change les mots, c'est qu'on ne maîtrise plus l'espace du réel. C'est bien ce qui est le plus inquiétant. On ne se méfie jamais assez des mots. Un jour, on ne fait pas attention et ils vous sautent au visage ! L'Académie française va-t-elle y retrouver ses petits ?

« Ces derniers mois, on a toujours pensé avoir vécu le pire. Moi, je crains qu'il soit toujours à venir », disait la procureure de Marseille Dominique Laurens, évoquant une certaine « cartellisation » des clans marseillais, avec des malfaiteurs qui en adoptent résolument les codes[5]. Évidemment, le risque majeur est celui d'un affaiblissement de l'État de droit, de l'émergence de la corruption, avec des surveillants de prison qui acceptent de faire les « commissions » et des policiers qui craquent, qui parlent, qui parlent trop, tant l'argent est omniprésent. D'où la nécessité de suivre l'argent dans tous ses flux. L'argent mène au trafic et le trafic mène aux chefs d'orchestre.

5. *La Provence*, 15 octobre 2023.

« Uber Shit » et système D

En dépit de leur incarcération, certains chefs de réseau continuent, grâce à des relais fidèles, grâce à une réelle structuration du trafic, à sécuriser leurs points de vente et à les maintenir à flot le temps de leur détention. Nombre de dossiers évoqués devant le tribunal correctionnel de Marseille, criblés d'écoutes téléphoniques, en apportent la preuve cinglante, ce qui en dit long sur l'économie de la drogue et sur les appuis dont ils bénéficient.

Face à la pression mise sur les réseaux dans les cités, qui perturbe le trafic, les réseaux s'adaptent aussi, la plupart ont mis en place la livraison à domicile, ce que la presse a rebaptisé « Uber Shit ». Elle présente trois avantages majeurs, celui d'assurer la continuité du service presque « public », de distraire le produit de la cité, mais aussi de rassurer le consommateur qui a de plus en plus peur de tomber dans un traquenard et de devoir acquitter la fameuse amende forfaitaire délictuelle.

L'autre fâcheuse tendance naissante est celle qui consiste à prolonger le crime en le mettant en scène sur les réseaux sociaux. Les auteurs croient qu'ils vont ainsi démontrer leur force de frappe et dissuader l'adversaire de riposter, mais ils ignorent qu'ils ne font qu'entrer dans une surenchère qui ne s'arrêtera pas. Un blessé appellera un blessé, un mort appellera un nouveau mort dans le clan opposé. Les auteurs feignent-ils d'ignorer que ces vidéos souvent virales seront demain autant d'éléments de preuves dans la besace des enquêteurs ? Car ces vidéos puisées dans leurs portables, qu'ils portent comme des titres de gloire, voire des médailles militaires, leur seront forcément présentées en garde à vue, conduiront à leur mise en examen, et à coup sûr à leur incarcération. C'est bien la preuve, sauf à invoquer la naïveté, que tous ces individus vivent dans un sentiment d'impunité total.

Les premières mobilisations d'urgence des citoyens

L'autre réponse qui commence à émerger face à l'immobilisme des autorités est celle qui vient de la société civile. Un avocat parisien qui a longtemps exercé à Marseille et connaît bien la réalité des quartiers, Me Mathieu Croizet, a constaté dans sa clientèle que, de plus en plus, les victimes disaient se sentir « abandonnées ». « Au début, quand j'ai commencé à recevoir les familles, j'écoutais les gens qui, tous, me disaient la même chose. J'ai d'abord eu du mal à l'entendre, puis j'ai fini par comprendre qu'elles étaient vraiment seules et que ce qu'elles me disaient était vrai », explique l'avocat.

Le mot « abandon » n'était pas un vocable d'assisté, ni une posture de circonstance. C'est un sentiment qu'il dit fortement ancré dans les consciences. « Quand un père ou un frère était victime, on avait tendance à l'assimiler au trafic, à penser qu'il l'avait bien cherché en quelque sorte. Je me disais : la famille a quand même subi un deuil. C'est terrible. J'ai très vite compris qu'existait un vrai dysfonctionnement et que la société se fichait bien de leur sort. » D'où le référé liberté que cet avocat a lancé en septembre 2023 à la demande d'une cinquantaine de familles de ces victimes devant le tribunal administratif de Marseille. Elles demandaient que soient mises en œuvre une série de mesures d'urgence dans les quartiers dits « sensibles ». C'était le préfet des Bouches-du-Rhône qui était attaqué au nom de l'État.

Un référé qui a valeur d'exemple

Dans sa requête déposée le 4 septembre 2023, Me Mathieu Croizet dressait l'inventaire des libertés fondamentales qui, selon lui, sont chaque jour foulées aux pieds dans les cités de la drogue, dont la liberté d'aller et venir, le droit à la vie, le principe d'égalité entre les citoyens ou encore le principe de non-discrimination. Au terme de ce constat, il réclamait le retour de l'État de droit dans ces quartiers sensibles. Et ce ne sont pas les idées qui manquaient. Il formulait la mise en place de dix-sept mesures rapides, sous astreinte de 100 euros par jour de retard, dont la réouverture des services publics locaux dans les cités, le redéploiement d'une véritable police de proximité, la création de « correspondants de nuit » destinés à contribuer à une politique de tranquillité publique, le retour de la vidéosurveillance ou encore la création d'une cellule d'accompagnement pour les proches des victimes de règlements de comptes.

Amine Kessaci, dont le frère a été tué en décembre 2020, fondateur de l'association Conscience et chef de file de ce combat des habitants des quartiers nord, est l'un des initiateurs de la démarche. Une démarche unique, jamais engagée sur le terrain du droit, destinée à mettre fin à cette diagonale du crime. Mais le juge des référés du tribunal administratif de Marseille a, le 7 septembre 2023, rejeté la requête présentée. « Les injonctions demandées par l'association Conscience, écrit le tribunal, portent sur des mesures d'ordre structurel qui ne peuvent pas être mises en œuvre, et donc porter effet, à très bref délai. Elles ne rentrent donc pas dans le champ des mesures d'urgence que la situation permet de prendre utilement dans le cadre des pouvoirs du juge des référés. »

Le défenseur des familles a aussitôt déploré « une manière habile de botter en touche ». Une semaine plus tard, l'avocat, qui a plus d'un tour dans sa manche, déposait un nouveau référé. Sans proposer de mesures précises, comme semblait le lui souffler le juge. Rejeté lui aussi. Le tribunal lui rappelait qu'« il ne peut qu'ordonner des mesures d'urgence, clairement identifiées ». « En l'absence de toute précision sur la demande, ajoutait le magistrat, il n'appartient pas au tribunal de déterminer les mesures qui devraient être prises, le juge ne pouvant se substituer à l'administration. » Difficile de lire dans l'opacité des décisions des juges administratifs qui, pourtant, sont d'ordinaire très critiques envers l'administration et son immobilisme. Me Croizet avait pourtant soufflé des pistes de réflexions qui sont loin d'être idiotes et qui, surtout, avaient le mérite de faire bouger les lignes.

Le grand blues des policiers

Dès lors, vers où regarder ? La mort d'une balle perdue de kalachnikov en septembre 2023 de Socayna, jeune étudiante en droit de 24 ans qui révisait tranquillement ses cours dans sa chambre, au troisième étage de la cité Saint-Thys, a bouleversé Marseille. Mais qu'en est-il sorti ? On attendait un sursaut. Qu'ont fait les autorités ? Rien ou pas grand-chose, passé le douloureux moment de recueillement qui s'impose. Reste le sentiment qu'un fait divers en chasse désespérément mais banalement un autre et que Marseille s'est résolue à cette diagonale de l'improbable.

Rude été 2023. Sur fond de forte actualité avec la venue du pape et la Coupe du monde de rugby, avec les nombreux assassinats sur fond de narcobanditisme, la défiance policière, les accusations de violences, les arrêts maladie en série et les émeutes urbaines, les policiers n'ont pas vraiment eu le temps de dormir sur leurs deux oreilles. Eux qui étaient portés aux nues il y a quelques années encore, eux que la France n'hésitait pas à présenter comme des héros ont le blues. Pour la première fois et comme si le mal était durablement enraciné. Dans les corps comme dans les consciences.

La plupart des policiers sont aujourd'hui démotivés. Ils le confient sans peine. Nous les avons interrogés. Les uns se confient avec amertume, les autres avec pudeur, comme s'ils regrettaient d'avoir fait, hier ou avant-hier, ce choix professionnel.

Depuis le début du mois de septembre 2023, les demandes de mises en disponibilité et de changements de parcours affluent. À Marseille, on a dépassé le cadre de 1 100 arrêts maladie déposés par les policiers au cours de l'été 2023. Sur un total de 3 500 policiers en sécurité publique, voilà qui interroge ! La preuve que la police n'est plus le métier-passion qu'elle incarnait jusque-là. Comme dit Rudy Manna, porte-parole de la zone sud pour le syndicat de police Alliance, « il y a eu un avant et un après les émeutes de juillet ». « Quand je me suis engagé dans la police il y a vingt-cinq ans, je pensais que je risquais d'être un jour blessé, d'être peut-être tué. Jamais, je n'aurais imaginé que, policier, je puisse un jour partir en prison. » L'épisode du tir de LBD qui a envoyé l'un des leurs en détention pendant plus de quarante jours n'est pas indifférent à ce nouveau regard sur la profession.

« Du travail d'amateurs »

Pour Bruno Bartoccetti, délégué régional du syndicat Unité-FO-Police, « ce qui perturbe surtout les policiers, c'est le sentiment de culpabilité permanent à leur endroit. Quoi qu'il se passe, nous sommes présumés coupables. C'est une situation qui fatigue moralement les collègues. On doit en permanence se justifier. Heureusement, sur le terrain, la très grande majorité de la population reste solidaire de l'action policière ».

« Les collègues ne savent plus sur quel pied danser, témoigne ce commandant de la sécurité publique. Ils sont tellement pris à partie en intervention. Il n'y a plus de respect. Heureusement, les plus jeunes y croient. Ils ont la foi. Ils sont pleins de testostérone. Même les filles en veulent. » Selon lui, le monde policier se résumerait désormais à une équation singulière. « Un tiers qui travaille normalement, un tiers qui travaille au ralenti, un tiers qui en fait le moins possible ! »

« Même la justice a du mal à se comprendre elle-même, insiste Bruno Bartoccetti, puisque dans un des dossiers, le procureur a réclamé quatre placements en détention, et à l'arrivée le juge en a placé un seul ! De nombreux magistrats gagneraient à être spécialisés dans l'utilisation du LBD. Cela ne veut pas dire que nous réclamons un blanc-seing, mais de là à placer un policier en détention… »

Sur le terrain, les CRS font de l'évitement et les hommes du Raid, pourtant policiers d'élite, eux aussi montrés du doigt, s'agacent du maintien de l'ordre qu'on leur demande de faire, alors que ce n'est pas leur cœur de métier. Alors, ils le feront si la hiérarchie leur demande de le faire à nouveau, mais ils confient aussi leur détermination « à ne plus s'exposer ». Que penser en effet de la prétendument magique CRS 8 et de sa petite sœur, la CRS 81 ? Dès qu'elle a quitté Marseille, fin août 2023, elle a été redéployée à Nîmes dans le quartier Pissevin, réputé plus chaud que les autres. « À 2 heures du mat, elle quittait la cité gardoise. À 3 heures, il y avait un nouveau mort, confie un enquêteur. On n'a même pas songé à mettre une section de la compagnie en soutien. Du travail d'amateurs ! » Au-delà, face au narcobanditisme et aux « narchomicides », les policiers disent que si rien n'est fait urgemment, si notre pays continue à faire du saupoudrage de mesures contre le crime organisé, la France court dans le mur.

« Il ne faut plus les laisser dormir », disent ces mêmes policiers en parlant des trafiquants de drogue. « Face à la violence, on ne peut plus répondre avec des fleurs et du parfum », s'agace ce fonctionnaire d'élite. Les plus patients en ont assez de « la schizophrénie à la française ». « Chez nous, au Raid, il y a des vétérans qui ont connu le Bataclan, l'Hyper-Casher. On a connu le feu. On s'est relevé péniblement. Aujourd'hui, on est dans l'incompréhension totale. On se sent abandonnés. On est pourtant prêts à aller au bout, on est rompus à des modes opératoires qui s'apparentent à des exercices militaires. Mais on nous envoie sur des missions non identifiées. Pourquoi ? Parce que personne n'a le courage de définir le cadre précis de l'intervention policière. »

Vincent Hergott, secrétaire national adjoint d'Alliance-Forces d'intervention de la police nationale (Raid, BRI, déminage), tient le même discours. « On s'évertue à nous engager sur des dispositifs comme les violences urbaines. Nos hommes sont prêts à le faire, mais il nous faut être protégés juridiquement. Or on a créé quelque chose de délétère. Cela a fracturé la confiance que nous avions dans le système. Nous aurions été dans un cadre d'état d'urgence ou de couvre-feu, tel que la situation l'exigeait, la question de notre intervention ne se serait même pas posée. » Une façon de renvoyer la faute aux politiques et à leur irresponsabilité décisionnelle.

Et beaucoup rappellent que, dans la nuit du 1er au 2 juillet 2023, celle des émeutes les plus dures à Marseille, les geôles du palais de justice étaient pleines, les gardes à vue en nombre trop important, et la hiérarchie avait sonné la fin des interpellations. Une manière de laisser les « troupes » sur le terrain seules face à elles-mêmes, simplement en leur demandant de relever les identités et les adresses, ce qui aurait dégénéré et produit les débordements que Marseille a connus. Et ce n'est pas la réforme de la police judiciaire, tant critiquée, qui a abouti en octobre 2022 à l'éviction de son charismatique chef marseillais, Éric Arella, qui va apaiser les esprits.

« Cinq chefs de groupe sur dix qui partent »

« Il y a un vrai désamour de la PJ, confirme ce policier de la brigade de répression du banditisme (BRB) marseillaise. Chaque année, on perd des effectifs. On a beau aller faire notre pub dans les écoles de police et vanter les mérites de la PJ. » La préfète de police Frédérique Camilleri a bien annoncé, le 4 septembre 2023, la création de trois groupes d'enquêteurs supplémentaires et l'arrivée de dix-sept policiers en PJ, « mais nul ne dit combien partent », dit ce fonctionnaire. « Naguère, il fallait une solide expérience pour pouvoir espérer intégrer la grande maison PJ. Aujourd'hui, et c'est bien la première fois de ma vie professionnelle que je vois ça, on va recruter directement à la sortie de l'école de police. Sept sont arrivés comme ça ! Du jamais vu ! » observe cet autre policier de la brigade criminelle.

Quant à l'Ofast, l'Office anti-stupéfiants de Marseille, il serait « sinistré » selon certains. « Il y a cinq chefs de groupe sur dix qui partent ! Moi, ils m'ont dégoûté, pas du boulot de policier heureusement, mais de l'enquête ! » relève ce fonctionnaire aguerri. Et tous pestent contre la réforme de la PJ. « Heureusement, les policiers des Bac (brigades anti-criminalité) et ceux des commissariats restent motivés, glisse ce fonctionnaire, sinon plus personne ne fait ce boulot. » C'est le cas de deux jeunes qui ont pris début septembre leur premier poste à

Marseille. Alexandre, 25 ans, qui a un frère policier, est heureux de pouvoir intégrer la Division Nord de la sécurité publique et de « relever les défis » qui l'attendent. Maëlle, 24 ans, sait qu'elle ne va pas chômer au pôle d'accueil des plaintes de la Division Centre, à Noailles, mais elle sait pourquoi elle a intégré la police et n'a qu'une idée en tête : « progresser ».

En sécurité publique, cet autre policier confie qu'« il y a le feu partout ». Bien sûr, le programme du mois de septembre 2023, à Marseille, n'y était pas étranger, mais deux événements qu'il qualifie de « planétaires », tels que la venue du pape et la Coupe du monde de rugby, n'ont pas eu le temps de reposer les troupes. Aux comparutions immédiates du tribunal, les audiences à quinze, voire vingt dossiers ont repris. On est loin de la peau de chagrin des trois à quatre dossiers pendant les arrêts maladie de l'été 2023. « Les gars n'en peuvent plus », dit ce fonctionnaire de la Division Centre. Il explique que la situation est telle qu'on fait parfois travailler les policiers de la Division Nord sur le Centre et qu'on demande à certains du jour de travailler la nuit. Difficile, dans ce contexte, de prendre des repos. Il y a des quotas de présents à respecter. « Du coup, on cumule les heures sup jusqu'à cent soixante heures, sans pouvoir se les faire payer, et après, on essaie de les poser quand on peut. La majorité des policiers veulent se reposer », insiste-t-il.

En sécurité publique, les policiers travaillent par cycles, trois jours de travail, suivis de deux jours de repos, puis l'inverse avec des vacations quotidiennes de onze à douze heures continues. « Mauvais management, absence de reconnaissance », les critiques fusent sur la hiérarchie et sa capacité à mobiliser les troupes. « Il y a des chefs investis et d'autres qui s'en foutent complètement », note ce fonctionnaire. « Sans compter, note Bruno Bartoccetti, du syndicat Unité-FO-Police, que toutes les missions deviennent prioritaires, des rodéos aux refus d'obtempérer – on en recense un toutes les vingt minutes –, en passant par les violences conjugales ou les stups. »

Au palais de justice, sans la présence des réservistes, l'ordre aurait du mal à être assuré. L'unité de garde et de transfert judiciaire est souvent en sous-effectif. Elle a besoin du soutien de la compagnie d'intervention. Quant à la Bac Nord, cible de toutes les critiques pendant plusieurs années et qui, pourtant, est composée de « guerriers », elle ne sait plus vraiment comment intervenir. « Tu as peur de prendre une balle et si, toi, tu tires suivant comment tu ripostes, tu risques de finir en garde à vue. Jamais, je n'ai vécu un tel scénario », confie ce policier de la Bac Nord. Du coup, les hommes font « du flag, oui, mais pas d'initiative ! » assure l'un d'eux. « Ceux qui bossent, ce sont ceux qui sortent de l'école de police et ceux qui ont la carotte pour obtenir le galon ! » aime à résumer, un rien amer, ce policier de la sécurité publique. Les CRS seraient tout aussi démotivées. Pas ou peu de contrôles de scooters et pas ou peu d'initiative. Quant au matériel, n'en parlons pas, il ne promet rien de bon. « Longtemps, on a roulé avec des scooters réformés, dit ce policier. À la Division Centre, l'ascenseur est resté longtemps en panne. Jusqu'au jour où le ministre Gérard Darmanin est venu nous rendre visite. Comme par miracle, l'ascenseur s'est mis à marcher de nouveau ! »

Une « salle de shoot » très controversée

Pour parer au plus pressé, la ville de Marseille est sur le point de mettre en place, en ce début d'année 2024, une « salle de shoot ». Cette Halte soins addictions (HSA), encore dite « salle de consommation à moindre risque », doit être implantée 110 boulevard de la Libération, dans le 4e arrondissement. Mais les riverains s'inquiètent. La présence de 5 000 enfants dans un périmètre de 700 m² fait froid dans le dos aux parents d'élèves et les commerçants grondent. Ils sont même descendus dans la rue, le 27 novembre 2023. Une pétition a déjà recueilli plus de 1 500 signatures. Selon la première adjointe au maire (EELV) Michèle Rubirola, médecin de profession, le cahier des charges prévoit que la structure médico-sociale doit se trouver à proximité des lieux de consommation, c'est-à-dire à moins de vingt minutes à pied. Voilà qui ne fait pas l'unanimité et réveille l'un des sujets « clivants » à Marseille. L'occasion de régler évidemment quelques comptes idéologiques, les uns parlant santé, les autres dérives sécuritaires. « On va essayer de faire en sorte que cela se passe de la meilleure façon possible, maintenant que ce projet est là, note Céline Leflefian, la directrice de la police municipale. Ce sont des personnes qui ont besoin d'un suivi médical. On sécurisera les lieux[6]. »

Reste un autre débat, très éloigné du travail de répression en cours, moins éloigné de la « salle de shoot », le débat éthéré autour de la dépénalisation, voire de la légalisation, du cannabis, qui, aux dires de certains, résoudrait aussitôt tous les problèmes, y compris celui des profits générés qui seraient prétendument asséchés de fait. On oublie tous les enjeux de santé publique, notamment en psychiatrie avec l'augmentation fort probable des cas de schizophrènes et de névropathes.

Il faut se méfier, avec la même rigueur, des chimères en robes noires, des incantations idéologiques de certains parlementaires, des miroirs aux alouettes de toutes confessions et du champignon hallucinogène de l'angélisme en forme de pensée unique. Il faut évidemment combattre l'idée qu'il existerait des drogues douces et des drogues dures. C'est instiller dans la tête des plus jeunes un message sirupeux relatif à des drogues festives qui ne présenteraient aucun danger. Tenir ce discours est proprement criminel. D'autant que la concentration de THC dans le cannabis a fortement augmenté ces dernières années et que des produits de coupage nocifs, addictifs, voire non identifiés, sont souvent ajoutés dans la composition de la marchandise.

Aujourd'hui, les préfets de police ne « sautent » même plus, comme ce fut le cas par le passé, quand bien même les

6. *Les Nouvelles Publications*, 17 novembre 2023.

chiffres de la délinquance ne sont pas à niveau. Il est vrai que plus personne, le ministre de l'Intérieur le premier, empêtré dans des stratégies à court terme, ne sait ce qu'il convient de faire pour endiguer ces mêmes trafics. Comme disait Gérard Collomb, le ministère de l'Intérieur reste bien « le ministère de l'emmerdement maximum ».

5

Procureur à Marseille : un casting pas toujours réussi

« Un procureur craintif n'a pas sa place à Marseille. Il faut des gens courageux et de bons techniciens. » Pour Jacques Dallest, qui fut procureur en titre, en poste de 2008 à 2013, Marseille est une mâle ville. C'est pourtant Paris qui désigne les procureurs sur décret présidentiel, même si c'est sur avis du Conseil supérieur de la magistrature (CSM), et choisit en fonction de critères qui sont nécessairement subjectifs. Un magistrat qui sera passé par un cabinet ministériel a plus de chance de gravir les échelons que celui qui a tourné de province en province, même s'il a du talent. Pour être sûr d'une belle promotion, il vaut mieux être près du bon Dieu, c'est un principe qui vaut pour tous les métiers, mais surtout dans la magistrature.

Sans compter que juger ou requérir est un acte difficile. « Plutôt que de se proclamer sans cesse indépendant comme par exorcisme, il faut être lucide sur ses propres dépendances, envers soi-même, envers ses convictions personnelles qui, devenues préjugés, empêchent de juger, envers son savoir, dont les insuffisances peuvent limiter la compréhension, envers les autres », aimait à résumer l'ancien procureur général de la Cour de cassation Pierre Truche, devant ses jeunes auditeurs de justice.

Il ajoutait : « Vous allez exercer un métier dangereux, dangereux pour les autres. N'oubliez jamais ça ! »

Car, attention, le casting de procureur n'est pas toujours réussi. Il est même parfois improbable. En trente-cinq années de vie judiciaire à Marseille, la justice a connu tous les scénarios. Avec des nominations de « taiseux », hélas trop nombreux dans le métier, qui redoutent ou détestent les explications devant la presse et se réfugient habilement derrière le filtre supposé salvateur de l'article 11 du Code de procédure pénale qui rappelle que « la procédure au cours de l'enquête et de l'instruction est secrète », mais qui autorise toutefois le procureur à communiquer en certaines circonstances, notamment « afin d'éviter la propagation d'informations parcellaires ou inexactes ou pour mettre fin à un trouble de l'ordre public ». Il peut aussi décider de « rendre publics des éléments objectifs tirés de la procédure, ne tirant aucune appréciation sur le bien-fondé des charges retenues contre les personnes mises en cause ». Voilà qui est formulé avec grande prudence.

Surtout « ne pas abuser de la discrétion »

Comme disait, non sans humour, l'ancien procureur Éric de Montgolfier, « la discrétion est une vertu, encore faut-il ne pas en abuser »... Ils sont rares, en effet, les magistrats qui utilisent le temps de parole qui leur est donné. Beaucoup ont peur, sous le feu des questions répétées des journalistes ou dans quelque moment d'inattention, de divulguer une information trop précise. Nice ou Valenciennes eurent donc leur Montgolfier, Marseille eut son Jacques Dallest ou son Jacques Beaume, mais ils sont peu nombreux à être doués dans l'exercice de la confrontation médiatique. D'abord, parce que – et tous le rappellent à intervalles réguliers – « le temps des médias n'est pas celui de la justice ». Pour certains, cela passerait d'ailleurs presque pour une excuse absolutoire, qui laisse la justice être la seule et unique appréciatrice de son cours normal, effréné ou ralenti. D'autres ont beaucoup progressé, tel Brice Robin, autre procureur de

Marseille, qui eut le temps de roder sa pratique comme procureur adjoint, avant de devenir chef de juridiction.

Francis Fréchède et Louis Di Guardia préféraient le recours aux communiqués discrets plutôt que l'épreuve du feu journalistique face aux caméras et aux micros tendus. « J'ai fait deux communiqués de presse lors de mon passage à Marseille. Je ne suis pas mécontent de ne pas en avoir fait un troisième ! » badinait ce dernier. Les deux hommes firent peu de points presse, justement pour ne pas avoir à s'exposer, pour ne pas avoir à redouter un effet réducteur ou un éclairage parcellaire.

Maître dans l'art de communiquer, Jacques Dallest, qui dispensait volontiers ses conseils avisés sur le sujet lors de sessions de l'École nationale de la magistrature (ENM), en raffolait pourtant, mais il savait aussi répondre aux journalistes par simple communiqué, par mail ou par SMS. Question de timing et de feeling. Question de talent aussi. Savoir s'adapter, comme sut le faire Jacques Dallest, à son public, qu'il s'agisse de collègues magistrats, savoir parler à la presse, savoir s'adresser à des chefs d'entreprise qui ne connaissent rien à la justice, savoir parler aux victimes, savoir expliquer la justice au profane, savoir se mettre à sa hauteur, voilà une masse de dons qui ne sont pas offerts à tout le monde. Et quand, de surcroît, on donne la sensation de le faire avec le plus grand des naturels, voilà qui époustoufle.

Bons à l'écrit, mauvais à l'oral

Les cours de « média training » devraient d'ailleurs être obligatoires à l'École nationale de la magistrature. Il est des singes savants qui font envie à leurs pairs, tant ils maîtrisent l'art de parler aux autres, aux médias et donc, derrière eux, à la France entière bouche bée derrière la parole judiciaire attendue. Car le procureur a le droit de parler et l'avantage d'être écouté. Il est même le seul à jouir de ce droit fondamental bien qu'à haut risque. Il est l'oracle des affaires balbutiantes, l'accoucheur des premières vérités insondables, le pisteur des sommets judiciaires difficiles d'accès. Et plus le crime est crapuleux, plus le mystère est grand, plus le procureur est l'homme de la situation, la Pythie des zones grises, celui qui a forcément raison.

Pourquoi ? Parce que les autres acteurs, juges d'instruction, médecins légistes, experts, greffiers, policiers, gendarmes ou pompiers, ont l'obligation vertueuse de se taire. Sauf à finir ostracisés. Parce qu'en ce temps de l'enquête, le tout début, le procureur de la République n'est pas tout à fait une partie comme les autres. Il n'est ni l'avocat partisan des uns, ni le conseil partial des autres. Il est le représentant de la société en marche ou plutôt, en zone de turbulences aiguës, de notre démocratie qui souffre, cherche et se cherche.

Songeons aux affaires Grégory, Nordahl Lelandais, Jonathan Daval, Céline Jourdan, plus récemment au drame de la rue d'Aubagne à Marseille ou à l'affaire du petit Émile disparu dans les Alpes-de-Haute-Provence en juillet 2023. Quand il ne sait pas, le procureur ne dit pas qu'il sait. Le procureur n'est pas un saltimbanque. Il n'est pas un amuseur des prétoires ni un bateleur d'estrade. Il n'a pas de potion magique. Son seul sérum de vérité, c'est « l'indice grave ou concordant », l'article 80-1 du Code de procédure pénale. On pourrait presque dire l'indice corrosif, celui qui met le doigt sur un doute qui pique, fait mal et ouvre forcément une porte. Il est le chasseur en quête d'éléments de preuves ou, à défaut, d'un faisceau de présomptions qui feront vaciller les intenables dénégations d'un suspect trop sûr de lui.

Ses compagnons de route ordinaires sont l'ADN aussi incontesté qu'incontestable, les relevés téléphoniques, les bornes relais, les « Vous étiez où à l'heure du crime ? », « Avez-vous un alibi ? », le passage au crible d'un casier judiciaire et les innombrables fichiers qui permettent de tracer raisonnablement un suspect.

Il lui faudra plus rarement compter sur des aveux, que l'on n'ose pas imaginer circonstanciés à ce stade des investigations. Ses pires ennemis sont le silence obstiné, la certitude repue et la fausse piste qui aurait des airs de vraie, celle qui endormirait les meilleurs enquêteurs. C'est pour cela que policiers et gendarmes aiment à dire que, sans rien négliger, ils ont, une à une, « fermé des portes » pour mieux se consacrer à d'autres ensuite.

Ces procureurs promis au rang inégalé de petits génies de la com font évidemment des jaloux. Ils tiennent en France sur les doigts d'une, voire deux mains. La main de Dieu. Il est en revanche des brochettes entières de procureurs besogneux qui lisent leur feuille de papier très scolairement face à une nuée de micros, avec un débit heurté, la sueur professorale au front, sans talent manifeste.

Il n'y a pas loin du Capitole à la roche Tarpéienne

Pourtant, le souffle de leur parole est important, tant le style, c'est le souffle, tant le style, c'est un rythme. Les plus besogneux transpirent de douleur. Ils sont presque plus à la peine au micro ouvert que devant l'enquête qui fait du surplace. Ils savent que la France entière les regarde, que leurs supérieurs hiérarchiques les scrutent et les noteront, que leur carrière se joue peut-être là, au détour d'une phrase. C'est un moment douloureux qui n'a rien d'un instant de grâce et que beaucoup aimeraient voir passer le plus vite possible.

Il fut un temps où la chancellerie organisait ainsi, à Paris, des sessions de formation à cette confrontation aux médias. Elles réunissaient tous les procureurs de France qui écoutaient sagement les journalistes venus gentiment les conseiller sur la meilleure manière de faire : surtout ne jamais opposer de silence généralisé face à une enquête, savoir jongler entre la conférence de presse, le petit communiqué et la simple confirmation, tout en préservant habilement l'enquête. Les moins convaincus jouaient naguère les débordés et se faisaient porter pâles. Les autres restaient murés dans leurs certitudes taiseuses. Les derniers, peu nombreux, promettaient docilement de progresser. Les uns et les autres ont avancé, compris qu'à l'aube du XXIe siècle il n'est plus possible de ne pas communiquer avec les médias. Mais il n'y a pas loin du Capitole à la roche Tarpéienne.

Attention aux médiocres. Les honneurs et la célébrité n'empêchent pas la déchéance ou la chute de pointer son nez. On en voit encore aujourd'hui bafouiller en lisant leurs feuilles en forme d'éléments de langage, quand ce ne sont pas des morceaux de bravoure aux allures de langue de bois, pour ne pas dire de langue d'hermine ! Dans le style langue de bois, on entend régulièrement : « L'enquête suit son cours », « Aucune déclaration », quand certains refusent même de répondre aux questions des journalistes. Bien sûr, les Mozart de la discipline que sont François Molins, ex-procureur de Paris, puis procureur général de la Cour de cassation, ou Jacques Dallest, procureur passé par la Corse et Marseille, ont tenté de faire changer les choses en regardant la France au fond des yeux et le crime au fond du verbe.

Les plus maladroits sont capables de décliner leur sourate judiciaire en prononçant cent trente fois et en moins d'une heure le mot « voilà ! » en guise de ponctuation ou en répétant « effectivement » jusqu'à l'overdose comme pour se persuader que leur discours est frappé du sceau de la parole vertueuse.

Du cerveau judiciaire au cerveau politique

Les affaires politico-financières, celles qui touchent au pouvoir central et aux élus locaux, sont les plus redoutées de ces magistrats. Attention, terrain glissant ! L'époque a changé mais jusqu'en 2013, il valait mieux demander l'autorisation à la chancellerie avant d'ouvrir une enquête sensible. « Dans la hiérarchie du parquet, plus on monte et plus le cerveau judiciaire disparaît derrière le cerveau politique », avait lancé Me Jean-Pierre Mignard, fameux avocat, dans l'affaire Clearstream. Certains élus avaient le bras long et c'était le retour de bâton garanti en cas de faux pas.

Depuis la loi Taubira du 25 juillet 2013, les mentalités ont considérablement évolué. Le garde des Sceaux ne peut plus donner d'instructions individuelles à ses procureurs. L'article 30 du Code de procédure pénale prescrit que « le ministre de la Justice adresse aux magistrats du ministère public des instructions générales. Il ne peut leur adresser aucune instruction dans des affaires individuelles ».

« Il courrait un risque inouï, confie un haut magistrat. Imaginez que le *Canard enchaîné* sorte l'information ! Ce serait se discréditer auprès de ses collègues et quasi suicidaire pour le ministre en question ! » Dans l'affaire Guérini, à Marseille, le procureur Dallest n'a pas demandé l'avis à la chancellerie. Il a seulement alerté sa hiérarchie directe, c'est-à-dire son procureur général, et ouvert une enquête préliminaire puis une information judiciaire qui allait conduire aux mises en examen que l'on sait.

Des procureurs qui demandent l'autorisation du « chef »

Le 4 juillet 1991, en revanche, Olivier Dropet, alors procureur de la République de Marseille, avait eu un comportement bien différent, mais les mentalités étaient tout autres et le cordon ombilical ministériel était encore loin d'être coupé. Ainsi avait-il sollicité, par écrit, dans un rapport demeuré célèbre, du garde des Sceaux Henri Nallet, le droit d'ouvrir une information judiciaire contre les dirigeants de l'OM, dont Bernard Tapie et Michel Hidalgo. « Sauf instructions écrites de votre part », avait-il mentionné dans ce document de synthèse qui relève désormais de la grande Histoire. Une attitude qui, plus de trente ans plus tard, ferait bondir les procureurs de France. L'inspecteur de police marseillais Antoine Gaudino, découvreur de l'affaire Urba et poil à gratter de la gauche, avait même, dans une lettre, titillé le magistrat sur ce sujet ô combien sensible, comme pour l'inciter à se libérer du joug ministériel. C'est le même Henri Nallet qui avait d'ailleurs, le 8 avril 1991, qualifié d'« équipée sauvage » la perquisition du juge Thierry Jean-Pierre au siège d'Urba, à Paris, tandis que son ministre délégué, Georges Kiejman, l'analysait sans barguigner comme « un cambriolage judiciaire ». On n'avait pas peur des mots...

Autant dire qu'il ne faisait pas bon, au début des années 1990, pour un magistrat, prendre des initiatives susceptibles de déstabiliser le pouvoir en place sans en référer au plus haut niveau. « Aujourd'hui, l'indépendance des procureurs est avant tout dans les têtes », aime à résumer l'un de ces grands procureurs de France.

Garde des Sceaux, Michel Vauzelle se jettera à l'eau en mars 1992, en ouvrant des enquêtes à l'encontre de neuf clubs de foot français suspects de pratiques irrégulières. C'était aussi une manière de noyer le poisson. L'occasion d'éviter d'avoir à en désigner un seul et donc de passer pour l'assassin de l'OM. Subtile dérobade.

Pierre Méhaignerie, ministre de la Justice de 1993 à 1995, essaiera, le premier, de rendre les parquets « plus autonomes », s'efforçant de couper un tant soit peu le lien suspect entre procureurs et place Vendôme. Car l'instruction individuelle d'un ministre dans un dossier sent le soufre. Elle a le goût amer du complot qu'on organise pour faire taire un adversaire politique ou le fumet non moins désagréable de l'incendie que l'on veut éteindre avant qu'il ne soit trop tard...

Des nominations qui surprennent

Parfois, ce sont les nominations qui surprennent. Du coup, le casting est encore moins réussi. En 1990, la promotion éclair de Franck Terrier, premier substitut, à l'âge de 40 ans seulement, au poste de directeur des affaires criminelles et des grâces, jette un froid. Car ce poste est l'un des plus courus en France, l'un des plus prestigieux aussi. Il est la tour de contrôle du parquet pénal. La nomination de Franck Terrier court-circuite tous les usages en cours.

De même, la nomination du procureur de Toulon, Xavier Tarabeux, à Marseille, à la fin des années 2010, qui n'a jusque-là en charge qu'un petit parquet, au sein de la même cour d'appel d'Aix-en-Provence, ce qui n'était jamais arrivé dans l'histoire judiciaire régionale, va interroger. Xavier Tarabeux est un homme très discret. Trop discret. Trop effacé. Il doit sa promotion soudaine à la relation de confiance qu'il entretient avec Jean-Jacques Urvoas, le garde des Sceaux socialiste de l'époque, et à leur passion commune pour la navigation de plaisance. Cela suffisait-il à en faire un grand magistrat ? Les deux hommes se sont croisés quelques années plus tôt à la chancellerie et « le courant était bien passé », confiera un de ceux qui les a côtoyés. Il n'en faut parfois guère plus. Cette promotion ne lui portera pas bonheur. Peu charismatique, il aura bien du mal à imprimer sa marque.

Il quittera Marseille trois ans plus tard pour le parquet général de Metz sans auréole, en n'ayant laissé aucune empreinte durable, ni auprès des magistrats avec lesquels il travaillait, ni auprès des policiers qui se sont longtemps demandé ce que cet homme pouvait bien faire à ce poste…

Xavier Tarabeux a aussi, pour un chef de juridiction, manqué de loyauté envers André Ribes, son adjoint, un grand juriste et magistrat pragmatique, qui n'a jamais ménagé sa peine, sur lequel il s'est longtemps reposé, avant de le lâcher en rase campagne des « Gilets jaunes » sur le Vieux-Port, en faisant mine de ne pas savoir que ce même procureur adjoint était sur le terrain à sa demande. Une position difficile à tenir et qui suscitera l'indignation de la plupart des magistrats du parquet de Marseille. Comment pouvait-il ne pas savoir, à l'heure où une octogénaire était mortellement frappée par un tir policier ? Légèreté ou incompétence ?

Dominique Laurens, une procureure très humaine

Son successeur, Dominique Laurens, avait donc, dès son arrivée en 2020, un défi important à relever. Effacer l'image grise de son prédécesseur, rebooster un parquet qui n'avait plus vraiment de tête, ce qu'elle parviendra à faire, en dépit d'une maigre maîtrise dans l'art de la communication. Les procureurs oublient trop souvent que le « faire-savoir » est, à leur poste, au moins aussi important que le « savoir-faire ». Il faut raconter au citoyen lambda et donc aux médias quelles opérations sont menées en leur nom pour endiguer le trafic de drogue endémique, quelles batailles sont menées pour faire chuter la délinquance routière, quelle politique pénale sera privilégiée, et surtout savoir expliquer qu'on ne laisse jamais les choses au hasard, que tout acte de délinquance mérite une réponse pénale, faute de quoi on sombre dans l'impunité la plus totale. C'est hélas ce qui n'est que très peu fait. Combien de belles enquêtes de la gendarmerie et de la police sont portées sur le terrain médiatique, par manque de volonté le plus souvent ? Or le citoyen a besoin de savoir. Il a aussi besoin de savoir à quoi servent ses impôts, investis dans l'action publique à vocation judiciaire.

Dominique Laurens y est parvenue d'année en année en menant diverses actions, en communiquant avec les divers services et administrations, en renouant le contact qui avait été largement coupé par son prédécesseur avec les services de police et de gendarmerie, en se dotant notamment d'une chargée de mission capable d'activer ce « faire-savoir », mais la marge de progression reste encore grande. Elle a aussi restauré l'image d'un magistrat humain à la tête du parquet de Marseille, faisant montre d'une grande générosité envers ceux avec lesquels elle a travaillé et en qui elle avait confiance. Ce qui déplaît, c'est cette distance que mettent trop souvent les chefs de juridiction entre eux et les petites mains de la justice, si peu considérées, comme si les premiers se croyaient d'un rang supérieur.

Les « techniciens » et les « politiques »

Chez les procureurs, il y a ceux qui ont la réputation d'être de bons « techniciens » et ceux qui sont plus « politiques ». Certains comme Jacques Beaume ou Robert Gelli, qui fit une partie de sa carrière à Marseille, avant de devenir en 1997 conseiller justice au cabinet du Premier ministre socialiste Lionel Jospin, puis directeur des affaires criminelles et des grâces à partir de 2014, enfin procureur général de la cour d'appel d'Aix-en-Provence en 2017, ont grimpé plus vite dans la hiérarchie, parce qu'ils ont su être proches d'un pouvoir, celui de gauche en l'occurrence. Magistrat de talent, Robert Gelli a su profiter de sa proximité avec François Hollande. Il a terminé sa carrière comme directeur des services judiciaires de la Principauté de Monaco. Un destin princier que peu lui auraient prêté il y a trente ans.

La « technicité » ne fait pas tout. Sans le coup de pouce du pouvoir, il n'est de vraies carrières qui ne se dessinent. Un gouvernement attentif et prudent veille évidemment à ce que soient nommés aux postes clés, dans les villes de France telles que Paris, Marseille, Lyon ou Lille, des magistrats qu'il connaît, dont il sait qu'ils ne seront pas incontrôlables.

Et quand un grand magistrat bien connu à Marseille comme Marc Cimamonti, promu procureur de Lyon en février 2012, ouvre, en toute indépendance d'esprit, une enquête préliminaire sur la campagne électorale d'Emmanuel Macron, susceptible de viser le ministre de l'Intérieur Gérard Collomb, il prend des risques, alors qu'il est fortement pressenti pour devenir procureur de Paris. Mais il ne fait que son devoir de procureur. Et il le fait plutôt bien. « Jeu d'équilibriste pour Marc Cimamonti », titre le mensuel *Lyon Mag* en juin 2018. Il devra, hélas, passer son tour. Le pouvoir fait toujours payer un esprit d'indépendance exacerbé venant d'un magistrat. Sur le ton de : « Vous n'auriez pas dû ! »

Bien sûr, les reproches ne sont jamais faits ouvertement. Le déçu l'apprendra par un conseiller, par un ami qui lui voudra nécessairement du bien… Mais c'est ainsi. Le « timing » est important aussi. Du coup, le brillant Marc Cimamonti devra patienter avant de devenir procureur général de Versailles en octobre 2018. Les postulations au gré de ce que l'on appelle les « transparences », qui peuvent faire l'objet de contestations, sont un même exercice d'équilibriste. Comme disait l'un de ces hauts magistrats, « il faut s'attendre à tout dans ce domaine, ce n'est pas parce qu'on est le meilleur qu'on aura le poste, on peut se faire doubler par une exigence de parité ou par un membre du cabinet du garde des Sceaux qui aura plus la cote » !

Le bon timing qui fait les grands destins

Trois ans plus tard, le même Marc Cimamonti, au professionnalisme incontesté, candidate pour être le nouveau procureur général de la cour d'appel de Paris, après le départ de Rémi Heitz, promu premier magistrat de France à la Cour de cassation. Il se verra de nouveau refuser le poste, le 6 juillet 2023. C'est Marie-Suzanne Le Quéau, procureure générale d'Aix-en-Provence, qui, cette fois, lui vole la vedette, parce qu'elle a un profil plus lisse qui gêne moins le politique. C'est en tout cas la preuve que le pouvoir continue de se méfier de nommer à des postes clés de la magistrature des hommes ou des femmes qui pourraient lui faire de l'ombre, voire le mettre à l'ombre…

Autant de contorsions qui incitent évidemment à l'humilité. Ces refus de nominations, ces atermoiements fabriquent néanmoins, chez les candidats au super-poste, des déçus en cascade et des jaloux compulsifs.

Il vaut donc mieux avoir la réputation d'être un bon « technicien ». Une réputation qui emporte toutes les digues du clivage droite-gauche, mais cette technicité-là ne suffit pas à assurer les grands destins judiciaires. La promotion politique est assurément un gros accélérateur de carrière. Surcotés à tort, certains ont fini dans le mur. D'autres ont gravi rapidement les échelons de la grande maison justice.

L'exercice du métier est complexe. Il faut savoir être un orateur brillant, tout en bridant ses interventions médiatiques pour ne pas galvauder la fonction. Il faut aussi savoir occuper le terrain, notamment à Marseille, avec les règlements de comptes qui endeuillent la cité depuis trop d'années, pour montrer que le parquet est présent et bien présent et que force doit rester à la loi. Le procureur est là pour rappeler la règle aux citoyens qui l'auraient oubliée. Chacun a son style. Mais il est des procureurs qui abhorrent l'exercice médiatique, qui sont davantage des hommes de dossiers ou de cabinet, et qui n'aiment pas davantage se confronter à la rudesse de la rue. Il faut aussi savoir écouter les victimes, les grandes oubliées de la justice.

Le Messie rentre à Marseille

Nommé procureur de la République de Marseille en septembre 2023, Nicolas Bessone, avec son look de policier américain, a le costume taillé pour Marseille. C'est un peu le Messie. « Il coche toutes les cases », comme on dirait aujourd'hui. Il est sérieux, dimensionné pour parler aux médias, un rien shérif aussi pour dire ses vérités à cette ville sourde au monde. Mais c'est un plus. On sait qu'il ne se laissera pas marcher sur les pieds. C'est un homme de terrain, un pragmatique dans l'âme. Beaucoup de magistrats se sont réjouis de cette nomination. Il fallait pour la cité phocéenne un fin connaisseur de la chose criminelle, de ce que sont les réseaux, de ce qui les nourrit. Nicolas Bessone a grandi entre Marseille et Toulon. Il sait de quoi il parle. Il maîtrise les combines à la marseillaise, le système D érigé en délit d'initié permanent, une des tares de cette ville. On ne lui apprend rien. On lui apprend si peu qu'il était depuis trois ans le directeur général de l'Agence de gestion et de recouvrement des avoirs saisis et confisqués (Agrasc), la machine anti-blanchiment de l'État français.

Le 6 juillet 2023, la nouvelle tombe. La procureure Dominique Laurens, qui aura tenté d'imprimer sa marque à la juridiction, est promue procureure générale de la cour d'appel de Reims. La voie est libre. Nicolas Bessone a longtemps espéré avoir ce poste. Un an plus tôt, lors d'un colloque sur les avoirs criminels à Marseille, la rumeur avait commencé à courir qu'il serait « le prochain ». Il y a cru sans y croire, sachant que les jeux de chaises musicales sont parfois complexes au ministère de la Justice. À 57 ans, Nicolas Bessone a toujours aimé revenir dans « sa ville ». En poste ici jusqu'en 2008, il a connu les balbutiements des juridictions interrégionales spécialisées (Jirs), créées en 2004. Il a eu en charge de nombreux, lourds et violents dossiers de criminalité organisée. Originaire du Piémont, il parle aussi couramment l'italien. Lors de son séjour à Marseille, il avait effectué un stage en novembre 2005 à la division antimafia du tribunal de Palerme. Il y a beaucoup appris.

« Le ministre de la Justice n'est pas pour autant votre chef »

Procureur à forte personnalité, Nicolas Bessone a d'emblée, lors de son discours d'installation officielle, le 20 novembre 2023, en présence du ministre de la Justice Éric Dupond-Moretti, adressé un message fort, nourri de courage et d'indépendance d'esprit, à ses pairs : « Je souhaite que nous ayons un parquet engagé qui assume ses choix et ses poursuites, mais aussi ouvert, qui les explique et communique sur son action. Si nous devons appliquer scrupuleusement les circulaires du garde des Sceaux relayé sur le ressort par le parquet général, le ministre de la Justice n'est pas pour autant votre chef. » « Sachez qu'il n'y aura pas d'affaires réservées au parquet de Marseille, que je ne signerai pas vos réquisitoires définitifs comme cela se voit parfois, et votre parole est libre à l'audience », insistera-t-il. Autant dire qu'il entend se démarquer de la tutelle du politique qui a trop longtemps été la culture des procureurs de France. Les choses sont sûrement en train de changer. Les prises de position courageuses du nouveau procureur de Marseille sont un joli signal lancé à une démocratie parfois vacillante.

Nicolas Bessone a été procureur adjoint de Toulon, puis procureur de Bastia de 2014 à 2017, puis procureur d'Orléans de 2017 à 2020, ce qui donne de l'épaisseur au personnage, avant de rejoindre l'Agrasc en juin 2020. Dans le même temps, celui qui aurait pu lui voler la vedette, Olivier Christen, directeur des affaires criminelles et des grâces au ministère de la Justice, a été retoqué au poste de procureur général de la cour d'appel d'Aix-en-Provence. Son défaut présumé ? Il n'a jamais occupé antérieurement de poste de procureur et c'est un véritable véto qu'a mis le Conseil supérieur de la magistrature (CSM) à sa nomination. Le « jeu des chaises judiciaires » ne fait pas toujours bien les choses.

Un constat d'échec général

Pour autant, à l'heure des comptes et des règlements de comptes, quel constat tirer ? Les procureurs, au-delà du casting initial réussi ou manqué, auront-ils rempli leur office ? Difficile d'être affirmatif. Il y a ceux évoqués plus haut qui ont bien compris qu'agir au nom de la République sans le faire savoir n'avait pas grand sens. Il fallait toutefois échapper à la tentation du tout médiatique. Quant à ceux qui ont cru bon d'agir seulement dans l'ombre, loin du tumulte cathodique, ils n'ont pas davantage réussi.

À l'arrivée, il nous faut bien tirer le terrible constat que, quoi que les uns et les autres aient fait ou conçu, tous ont été rattrapés par la rude dialectique des chiffres. Les homicides demeurent omniprésents, même si on a changé les mots pour le dire et même si l'on a parlé successivement de « guerres de territoires », puis de « règlements de comptes », et depuis peu de « narchomicides ».

Comment ces procureurs de Marseille pourraient-ils dire qu'ils ont gagné le combat contre la drogue, quand on compte près de 50 morts et plus de 110 blessés dans les rues à la fin 2023 ? Le simple fait d'avoir des pudeurs dans les discours officiels à compter ces morts et ces blessés, au prétexte qu'ils ne pourraient tous être classés dans la même catégorie de crimes, n'est-il pas un aveu de faiblesse ? On a le sentiment, hélas, qu'ils assistent impuissants à cette singulière comptabilité de la mort subite qui paraît être le noir destin de Marseille depuis un demi-siècle.

Finalement, il faut en revenir à ce triste constat que tire sans fard et en privé l'un de ces anciens procureurs marseillais chevronnés : « Il restera toujours deux épines dans le pied de la République : Marseille et la Corse. » Qui pourrait le nier ?

6

La symphonie inachevée des préfets de police

Les apparats républicains ne font pas tout. Il ne suffit pas d'avoir l'onction de la nomination pour être un grand préfet ou un grand préfet de police. Certains l'ont appris à leurs dépens. Il faut savoir se couler dans le moule, composer avec les services préfectoraux, ne pas trop bousculer l'ordre établi tout en sachant le bousculer suffisamment pour faire avancer la machine. Faute de quoi, comme disait Henri Queuille, grande figure du Parti radical et de la Quatrième République, on s'enfonce dans l'immobilisme : « Il n'est de problème dont une absence de solution ne finisse par venir à bout. »

Savoir durer est un exercice d'équilibriste qui exige un savant dosage, fait de patience, de persévérance et de diplomatie territoriale. Comme ce jour où un préfet de région demeuré célèbre pour la carrière élyséenne qu'il connut ensuite lança à son préfet de police fraîchement nommé à Marseille, sur le ton de la castration que l'on imagine : « Monsieur, ce ne sont pas des chaussures de préfet que vous portez là ! »

Le récipiendaire, qui n'avait pas pour habitude professionnelle de se faire rabrouer, en conçut une évidente amertume. Il est vrai que le préfet de police en question, passé hâtivement du stand policier au stand préfectoral, et chaussé ce jour-là de

« santiags », avait omis qu'il y avait des règles. Principe matinal de base : on consulte sa garde-robe avant de partir en représentation sociale. « Parce que les petits abandons entraînent les grands », comme disait joliment le journaliste Angelo Rinaldi. On ne court pas derrière les voyous de la même façon qu'on préside une très sérieuse réunion sur la délinquance en préfecture de police en présence des institutions de la République.

Le tremplin national ou le cimetière des éléphants…

Ainsi Marseille a-t-elle produit pendant cinquante ans des préfets de police aux profils très différents, de Marcel Morin à Bernard Squarcini, en passant par Jean-Paul Bonnetain ou Frédérique Camilleri. Il y eut ceux qui eurent l'audace victorieuse de faire triompher leurs principes, en imprégnant leurs pratiques, les « gagnant-gagnant » au grand loto préfectoral, et puis les autres, qui, souvent, au gré de quelque décision singulière ou par la simple « faute à pas de chance », tomberont vite dans l'oubli. Cela ne veut pas toujours dire qu'ils étaient moins bons, même si certains l'ont été, mais ils ont su avec moins de talent que leurs pairs surfer sur la vague d'une actualité souvent sans pitié. Une chose est sûre : on ne s'attarde pas à Marseille. On s'en sert de tremplin ou de cimetière des éléphants… On vient y gagner ses galons. Et l'on espère ainsi se dessiner un destin national.

Préfet anti-drogue, propulsé à Marseille de 1988 à 1990 après avoir été patron de la brigade des stupéfiants de la préfecture de police de Paris, puis chef de la brigade criminelle, Marcel Morin avait l'appui du gouvernement, quand il eut pour mission urgente d'en finir avec les laboratoires clandestins d'héroïne qui mettaient Marseille à genoux dans les années 1970 et causaient des cauchemars à l'oncle Sam. Il restera comme un préfet héroïque. Fils de médecin militaire, licencié en philosophie, il se définissait lui-même comme « un philosophe de terrain » n'ayant pas oublié d'où il venait. Il aura traqué sans faillir le commerce de la drogue au confluent lucratif de tous les continents. C'est lui qui est chargé en juillet 1971, sur la pression des Américains, par le ministre de l'Intérieur Raymond Marcellin, de s'attaquer à la French Connection.

La « méthode Morin »

Les Yankees étaient alors en colère. Ils trouvaient que les policiers marseillais laissaient trop d'espaces aux voyous, que la cité phocéenne s'était fait une tête d'épicentre du trafic et qu'elle était devenue la base arrière de la morphine base à destination des États-Unis. Les Américains soutiennent même, en ce temps-là, que 80 % de l'héroïne qui entrent chez eux sont fournis par Marseille. Avec onze autres policiers dans ses bagages, véhicules et radios comprises, humbles moyens de l'époque, Marcel Morin va donc mener une guerre acharnée contre la French.

La « méthode Morin » ? Une enquête serrée, la « planque » même les jours fériés, des procès-verbaux irréprochables, des gardes à vue usées jusqu'à la corde, et surtout la « patte » Morin, un dossier photographique accablant qui étouffe les dénégations les plus obstinées. « Ces mecs-là, on va les suivre », aimait-il à répéter, aux dires du journaliste spécialisé François Missen. « Avant, on prenait des coups de Bottin sur la tronche. Maintenant, ils nous la font avec des albums photos », pestaient les trafiquants pris dans les redoutables filets du préfet Morin.

Préfet adjoint pour la sécurité de 1990 à 1993, François Filliatre eut en revanche le malheur de confier un jour à quelques syndicalistes aussi attentifs qu'aiguillonnés, réunis autour de sa table, sous les ors de la République, que « Marseille était sur une poudrière ». Aveu de faiblesse ? C'était au début des « zones de non-droit », un temps où l'on n'osait même pas, par pudeur policière, prononcer le mot, mais un temps où déjà Marseille l'impudente, avec ses cités turbulentes, promettait le pire, et où la drogue commençait son petit commerce. Il sera promu préfet de l'Ardèche... Il ne fait pas bon confier ses inquiétudes à de chastes oreilles. Les syndicats de police se sont évidemment fait un plaisir de faire « fuiter » dans la presse, dans les jours qui ont suivi, ce manque d'assurance du préfet Filliatre.

« Je ne suis ni le sauveur ni Jésus-Christ »

Gilles Leclair, ex-coordonnateur des forces de sécurité en Corse, arrivera en janvier 2011 précédé d'une belle réputation, mais il fera ici un passage éclair. Pourquoi ? Pour avoir énoncé quelques vérités. Pour ne pas avoir usé, comme d'autres, de la langue de bois. Cet as de la police judiciaire avait le verbe trop cru. Ou trop sincère. Une tonalité qui ne plaît pas toujours à la Préfectorale, où il vaut mieux avoir le petit doigt sur la couture du pantalon, car on est, avant toute chose, la voix de l'État. « Je ne suis ni le sauveur ni Jésus-Christ », déclare-t-il au mois d'août 2011[1]. « Je ne résoudrai pas à moi seul les difficultés liées à une ville pauvre qui souffre de cinquante ans d'immigration et de tradition du banditisme », insiste-t-il. Un propos qui déplaît à Nicolas Sarkozy. Il sera aussitôt démis de ses fonctions. Il égrenait aussi les noms de quelques gloires du banditisme local, se disait persuadé que « jusqu'à 1985, on ne s'attaquait pas aux femmes, aux gosses et aux vieillards » et citait les chiffres des homicides : 46 à la fin juillet 2011 contre 47 en 2010, dont 15 règlements de comptes. Et d'ajouter : « C'est néanmoins inquiétant, car les chiffres baissent partout, sauf ici. Incontestablement, on ne peut pas dire qu'à Marseille, on soit au paradis. » Au moins, on ne pourra pas accuser Gilles Leclair de sombrer dans l'autosatisfaction ni la gargarisation de prétendus bons chiffres...

Jean-Luc Marx avait pris très tôt la mesure de l'indomptable cité phocéenne, s'amusant fréquemment de son maigre respect de la règle de droit, tous domaines confondus. C'est lui qui avait trouvé cette jolie formule pour dire que la conduite des Marseillais n'avait rien à envier à celle des Siciliens. « À Marseille, pour survivre, il faut adopter la conduite défensive », répétait-il à

1. Interview à *La Provence*, 1er août 2011.

l'adresse du justiciable marseillais. Comprendre : ne compter que sur soi au volant, redouter le pire, même en situation d'apparence tranquille. Toujours se méfier d'un coup de klaxon malencontreux, d'une audacieuse queue de poisson, la situation ne pouvant que dégénérer. La guerre des territoires de la drogue ne faisait que commencer. On allait vite passer à autre chose.

Belle promotion aussi, mais passage éclair à Marseille pour le préfet Philippe Klayman, en poste à Marseille de juin 2009 à décembre 2010, qui sera nommé directeur des plateformes aéroportuaires de Roissy, Charles-de-Gaulle, et du Bourget, puis directeur central des CRS.

La stratégie de l'homme providentiel ne marche pas

Alain Gardère, parfait « bébé Sarkozy » propulsé à Marseille en 2011 et 2012, crut bon de jouer les Zorro. Un caractère qui ne sied pas à cette ville, non plus qu'en Corse, des territoires qui aiment à se faire accepter. On ne viole pas Marseille, on la prend en douceur, en lui faisant la cour, en se faisant adopter… Un « moitrinaire » de plus, un « moitrinaire » de trop, comme aurait dit Léon Daudet, ne résout rien. Une nuit de règlement de comptes à la cité Air-Bel, une résidence très cadenassée, on assista ainsi, pendant près de trois heures, à la confrontation improbable entre une cinquantaine de policiers venus rétablir l'ordre républicain et l'équivalente cinquantaine de résidents, jeunes et moins jeunes, bras croisés, solidement campés sur leurs jambes, venus défier la police. On frôla le « suraccident », comme diraient les pompiers, tant la tension comme la provocation étaient palpables, le préfet Gardère jetant plus d'huile sur le feu qu'il n'instilla d'apaisement.

« Autrefois, c'était l'excellence qui créait la notoriété, aime à dire le philosophe Alain Finkielkraut. Aujourd'hui, c'est la notoriété qui crée l'excellence. » Alain Gardère quittera Marseille peu auréolé par ses réussites de terrain, avant d'être mis en cause dans une affaire de corruption et de détournement de fonds publics qui lui vaudra un renvoi devant le tribunal correctionnel de Paris. Il reste présumé innocent.

Le maillot interdit et les « stups » autorisés

Faut-il donc, pour « tenir » cette ville volage, un homme ou une femme à poigne, un de ces Hugues Moutouh, ex-préfet de l'Hérault, récemment expédié dans les Alpes-Maritimes pour mettre de l'ordre, notamment à la frontière franco-italienne, celui qui tançait les jeunes casseurs après les émeutes de juillet 2023 d'un lapidaire remède : « Deux claques et au lit » ? Celui que *Le Journal du dimanche* a baptisé le « préfetionnel[2] » ? Rien n'est moins sûr. Marseille n'est pas Nice, encore moins Béziers. Et, lorsqu'on est préfet, il faut souvent mettre du liant entre les hommes, les foucades des uns, les anathèmes des autres, bref entre les tendances politiques locales.

Bernard Squarcini, homme taiseux mais grand stratège policier, formaté à la question corse et aux renseignements de première main, sut dompter cette ville avec beaucoup plus d'onctuosité. Il allait partout. Tout lui paraissait simple. Jamais un mot plus haut que l'autre. Il approcha tous les milieux, écouta tout le monde, sut même se faire accepter des avocats, véritable gageure, partie jamais gagnée.

Emmanuel Barbe, ancien délégué interministériel à la sécurité routière, ex-juge financier, magistrat de liaison entre la France et l'Italie de 2002 à 2007, avait *a priori* le bon profil pour Marseille l'indomptable, lui qui avait déjà travaillé sur des dossiers à forte prégnance mafieuse. Il était compétent, de bon et sain contact, mais cela ne suffira pas. Comme quoi le casting ne fait pas tout. L'actualité est parfois une fille frondeuse qui vous cloue au mur. Un préfet de police aura beau dégainer les meilleurs arguments du monde, c'est l'actualité qui commande. Il commit hélas quelques maladresses qui lui coûtèrent cher :

2. *Le Journal du dimanche*, 8 octobre 2023.

un maillot du PSG interdit sur le sol marseillais le 20 août 2020 qui étonna Marseille et la France, et, le 14 novembre suivant, en plein confinement, quelques propos maladroits sur la drogue, où il s'offusquait que les dealers de drogue n'aient pas sur eux leur attestation… Humour décalé, second degré assumé ou ingénuité de circonstance ? On ne sut jamais vraiment. Le tout lui valut un départ précipité le 25 novembre 2020. Il battait ainsi le record de la plus faible longévité au poste de préfet de police des Bouches-du-Rhône.

« Grandes gueules » et classe républicaine

Avec trente-deux ans de police judiciaire en poche, Roger Marion fera un beau retour à Marseille en octobre 2002. Il n'y était pas un inconnu, puisqu'il y avait dirigé quinze ans plus tôt la brigade criminelle et résolu nombre d'affaires sensibles. Surnommé « Eagle four[3] » pour ses colères homériques, il tentera bien d'user de la manière forte, de la solution virile. En vain. Il connut certes une belle carrière, à la Division antiterroriste, mais le « beau gosse » fort en gueule et très habile pour savoir jouer de la « guerre des polices » n'eut pas tout à fait le temps, en un an et demi, de séduire une ville qui ne s'abandonne pas aisément, même à un personnage qui a beaucoup donné pour elle.

Jean-Paul Bonnetain fera un très beau préfet de police. Il en avait le maintien, la classe toute républicaine et les formules, une belle langue de France comme on l'aime. Premier préfet de police de plein exercice nommé en 2012 par le Premier ministre Jean-Marc Ayrault, il ne dédaignait pas de communiquer – et souvent avec talent – sur ses priorités de lutte contre le banditisme ou le trafic de stupéfiants, voire la délinquance routière, des choix qu'il assumait sans ambages. Il avait les bases pour Marseille. Il avait occupé précédemment les fonctions de coordonnateur de la lutte contre les trafics de drogue au ministère

3. Prononcer « I gueule fort ». Roger Marion et Francis Zamponi, *On m'appelle Eagle Four*, Seuil, 2007.

de l'Intérieur. Après un passage avec succès à Marseille, il sera promu préfet de l'Isère en 2015. Bien sûr s'agaçait-il parfois de découvrir une caméra de télévision ou des photographes debout plus tôt que d'ordinaire, comme ce jour où un homme fut abattu dans un règlement de comptes devant la prison des Baumettes. Cela ne fait jamais plaisir à un ministre de l'Intérieur de voir défiler au petit matin des images chocs qui tournent en boucle sur les chaînes d'information en continu et qui perturbent le discours sur la sécurité. Les représentants de l'État dans le département le savent et le craignent. Et c'est le coup de fil assuré du ministre contrarié au préfet de police des Bouches-du-Rhône, sur le ton aimable de « Ressaisissez-vous ! ».

Le talent et l'humilité

Laurent Nunez est assurément celui qui avait tout compris. Du poste, de la fonction, de l'État qu'il avait pour mission d'incarner. L'un de ceux qui empruntèrent le plus beau tremplin. Préfet de police des Bouches-du-Rhône de 2015 à 2017, il gravira les échelons à la vitesse grand V, deviendra directeur général de la sécurité intérieure en 2017, puis secrétaire d'État auprès du ministre de l'Intérieur en 2018, puis coordonnateur national du renseignement et de la lutte contre le terrorisme en 2020, ce qui en dit long sur son expérience de l'antiterrorisme et de sa maîtrise des réseaux radicalisés, puis préfet de police de Paris à partir de 2022. Il aura l'humilité de son talent et le talent de son humilité. Homme d'expérience autant que de terrain, formé dès 2010, alors qu'il était sous-préfet de Bayonne, au Pays basque, à la lutte antiterroriste, il a su parler suffisamment, notamment à la presse, tout en se faisant discret quand les circonstances et l'épreuve du pavé marseillais l'exigeaient.

Après lui, c'est un profil quasi identique qui se dessine. Olivier de Mazières lui succède en juin 2017. Il est lui aussi un spécialiste de la lutte contre la radicalisation et de l'antiterrorisme. D'ailleurs, lorsqu'il tourne les talons, en février 2020, il devient le nouveau patron de la lutte en France contre les cybermenaces, délégué interministériel aux partenariats, aux stratégies et aux industries de sécurité. Il est le nouveau « Monsieur Polices Municipales ». Il couvre l'intégralité de la filière sécurité. Il vient d'être promu, en juillet 2023, haut fonctionnaire de défense adjoint au ministère de l'Intérieur, l'un des postes les plus convoités. Tous ou presque sont passés par le moule de l'École nationale d'administration (ENA).

Frédérique Camilleri est de ces profils-là. Une main de fer dans un gant de velours. Elle sera la première femme à occuper ce poste de préfet de police des Bouches-du-Rhône. Nommée le 14 décembre 2020, adepte du « pilonnage », elle en fera son credo et promettra aux trafiquants de drogue de les empêcher de dormir. Mais cela suffira-t-il ? C'est elle, en tout cas, qui détient à ce jour le record de longévité à ce poste. Elle a montré qu'elle était attachée à la défense du service public de la police et qu'elle se dévouait corps et âme pour lui, au nom du « bien public ». La stratégie de « pilonnage » des réseaux qu'elle a théorisée à Marseille et à laquelle elle s'est tenue sans jamais dévier de sa route commence à porter ses fruits, même si, reconnaît-elle, « on part de très loin ici dans la lutte contre les trafics de drogue ».

Le syndrome du gardien de but

Tout allait pour le mieux dans le meilleur des mondes, jusqu'au match de Ligue 1 qui devait opposer, le dimanche 29 octobre 2023 au soir, les deux Olympiques qui se détestent cordialement, l'OM et l'OL. Mme la préfète avait même fait confiance, renoué le contact avec les supporters lyonnais, « parce que les choses se passent bien », résumait-elle à l'automne 2023, satisfaite de ses échanges. Parce qu'il faut aussi que les choses avancent. Six cents Lyonnais autorisés à se déplacer. Sauf que la soirée a mal débuté, que l'entraîneur de Lyon, Fabio Grosso, a été grièvement blessé au visage par quelques supporters de l'OM bêtes comme des bœufs – trente jours d'arrêt –, que des Lyonnais ont mimé des cris de singes et fait des saluts nazis en tribune visiteurs. La sottise du foot est revenue au grand galop. Elle a sorti du lit Mme la préfète, qui n'aura eu qu'un tort : celui de faire confiance. On aurait, certes, dû mieux sécuriser le bus des joueurs lyonnais, celui de ses supporters également. Mais dans son sac à malice, ce 29 octobre 2023, l'ADN du foot a tout foutu en l'air. Il était trop tard pour reprendre, à l'école de la République, le cours d'instruction civique sur les valeurs à préserver.

Finalement, tout préfet de police est confronté à Marseille à ce qu'on pourrait appeler « le syndrome du gardien de but ». Taraudé en permanence par la tentation de se réjouir des périodes calmes qu'il traverse et l'envie irrépressible d'avoir à gérer des moments chauds qui lui permettront de faire valoir ses compétences. Sinon, à quoi sert-il ? C'est aussi le risque de sa profession qui crée le tremplin salvateur. À défaut, à quoi bon ce statut de préfet de plein exercice dans une République chahutée tantôt par des violences urbaines à répétition, tantôt par les règlements de comptes en série ?

Énarque ou policier aguerri ?

Comment se colleter au quotidien avec cette délinquance multiforme ? Vaut-il mieux, pour médecin du crime, pour préfet de police, un homme ou une femme issu de l'ENA et formaté par ses rangs, ou bien un policier de terrain, aguerri à toutes les associations de malfaiteurs et promu préfet de police ? La question demeure sans réponse ferme ni définitive. Tout est affaire d'hommes, de fermeté, de légitimité et de réactivité. Ce qui est sûr, c'est que la stratégie de l'homme providentiel ne marche pas. Un bon préfet de police doit aussi surveiller ce qu'il dit, quand il le dit et comment il le dit. Car, au sommet du pouvoir, l'État veille. Le préfet de police en est le bras armé. Les exemples qui précèdent en attestent. C'est une des leçons majeures que la plupart ont tirées de leur expérience marseillaise. La réussite tient aussi au bon tandem, celui que formeront un procureur de la République et un préfet de police, l'un ne jalousant pas l'autre, l'un ne marchant pas sur les platebandes de l'autre.

Un bilan globalement négatif

Au-delà de ces considérations, les préfets de police successifs, au nombre d'une vingtaine en vingt ans, auront-ils finalement réussi dans la mission qui leur aura été assignée ? Ou bien n'auront-ils été que des bouffons qui voulaient plaire à leur roi ? D'abord, il faut bien constater qu'ils restent trop peu de temps à Marseille pour prendre la mesure de cette ville, pour choisir ensuite les mesures thérapeutiques qui s'imposent, avant de partir ailleurs pour lorgner d'autres objectifs de carrière. Objectif non atteint encore, dans la mesure où, dès le comité interministériel de l'été 2012, avait mûri l'idée qu'il fallait « sauver Marseille » à tout prix, tout en y mettant moyens, vitesse et précipitation. Les gouvernements ont certes changé, ils n'ont pas toujours porté le même regard sur cette délinquance organisée, et pourtant c'est un domaine qui aura fait largement consensus. Au sommet de l'État, qui a pris réellement la mesure de ce qu'il était urgent de changer ? Plus de dix ans après, le mal de la drogue est toujours là, les règlements de comptes restent légion. Les chiffres sont à la mesure de l'inflation que vit le pays. De règlements de comptes en règlements de comptes, le pavé marseillais continue chaque semaine – à raison de cinquante morts par an – d'être taché de sang. Les réseaux de drogue continuent de pourrir au quotidien la vie des honnêtes gens, même si çà et là la police parvient à éteindre certains d'entre eux, et la justice à prononcer de lourdes peines de prison qui rendront au moins provisoirement la tranquillité à certains quartiers.

Dès lors, le constat ne peut être que globalement négatif. À côté, on a vu surgir depuis une dizaine d'années une série de collectifs des victimes qui en appellent à un sursaut général, mais les pouvoirs publics peinent à engager durablement le dialogue avec ces associations dont ils ne cernent ni les contours, ni la réelle bonne foi, ni les motivations véritables, tant les statuts des diverses victimes sont différents.

C'est à tout le moins un constat d'insuffisance en termes de réactivité qu'il faut dresser, même si huit commandos de tueurs ont été éradiqués depuis janvier 2023, ce qui ne saurait être négligeable, mais force est de reconnaître que c'est actuellement vider la Méditerranée avec une petite cuillère. Seul Winston Churchill aurait finalement pu guider les divers préfets de police sur ce chemin douloureux : « Un pessimiste voit la difficulté dans chaque opportunité, un optimiste voit l'opportunité dans chaque difficulté. » Chacun sa voie.

7

Petit dictionnaire du juge illustré

Marseille a toujours été une terre de juges courageux. Pierre Michel a ouvert la voie. Les autres n'auraient donc qu'à suivre ses pas. Le magistrat à poigne est une marque de fabrique très locale. Il est vrai que, pour se colleter au banditisme phocéen, il vaut mieux avoir de la personnalité, une nécessaire maîtrise des dossiers, le sens de la répartie faisant le reste.

On ne compte plus à Marseille les magistrats au caractère trempé. Telle Jacqueline Faglin, présidente de la trop fameuse septième chambre correctionnelle, qui, longtemps, a distribué les années de prison par dizaines dans les affaires de trafic de stupéfiants, d'extorsion de fonds ou de proxénétisme. Elle fut une présidente de feu, une présidente de fer, qui savait se faire respecter des petits et grands voyous, avait son franc-parler, ne manquait pas d'humour, même quand les prévenus tentaient parfois vertement de la bousculer à l'audience.

Une femme de détenu eut ainsi l'audace, à l'issue d'un vif délibéré, de la traiter de « grosse pute ». « Pourquoi grosse ? » lui répliqua-t-elle du tac au tac. Elle avait eu l'idée géniale de solder le différend par l'humour plutôt que de relever un outrage à magistrat parmi tant d'autres. Elle avait cloué le bec à l'insolente. Adossée à une parfaite connaissance de ses dossiers, Jacqueline

Faglin avait l'art de relever les éléments à charge pour mieux pousser les prévenus dans leurs retranchements, surtout quand ils se croyaient plus forts que leurs juges. L'effet « boule de neige » de ses interrogatoires était redoutable.

Avant de présider la même septième chambre correctionnelle de Marseille, peu versée il est vrai dans les vols à l'étalage ou les délits mineurs, Patrick Ardid fut longtemps juge d'instruction, ce qui donne de la perspective et forge le caractère. Il savait comme personne faire vivre son audience, jongler de surnom de voyou en sobriquet du crime et d'écoute téléphonique croustillante en interception vérité, en y mettant bien sûr l'intonation qu'on imagine. On eut souvent l'impression d'être dans un théâtre vivant, un théâtre ouvert. La justice s'y donna à voir, à comprendre, à décoder aussi avec talent.

Marie-Claude Péna, longtemps redoutée, a laissé un souvenir impérissable, même si elle n'était pas toujours très agréable avec les avocats et même s'ils lui en ont fait parfois l'amer reproche. Les robes noires ne pouvaient s'introduire dans son cabinet de juge d'instruction la fleur au fusil. C'était plus souvent le fusil qui les attendait derrière la porte. « Péna », comme ils disaient, avait ses « têtes » et ses « humeurs ». Une affichette unique, apposée sur sa porte, faisait office de filtre anti-emmerdeurs et anti-quérulents : « Mesdames et messieurs les avocats, vous n'êtes autorisés à pénétrer dans ce cabinet qu'après y avoir été dûment invités. » Son bureau était tout sauf un moulin. Elle ne voulait en tout cas pas jouer les guichets du service public ouverts à tous les vents et à toutes les robes. Cela a forcément longtemps jeté un froid entre magistrats et avocats, mais les avocats savaient à qui ils avaient affaire. Il fallait savoir se faire apprivoiser de Mme Péna.

Annette Durand, l'une des plus anciennes, sans doute la première à avoir jugé les plus gros trafics de stupéfiants à Marseille, à la fin des années 1980, était aussi réputée pour sa poigne à l'audience et sa connaissance des dossiers.

L'humour comme plus belle arme

Dominique Bréjoux avait une qualité majeure, outre une bonne connaissance des affaires qu'il jugeait : un humour à toute épreuve, gage d'une conduite sans stress des débats. Ce qui n'est pas sans importance. Dans les dossiers de banditisme, la tension est en effet très souvent palpable. Il est rare qu'elle s'éteigne au fil de l'audience qui se prolonge. C'est un véritable match psychologique qui se joue entre les parties au procès. Dominique Bréjoux savait faire comprendre aux prévenus qu'il n'était pas dupe de leurs circonlocutions : « Alors là, monsieur, vous voyez dans la marge du procès-verbal, j'ai noté "Menteur" ! » Le propos provoquait aussitôt un éclat de rire dans le box des détenus, qui permettait aussi de détendre le climat. Le président avait gagné. Il avait mis les rieurs de son côté et la salle dans sa poche. Beaucoup trop de prévenus oublient en effet qu'il est plus difficile de ne pas se couper après avoir menti et menti encore, plutôt que de dire la vérité nue.

Autre style, autre tempérament. Vincent Turbeaux, qui termine sa carrière à la chambre criminelle de la Cour de cassation, le saint des saints dans la profession, celle qui forge le droit, maniait à la fois une maîtrise parfaite de ses interrogatoires à l'audience et un humour cinglant, fait de spontanéité et d'un sens aigu de la réplique, ce qui lui a parfois joué quelques mauvais tours…

Christine Mée, qui a présidé de nombreuses affaires financières à Marseille, avant d'être promue à la fin des années 2010 à Paris et de juger les dossiers Tapie et Sarkozy ou celui des banquiers suisses, reste comme une grande juriste. Un magistrat capable de condamner lourdement, mais aussi de relaxer en conscience.

C'est d'ailleurs une vertu que l'on retrouve chez peu de magistrats. C'est elle qui, à Paris, en juillet 2019, a prononcé la retentissante relaxe de Bernard Tapie dans la tentaculaire affaire de l'arbitrage du Crédit lyonnais. Ce qui ne lui vaudra pas que des amitiés dans les cercles parisiens. Relaxer est toujours suspect chez les as de la répression. Cela peut susciter mille commentaires de ses pairs. Bons et moins bons, mais plus souvent aigres que doux. Mais il faut autant de caractère pour relaxer que pour condamner. Il est des magistrats qui ne relaxent jamais. C'est l'honneur de leur profession de le faire, dès lors qu'ils estiment devoir le faire, quand le doute s'insinue, quand la preuve se fait famélique ou quand l'enquête a été bâclée. Il est des magistrats qui ont ce courage, dès lors qu'ils considèrent, en droit, que « le dossier ne tient pas », comme ils disent.

Le charisme, ça ne s'improvise pas

Certains sont évidemment plus charismatiques que d'autres, bien que les magistrats n'aient pas toujours le même rang dans la profession, mais ils font mémoire, au tribunal judiciaire de Marseille et à la cour d'appel d'Aix-en-Provence, pour leur façon singulière de présider. Le compliment n'étant pas toujours partagé par la concurrence et suscitant d'évidentes aigreurs d'estomac chez les voisins de chambre ou de palier...

Chef du pôle pénal, le président Fabrice Castoldi a toujours su écouter les avocats qu'il considère comme des auxiliaires de justice à part entière, ce qui n'est pas le cas de tous les juges, pour lesquels les plaidoiries sont aussi longues que barbantes et qui sont souvent regardés comme des empêcheurs de juger en rond. Il a su se nourrir de l'intelligence de ses pairs en robes noires, même de l'autre côté de la barre, pour chercher l'argument que d'autres n'auront pas vu. Aujourd'hui président de chambre à la cour d'appel d'Aix, il sait confectionner, avec toute l'onctuosité d'un magistrat qui mène bien ses débats sans jamais se faire déborder, des audiences qui sont des petits bijoux de respect du contradictoire. Les avocats l'adorent. Cela ne l'a jamais empêché de dire parfois leurs vérités à ceux qui tenteraient de prendre le président pour plus sot qu'il n'est, ni de condamner, et même parfois lourdement. Il a l'assurance de l'augure infaillible et des bienveillances de père tutélaire. Il ne déteste rien tant que les dossiers mal ficelés, ni les dérives des professionnels de la police ou de la justice qu'il aime à pointer pour mieux en dire le caractère inadmissible. Il pardonnerait presque moins à ceux qui confectionnent une mauvaise justice qu'à ceux qui se présentent devant elle. Il a fait d'elle une dignité.

À la cour, le président Jean-Claude Vuillemin jouissait naguère lui aussi d'un charisme certain, même si les avocats marseillais le trouvaient évidemment un peu trop « parisien », ce qui est une évidente circonstance aggravante en terre méditerranéenne. L'homme n'aimait pas perdre son temps, le temps judiciaire étant toujours compté, d'autant qu'il ne se privait pas de rappeler, à chacune de ses audiences, aux avocats bavards qu'ils venaient de se répéter...

Les mousquetaires de l'instruction

Chez les juges du siège, Marseille a connu tellement de fortes personnalités que la presse les a parfois qualifiées de « Rolls de l'instruction ». De Jean-Pierre Zanoto, le premier à hériter de ce sympathique surnom en raison du ronronnement professionnel de ses procédures, qui eut ensuite une longue et belle carrière au pôle financier du tribunal de Paris, à Claude Choquet, un as de la traque des réseaux corses du crime organisé et des trafics de stupéfiants les plus florissants, à l'aube des juridictions interrégionales spécialisées (Jirs), en passant par Serge Tournaire, qui, promu à Paris, tordit ensuite le cou à quelques autres gloires de la politique française. Sans oublier Dominique Voglimacci, dont Jacques Mariani, un des parrains de la bande dite de la « Brise de Mer », sollicitera en 2006 le dessaisissement, ou qui, en 2007, s'opposera avec rudesse à Pascal Payet, le braqueur et multirécidiviste de l'évasion.

Face à une telle clientèle, il vaut mieux effectivement avoir du répondant. Dominique Voglimacci deviendra ensuite magistrat de liaison à Abidjan (Côte d'Ivoire), puis inspecteur général de la justice et président de la chambre de l'instruction de la cour d'appel de Basse-Terre (Guadeloupe). Philippe Dorcet, juge anti-crime organisé à Marseille, après un début à Nice, sera lui aussi – la cité phocéenne ouvrant de belles perspectives – promu magistrat de liaison à Zagreb, avec pour feuille de route de lutter contre les grands réseaux de stupéfiants de l'Europe du Sud et la traite des êtres humains, une délinquance alors en forte hausse, avant de finir président de chambre à la cour d'appel de Nouméa.

Reste le premier, le fils spirituel du juge Pierre Michel, Michel Debacq, l'homme qui a repris son poste, son siège et ses emblématiques dossiers, dès après l'assassinat du « père » en 1981. Un lourd héritage qu'il gérera avec talent dès le début des années 1980, cet homme aux petites lunettes rondes et au profil de savant fou poursuivant sa carrière dans la capitale comme chef de la section antiterroriste du parquet de Paris, puis comme avocat général à la Cour de cassation.

Il ne faut pas oublier bien sûr Pierre Philipon, doyen des juges d'instruction de Marseille, un géant aux allures de nounours mais à la main de fer, qui fut longtemps le contempteur de Bernard Tapie. D'une discrétion dont on ne se méfiait jamais assez.

La valeur n'attend pas le nombre des années

Françoise Llaurens-Guérin fut aussi un grand juge d'instruction. Surnommée « la Dame de fer », au moins autant en raison de son caractère trempé que pour sa vivifiante curiosité, elle eut à gérer la douloureuse affaire de la tuerie d'Auriol à partir de juillet 1981, à mi-chemin entre politique et réseaux de barbouzes. C'est qu'il fallait savoir débusquer, derrière les dérives du Service d'action civique (Sac), les secrets indicibles et les inévitables non-dits.

Le juge Charles Duchaine fut le bourreau régulier, entre 2009 et 2016, du sénateur et président PS du Conseil général des Bouches-du-Rhône Jean-Noël Guérini. Il aura à batailler, maintes et maintes fois, avec ses brillants avocats, le Parisien Hervé Temime et le Marseillais Dominique Mattei, plus doués que Guérini, à l'oral comme à l'écrit. Il a quitté Marseille pour diriger, à ses balbutiements, l'Agence de gestion et de recouvrement des avoirs saisis et confisqués (Agrasc), puis l'Agence française anti-corruption (AFA), avant de devenir cette année inspecteur général de la justice.

L'une des dernières « Rolls » au moteur parfaitement rodé se nomme Fabrice Naudé, jeune et efficace magistrat, l'homme qui succéda au juge Duchaine dans la conduite de la procédure Guérini. « Aux âmes bien nées, aimait à dire le brave Corneille, la valeur n'attend pas le nombre des années. » C'est lui qui a procédé à la synthèse du dossier de « prise illégale d'intérêt » reproché à l'élu, entre 2014 et 2016, en se montrant d'une rare précision juridique sur le fond, ce qui ne l'a pas empêché de rendre par ailleurs trois non-lieux en faveur de l'élu. La justice préfère souvent s'assurer que les poursuites sont solidement constituées plutôt que de renvoyer hâtivement un personnage public qui saura en tirer profit, si le jugement tourne en sa faveur. Il vient d'être nommé président de chambre à la cour d'appel d'Aix-en-Provence.

À trop prendre son juge pour un imbécile, on encourt parfois Cayenne…

Et puis, il y a les « mémoires du milieu marseillais », telle Carole Sayous, juge d'instruction redoutable, l'une des meilleures dans ce rôle, capable de dire qui était de quelle bande et de citer les dates clés des grandes affaires qui ont marqué la ville depuis Carbone et Spirito. Capable aussi de dire à un nouveau mis en examen qui feignait de ne pas s'en souvenir en quelle année et pour quel type de faits elle l'avait déjà « enchristé »… Les yeux du mis en cause plongeaient inéluctablement sous la table. Comme s'il avait tout à coup été démasqué. Il se faisait alors petit, tout petit. Il pouvait certes espérer une clémence de circonstance, mais cela n'était jamais gagné. Une juge à qui on ne racontait pas d'histoires, tant elle connaissait sur le bout des doigts la géographie de Marseille.

À tous ces « clients », elle aima longtemps rappeler que, contrairement, aux États-Unis, un mis en cause jouit en France d'un droit inaliénable, celui de mentir, chacun choisissant son destin, mais à ses risques et périls. Hélas, comme disait encore Corneille, « il faut bonne mémoire après qu'on a menti ». À trop prendre son juge pour un imbécile, on encourt parfois Cayenne…

Aujourd'hui, aucun des juges d'instruction marseillais désignés, jeune ou moins jeune, n'est capable de décliner cette histoire du « milieu » dans la grande Histoire du crime marseillais. Elle permet pourtant de comprendre beaucoup de choses, et notamment comment cette ville s'est construite, avec ses quartiers populaires, ses bandits d'honneur qui n'en avaient pas toujours, mais aussi les recompositions permanentes du monde du banditisme.

On trouve d'ailleurs quelques-unes de ces « mémoires » vivantes au parquet, mais elles se font rares. Avec des hommes comme Marc Gouton, Patrice Ollivier-Maurel ou Pierre Cortès, trois véritables « Bibles du crime organisé », le dernier nous glissant un jour qu'après avoir été affublé d'un tel qualificatif, il devait à la presse « sa reconnaissance éternelle ». Chez les grands voyous, si quelque chose est loin de friser l'éternité, c'est bien l'espérance de vie.

Ces magistrats ont souvent contribué, devant la chambre de l'instruction de la cour d'appel d'Aix ou devant la cour d'assises des Bouches-du-Rhône, à mitonner les audiences les plus riches et les réquisitoires les plus ciselés. Pierre Cortès a toujours pris un plaisir immodéré à ferrailler avec les avocats de la défense, et parmi les meilleurs, avec Me Éric Dupond-Moretti, qu'il ne redoutait pas plus que cela, là où d'autres magistrats craignaient le pire sans l'avouer à l'audience, sous le feu des questions chirurgicales du « ténor » du barreau. « Cortès » aimait à le piquer au vif, avoir réponse à tout, surtout quand « Dupond » croyait avoir le dernier mot, face à une salle conquise. Glissé dans la peau d'un Jupiter tonnant, un rôle qui ne lui déplaisait pas, « Cortès », le grand « Cortès », disposait aussi d'une rare maîtrise des dossiers corses, pas toujours faciles à appréhender, tant ils sont nourris de dissidences qui en génèrent d'autres. Il devenait le maître du ballet, le régisseur de l'audience, discourant, cabotinant. C'est aussi ce qui fait les délices de l'oralité, le sel de l'audience pénale.

Les rois de l'audience

Parmi les présidents de cours d'assises, celui dont le nom restera indéniablement ancré dans la mémoire des avocats, des jurés, mais aussi de ce public d'anonymes qui fréquente assidûment l'audience criminelle est Bernard Fayolle. « Un bon président est la garantie d'un bon procès. L'inverse est malheureusement souvent vrai », résume à ce propos Pascale Robert-Diard, chroniqueuse judiciaire au *Monde*[1].

Bernard Fayolle a longtemps été sacré meilleur président de cour d'assises de France par la presse judiciaire, bien qu'une hiérarchie hasardeuse, voire maltraitante, ait eu l'idée saugrenue de l'envoyer un jour en chambre sociale de la cour d'appel d'Aix-en-Provence se faire les dents, en pensant qu'il y ferait ses « classes » comme tout le monde, pour y prendre son grade. Éternelle exigence de la progression hiérarchique qui n'a pas grand sens. À quoi sert-elle, dès lors qu'on a dégoté le meilleur ? Pourquoi s'en priver ? Ses supérieurs savaient-ils seulement quelle perle ils tenaient ? Une pointe de jalousie n'est jamais indifférente à ces petites retraites professionnelles... C'est un peu comme si on demandait aujourd'hui à Kilian Mbappé d'aller entraîner, à ses heures perdues, le club de Martigues ou celui de Moulins pour faire droit à une hypothétique demande de progression salariale. Mais linéaire et entêté, Bernard Fayolle est revenu à ses premières amours, la justice pénale, les assises, son cœur de métier.

1. Pascale Robert-Diard, *Dans le ventre de la justice*, Perrin, 2006.

Il laisse l'image d'un magistrat aussi redoutable que redouté. Les avocats le craignaient. Fayolle avait plus d'un tour dans sa gibecière de président. Avec son sens aigu de l'audience, il a toujours su comme personne poser la bonne question au bon moment pour faire avouer un accusé qui s'évertuait à nier. Chaque chose à son heure. La patience et le temps restaient ses meilleurs alliés. Il savait jouer à merveille de ces deux atouts maîtres, privilégiant l'atout pique sur l'atout cœur. Une question, jamais gratuite, un rien jésuitique, en appelait une autre, jusqu'à ce qu'il porte l'estocade. On avait aussi de bonnes raisons de penser qu'il savait conduire les jurés, en toute intelligence, vers le verdict auquel il aspirait.

C'est tout le talent d'un président d'assises, qui sait, mieux que quiconque, comment doit être comptabilisé le prix de la vie dans une décision criminelle. C'est tout le talent d'un président d'assises de savoir aussi, après des années d'expérience, contrairement à certains avocats, que, par exemple, dans les affaires de viols, les jurées femmes sont généralement plus laxistes que les jurés hommes, même s'il y a parfois des exceptions. Autant dire qu'il ne sert à rien de récuser les jurées femmes tirées au sort pour obtenir un verdict plus souple quand on est en défense. Le président Fayolle ne perdait pas une occasion de le rappeler aux robes noires qui croyaient bien faire mais ignoraient ce principe majeur. Car c'est incontestablement aux assises « qu'ardente, étrange, fanatique ou sceptique, sournoise ou effrénée, palpite et s'agite l'histoire intime de la France », écrivait déjà en 1919 le romancier René Benjamin.

Jacques Calmettes, ex-juge d'instruction, ex-juge des enfants, et l'un des pionniers de l'aide aux victimes en France avec la création de l'Institut national d'aide aux victimes et de médiation (Inavem), devenu à son tour président des assises dans les années 2010, avait lui aussi un art consommé de rendre l'audience vivante en mettant à l'aise tout le monde. C'est une vertu essentielle qui permet de faire jaillir la maïeutique judiciaire. Un léger mais bien sympathique accent du Sud-Ouest faisait le reste.

« Quand on aime, on a toujours vingt ans ! »

D'autres, dont on taira le nom par charité de robe, n'eurent hélas pas ce talent, comme ce président qui, dans une affaire de viol intra-familial, pilonnait les enfants de l'accusé sans grande délicatesse pour obtenir quelque vérité improbable. Trop de rudesse nuit à la vérité et, appelées à la barre, deux des jeunes victimes identifiées finirent par s'évanouir. Il était trop tard pour rattraper les mots. L'intervention des pompiers ramènera le calme, mais elle emportera avec elle l'indicible vérité dans le fourgon des secours. Voilà comment on flingue un procès d'assises ! Heureusement, ce président, connu pour ses interrogatoires musclés, ne s'est pas attardé. Il sera appelé à d'autres fonctions où il sera plus efficace et plus pertinent. La justice pénale, celle des débats publics, ne l'a pas trop regretté...

Président de cour d'assises, Patrick Vogt, un magistrat pince-sans-rire, ne dédaignait pas, lui, avec un style très particulier, de lancer pique sur pique aux avocats. Il avait même trouvé une jolie formule, dont il s'amusait régulièrement, pour dire que même les accusés qui comparaissaient devant lui, ses incorrigibles récidivistes, étaient contents d'y revenir. « Pourquoi votre client a rechuté ? » lançait-il aux plus ingénus des avocats. Parce que, glissait-il, caustique, « quand on aime, on a toujours vingt ans » ! Il fallait comprendre que, devant lui, le coupable reprendrait systématiquement vingt ans de réclusion...

À Marseille, Céline Ballerini, qui présida pendant trois ans l'audience de la sixième chambre et jugera jusqu'en avril 2023 le fleuron de la délinquance financière, s'est illustrée par sa grande maîtrise de l'audience. Et ce n'est pas toujours facile quand les victimes sont nombreuses, qu'il faut savoir domestiquer la parole des uns et celle des autres sans passer pour un président tortionnaire. Les avocats l'ont appréciée, les prévenus aussi, même si elle n'avait pas la réputation d'être particulièrement laxiste, bien au contraire, mais elle savait écouter les avocats, comme elle savait libérer la parole des mis en cause, ce que les juges ne savent pas toujours faire. Beaucoup considèrent, sans trop avoir à l'avouer, que la plaidoirie de la défense est superfétatoire et que les débats sont clos à la fin du réquisitoire. Ils se trompent. L'avocat ouvre des portes, il rend intelligent. D'autant que les avocats ne détestent rien tant qu'être coupés dans leurs plaidoiries. Ils aiment encore moins que les magistrats leur disent combien de temps ils doivent plaider, ni voir le président faire mine de s'impatienter en refermant le dossier ou s'intéresser à autre chose. On a même vu des victimes aller remercier la présidente Ballerini pour leur avoir rendu leur dignité, pour la qualité de l'audience vécue, souvent douloureusement pourtant, et qu'elle avait conduite avec une facilité déconcertante. Un procès est une singulière alchimie qui se vit davantage qu'elle ne s'explique.

Les terreurs de la robe

Parmi ceux que je nommerai « les terreurs de la robe », l'un des plus emblématiques restera Antoine Pancrazi, longtemps président, à la fin des années 1980 et au début des années 1990, de la treizième chambre correctionnelle de la cour d'appel d'Aix-en-Provence, celle qui siégeait au fond de la grande salle des pas perdus, à deux pas du doigt pointé par Mirabeau, « l'Orateur du peuple », vers la justice. Pancrazi, souvent surnommé « Pan Pan » en raison de sa forte propension justement à « fesser » les prévenus, jugeait alors les affaires les plus sensibles, celles qui se soldaient par les années de prison les plus conséquentes. Précédé par une réputation de fer, doté d'un physique à la Kojac, il ouvrait son audience par cette formule récurrente qui faisait frémir les plus ingénus : « Ah, vous avez fait appel ! Quelle idée saugrenue ! Mais on ne vous a pas dit que vous passiez devant Pancrazi ? »

Son bonheur quotidien consistait à savoir pourquoi et qui avait conseillé à l'intéressé de faire appel. La réponse l'amusait beaucoup. Les plus heureux s'en sortaient avec la même peine qu'en première instance, mais la chose était rare. Les moins pertinents et les plus imprudents voyaient leur peine doublée. La plupart des prévenus, saisis d'une urgence réparatrice, après une brève concertation en forme de murmure avec leur avocat, finissaient quand même par se désister de leur appel, ce qui a longtemps fait chuter le nombre des recours dans le ressort de la cour. Quant aux plus téméraires, ils retournaient à la case prison, rudement lestée, avec un ciel de la liberté fortement assombri. Marie Viangalli avait elle aussi une réputation de fer mais elle était moins répressive. Entre Viangalli et Pancrazi, le choix des avocats était vite fait.

Quelques années plus tard, le président Daniel Trille, qui n'hésitait pas lui aussi à doubler les peines, sera fortement redouté, à la tête de la même treizième chambre correctionnelle de la cour d'appel. Mais les audiences étaient courtes, très courtes. Le président était pressé d'en finir. C'était sûrement sa façon de signifier à ceux qui avaient l'audace de faire appel que les plaisanteries les meilleures sont nécessairement les plus courtes.

Un « contrat » sur la tête du président

Il semble qu'Anne-Valérie Lablanche, en chambre financière, ait aujourd'hui hérité à son tour de cette réputation intraitable, la défense prenant soin de mettre en garde ses clients contre le haut risque pénal encouru en cas d'appel.

À Marseille, le président de la cinquième chambre correctionnelle, Jean-Jacques Galli, fut longtemps réputé pour ne pas être tendre, se livrant souvent à un bras de fer avec les prévenus. Jusqu'à ce jour qui, dans la culture post-Pierre Michel, n'est pas indifférent. Forcément… Un policier de la garde du palais, à l'ouïe particulièrement fine, venait d'entendre dans le box qu'un « contrat » avait été mis sur la tête du président. Il en fit aussitôt la confidence publique. L'audience fut suspendue, la presse en fit un large écho, ce qui fut, reconnaîtra plus tard le président Galli, « la plus belle protection qui soit pour un magistrat ».

Cela lui valut certes, pendant quelques mois, la sécurité rapprochée de deux policiers. Deux hommes qui venaient le chercher le matin à son domicile et l'y ramenaient chaque soir, l'espace de liberté s'étant tout à coup restreint, le juge n'étant plus tout à fait libre de ses mouvements personnels. Mais l'affaire étant désormais sur la place publique, le magistrat n'eut plus rien à redouter. La publicité de cette menace fut sa meilleure assurance-vie. Celui qui s'apprête à commettre l'irréparable annonce rarement qu'il va le faire… Les tueurs du juge Michel n'ont pas envoyé de bristol au tribunal de grande instance de Marseille, à l'automne 1981, avant de passer à l'acte.

« Je crois qu'elle est mûre. Elle va parler ! »

Des roublards, il y en eut à foison. Mais il y a des juges qui ont un petit plus, une sorte de sixième sens judiciaire. Parmi eux, certains savent comme nul autre lire et relire les lettres adressées par les épouses à leurs maris ou compagnons écroués et qui passent obligatoirement par le sas du juge, afin d'éviter toute complicité ou communication intempestive. Quand les relations tournaient au vinaigre, qu'une épouse découvrait dans un dossier, au gré d'une écoute ou d'une autre, que son mari n'avait pas été d'une grande fidélité, ce juge d'instruction alertait les enquêteurs de la police judiciaire et leur lançait : « Ça y est ! Je crois qu'elle est mûre. Elle va parler ! » C'était évidemment, selon elle, le moment idéal pour convoquer l'épouse meurtrie et la laisser venir, sans la brusquer. Fragilisée, elle se mettait à table. Il suffisait parfois d'un rien. Et la juge, souvent, de conclure, un rien satisfaite : « Je ne pensais pas qu'elle en dirait autant ! » « Il n'y a rien de pire qu'une femme jalouse, qu'une épouse trompée ! » badinait cette magistrate. Elle avait raison.

De la même façon, cette juge rouée ne s'offusquait pas outre mesure des détenus qui se croyaient plus forts que les autres et parvenaient à faire entrer en détention des téléphones portables pourtant interdits. « Laissez-leur leur téléphone ! » glissait-elle avec malice aux enquêteurs, sans réprimer un clin d'œil gourmand. Le téléphone était aussitôt placé sur écoute. C'était un moyen de plus de savoir ce que la juge ne savait pas encore.

Un président hyperactif

Les talents sont aussi restés nombreux à Marseille, avec des magistrats comme Marie-Claude Bérenger, surnommée « Chouchou », une grande et sympathique présidente, qui a siégé au Conseil supérieur de la magistrature (CSM), qui savait conduire les débats avec une classe rare et un joli sens du contradictoire, ou comme Monique Sakri, une femme dynamique, à l'intelligence exponentielle et à la répartie cinglante, qui sut confectionner un digne procès de la profanation du cimetière de Carpentras, à Marseille, et calmer les ardeurs de quelques belles pointures du banditisme, dans le Var, lorsqu'elle présida ensuite le tribunal correctionnel de Toulon.

Christian Couchet avait un humour qui ravissait les avocats marseillais mais, derrière l'humour, l'homme était capable de condamner et parfois lourdement. Karine Sabourin n'avait pas besoin de forcer sa petite voix. Elle avait suffisamment de maîtrise et de force de conviction pour savoir comment ne jamais se faire déborder, qu'il s'agisse d'affaires militaires, de dossiers généralistes ou de banditisme présumé.

Et puis, il y a les inclassables, tel cet ancien président du tribunal de Marseille, René Salomon, qui savait descendre dans l'arène et prenait les audiences lui-même, dès qu'un magistrat était malade ou retardé. Il n'avait pas d'heure, travaillait jour et nuit, était capable d'adresser, à 2 heures du matin, un message à un avocat pour lui dire sans ménagement que son affaire avait été « radicalement radiée ». Purement et simplement. Jusqu'au jour où un avocat, un peu plus rebelle que les autres, lui a répondu à la même heure que son bon sens avait été « radicalement trompé ». La guerre était déclarée, jusqu'au retour prochain de l'humour rocailleux du même président. Car, originaire de Carcassonne, René Salomon savait rouler les « r » autant que tancer le mistral, ce foutu vent venu du Nord. Il n'aimait pas qu'on lui résiste, lui qui s'efforçait de faire tourner sa juridiction à la vitesse grand V. Il avait même entrepris, non sans humour, de condamner le mistral, et vertement, tant ce souffle marseillais qui vous tourne la tête l'agaçait. Dans sa bonté de juge, il lui avait toutefois accordé les circonstances atténuantes. Il lui avait découvert un mérite de taille : le mistral chasse les nuages, ce qui pour un homme du Sud n'est pas négligeable.

Les inventifs et les pédagogues

Mohamed Mahouachi, un jeune magistrat, pédagogue en chef, a toujours conduit des audiences aussi respectueuses que didactiques. La justice a su capter ses talents de diagnostiqueur pour en faire un bel augure, son coordonnateur régional de formation de l'école de la magistrature.

Alain Sobrero, un magistrat novateur mais discret, s'était mis en tête de faire de la lutte contre la délinquance routière une priorité au tribunal de police de Marseille. En effet, plutôt que de condamner bêtement les jeunes chauffards sans le sou, il mettait un point d'honneur à organiser des stages de sensibilisation aux conduites à risques, avec l'accord du parquet, dans une clinique spécialisée dans la rééducation fonctionnelle des grands accidentés de la route. Voilà qui ne manquait pas de singularité. L'idée était géniale. Les contrevenants devaient effectuer leur stage, dialoguer avec les victimes et rendre un rapport circonstancié à l'issue de cette expérience. Certains en riaient, d'autres en pleuraient de devoir ainsi côtoyer la mort, surtout à l'âge où l'on se croit immortel. Voilà qui était follement formateur. Le juge se réservait ensuite le choix de la juste peine à prononcer en fonction de l'investissement et de la prise de conscience de chaque mis en cause. Une vraie personnalisation de la peine. « Cela vaut toujours mieux que de les condamner à une amende de 300 ou 400 euros que papa ou maman paiera à leur place », expliquait en privé le magistrat.

Pour faire prendre conscience des mêmes drames qui se jouent sur la route, la présidente Yvonne Daurelle n'avait pas son pareil. Une audience de fer, où les chauffards redoutaient le pire, mais dont ils ne sortaient finalement pas si empêchés que cela, sauf par la suspension durable d'un permis ou son annulation définitive, mais c'était, en certaines circonstances d'une particulière gravité, le moins qu'elle pouvait faire.

Les ténors du parquet

Et si le compliment vaut pour les magistrats du siège, il vaut aussi pour ceux du parquet, magistrats debout, qui portent l'accusation. Certaines personnalités ont laissé une empreinte indéniable. Tel Marc Cimamonti, promu procureur adjoint à Marseille, chose rare dans la profession, ce qui ne manqua pas de susciter quelques jalousies, mais l'homme le méritait tellement. Il est issu d'une grande famille de juristes. Rien de ce qui touchait à la justice pénale ne lui a jamais été étranger. Son supérieur direct, Jacques Dallest, procureur en titre de Marseille, avait coutume de dire de lui, avec son inénarrable sens de la formule, comme s'il parlait de son Code pénal : « Quand je ne sais pas, je consulte mon Cimamonti ! »

Devenu sur le tard magistrat du siège, juge d'instruction, puis président du tribunal correctionnel d'Aix, Marc Rivet a longtemps exercé au parquet, à Marseille, à la section financière. Il reste un as du réquisitoire, l'un des meilleurs de sa génération, un vrai talent qui mêle maîtrise du droit et culture générale, dont les réquisitoires étaient toujours attendus avec beaucoup de gourmandise par les avocats, car parsemés de bons mots comme autant de pincées de sel de la France des Lumières. C'est lui qui n'hésitait pas à bousculer à l'audience un pasteur indélicat sur le ton de : « Vous avez troussé Marianne sur l'autel de votre profit », ou qui, dans un autre dossier, avait repéré que le prévenu était né à Condom et lui avait lancé : « Dans un village comme Condom, vous saviez pourtant ce que préserver la vie veut dire... » La finesse était partout et le bonheur d'écouter intégral.

Un Marc en chassant un autre, Marc Hellier marche sur les pas de Marc Rivet. Après un bref passage par la cour d'appel d'Aix-en-Provence où il sut aiguiser son talent oratoire dans quelques affaires de banditisme, il se coula à Marseille dans le moule du vice-procureur au talent facile. Sachant tirer les vers du nez à un prévenu un peu rétif ou résumant, pour le plus grand bénéfice du tribunal et de ses observateurs profanes, ce qui paraissait compliqué avec des mots simples. C'est toujours bien vu. On sort de l'audience avec le sentiment d'être devenu plus intelligent qu'en y entrant. Le bon sens triomphe.

« Il ne faut jamais perdre une occasion d'être désagréable »

Philippe Bourion eut aussi ses gloires de gloire. Magistrat au verbe acéré, il savait porter le fer contre les prévenus. Il avait pour cela une formule que n'aimaient pas les avocats des mis en cause : « Il ne faut jamais perdre une occasion d'être désagréable. » « Surtout avec la défense », ajoutait-il, non sans humour. Ce qui, évidemment, suscitait rictus sur rictus sur les visages de ses adversaires.

On peut aussi être un grand magistrat sans courir derrière les promotions. Ceux qui réussissent le mieux, ceux qui savent garder un regard lucide et équilibré sur le monde et ses travers ordinaires ont souvent connu d'autres terres que les steppes arides de la magistrature. Ils ont baroudé ailleurs et autrement. Ils ont eu une autre vie avant de revêtir la robe noire et de faire le choix de juger leurs semblables.

Au parquet de Marseille, Pierre-Yves Pezzino est l'un de ces magistrats qui savait tout faire. En comparution immédiate, mais aussi sur le terrain financier qui fut son premier cercle, puisqu'il a commencé comme greffier au tribunal de commerce, avant de devenir mandataire judiciaire, puis magistrat sur le tard, au sein de la section spécialisée dans la lutte contre le grand banditisme. Toujours juste dans ses réquisitions, jamais gratuitement méchant, il n'en fut que plus apprécié et redouté par les avocats de la défense. De la même façon, Serge Bocoviz a été avocat, avant de franchir la porte de la magistrature, ce qui a l'avantage d'offrir un regard circulaire sur l'institution judiciaire, et donc d'être plus juste, plus tolérant, plus humain, même lorsqu'on est vice-procureur, puis substitut général à la cour d'appel.

« Les gros poissons, on ne les voit jamais ! »

Jean-Luc Blachon, longtemps chef de la section économique et financière du parquet de Marseille, est aujourd'hui procureur en titre d'Aix-en-Provence, après avoir été procureur adjoint au parquet national financier. Il est surtout l'homme qui a conduit, au nom du ministère public, les investigations dans nombre de dossiers financiers des années 2010, contre beaucoup d'élus indélicats notamment. Un homme d'une rare nuance et d'une grande justesse, qui savait porter le fer quand le prévenu le méritait, mais savait aussi requérir la relaxe quand il jugeait en honnête homme que les dossiers ne tenaient pas la route.

Il n'hésitera pas, un jour, à répondre vertement au directeur du fisc marseillais présent à l'audience et qui se plaignait de ne pas avoir été averti de la relaxe sollicitée dans trois dossiers, faute d'arguments convaincants de l'administration fiscale : « Ah, pour poursuivre les petits, vous êtes bon ! Mais les gros, les gros poissons, les gros chefs d'entreprise, on ne les voit jamais ! » Une manière de trouver son allié habituel un peu trop rude avec les faibles, un peu moins ferme avec les puissants. Voilà qui donnait au procureur Blachon une belle stature.

Magistrat d'une grande humanité et d'un professionnalisme discret, Catherine Alexandre a fait la totalité de sa carrière au parquet, à Marseille, Aix-en-Provence, mais aussi comme avocate générale à la cour d'appel de Bastia entre 2010 et 2013. Ses réquisitoires étaient de la même façon connus pour leur juste mesure et leur précision dénuée d'acharnement. De retour à Marseille en septembre 2013 comme procureure adjointe de la République avec les fonctions sensibles de déléguée du parquet national antiterroriste, elle s'est beaucoup investie dans la lutte contre le banditisme. Toujours bienveillante, dotée d'un humour délicat, elle disait « ne jamais mentir », même pas à un journaliste, depuis que, toute petite, n'ayant pas tout à fait dit la vérité à sa mère, elle avait été prise sur le fait et en était devenue toute rouge. Une très précoce leçon de vie qu'elle allait mettre au service commun de la vérité et de la justice.

Le « dictionnaire des citations »

Etienne Ceccaldi, le substitut hazebroucké de « l'affaire des pétroliers », a très tôt fait parler de lui. Il avait eu le front, au début des années 1970, de proposer l'inculpation des P-DG des compagnies pétrolières et de leurs directeurs généraux. Tempête sous les crânes au palais de justice de Marseille. La presse louera le courage de ce jeune magistrat qui n'avait pas peur des puissants. Ministre de la Justice, Jean Lecanuet l'appellera, tentera de faire pression sur lui. Ceccaldi l'insolent exigera des instructions écrites qui ne viendront jamais. Sanction disciplinaire, deux ans de purgatoire. Après l'élection de François Mitterrand, il deviendra préfet de police de Nice. Il sera plus tard, aux assises des Bouches-du-Rhône, un bel exemple d'avocat général qui assume ses choix professionnels autant que ses réquisitions, un micro-cravate venant compléter un petit filet de voix qui n'avait pas besoin de hurler au monde la gravité des actes reprochés à l'accusé, mais préférait les lui faire entendre avec sa finesse habituelle.

L'avocat général Christophe Raffin reste un modèle d'éclectisme éclairé, même s'il agrémente systématiquement aujourd'hui ses réquisitoires aux assises d'une bonne vingtaine de citations en moins d'une heure, de Confucius à Coluche et de Roland Barthes à Michel Onfray, ce qui lui vaudra quelques records, et de la part de la presse l'incontournable sobriquet de « dictionnaire des citations »... Mais elles étaient souvent aussi bien choisies que vivifiantes dans un monde judiciaire d'où la culture générale est trop souvent exclue.

Quant à cet autre magistrat, dont on taira le nom, il a hérité pendant de nombreuses années du peu enviable surnom de « Jean-Claude Dusse », référence au personnage des *Bronzés* interprété par Michel Blanc, pour sa linéaire réputation de dragueur impénitent, réputation hélas faite de plus d'« ouvertures » que de réelles « conclusions » auprès de ces dames.

Qui de la poule et de l'œuf ?

Bien sûr, l'humour est loin d'être partagé par tous les magistrats de France. Il franchit parfois les frontières de la cité phocéenne. Celui qui restera dans les mémoires est tout entier contenu dans l'arrêt du 7 septembre 1995, rendu par la cour d'appel de Riom (Puy-de-Dôme). Difficile de faire mieux. Un modèle de liberté intellectuelle, constaté chez les juges du siège. Peut-être le président Macron devrait-il afficher cette belle décision à la française dans les couloirs tout neufs de la nouvelle Cité internationale de la langue française, sise à Villers-Cotterêts (Aisne) et inaugurée en novembre 2023. Car depuis l'ordonnance d'août 1539 qui en porte le nom, prise par François Ier, c'est le français, et plutôt un joli français, qui s'est imposé dans les cours et tribunaux de France à la place du latin et des langues régionales. Cette ordonnance, dite « sur le fait de la justice », en est même l'acte initiatique avec ses cent quatre-vingt-douze articles.

Dans sa droite lignée, les magistrats ont-ils pensé et repensé cet arrêt de septembre 1995, le temps de la trêve estivale, avant que d'accoucher de cet œuf d'une rare qualité d'écriture ? Le différend opposait des néo-ruraux au propriétaire d'un poulailler que les quérulents trouvaient manifestement trop bruyant pour eux.

La cour a ainsi jugé : « Attendu que la poule est un animal anodin et stupide, au point que nul n'est encore parvenu à le dresser, pas même un cirque chinois ; que son voisinage comporte beaucoup de silences, quelques tendres gloussements et des caquètements qui vont du joyeux (ponte d'un œuf) au serein (dégustation d'un ver de terre) en passant par l'affolé (vue d'un renard) ; que ce paisible voisinage n'a jamais incommodé que ceux qui, pour d'autres motifs, nourrissent du courroux à l'égard des propriétaires de ces gallinacés ; que la cour ne jugera pas que le bateau importune le marin, la farine le boulanger, le violon le chef d'orchestre, et la poule un habitant du lieu-dit La Rochette, village de Sallèdes (402 âmes) dans le département du Puy-de-Dôme. » Par ces motifs, statuant publiquement et contradictoirement, elle a ainsi débouté le sieur Rougier de son action.

Mais la Cour de cassation, trouvant mal fondée l'argumentation trop générale du prévenu, donnera finalement raison au plaignant. Dommage ! C'était l'occasion rare de déguster un menu judiciaire de grand chef, une manière de trois-étoiles au Michelin de la justice toquée. C'était surtout la preuve vivante, la preuve incontestable, que le juge sait parfois, avec un grand talent, assaisonner ses décisions d'une magie du verbe qui réconcilie avec force avec la justice et fait de son rédacteur un magistral magistrat.

Non-respect du devoir conjugal

Car on n'a pas toujours l'occasion de rire dans les palais de justice. Mais on peut s'attendre parfois au meilleur. Après les libertés de plume, les libertinages de rédaction. La cour d'appel d'Aix-en-Provence a ainsi condamné en novembre 2011 un mari à verser 10 000 euros de dommages et intérêts à sa femme pour ne pas avoir respecté le devoir conjugal. Bien que mariée depuis 1986 et mère de deux enfants, madame n'entendait pas renoncer à ses ardeurs passées. Pour la cour, « les attentes de l'épouse étaient légitimes dans la mesure où les rapports sexuels entre époux sont notamment l'expression de l'affection qu'ils se portent mutuellement, tandis qu'ils s'inscrivent dans la continuité des devoirs découlant du mariage ». Le mari a bien tenté – une migraine persistante ne suffit plus – de justifier l'absence de relations sexuelles par des soucis personnels, mais le juge, impitoyable, a estimé qu'« il ne justifiait pas de problèmes de santé le mettant dans l'incapacité totale d'avoir des relations intimes avec son épouse ».

L'arrêt a été publié dans la *Gazette du Palais* en novembre 2011. Sans doute le doyen de la faculté de droit Jean Carbonnier n'aurait pas acquiescé à cette décision de justice, lui qui considérait que « les mœurs sont les coutumes sexuelles des honnêtes gens » et que « la justice doit s'arrêter à la porte de la chambre à coucher ».

Prenons cet autre exemple vécu en direct. À la barre de la cour d'assises des Bouches-du-Rhône, une ex-épouse était ainsi appelée à témoigner sur la fréquence des relations sexuelles avec son ex-mari jugé pour meurtre. « Oh, on ne faisait pas souvent l'amour ! répond-elle.

— Combien de fois ? insiste le président.

— Oh ! Je ne sais pas. Pas beaucoup. Trois fois par jour !

— Eh ben, il y en a qui s'en contenteraient ! » réagit une experte psychologue en explosant de rire.

La justice renonce au préjudice sexuel

Au mois de mars 2021, ce sont les mollahs rigoristes de la police des mœurs qui ont gagné. Mme D. n'aura pas d'indemnisation pour cause d'impossibilité de pratiquer des fellations à son cher et tendre mari. La justice marseillaise s'est braquée. Elle n'a rien voulu entendre. C'est que l'affaire avait fait grand bruit. À la suite d'un accident de la circulation, survenu dans le tunnel du Vieux-Port, le 14 janvier 2016, que l'on n'osera pudiquement qualifier de « coup du lapin », Mme D. avait souffert de quelques raideurs au niveau du cou, qui lui avaient causé de grosses contrariétés, et notamment celle de ne plus pouvoir se livrer avec son chéri à l'une de ses pratiques sexuelles préférées. Voilà qui était fort dommageable.

Elle avait saisi le juge civil et demandé l'indemnisation de son préjudice sexuel. Le magistrat a pris du plaisir à lui répondre.

« En l'absence de pièces probantes, telles qu'une attestation de son époux, et alors même que la nature des séquelles persistantes n'apparaît pas être de nature à empêcher ou limiter cette pratique sexuelle, le préjudice invoqué reste ainsi au stade de simples allégations qui ne peuvent en soi recevoir indemnisation », indique le juge du tribunal judiciaire de Marseille, dans sa décision du 28 mars 2021. Mme D. a donc été déboutée.

Son adversaire et avocat de l'assureur, la compagnie Allianz, Me Bernard Magnaldi, qui en avait pourtant vu d'autres, en rit encore. Il en a vu passer et repasser des assignations dans sa belle carrière d'avocat civiliste. Mais il ne concevait pas la dernière mouture. D'ailleurs, son adversaire, à l'audience, l'avocate de la victime tant empêchée, est partie en courant, se contentant de déposer ses conclusions sans autre forme de procès public. Le juge – ou plutôt la juge – en a ri elle aussi. À belles dents. C'est que le droit civil n'est pas toujours drôle. Alors, il ne faut pas perdre une occasion de se faire du bien.

La juge a été plus généreuse sur d'autres postes d'indemnisation, tels que le préjudice d'agrément, les souffrances endurées, le déficit fonctionnel permanent… Bref, on a ri à gorge déployée à l'audience, ce qui, forcément, était de situation. Pourtant, l'affaire n'a pas duré longtemps. Elle n'a pas encombré la justice encombrée. C'est peut-être, me confie un avocat coquin, ce qu'on appelle finalement « l'oralité des débats ». À moins qu'il ne s'agisse plus sûrement de « l'oralité des ébats »…

Pas de garde alternée pour les chats

Autre match de choc : celui qui a opposé, en janvier 2016, une prof de droit et un huissier de justice marseillais. Ambiance féline. Monsieur, toutes griffes dehors mais titres de propriété en main, refusait de remettre les deux chats de race, un Angora turc et un Maine Coon, que la justice l'a pourtant condamné à rendre à madame. Lorsque la juge Anne-Marie Somnier a entendu parler de « garde alternée », son sang n'a fait qu'un tour : « Mais on va où ? Cela n'existe pas. Ni pour les chats, ni pour les chiens, ni pour les poissons rouges ! » Finalement, monsieur consentira à remettre les chats à son ex. En langage chat, on dirait qu'il a fait patte de velours.

Rares sont ainsi les audaces judiciaires de plume, mais le juge des référés André Fortin, qui deviendra ensuite écrivain, fut lui aussi très novateur. Le magistrat n'hésitait pas, lors de ses audiences, à ordonner un transport des parties sur les lieux pour constater l'existence d'une voie de fait ou d'un trouble manifestement illicite causé par une grève. C'était de la vraie justice de terrain.

8

Imparfaite nature humaine

« J'expliquais hier à l'étude la nécessité de n'avoir point pour magistrats des hommes honnêtes. N'ayant aucune capacité criminelle, comment ceux-ci pourraient-ils juger des crimes ? On ne juge que ce qu'on connaît bien. » Paul Léautaud avait une formule choc pour dire qu'on ne pouvait pas faire confiance aux juges. Peut-être pas pour juger les crimes, mais pour les délits ? Et s'ils en savaient plus qu'on ne le croit ?

Le juge n'est pas parfait. Loin de là. « Bonjour, monsieur le procureur adjoint ! » Il n'est pas si éloigné le temps où la visite des journalistes au cinquième étage du palais de justice de Marseille, celui des « huiles », était accueillie avec une relative fraîcheur. Cette visite ne présageait en effet rien de bon. L'un de ces procureurs adjoints avait un sens aigu de sa fonction, faite à la fois de classe naturelle et de réception toute républicaine. Il savait que les questions délicates sur les avocats indélicats, les huissiers peu regardants, les notaires aux dents longues et les magistrats peu exemplaires n'allaient pas tarder à fuser et savait nous répondre au moins autant sur la pointe des pieds que sur la pointe des mots : « Pardonnez-moi, cher monsieur, mais si vous venez me voir pour m'interroger sur le sujet, ce n'est pas pour le garder pour vous, par hasard ? Je suppose que vous allez l'écrire demain dans le journal ? » L'homme, un magistrat qui finira à la Cour de cassation, supposait bien. Il ne se trompait guère. Il voulait juste, par loyauté, prévenir son chef de juridiction et procureur en titre, une vague en appelant une autre, mais il a toujours respecté la presse et joué le jeu sans nourrir surabondamment la curiosité journalistique.

Le fameux sujet sensible est une question qui est d'ailleurs revenue souvent au cours des années 1990, lorsque des professionnels du droit marseillais franchissaient la ligne jaune, partaient avec la caisse ou oubliaient de rétrocéder à leurs clients une partie des sommes qui leur étaient dues dans le cadre d'un procès. Ainsi va la vie, le timonier est parfois aussi trouble que les passagers qu'il embarque ou défend.

Chez les magistrats, cette trajectoire est plus rare, mais elle surprend d'autant plus. Un procureur nîmois a récemment obtenu sa mutation à Marseille après avoir été jugé et condamné à Nîmes à cinq mois de prison avec sursis pour violences conjugales sur son épouse. Un autre, naguère procureur dans le Sud-Ouest, a été expédié *manu militari* à Marseille pour y faire moins de vagues, surtout pas de vagues, après avoir été rétrogradé – chose rare dans la magistrature – pour « déficit de pilotage au parquet », « manquement à l'obligation de loyauté » et « atteinte à l'image de l'institution judiciaire ». Depuis, il tente de se faire oublier. Il rase les murs, prend la parole aux audiences, mais combien d'avocats qui plaident devant lui, combien de justiciables qui essuient ses lapidaires réquisitions connaissent le parcours de cet homme ? Finalement, ce qui rassure sur ce circuit de sorties de route, c'est que ces hommes restent des hommes, avec au moins autant de faiblesses que leurs semblables. Ce qui est moins rassurant, c'est qu'ils jugent chaque jour les autres.

Le juge frappeur

Il faut avoir connu, à la fin des années 1990, le cas de ce juge qui s'est retrouvé en garde à vue et a aussitôt fait l'objet d'une perquisition pour être accusé d'avoir battu sa compagne, une avocate marseillaise, dont les photos allaient courir le barreau, et pour avoir détenu illégalement une arme. Il y avait peu de doute sur la réalité des coups portés, mais le magistrat s'entêta. Il contesta les faits avec force, au mépris des règles qu'enseignent les juges dans leurs prétoires. Il promit même de révéler les dysfonctionnements de la justice pénale à Marseille. Peine perdue. Le tribunal a pourtant laissé pendant des mois ce magistrat présider des audiences, au cours desquelles il mettait un soin minutieux, voire pervers, à contester la durée des incapacités temporaires de travail (ITT) attribuées par les experts en médecine légale aux femmes battues. « Dix jours d'ITT, non, ça ne le mérite pas ! Cet expert n'y connaît rien ! » répétait le juge sans ciller ni battre sa coulpe.

C'était un temps, il est vrai, bien antérieur à la priorisation faite aux affaires de violences intra-familiales. On peut concevoir qu'aujourd'hui la justice serait beaucoup plus réactive. Car la victime, bien qu'assistée par un brillant avocat pénaliste marseillais, eut un mal fou à faire entendre sa voix. Le chef de juridiction du tribunal de l'époque, un homme du Sud-Ouest fort sympathique, à l'entregent réel et à l'accent rocailleux, René Salomon, qui roulait les « r » et déroulait les bons mots, passait son temps à demander aux journalistes ce qu'ils pensaient de « ses » magistrats. Jusqu'au jour où l'un d'eux, qu'il avait joliment surnommé « Huguy les bons tuyaux », lui fit la confidence qu'il fallait sincèrement en finir avec ce magistrat accusé de violences conjugales. Cela faisait désordre. Il aurait pu lui demander séance tenante de présider d'autres audiences, lui faire couvrir les délits routiers ou les affaires de stupéfiants, bref tout autre chose, plutôt que de le laisser présider à la venvole ce douloureux défilé des victimes accablées de violences conjugales, niées dans leur statut de femmes ou de compagnes. Que nenni ! Il fallut qu'un avocat de talent refuse un jour, dans un souci légitime de défense de sa cliente, de plaider devant ce juge en sursis pour que le même chef de juridiction se décidât enfin à l'évincer pour l'envoyer présider une autre chambre et qu'on en finisse, mais la justice a mis du temps à se regarder en son miroir. Le magistrat fut finalement jugé à Lyon et condamné à une amende - ce n'était pas Cayenne - qu'il paya à la hâte, ce qui ne l'empêcha pas de terminer sa carrière. La justice est ainsi toujours plus indulgente avec ses ouailles qu'avec le citoyen lambda. « S'il fallait tolérer des autres ce que l'on se permet à soi-même, la vie ne serait plus tenable », ricanait déjà Georges Courteline.

Le magistrat draguait sous une fausse identité

Un autre juge, tout aussi audacieux, eut un jour le toupet de relever le numéro de téléphone d'une victime, poignardée par son compagnon, dans un autre de ces dossiers de violences conjugales. Le genre de choses qui, déontologiquement, ne se fait pas chez un magistrat. C'était au début des années 1990, avant l'avènement du téléphone portable. Le soir, le magistrat appela la victime, commença à la draguer en lui disant qu'elle avait « de très belles jambes ». Il lui donna rendez-vous quelques jours plus tard en se faisant passer pour un avocat aixois bien connu. Jusqu'au jour où, au prétexte d'obtenir un renseignement d'ordre judiciaire pour une amie, la victime téléphona au magistrat maquillé en faux avocat. Le juge imprudent avait laissé son numéro de ligne directe professionnelle à la jeune femme. L'appel bascula sur le standard du tribunal. Madame, qui ne goûtait guère le monde des robes noires jusque-là, eut bien du mal à comprendre quelle était la différence entre le métier d'avocat et celui de magistrat, mais le pot aux roses fut découvert, quand la standardiste conseilla à la victime d'appeler l'avocat à son cabinet et non au tribunal. Elle comprit aussitôt que l'avocat prétendu n'était pas celui qu'elle avait rencontré. Bref, le juge draguait sous une identité d'emprunt. « Simule et dissimule… » Sans doute notre magistrat faussaire était-il un disciple du cardinal Jules Mazarin et de son *Bréviaire politique*.

« En entrant dans le néant, il a dû se sentir chez lui »

Déjà connu pour avoir enfreint la ligne jaune au sens propre comme au figuré, après avoir pris l'autoroute à contresens quelques années plus tôt, ce qui ne se fait pas davantage chez les juges, ce magistrat eut droit à une sanction disciplinaire. Le mot cruel de Clemenceau à propos du président Félix Faure nous remonte soudain à l'esprit : « En entrant dans le néant, il a dû se sentir chez lui. » Il mangea un temps son pain noir. Le chef de juridiction de l'époque eut quand même le culot de souffler à la presse qu'il n'y avait « pas d'opportunité » à écrire sur un tel sujet sensible. On imagine qu'il en tremblait. La preuve que, chez ces gens-là, on se soucie surtout de sa carrière et l'on a pour devise : pas de scandale, surtout pas de scandale ! Ce haut magistrat feignait sans doute d'ignorer que l'opportunité des poursuites à la manière judiciaire n'a rien à voir avec l'opportunité d'informer ses lecteurs, chère à un journaliste…

Dérapages incontrôlés à l'audience

On eut droit aussi au concert de « casseroles » – par temps mélenchonien, on aurait dit « casserolades » – de ces magistrats maladroits qui se prennent un jour ou l'autre le verbe dans le tapis. Comme cette procureure marseillaise qui, après avoir commencé un réquisitoire sur les aventures enfantines de *Oui-Oui*, dans une très sérieuse affaire de trafic de stupéfiants, crut bon de dériver sur les camps de la mort, avant de terminer, au prétexte qu'il y avait quelques belles pointures du barreau dans le dossier, sur ces avocats tristement payés avec l'argent du crime. C'est hélas un grand classique de la « guéguerre » que se livrent magistrats et avocats, surtout quand les premiers découvrent par hasard les faramineux honoraires qu'empochent les seconds. Jalousie, quand tu les tiens ! Voilà ce qu'on aurait pu appeler un réquisitoire fourre-tout ou le grand bazar incongru de l'accusation.

Tel autre parquetier n'hésitait pas à nommer une jeune prévenue « la petite », comme s'ils avaient grandi dans la même cour d'école, avaient partagé les mêmes éruptions acnéiques et gardé ensuite les robes noires ensemble... Telle autre magistrate croyait bon d'assaisonner régulièrement ses réquisitoires d'une référence à la musculature de son mari rugbyman, qui aurait bien « cassé la gueule » au prévenu pour lui rabattre son caquet, en dépit de ses rodomontades d'audience...

Erreurs de plume

Chez les magistrats du siège, tel juge présidait l'audience en arborant une fleur de lys, laquelle couvrait aussi sans modération le modeste et vieillissant véhicule qu'il conduisait. Le magistrat en question ne cachait évidemment pas ses convictions, jusqu'au jour où le président du tribunal vint lui tirer l'oreille partisane, lui rappeler les vertus de la laïcité républicaine et lui faire comprendre qu'il était temps de mettre un terme à ses assauts royalistes...

Tel magistrat très humble et apprécié, bien que ne maîtrisant pas toujours toutes les finesses de la procédure pénale, aura passé sa carrière à présider ses audiences en chaussures de moine, ou plutôt en sandales franciscaines, ce qui est forcément plus confortable pour juger qu'un étriqué costume cravate et aurait tendance à montrer qu'il y a parfois des convergences entre jugement divin et jugement de ses semblables.

Tel juge d'instruction, pourtant très professionnel, oublia un jour de convoquer l'avocat d'une mise en examen. Du coup, il n'eut d'autre solution que de relâcher une trafiquante de drogue qu'il n'avait pas du tout envie de rendre à sa liberté. Mais c'est ainsi, le Code de procédure pénale a ses raisons que la gravité des faits ne permet pas de contourner. Du coup, il fallut bien trouver quelques semaines plus tard un autre motif délictuel valable pour la faire de nouveau interpeller.

Après le sommeil du juste, le sommeil du juge

Tel président de chambre omit un jour de se présenter au tribunal, au point qu'on le chercha longtemps. S'était-il endormi ? Avait-il mieux à faire ? Il n'a jamais passé le moindre aveu. On tenta bien de l'appeler à maintes reprises sur son téléphone, mais persuadé qu'il n'était pas « d'audience », il ne décrocha jamais. C'est ce qu'on appelle la « justice aux abonnés absents »... Il fallut donc lui trouver d'urgence un remplaçant. L'audience commença avec une heure et demie de retard. Après le sommeil du juste, on découvrit le sommeil du juge.

Tel juge d'instruction avait du nez dans les dossiers pour pister un grand malfaiteur ou piéger un trafiquant chevronné, mais il maîtrisait si mal les questions de délais et de procédure qu'il courait de bavure en bavure, au point que les avocats ne se formalisaient finalement pas trop des rudesses de ses positions. Ils savaient qu'un jour ou l'autre, au hasard d'une requête, le juge se prendrait les pieds dans le tapis procédural et que, du coup, ils auraient gain de cause. Le juge pestait et pestait encore, à la recherche d'un exercice de malice qui lui permettrait de rectifier sa sortie de route et de réincarcérer l'heureux bénéficiaire du jour, mais cela ne marchait pas toujours. « Ce n'est pas s'humilier que reconnaître ses torts. Au contraire, c'est se relever », lui aurait conseillé la comtesse de Ségur.

Un magistrat qui manque d'estomac

Celui-là avait la vilaine habitude de faire à l'audience des bons mots qui ciblaient les jeunes avocates du barreau. Un rien caustique, souvent moqueur, il hérita dans le journal du qualificatif de « macho ». Le lendemain, il convoquait gentiment la presse pour lui dire, non sans humour : « Mais ça ne va pas, non ? Vous allez me casser la baraque avec toutes les avocates ! »

Singulier personnage aussi que cette présidente, capable d'une grande gentillesse à l'extérieur des audiences et qui, tout à coup, dès qu'elle dirigeait les débats, se muait en furie des prétoires, au point que les avocats n'ont jamais vraiment compris comment elle pouvait se métamorphoser à ce point. Dr Jekyll et Miss Hyde... Jusqu'au jour où elle eut le malheur de dire en pleins débats : « Vous verrez, quand vous serez condamné ! » Ce qui suscita un mouvement d'humeur chez les mêmes avocats, furieux contre ce parti pris en forme de préjugement, qui l'envoya hélas présider d'autres affaires, bien moins pénales.

Cette autre juge, qui se savait jolie fille, ne cultivait qu'une envie : celle de terminer l'audience au plus tôt pour pouvoir rejoindre son fils turbulent en proie à de réelles difficultés scolaires. Elle en oubliera longtemps de faire déjeuner ses assesseurs et sa greffière, jusqu'au jour où l'estomac des uns se ligua à l'estomac des autres pour saisir le président en titre du tribunal, qui la mutera aux expropriations. La juge fut ainsi doublement expropriée !

Quant à ce magistrat de talent qui avait parfois le verbe vert, il eut le culot, un beau jour, de lancer à trois prévenus corses, accusés d'un détournement de navire : « Finalement, vous n'êtes que trois petits voleurs qui en aviez marre de manger des sandwiches et qui vouliez rentrer dans votre pays ! » Que n'avait-il dit ? L'un d'eux se leva passablement offusqué pour lui dire qu'il n'avait pas aimé cette réflexion déplacée qui l'était assurément. L'humour judiciaire a parfois ses limites, même quand il vient d'en haut.

Des uniformes très distraits

Octobre 2019. Imaginez-vous au volant de votre véhicule, coincé dans un embouteillage marseillais ou stoppé au feu rouge du côté de Mazargues, doux quartier de Marseille. Devant vous, un grand fourgon blanc. Un bel oiseau blanc motorisé. Blanc de peau. Blanc comme la vertu policière en marche. Le même fourgon que celui que vous croisez fréquemment et qui traverse la ville à tombeau ouvert, matin et soir, pour se rendre au tribunal ou en repartir. Perdu dans vos pensées, vous posez un œil discret sur la porte arrière du blanc camion, quand vous la voyez s'entrouvrir comme une boîte de conserve. Quatre hommes en descendent. Liés comme les doigts de la main. Deux par deux. Bonnie et Clyde. Heckle et Jeckle. Tellement liés par le même sort qu'ils en sont menottés. Tiens ! Un tournage de film, un de plus à Marseille, nouvelle Cinecitta moderne ? Mais où est donc la caméra ? Non, point de caméra, ni apparente ni cachée. Vous imaginez donc que quelque juge des libertés et de la détention (JLD), pris par le temps et les évidentes trépidations marseillaises, a dû statuer dans le fourgon. Non, rien de tout cela. Faut-il alors appeler la police ? Composer le 17 ? Ils sont quatre qui prennent la tangente, libres comme l'air vivifiant de Mazargues, mais ils auraient pu être dix-sept car ils étaient dix-sept dans le camion du retour du tribunal à la case prison. C'est aux Baumettes qu'on a fait les comptes. Dix-sept moins treize égalent quatre. Quatre disparus, envolés, volatilisés. Saperlipopette ! Quatre dans la nature. Tout cela parce que trois policiers de la garde du palais, pas très doués en mathématiques ni en vigilance automobile, au mépris des règles habituellement balisées de leur profession, ont préféré se positionner à l'avant. On comprend. C'est plus confortable. La banquette y est plus douce, la fesse plus reposée et l'insulte du détenu moins rugueuse. Mais qu'ont-ils fait les petits pères missionnaires de la sécurité ? Vous avez fait un mauvais rêve ? Le réveil est douloureux ? Même pas ! Cela se passe comme ça à Marseille !

Les bourdes des avocats à la barre

Bien sûr, la bavure n'est pas le fait exclusif des magistrats et des policiers. Des avocats, dont on taira le nom par charité judiciaire, ont eu parfois l'art et la manière de se ridiculiser. Passons sur cet avocat marseillais toujours pressé qui courait les audiences et s'était spécialisé dans les commissions d'office, mais il les enfilait comme les perles qu'il déclinait à la barre du tribunal, ce qui devait lui assurer un train de vie suffisant. En tout cas, ce « baveux » sans grand scrupule a rendu grâce à l'acteur américain Will Rogers qui répétait : « Faites que le crime paie… Devenez avocat ! » Deux minutes de plaidoirie, montre en main, ce devait être le quota de mots suffisants pour le tarif pratiqué, quand ses collègues s'époumonaient ensuite à la barre pour sauver la tête de leur client. Les magistrats finirent par se demander si les plaideurs en question faisaient le même métier. Car celui-ci n'hésitait pas à glisser au tribunal, selon l'humeur du jour, que les faits commis étaient « impardonnables », que son client était un « idiot » ou que « le procureur avait raison »… On se demanda longtemps de quel côté de la balance de la justice cet homme de robe penchait, en brouillant ainsi régulièrement les cartes. Avait-il si peu de choses à dire à ses juges sur la personnalité, le parcours du mis en cause, les circonstances des faits reprochés, voire les zones d'ombre du dossier, pour plaider ainsi le vide sidéral ?

Cet autre avocat s'exténua pendant des années, sans éprouver le moins du monde le doute qui l'aurait incité humblement à consulter le dictionnaire, à dénoncer les « échaffourées » qui avaient causé l'interpellation de son client. Cette autre avocate, jeune, assurément jeune, crut bon d'en faire des tonnes sur les « empreintes génitales » relevées sur la scène de crime et qui accusaient son client. La « génétique » du droit en fut chahutée. La marge de progression restait considérable.

Pour cet autre, lancé à la barre dans un rappel des faits, « le sinistre avait été circonscrit » et on était donc sorti d'affaire. Inutile de s'acharner. Il n'est pas sûr que le périmètre de son vocabulaire ait été totalement circonscrit, le lapsus étant comme chacun sait l'ennemi le plus intime de l'avocat qui plaide.

9

Des avocats toujours prêts à croiser le fer

À Marseille, on porte haut la robe, et on a toujours su porter le verbe aussi haut, quitte à se faire des inimitiés, au prétexte que l'avocat doit avoir une gueule – grande de préférence –, ne jamais cesser ses fulgurances, voire ses truculences. C'est même une tradition. L'éloquence y est un art que l'on cultive de génération en génération, que l'on plante et replante. « Je parle espagnol à Dieu, aimait à dire Charles Quint, anglais aux marchands, italien aux dames, français aux hommes et allemand à mon cheval. » Propulsé dans notre siècle, il dirait qu'il parle marseillais face à ses juges !

Même si les jeunes avocats, biberonnés aux écoles aseptisées de formation, ont bien changé, ils devraient relire leurs aïeuls, les anciens, qui n'hésitaient pas à gronder dans les prétoires, à bousculer les magistrats, pour régler avec eux quelques comptes, les bons comptes ne faisant pas toujours les meilleurs amis.

Le barreau de Marseille est un vrai lobby qui entend exercer le pouvoir qu'il détient. Comme si l'avocat avait toujours raison. Ainsi le bâtonnier en exercice, Mathieu Jacquier en l'occurrence, est-il réputé être le quatrième personnage de la ville, derrière le maire, le procureur et le préfet. Il est celui qui dit le droit, qui veille à la déontologie de ses confrères et qui, surtout, détient le pouvoir des mots qui en vaut tant d'autres. Traditionnellement d'ailleurs, le barreau de Marseille s'est souvent jeté dans les bras de bâtonniers aux origines et à la culture corses, qu'ils se nomment José Allegrini, Pierre-Francis Paolacci, Dominique Mattei, Sixte Ugolini ou Erick Campana.

Ténor du pénal, traditionnellement classé à droite, qui ne craignait rien sinon la foudre et les éléments extérieurs, mais sûrement pas ses juges, Henri Juramy avait tous les culots. Il était capable de plaider dos au tribunal pour lui signifier son mépris dans la conduite des débats. Ou de lancer à l'avocat général, un jour de mauvaise humeur : « Mesdames et messieurs les jurés, n'écoutez pas cet homme, il n'est ni avocat ni général ! » Ce qui évidemment faisait beaucoup rire ses pairs et mettait le public dans sa poche. Gagnait-il pour autant l'estime de ses juges ?

Dans une vieille mais internationale affaire de trafic de stupéfiants baptisée « Mexican Connection », à la fin des années 1980, on l'a vu bondir et faire soudain revivre dans sa plaidoirie des écoutes téléphoniques en espagnol pour mieux les tourner en dérision. Les trois prévenus, qui n'étaient pas des perdreaux de l'année pour avoir eu quelque rôle dans la French Connection, trois Corses au casier judiciaire déjà lesté, en ont pleuré de rire.

En ce temps-là, les avocats, qu'on les baptise affectueusement « maîtres », « bavards », « plaideurs » ou, plus argotiquement, « avocaillons », « baveux », « menteurs », « bonimenteurs » ou « basochards », outre les défenseurs virevoltants de leurs clients, étaient aussi de redoutables acteurs qui ne dédaignaient pas de tordre la procédure et de lui faire dire ce qu'elle ne disait pas toujours.

Émile Pollak, la voix de leur maître

Émile Pollak, le premier, qui a donné son nom à la rue immédiatement située devant le tribunal correctionnel de Marseille, médaillé d'or aux JO du verbe, avocat de Gaston

Dominici et de tant d'autres, avait un sens inné de la provocation. À un jeune confrère qui lui demandait comment il allait plaider, il répondait : « Debout, en robe, et en français de préférence ! » « Je ne lis jamais les dossiers. Je veux garder un regard neuf[1] ! » répétait-il, comme pour dire qu'il se contentait d'improviser. Mais l'improvisation n'est pas toujours de bon conseil dans les salles de justice. Il vaut mieux avoir digéré son dossier. Les avocats ont d'ailleurs une formule, apprise très tôt à l'école des robes noires : « On ne pose de question que quand on connaît la réponse. » Celle qui est inscrite dans les procès-verbaux. Ce serait prendre trop de risques, et notamment celui de voir le témoin à la barre se retourner contre son propre client, alors que l'avocat croyait avoir débusqué le bon filon.

Émile Pollak reste pour nombre d'avocats marseillais l'éclaireur. Il est de ces avocats qui ont inventé un style, de ceux qui « mettaient la peau sur la table », pour dire l'engagement de la défense jusqu'à l'épreuve physique. L'homme savait le poids des mots. Il savait qu'ils sont capables d'emporter les consciences. C'est ce qu'en raconte Jean Giono dans ses *Notes sur l'affaire Dominici* (1955) : « Les mots. Nous sommes dans un procès de mots. Pour accuser ici, il n'y a que des mots. L'interprétation de mots placés les uns à côté des autres dans un certain ordre. »

« Cinq secondes ? Oui, mais c'est moi qui compte ! »

Ténor du barreau marseillais lui aussi, qui a commencé sa carrière à gauche de l'échiquier politique pour la finir très à droite, Gilbert Collard est un de ceux qui ont toujours su cultiver un sens aigu de la répartie. Il reste, pour beaucoup, l'un des meilleurs, sinon le meilleur, pour sa maîtrise du verbe et ses plaidoiries nourries de culture et chargées de connaissances historiques. Un as des cours d'assises. Incontestablement. L'avocat était, le même jour, convoqué à la fois à une audience pénale et à une confrontation chez un juge marseillais réputé colérique.

1. Cité par Paul Lombard, dans son *Dictionnaire amoureux de Marseille*, Plon, 2008.

Comment s'en sortir, sauf à envoyer plaider un de ses jeunes collaborateurs ? Il opta pour le renvoi de la confrontation chez le juge et suscita évidemment l'ire du magistrat qui le chassa de son cabinet avec vigueur. Ou plutôt, qui tenta… Ce qui donna, entre les deux hommes, cet édifiant dialogue :

Le juge : « Maître Collard, sortez de mon cabinet ! »

Me Collard : « Oh, n'abusez pas de votre petit, petit, tout petit pouvoir ! »

Le juge : « Sortez, maître Collard, sortez ! Vous avez cinq secondes ! »

Me Collard : « Oui, mais c'est moi qui compte ! »

Savoureuse anecdote qui en dit long sur la capacité de certains ténors à vouloir toujours avoir le dernier mot, coûte que coûte. Il paraît que c'est un exercice que l'on pratique aussi dans les écoles d'avocats. Ou comment persister à avoir raison, quand on n'a plus rien à dire.

Vincent de Moro-Giafferi, grand plaideur aux ascendances corses, avocat de Landru et de la bande à Bonnot, ne perdait pas une occasion de s'en prendre à ses accusateurs, les parquetiers, souvent placés traditionnellement sur une estrade qui domine de vingt centimètres la surface de plaidoirie des avocats. Ainsi, au terme d'un face-à-face avec un procureur qu'il ne goûtait guère, il lança un jour à son adversaire : « Si vous êtes placé plus haut que nous, vous ne le devez qu'à une erreur de menuiserie. » Le mot a fait le tour de France des prétoires depuis plus de cinquante ans et nombre d'avocats marseillais ne se privent pas de le ressortir à leurs procureurs et autres contempteurs. C'est lui aussi qui, en début de carrière, à l'orée du XXe siècle, avait, un rien provocateur, créé « la Ligue pour la défense des petits criminels, pour les voleurs à la tire, les cambrioleurs plus ou moins invétérés, les assassins maladroits et solitaires… ». La défense du pire des criminels n'exclut pas l'humour judiciaire.

Lombard, Collard, Pezet, Molla et les autres

Avocat et bâtonnier de Marseille, Raymond Martin avait convoqué son conseil de l'ordre, mais les rangs y étaient fort clairsemés. Seuls les avocats corses avaient répondu présents ce jour-là, ce qui lui inspira ce joli mot : « Il flotte sur cette assemblée comme une odeur de figatelli ! » Ou l'art de détendre l'atmosphère, quand elle est tendue.

Paul Lombard ne détestait pas non plus avoir le dernier mot, surtout quand il avait la presse contre lui, ce qui lui permettait, comme Moro-Giafferi, de fustiger derrière elle l'opinion publique : « Chassez cette entraîneuse, cette prostituée qui tire le juge par la manche. C'est elle qui, au pied du Golgotha, tendait les clous aux bourreaux. »

En réponse à l'un de ses confrères qui, suivant l'exemple de Cicéron, croyait avoir bien plaidé aux assises et lui lançait un jour, impatient : « Alors, comment as-tu trouvé ma plaidoirie ? », l'interpellé, bien empêtré, priera son confrère de ne pas se fâcher mais il lui dira avec franchise : « Elle m'a rappelé l'épée de Charlemagne. Tu sais : longue, plate et mortelle... » Le mot est depuis fortement repris par les avocats marseillais, dès lors qu'un de leurs pairs ne plaide pas avec un grand talent.

L'avocat frise parfois l'outrage, comme celui-ci, qui croyait bien faire : « Mon client n'est pas responsable : il était saoul. Le tribunal sait bien ce que c'est ! »

Michel Pezet, grand orateur politique et judiciaire marseillais, qui continue de plaider aujourd'hui après plus de cinquante ans de barre, explique volontiers que, pour convaincre, son secret consiste à « savoir percer un trou dans la cuirasse de ses juges ». Savoir les toucher, les émouvoir. Trouver l'argument qui fera mouche. Celui qui suscitera le doute. Indéniablement mais irrévocablement. Et aboutira forcément à la relaxe ou à l'acquittement de son client. Avec lui, c'est toujours l'intelligence qui triomphe dans les prétoires. Et quand l'intelligence se lie d'affection avec l'émotion, alors tout est permis. L'avocat docile n'est jamais gagnant. Et sûrement pas celui qui caresse l'accusation dans le sens du poil. L'avocat pusillanime suscitera l'ire de ses pairs avocats et le mépris de ses juges qui le trouveront bien falot. « Un accusé est cuit, quand son avocat n'est pas cru », s'amusait Pierre Dac.

Sac à malice

Frédéric Monneret, qui fut longtemps l'avocat des parrains et caïds marseillais, Francis le Belge en tête, ou encore Bruno Rebstock sont connus des magistrats pour être des avocats sérieux qui, chaque fois, connaissent leurs dossiers sur le bout des doigts. Ils les connaissent d'ailleurs souvent bien mieux que les juges qui les jugent. C'est aussi ce qui, d'affaire en affaire, a fait leur incontestable réputation et leur permet de traverser les ans sans une ride judiciaire.

Il faut aussi, pour être un grand avocat, être parfois roué. Ah ! On ne s'attire pas que des amitiés ! Gilbert Collard a toujours eu plus d'un tour dans son sac à malice. Comme ce jour où, devant la cour d'assises des Bouches-du-Rhône, mais cette fois en partie civile, et non du côté de la défense, dans une affaire de vol à main armée, il ne voulait pas que son adversaire pose « la question qui tue », selon ses mots. Ce qui devait arriver arriva : son adversaire posa l'irritante question. Porteur de béquilles, Me Collard poussa volontairement ses prothèses d'un jour au milieu du prétoire, ce qui causa un vacarme incroyable, fit sursauter le président qui ordonna la suspension immédiate de l'audience et convoqua les deux plaideurs dans son bureau pour les recadrer. Au retour, l'avocat de la défense n'osa pas reposer « la question qui tue » et que craignait tant la partie civile. Collard avait gagné. Un procès est aussi souvent une partie d'échecs, au cours de laquelle chacun avance ses pions, tout en sachant qu'il dispose de pièces maîtresses et d'armes plus faibles.

« Ce besoin de faire des phrases »

Personne, sinon Me Collard, n'est capable de griffonner à la hâte quelques notes sur un bout de papier à 14 heures, en connaissant peu le dossier, et de prendre la parole une heure plus tard, dans une salle d'assises bondée, sans bafouiller une seconde ni faire une seule faute de français, devant des jurés sous le charme. « C'est curieux, chez les marins, ce besoin de faire des phrases ! » disait Michel Audiard. Le mot est applicable de la même façon aux avocats dont c'est le métier.

Alain Molla est et restera un grand plaideur, un des meilleurs de sa génération. Travail, émotion, précision chirurgicale des mots, la jambe droite solidement campée sous la barre. Avec cette façon bien à lui de plaider par petites touches, avec cette manière de murmurer à l'oreille de ses juges. De dire les choses avec tellement de justesse et d'intensité oratoire, comme en confidence avec eux, juges d'un jour ou juges de toujours. Alain Molla aura donné quelques frissons, en trente ans de métier, à ceux qui l'ont écouté plaider. Il aura enseigné le discours de la méthode et la méthode du discours à tellement de jeunes avocats devenus ses élèves que, forcément, ils s'en sont volontiers inspirés ensuite, au point d'en faire leur ligne directrice d'avocat mais sans vraiment égaler le maître.

Alain Molla, ce fut longtemps – et avant Éric Dupond-Moretti ancienne formule, non pas le Dupond ministre, mais le Dupond avocat – l'homme qui obtenait des résultats inespérés en correctionnelle ou aux assises, son terrain de jeu favori, l'homme qui faisait acquitter, avec son mentor Henri Leclerc, Richard Roman, accusé dans l'affaire Céline Jourdan. Bref, Molla, c'était une voix, c'était un rythme, c'était un souffle.

Fabrice Giletta, l'un des plus sérieux de sa génération, fin connaisseur du droit toutes matières confondues, a réussi la prouesse d'être élu par ses pairs. Il deviendra en 2015 et 2016, au barreau de Marseille, l'un des plus jeunes bâtonniers de France, ce qui, dans un barreau composé de plus de

2 500 avocats, n'est pas dérisoire. Il s'est forgé au pénal une belle image. Il faut dire qu'il eut, en la personne de Me Jean-Claude Valéra, un joli et entêté père spirituel, pour qui on ne transige pas avec les droits de la défense. Dans le cabinet de son aïeul et éclaireur a longtemps trôné le poème de Rudyard Kipling, *Tu seras un homme, mon fils*, publié en 1910, et qui, malgré les vertiges de l'actualité judiciaire, n'a pas pris une ride : « Si tu peux rencontrer triomphe après défaite et recevoir ces deux menteurs d'un même front, si tu peux conserver ton courage et ta tête, quand tous les autres les perdront, alors, les rois, les dieux, la chance et la victoire seront à tout jamais tes esclaves soumis. Et ce qui vaut mieux que les rois et la gloire, tu seras un homme, mon fils ! » Me Giletta sait chaque jour plaider avec talent, précision et humilité, le tout avec le sourire, quatre vertus réunies que l'on ne trouve pas tant que cela chez les avocats.

« C'est la cerise sur le fiadone ! »

Le bâtonnier José Allegrini jouissait d'un art consommé pour faire rire son auditoire, parlant haut, bien et fort, ne perdant pas une occasion de vanter ses origines corses. « C'est la cerise sur le fiadone ! » aimait-il glisser pour dire qu'un point de procédure avait été négligé par un juge ou que son client avait été « maltraité » par un autre. Intervenant devant la cour d'appel d'Aix pour un général de l'armée française, au terme d'une audience lourde et heurtée dans une affaire de diffamation, il avait tonné ainsi, mêlant les références historiques aux fulgurances du verbe : « Voyez-vous, madame la présidente, les décorations que je porte là, sur ma robe, du côté gauche, je les ai gagnées dans les salons, grâce à mes plaidoiries. Les siennes, il les a conquises sur le terrain. Au péril de sa vie ! » Tous ceux qui se trouvaient dans la salle d'audience, ce jour-là, ont eu la sensation que son client ne méritait pas d'être condamné. Tous ses auditeurs ont éprouvé en outre le sentiment aussi riche que singulier d'en sortir plus intelligents qu'ils n'y étaient entrés.

Certes, tous ces avocats ne manquent pas d'ego. Ils l'ont même boursouflé, pour ne pas dire surdimensionné, mais ils ont un talent fou. « Si Dieu a créé les serpents avant les avocats, c'est qu'il avait besoin d'un brouillon », souffle le fanfaron Saul Goodman, héros génial de la série *Breaking Bad*.

Alors parfois, le juge répond, fait mouche ou s'égare. Il n'a pas toujours le sens de la répartie de l'avocat. Il croit pourtant bien faire. L'éloquence n'est pas une science exacte. Songeons à ce président de la cour d'assises qui voulait rassurer un jeune, très jeune témoin, fort intimidé à la barre, avec un brin de maladresse : « Tu sais que tu peux parler sans crainte. La cour aime bien les petits garçons ! » Il n'avait pas tout à fait pris la mesure de son ambiguïté oratoire. Il crut bon de se rattraper en lançant : « Mais la cour aime aussi les petites filles ! » Il en avait rajouté une couche qui, évidemment, était du pire effet…

Vincent Turbeaux, grand magistrat, aujourd'hui en poste à la chambre criminelle de la Cour de cassation, le saint des saints, ne perdait pas une occasion de dire aux délinquants en col blanc ce qu'il pensait d'eux, quand ils contestaient tout et n'importe quoi. Et il le fit, dans l'affaire des comptes de l'OM, à l'adresse de Robert Louis-Dreyfus, alors président du club marseillais, qui niait avec force : « Voyez-vous, monsieur Louis-Dreyfus, l'après-midi, en comparution immédiate, on juge de jeunes voyous des quartiers nord, qui, eux, pourtant, ont l'honnêteté de reconnaître les faits ! » Voilà qui jetait un froid. La leçon était-elle pour autant retenue ?

Mesdames de la robe

En défense, il faut aussi savoir terminer une plaidoirie. Comme dit cet avocat marseillais : « Notre métier est un métier où on conclut toujours et où on ne finit jamais ! » L'audience est un théâtre de l'humour permanent, où évidemment celui qui sait faire rire, un peu comme dans le débat amoureux, a déjà remporté la partie. Cet avocat corse, qui ne manquait pas de sens de l'autodérision, aimait à raconter cette blague : « Savez-vous pourquoi on compte plus de baptêmes que de mariages en Corse ? Eh bien, parce qu'il y a bien plus de parrains que de témoins ! » Rien de tel aux assises pour déplorer en défense l'absence de témoins capitaux et détendre l'atmosphère. C'est ce que les avocats appellent des « tiroirs », sortes de respirations qui permettent de sortir du dossier pour mieux y replonger ensuite. Tous les grands avocats en usent. Certains en abusent, passant leur temps à raconter leur vie plutôt que leur dossier.

Cet autre avocat, résolument gaulois, au retour d'un repas arrosé, ne pouvait retenir ce qu'on appelle communément un « renvoi ». Un jour, un président lui fit remarquer que c'était fort discourtois envers le tribunal. L'avocat, qui avait réponse à tout, mais ne sachant plus que faire, lui fit cette réponse historique : « Je suis désolé, cher président. C'est bien la première fois que j'obtiens un renvoi sans l'avoir sollicité ! » C'est une histoire vraie qui plaisait d'ailleurs beaucoup à l'ancien maire de Marseille, Jean-Claude Gaudin, qui appréciait énormément les avocats et ne perdait pas une occasion, devant des parterres de robes noires, de la raconter avec sa faconde habituelle.

Ce sont quelques morceaux d'anthologie masculine, mais au barreau de Marseille, les femmes ne sont pas absentes. Loin de là. Plus de 50 % des avocats au barreau de Marseille sont des avocates. Le barreau a ainsi produit de grandes plaideuses, telle Camille Giudicelli, qui a formé nombre d'avocats marseillais de talent, dont Frédéric Monneret ou Alain Lhote, qui a su leur enseigner les vertiges du pénal et ses joies renouvelées.

Grande résistante avant de devenir une grande pénaliste, elle avait une vision très aérienne de sa profession : « Un avocat ne s'embourgeoise pas et ne s'embourgeoise jamais. La robe est cadeau, toute en cadeau ! Parce qu'elle nous apprend tout en direct, de l'aventure humaine, et de la route chaotique de la vie, en amont et en aval, qui va du bonheur jusqu'à la souffrance et la désespérance la plus totale. » « L'avocat, ce n'est pas une femme, ce n'est pas un homme, c'est un défenseur », ajoutait-elle.

Première et seule femme élue bâtonnière (2017-2018) à ce jour dans l'histoire du barreau de Marseille, Geneviève Maillet aura, en quarante années de barre, porté l'esprit des pionniers du droit, la science des pionniers de la mer si chers à Marseille aussi, ceux qu'elle a tant aimés, les hommes de la *Calypso*. De l'assurance maritime à la défense de l'environnement, parfois au côté de l'ex-ministre Corinne Lepage, elle a couru la planète et les palais de justice, y compris jusqu'en Chine. Aujourd'hui, c'est vers l'avenir qu'elle regarde, avec le secret espoir de continuer à changer le monde sans renier en elle la petite lumière des vétérans du droit.

Avocates et mauvais garçons

Sophie Bottai ou Catherine Martini savaient aussi défendre avec talent les mauvais garçons, quand leurs meilleurs rivaux, les Jean-Jacques Campana, les Alain Lhote, les Philippe Vouland, les Jean-Claude Valéra ou les Christian Méjean volaient au secours de leurs mâles clients empêtrés.

Isabelle Terrin est devenue incontournable dans la défense de la cause animale, une cause insuffisamment prise en considération jusque-là et qu'elle a haussée au rang de véritable discipline judiciaire, tant les actes de cruauté envers les animaux sont tristement fréquents aujourd'hui. Myriam Gréco a su porter avec dignité la voix des policiers, trop longtemps condamnés à se taire, qu'ils soient du côté des victimes ou empêtrés comme auteurs du mauvais côté de la barre. Marielle Rappa ou Nathalie Rampal se sont fait une place de choix dans le paysage du droit de la famille. On les écoute, on les entend. Ce sont des voix qui portent. Avec la mesure qu'on leur connaît, elles ne plaident jamais rien au hasard.

Nicole Pollak, fille d'Émile Pollak, pénaliste avertie, a retenu la leçon du père. « La seule question qui se pose, dit-elle, est comment défendre ses semblables, ses frères humains, comme l'écrivait François Villon, sans trahir ses convictions et sans, de ce fait, perdre son âme ? » Elle ajoute en guise de conclusion : « Aucun être humain n'est totalement bon ou mauvais. C'est la raison pour laquelle tout homme a le droit d'être défendu. »[2] « Les avocats portent des robes pour mentir aussi bien que les femmes », badinait Sacha Guitry.

Aujourd'hui, les plus jeunes qui montent, Christine D'Arrigo, Valérie Coriatt, Carine Dip ou Audrey Degoutin, ne font pas honte à leurs aînées, même si la place est difficile à faire dans ce monde de robes noires très masculin, très macho et très exclusif. Car Marseille reste une ville d'hommes, avec ses virilités supportables et d'autres moins supportables. Il faut savoir, pour conquérir une place au soleil du droit pénal marseillais, passer ses samedis à la prison des Baumettes, courir de parloir en parloir, se faire connaître, obtenir des résultats et, de bouche à oreille en bouche à oreille, gagner sa clientèle à la sueur de sa robe.

Les jeunes qui montent et les « dynasties »

Brice Grazzini, Chehid Selmi, Jérôme Pouillaude, Benjamin Liautaud, Pascal Luongo, Lucas Montagnier, Romain Neiller ou Thomas Hugues sont de jeunes avocats qui montent. Ils ont la plaidoirie facile, le verbe percutant et acéré. On les écoute chaque fois avec bonheur. Méfi ! comme on dit à Marseille. Ils n'ont pourtant rien négligé de ce que leur ont appris leurs aïeuls, notamment Paul Lombard, qui disait que « le barreau est un miroir aux alouettes où les étourneaux se brûlent les ailes ». Ils cultivent le mot qui fait mouche et savent porter le fer dans la plaie d'une justice qui faillit trop souvent. Ils marchent dans les pas de Jean Boudot, de Christophe Bass, de Philippe Vouland, de Denis Fayolle, de Pascal Roubaud, de Thierry Ospital, de Pascal Cermolacce ou d'Henri Labi. « Ne vous fiez pas à la confraternité, cette haine vigilante, prévenait Paul Lombard. Dans confrère, il y a frère, mais pas que cela. »[3]

2. Nicole Pollak, *Journal du barreau de Marseille*, janvier 2023.
3. Paul Lombard, *Un petit monde*, Plon, 2001.

Marseille est tellement une ville d'éloquence que certaines familles sont de véritables « dynasties ». Chez les Pollak, il y eut le père fondateur, Émile, sa fille Nicole, puis le petit-fils, Yann Arnoux-Pollak, qui a réussi ce que ses deux ascendants n'étaient pas parvenus à faire : devenir bâtonnier de Marseille. Chez les Ceccaldi, on est tombé dans la marmite du droit très tôt. Le père était magistrat. Trois des fils sont avocats : Pierre, le pénaliste, Marc-André, le spécialiste des grands préjudices corporels, et Stéphane, l'avocat en droit commercial et de la concurrence. Chez les Jacquier, le père, Bernard, a longtemps été l'avocat de la droite traditionnelle marseillaise, tandis que le fils, Mathieu, a su se hisser aussi tôt que dignement au rang de bâtonnier. Se faire élire par ses pairs n'est jamais un combat gagné d'avance. Chez les Pinelli, le père, Jules, fut magistrat, procureur de Digne, puis avocat général à la cour d'assises des Bouches-du-Rhône. Ses réquisitoires étaient aussi ciselés que mesurés. C'est parce qu'ils étaient justes qu'ils étaient redoutés des avocats. Quant au fils, Julien, il s'est fait une carrière de fin pénaliste, dans les dossiers corses et les lourdes affaires de crime organisé où il faut savoir joindre la subtilité à l'effet de robe. Et chez ceux que l'on qualifie d'avocats d'affaires, Marc-Michel Le Roux, Christian Lestournelle, Michel Moatti et Marc Bollet ont longtemps été les mousquetaires les plus assidus du tribunal de commerce. Qui est leur d'Artagnan ? Avec cette qualité majeure de rendre simples les choses compliquées, une vertu qui n'est pas donnée à tout le monde.

Des avocats et des rues

Atypique et vibrionnant, François Sartre reste le fidèle et inventif défenseur de l'automobiliste en déroute sur route et autoroute, qui se dit tyrannisé par ce tueur en série de permis qu'est le radar. Toujours prompt à traquer les failles de la loi, les certitudes policières et les évidences gendarmesques, il est le dernier rempart contre les diktats du ministère de l'Intérieur, dans une ville où la conduite est trop souvent une inconduite.

Marseille est enfin une des rares cités en France où les avocats ont une vraie place dans le débat judiciaire. Ils ont traditionnellement la parole lors des rentrées solennelles du tribunal, ce qui est davantage l'exception que la règle en France et témoigne de la bonne relation qu'entretiennent juges et avocats, sauf peut-être quand ces derniers se mettent en grève, comme ce fut le cas en mars 2020, et décident de bloquer la machine judiciaire. D'ailleurs, la ville de Marseille est généreuse avec ses avocats. Les rues sont jalonnées de leurs noms, d'Alphonse Thiers à Émile Pollak, de Pierre Guerre à Henri Juramy, de Charles Barbaroux à Gaston Crémieux.

Les robes noires persécutées ou entartées

Alors oui, ce n'est pas toujours facile d'être et de rester avocat, droit dans ses bottes, droit dans son droit. Il faut savoir prendre son mal en patience. Comme dit Woody Allen, « je devais être fusillé ce matin à 6 heures, mais comme j'avais un bon avocat, le peloton n'arrivera qu'à 6 h 30 » ! Avocat pénaliste, Me Alain Lhote raconte volontiers que dans certains dossiers sensibles, il a parfois reçu par courrier quelques petits cercueils peu sympathiques, qui en disent long sur le respect de la défense et le droit revendiqué du pire des criminels à être défendu. Des atmosphères de lynchage, il en connut aussi dans le dossier Tommy Recco, cet homme accusé de deux triples meurtres successifs. Des reconstitutions violentes, il en connut sur le terrain, comme dans l'affaire Céline Jourdan, lors du viol et du meurtre d'une fillette de 7 ans à La Motte-du-Caire, dans les Alpes-de-Haute-Provence, en juillet 1988. Un grand avocat parisien eut la chemise arrachée, le visage entarté. Des scènes qu'on ne croise heureusement plus que très peu sur le terrain judiciaire, mais qui ont marqué la fin du XXe siècle.

Les avocats font-ils perdurer la violence ?

Que dire donc du rôle des avocats pénalistes dans le débat judiciaire ? Le grand public leur renvoie sans cesse cette question fondamentale : « Comment faites-vous pour défendre tous ces monstres ? » Leur vie professionnelle se résume-t-elle à un règlement de comptes permanent avec leurs juges, regardés comme leurs adversaires perpétuels ? Ont-ils gagné leur combat ? Poussent-ils dans le sens d'une société qui tendrait à se bonifier ? Les chiffres les plus actualisés des homicides à Marseille ne sauraient évidemment leur donner raison. Sur fond de règlements de comptes mortels, ils constituent néanmoins ici une grande famille qui guerroie tout en se respectant chaque jour. Il y a bien quelques clans, quelques inimitiés, mais c'est le lot de la concurrence, quand l'un « pique » le dossier à l'autre. C'est l'autre acception du « règlement de comptes », mais celui-là reste très professionnel. Tous savent, au fond, bons ou mauvais joueurs, que la fois suivante, le perdant du coup d'avant viendra voler le dossier au gagnant présumé du coup d'après. C'est bien la preuve, une fois encore à Marseille, que le verbe y est vrai et le débat toujours ouvert. Ces « baveux » sont évidemment là pour défendre leur client, sachant que le pire des criminels a toujours le droit d'être défendu, même celui qui abat froidement son rival sur une aire d'autoroute ou sur le parking de quelque enseigne de restauration rapide, comme on a pu le voir encore récemment à Marseille.

L'avocat pénaliste reste néanmoins, pour le juge, l'empêcheur de tourner en rond, celui qui fera tout pour masquer la vérité, pour trouver des circonstances atténuantes à son client, sans quoi il pourrait inciter son juge à se montrer plus répressif. Mais c'est la règle du jeu, celle des prétoires. Seule la vérité compte, en tout cas celle que les uns, juges, et les autres, avocats, pensent approcher avec le plus de rigueur, chacun ayant son propre prisme. Ceux qui ne savent l'entendre ne seront jamais à leur place dans les palais de justice, lieu absolu de la liberté d'expression, où tout doit pouvoir être dit et entendu. Il ne faut pas oublier que l'avocat de la défense est un auxiliaire de justice à part entière et que, sans lui, aucune justice ne serait digne de porter ce nom. C'est la grandeur de notre démocratie.

10

Marseille, épicentre de la cause judiciaire

En trente ans, le tribunal judiciaire de Marseille a grossi telle la grenouille de la fable de La Fontaine. « Envieuse s'étend, et s'enfle, et se travaille. » Ce n'est pas tant que Marseille en demandait et demande encore. « Est-ce assez ? Dites-moi ; n'y suis-je point encore ? » C'est plutôt que la juridiction s'est peu à peu imposée au carrefour de tous les droits. Les divers décrets et lois n'ont eu de cesse de lui attribuer des compétences derrière lesquelles elle ne courait pas forcément.

Tout a commencé en 2004 avec la création des juridictions interrégionales spécialisées (Jirs), sortes de pôles destinés à lutter efficacement contre la criminalité organisée, qu'elle soit ancrée dans les stupéfiants, le proxénétisme, la séquestration ou l'extorsion de fonds. La Jirs de Marseille a donc vite été débordée. Le crime organisé ne s'est pas éteint pour autant. Il a même offert à ses juges une belle place et un vaste champ d'investigation judiciaire.

De caïds en caïds, la septième chambre correctionnelle de Marseille est devenue une chambre en France qui prononce les peines les plus lourdes. Parfois plus de cent à cent cinquante années de prison cumulées, distribuées en quelques jours seulement, à une vingtaine de prévenus lors des procès des tentaculaires trafics de drogue dans les cités, comme celle de La Castellane, haut lieu de la transaction lucrative. Les titres des journaux ont d'ailleurs fleuri, non sans humour parfois : « Grand moment de laxisme au tribunal de Marseille : 90 années de prison distribuées ». Comme s'il fallait relever qu'un ou deux mois plus tôt, la même chambre en avait prononcé davantage. La septième chambre correctionnelle s'est ainsi forgée au fil des ans une réputation de chambre intransigeante avec à sa tête des magistrats qui connaissent le « milieu » et ses us et coutumes. Il est vrai que les délits et les pratiques qui y défilent sont à la hauteur de l'ancrage dans la délinquance de leurs commanditaires.

Opération Mains propres

Marseille s'est aussi imposée comme une place forte de la lutte contre la délinquance financière. À commencer par la délinquance en col blanc. Il est loin le temps où on murmurait dans les palais de justice, sans jamais vraiment oser l'avouer, que ces dossiers n'intéressaient personne, au prétexte qu'il n'y a pas « mort d'homme ».

De Sylvie Andrieux, députée (PS), condamnée en mai 2013 pour « détournement de fonds publics » après avoir pris quelques libertés avec 740 000 euros de subventions en provenance du conseil régional, à Jean-Noël Guérini, sénateur PS et président du conseil général des Bouches-du-Rhône, englué dans une relation fraternelle vérolée avec son frère cadet Alexandre, de Ferdinand Bernhard, maire (DVD) de Sanary (Var), peu regardant sur les faveurs municipales à accorder à sa maîtresse au mépris du droit des collectivités territoriales, à Karim Zeribi, conseiller municipal (EELV) de Marseille et député européen, en passant par Henri Jibrayel, député (PS) des quartiers nord de la ville, qui s'est hâtivement improvisé croisiériste pour séniors à des fins électoralistes, sans oublier Jean-Pierre Maggi, conseiller général et maire de Velaux (PS), fortement enclin au népotisme, la liste est longue des dérives de nos élus. Et la chute est toujours violente. « Il n'y a pas loin du Capitole à la roche Tarpéienne », aurait dû leur enseigner l'Histoire. « Vous donnez cet insupportable sentiment que vous vous servez de vos fonctions pour servir des intérêts privés », les sermonneront les juges.

Çà et là, on a allègrement siphonné les dispositifs de l'État-providence. Beaucoup d'élus, de gauche comme de droite, ont stoppé net leur carrière politique dans le mur du tribunal en passant par la case justice, la plus redoutée des élus de tout poil et de toutes convictions. Le tribunal correctionnel de Marseille a passé à la moulinette tous ces VIP, accusés d'avoir franchi la ligne jaune avec un réel sentiment d'impunité.

C'est le journaliste Pierre Rancé qui en parle le mieux dans son livre *Les Ennemis jurés* : « Au fil des années et des scandales politico-judiciaires, des juges d'instruction vont réussir à s'autonomiser de la tutelle politique écrite en 1958. Ils osent s'attaquer aux puissants, enquêter sur le parti au pouvoir et parfois sur le chef de l'État en personne, en provoquant la fureur des politiques qui s'aperçoivent que leur carrière peut être anéantie par l'action d'un seul petit robin[1]. »

La justice marseillaise a posé des jalons

« L'ire des politiques, insiste-t-il, est d'autant plus forte que ces juges sanctionnent en droit, puisqu'ils font du droit, et non pas en politique, ce que les politiques ont beaucoup de mal à comprendre. Sauf quand les juges font de la politique, ce qui peut arriver aussi. » Ainsi l'affaire Urba, qui cible le financement occulte du Parti socialiste dans les années 1988-1990, mise au jour par l'inspecteur de police marseillais Antoine Gaudino, marque-t-elle un tournant dans l'impudente critique du pouvoir établi.

En guise de riposte, elle aboutira certes à plusieurs lois de réforme du financement des partis, mais elle laissera le sentiment amer qu'on a voulu dissimuler sous le tapis commun quelque chose d'inavouable. Le PS aura beau crier que d'autres, au sein

1. *Les Ennemis jurés (Juges et politiques)*, Robert Laffont, 2020.

des autres partis, ont eu recours à d'autres pratiques non moins avouables, il ne s'en relèvera jamais vraiment.

Certains ont dangereusement frôlé la prison. Pourtant, pour des braquages, des vrais, à 500 000 euros, nul ne se poserait la question de savoir s'il faut incarcérer ou non l'auteur. La situation est-elle désormais assainie ? Il est difficile de l'affirmer, mais la justice marseillaise a à tout le moins posé des jalons que nul ne peut plus feindre d'ignorer. Tant pis pour les oublieux, les distraits, les opportunistes et les dilettantes ! Pourtant, combien de discours sur la scandaleuse impunité des délinquants, les autres, jamais eux, a-t-on entendu dans les prises de parole politiques récurrentes ? L'écharpe tricolore ambitionnerait-elle d'échapper à la règle commune ? Il est tellement plus facile de condamner les escroqueries à la Sécurité sociale, les dispositifs de fraude à l'aide sociale ou aux allocations familiales, les abus de biens sociaux, les « hackers » sans visage qui sévissent sur Internet ou les fraudeurs à la carte bancaire. C'est à bas bruit que la délinquance économique et financière, tel un poison qui s'insinue partout, sape les fondements de l'État démocratique.

L'affaire Guérini : « un dévoiement généralisé de la chose publique »

Dix ans d'enquête, 99 interrogatoires et 10 confrontations. L'affaire Guérini fera figure d'événement judiciaire au long cours. Elle a sauté au visage des Marseillais en avril 2009. Cela restera une sorte de course à l'échalote prévue pour durer et durer encore, avec des investigations menées en Suisse, au Luxembourg et dans quelques autres paradis fiscaux réputés peu vertueux.

Dans ce dossier, la cour d'appel d'Aix-en-Provence pointera du doigt, dans son arrêt d'avril 2022, « la capacité d'immixtion dans les institutions publiques » et de pression qui a valu à Alexandre Guérini le sobriquet de « Monsieur Frère ». « Entrisme », « pratiques clientélistes », « considérations d'ordre personnel », « intérêt moral d'ordre familial »... On est loin d'une saine gestion du « bien commun ». Dans une demande de levée d'immunité parlementaire déposée en 2012 contre le sénateur Guérini, le juge Duchaine évoquait « le caractère mafieux de l'organisation mise au jour » et soulignait le lien qui aurait existé entre monde économique et « milieu » marseillais. D'autant que nombre d'écoutes téléphoniques ont livré aux enquêteurs le climat général et les clés de compréhension qui allaient avec.

Jean-Noël Guérini aurait dû s'alarmer de ce « conflit d'intérêts » avec son frère. Il aurait dû aussi s'interdire de siéger à la commission permanente qui va signer en 2006 sa « prise illégale d'intérêts ». Il n'en a rien fait. Il a privilégié la famille avant la saine conduite qui aurait dû s'imposer à lui de l'intérêt général. En parodiant Albert Camus et le lourd dilemme qui le pousse à choisir entre sa mère et la justice, on pourrait faire dire à Jean-Noël Guérini : « Je crois à la justice, mais je défendrai mon frère avant la justice. » D'autant que les familles corses ont un sens aigu de la fidélité. Bilan : trois ans de prison, dont dix-huit mois ferme, une amende de 30 000 euros et surtout cinq ans d'inéligibilité, « peine à la hauteur des exigences de probité que les citoyens peuvent légitimement attendre d'un élu », écriront les juges.

Élégances téléphoniques

Les écoutes téléphoniques en disent long sur ce que le juge d'instruction Charles Duchaine, dans son ordonnance, désigne comme « un dévoiement généralisé de la chose publique ». Il revient sur le langage peu châtié des mis en cause, même si ce n'est pas un délit en soi. Il y est ainsi pêle-mêle question du « vrai boss », de « travail en dessous », d'exécuter des décisions « en mode commando », sans parler de ceux qui ont l'audace de se mettre en travers de la route des frères Guérini et se font traiter de « connard », « salope » ou « enculé », selon les jours et les humeurs des jours.

Les adversaires politiques, dont Renaud Muselier, l'ex-ministre et actuel président (LR, puis Renaissance) du conseil régional Provence-Alpes-Côte d'Azur, en prennent pour leur grade. Les deux frères, par crainte d'être piégés par des écoutes, croient bon d'ailleurs d'alterner au téléphone le corse et le français. Comme ce 26 avril 2009. « Mais de toute façon, au bout de trois ans, y a prescription, ils ne peuvent rien faire », croit se rassurer le sénateur Jean-Noël Guérini. « Mais qu'est-ce qu'on s'en cague ! » enchaîne élégamment le petit frère, Alexandre, chef d'entreprise roué, qui en rajoute une couche : « Ça peut venir même en parachute. Qu'est-ce que je m'en bats les couilles ! Ils le savent, tous ces fils de pute ! » Une ambiance délétère qui se révélera redoutable, lorsque la présidente Céline Ballerini décidera de faire, pour la première fois à Marseille, auditionner ces écoutes en « live », lors du procès public en mars 2021. Il ne manquera que l'image.

Chaque fois, les magistrats auront l'occasion de déplorer les atteintes graves aux lois de la République qui entament « la confiance » que les citoyens peuvent avoir en « la démocratie ». Ce sont des termes qui reviendront souvent. Ils ont quelque part sanctionné ce que Sarah Bernhardt appelait joliment « les crimes de lèse-société ». La plupart des condamnés ont d'ailleurs cru bon de faire appel, ce qui ne leur a pas porté chance, la cour aggravant les sanctions dans la majorité des cas.

Le vertige des lettres anonymes

On retiendra aussi que les lettres anonymes ne sont jamais prises à la légère par les gens de justice. Il y a toujours dans la détestation de l'autre une part de vérité. La lettre anonyme laisse pourtant une sale odeur dans les esprits et une tache sur les mains. Elle renvoie à une sombre période de notre histoire de France, dont on a toujours peur qu'elle se réveille un jour. C'est même la première lettre anonyme du 2 février 2009 – il y en aura d'autres, la première ayant fait des petits – qui va aiguillonner le parquet de Marseille, puis le juge Duchaine, dans l'affaire Guérini. Il y avait bien quelques inexactitudes, mais ses auteurs disaient vrai pour l'essentiel. Ils étaient rudement bien renseignés. Ils avaient mis le doigt là où ça allait faire mal. Cette lettre a permis de dénoncer tout haut ce que beaucoup pensaient tout bas. Car le « système Guérini » était alors redouté de tout le monde.

On a beaucoup accusé et à tort Renaud Muselier, l'un des rivaux politiques d'alors de Jean-Noël Guérini, d'être à l'origine des malheurs des deux frères. Mais qui peut lui donner tort aujourd'hui ? Oui, il a eu le sens politique de prendre son courage à deux mains et d'en parler – il a même écrit un livre en 2011 sur le sujet[2] –, quand d'autres faisaient le dos rond ou préféraient se taire, comme si ce n'était qu'un mauvais moment démocratique à passer. Il est un vieil adage, hélas, qui dit : « Il n'est jamais bon d'avoir raison trop tôt. »

Nier jusqu'au bout...

« Les délinquants en col blanc ? Ceux qui ne reconnaissent jamais. Avez-vous remarqué leur système de défense ? Quoi qu'il advienne, ils nieront jusqu'au bout, confie un ancien procureur de la République de Marseille. Dans le meilleur des cas, poussés dans leurs retranchements, ils reconnaîtront une imprudence, une négligence, jamais un détournement de fonds publics volontaire, encore moins un enrichissement personnel. » C'est d'ailleurs une constante des politiques. Jamais, ils ne concèdent avoir mis les doigts dans le pot de confiture et s'en être léché les babines. Ils n'ont pas compris que profiter de l'argent public, là où le citoyen lambda est obligé de sortir de l'argent de sa propre cassette familiale, c'est déjà s'en mettre dans la poche.

Ainsi donc, ils pousseront des cris d'orfraie de se retrouver devant le tribunal correctionnel pour répondre de « prise illégale d'intérêts », un délit formel qui consiste pour un élu public à octroyer un marché du même nom à un proche, ou de « favoritisme », un délit rebaptisé ces dernières années à la manière soft

2. Renaud Muselier, *Le Système Guérini*, Jean-Claude Lattès, 2011.

en « atteinte à l'égalité des candidats devant les marchés ». Et puis, dès qu'ils le pourront, dans le délai de dix jours, ils feront appel, déposeront ensuite un pourvoi en cassation, car l'appel est au pénal systématiquement suspensif, sauf si évidemment la juridiction prononce un mandat de dépôt à la barre, mais ces cas sont rares.

La loi permet aussi aujourd'hui aux tribunaux de décerner des mandats de dépôt différés, qui permettent de fixer avec le parquet la date à laquelle le condamné devra entrer en prison, ce qui lui laisse un petit temps pour s'organiser – la justice sait faire preuve d'attention, surtout avec les personnages publics –, mais il est rare que des élus soient confrontés à pareil scénario. Ce sera pourtant le cas d'Alexandre Guérini, le frère cadet de Jean-Noël Guérini, chef d'entreprise de profession. L'appel leur permet encore de ne pas exécuter leur peine tout de suite et donc ne les oblige pas à renoncer à leurs mandats, sauf lorsque tribunaux et cours prononcent l'exécution provisoire.

Le Conseil constitutionnel : l'assurance probité des parlementaires

Sur ce point, le Conseil constitutionnel se montre singulièrement protecteur à l'égard des députés et sénateurs, caste privilégiée. Les Neuf Sages restent un peu leur assurance probité… Interrogé sur le sujet en septembre 2022, Laurent Fabius, président du Conseil constitutionnel, lors d'une session décentralisée à Marseille, ne s'en est pas ému, se retranchant derrière la position systémique de sa juridiction. « C'est la loi. On ne protège personne, nous répondra-t-il sans ciller. Il faut que la condamnation soit définitive[3]. » Contre vents et marées, l'ancien Premier ministre de François Mitterrand considère que toutes les voies de recours doivent être épuisées. Elles profitent donc aux sénateurs et députés de la République, faisant fi de la distorsion qui se crée avec les autres mandats publics.

3. *La Provence*, 28 septembre 2022.

Comme s'il existait des élus de première zone et d'autres de second rang, maires notamment, qui n'auraient pas tout à fait les mêmes droits. Ainsi Ferdinand Bernhard, le maire (DVD) de Sanary (Var), condamné à trois ans de prison, dont un an ferme, et cinq ans d'inéligibilité en octobre 2021, a-t-il été invité par le préfet à démissionner dans les quarante-huit heures. Même scénario pour le maire de Toulon et ex-président du conseil départemental du Var, Hubert Falco (LR), condamné à Marseille en avril 2023 dans l'affaire dite du « frigo de Falco » à trois ans avec sursis et à une inéligibilité de cinq ans avec exécution provisoire, qui a dû passer aussitôt la main à sa première adjointe. Il avait cru bon de continuer à faire payer ses repas et ses notes de blanchisserie par le contribuable varois. *A contrario* et pendant plus de deux ans, le sénateur Guérini a poursuivi son mandat, se faisant certes tout petit, disparaissant de la chronique politique des journaux, comme s'il était en sursis de la République, mais ce droit n'est pas sans faire des dégâts dans l'opinion publique. Il a déposé le 31 mars 2022 un pourvoi en cassation. Un recours qui devrait être examiné au cours du premier semestre 2024.

À Marseille, on fait voter les vivants… par procuration

Parce qu'on ne fait jamais vraiment les choses comme ailleurs à Marseille, l'affaire dite des « fausses procurations » a livré une autre approche du pouvoir par les urnes, ou plutôt sans la vérité des urnes. Audiencée devant le tribunal correctionnel de Marseille du 23 au 27 septembre 2024, elle devrait révéler que, lorsque le pouvoir chancelle, lorsqu'il se sent un rien affaibli, il fait parfois tout et n'importe quoi. Et surtout n'importe quoi. Comme si la machine se déréglait. Inexorablement. Et cette fois, c'est à droite que le pouvoir aurait péché. À l'occasion des municipales de mars 2020, plusieurs maires de secteur, assistés de quelques zélés complices, dont un policier acquis à la cause du parti, ont cru bon de mettre en place 194 procurations illégales, afin de gagner des voix. Pour y parvenir, il fallait bien quelques entrées çà et là. En Corse, on a parfois fait voter les morts. À Marseille, on fait voter les vivants, mais par procuration… C'est presque plus simple et au moins aussi rapide. Quitte évidemment à leur faire dire ce qu'ils n'avaient pas tout à fait envie de dire dans le secret de l'isoloir. On a donc fabriqué 194 victimes qui ne demandaient rien à personne.

Ainsi, trois élus – dont deux ex-maires –, un directeur d'Ehpad, des militants politiques et associatifs, ainsi qu'un officier de police judiciaire, sont renvoyés devant le tribunal pour y répondre de « faux, usage de faux et manœuvre frauduleuse tendant à l'exercice irrégulier d'un vote par procuration ». Un système de fraude que ses auteurs présumés croyaient bien organisé, qui visait notamment à faire voter une cinquantaine de résidents de l'Ehpad Saint-Barnabé, dans le 12e arrondissement de la ville. Le pot aux roses a été découvert en juin 2020, peu avant le second tour des municipales. Les procurations étaient validées hors commissariat et hors la présence des intéressés.

Bien sûr, on se sera bien gardé de leur demander leur avis, ce qui eût été difficile à bien des égards, sachant que la plupart de ces résidents souffraient d'Alzheimer sévère. Qu'importe. Ils pouvaient bien apporter leur modeste contribution au sauvetage de la droite républicaine en péril ! L'identité des votants était transmise par l'Ehpad à la mairie des 11e et 12e arrondissements pour monter les faux dossiers de procurations. Ces procurations étaient ensuite validées par un commandant de police, « celui sans lequel le système n'aurait pu exister », écrit le procureur dans son réquisitoire. Un système D linéairement illégal qui aurait profité à deux têtes de liste des Républicains bien connues sur la place marseillaise, Yves Moraine, alors maire des 6e et 8e arrondissements, et Julien Ravier, maire des 11e et 12e. Cela n'a porté bonheur ni au premier qui n'a pas été réélu, ni au second, devenu député, mais qui a été déclaré inéligible entre-temps. Au total, ils seront donc quatorze prévenus à s'expliquer bientôt devant leurs juges, poursuivis pour avoir « perdu tout discernement dans cette course aux voix », selon la formule hyperbole des enquêteurs.

Et cette fois, ils pourront difficilement se faire représenter. La procuration - ou plutôt le pouvoir - donnée à un avocat ne ferait pas sourire le tribunal…

Un juge administratif qui gagne en étoffe

Après les délinquants en col blanc, Marseille a hérité d'un pôle de santé publique, d'un pôle de proximité pour juger les affaires qui ne le sont pas moins, d'un pôle social, et enfin d'un pôle environnement, afin de préserver le majestueux cadre de Marseille, de ses calanques et d'en finir avec les navires qui, sans foi ni loi, dégazent en Méditerranée.

On a dédoublé les audiences, notamment celles de la chambre financière - la sixième - et celle du crime organisé - la septième. Le flot étant résolument ininterrompu, on a créé de nouvelles chambres de comparutions immédiates - la onzième. Sans oublier les affaires civiles, les dossiers chauds devant le conseil de prud'hommes de la ville, ceux qui viennent à la barre du tribunal de commerce, ou le tribunal administratif de Marseille, une juridiction qui gagne chaque jour en étoffe, qui pointe les erreurs des administrations et n'hésite plus à les sanctionner, obligeant leurs services à revoir leur copie, que cette administration soit municipale, départementale ou régionale, comme dans l'affaire de la taxe foncière annulée purement et simplement en avril 2023.

À côté du juge judiciaire, ce juge, souvent tapi dans l'ombre, rend donc parfois des décisions qui vont changer le cours de la vie de milliers de justiciables. Le tribunal administratif de Marseille est très nettement phagocyté par les procédures du département des Bouches-du-Rhône, qui représentent à elles seules 92 % des affaires. Avec un contentieux dominant des étrangers, qui cible une affaire sur trois, et qui reste le contentieux majeur, devant les contentieux sociaux (logement, droit au logement, APL, RSA, radiations de Pôle Emploi…), soit un dossier enregistré sur cinq. Deux des dix chambres de la juridiction sont occupées à ce travail de fourmi à caractère social. Une véritable *task force*, aime à dire le président Thierry Trottier.

« Le travail du juge administratif a évolué. Il est de plus en plus concret. Nous pesons le poids de nos décisions d'annulation, quand nous annulons une décision. Et on dit à l'administration : pouvez-vous corriger ce vice ? » explique volontiers le magistrat. Une juridiction qui entend « rester dans la cité ». Elle a jugé en 2022 plus de dix mille affaires, avec un délai moyen de jugement de dix mois et dix-sept jours, qui peut évidemment encore être amélioré. C'est d'ailleurs une des priorités que s'est fixées le nouveau président, avec la résorption des contentieux sociaux et l'écoulement des dossiers les plus anciens. La Marseille du droit s'est ainsi imposée au carrefour de l'Histoire et de ses juridictions.

Des assistants de justice comme s'il en pleuvait

C'est aussi la raison pour laquelle le tribunal de Marseille s'est doté d'année en année de nombreux assistants de justice, et notamment d'assistants spécialisés qui viennent chaque jour épauler les juges, vont vérifier la règle de droit, pondent des synthèses et permettent d'avancer plus vite dans les dossiers, en tout cas d'aller moins lentement…

Le pôle de santé publique s'est enrichi de l'assistance très professionnelle de médecins, de pharmaciens. Ils sont le cerveau et la plume du juge. Mais ils travaillent le plus souvent dans l'ombre. Ils accomplissent chaque jour un travail de recherche incroyable. Ce pôle de santé publique aurait pu juger hier l'affaire du Dr Maure, du nom de ce médecin marseillais qui avait pris quelques libertés avec la chirurgie esthétique et s'était autoproclamé sans ciller « meilleur chirurgien d'Europe », ou encore l'affaire PIP, du nom de ces prothèses mammaires défaillantes qui ont causé tant de préjudices en France, mais aussi dans le monde, à plusieurs centaines de milliers de femmes. Celles-ci ont d'autant plus été meurtries dans leur chair qu'elles ont dû ensuite faire retirer les prothèses défectueuses en question et s'en faire implanter de nouvelles. La partie ne sera pas toujours facile, tant certaines auront du mal à obtenir l'indemnisation qui, seule, leur permettrait de se faire réopérer.

Enfin, Marseille s'est fait une place de juridiction spécialisée dans les accidents collectifs. Ce sera le premier dossier et non des moindres, celui du terrible crash de la Germanwings, survenu le 24 mars 2015. Un crash qui va mobiliser pendant près d'une année plus de 5 magistrats à temps plein. Une affaire qui ne sera pourtant jamais jugée, le pilote allemand ayant préféré entraîner avec lui dans la mort, face à la roche des Alpes-de-Haute-Provence, les 144 passagers et 6 membres d'équipage, plutôt que d'avoir à regarder les proches de ses victimes au fond des yeux. La compagnie ne sera jamais mise en cause. Il aurait fallu qu'elle eût su que son pilote dépressif ne pouvait pas être aux commandes d'un tel avion.

Tribunal maritime : quand la règle prend l'eau

Enfin, le tribunal maritime de Marseille est compétent lui aussi sur toute la façade méditerranéenne. Non content de voir son voisin, le tribunal judiciaire, juger les chauffards les plus traditionnels, les moins imprévisibles et les moins excusables, le tribunal maritime juge désormais avec le déplaisir qu'on imagine tous les « chauffards » des mers, ceux qui croient pouvoir accomplir sur l'eau tout ce qui leur est interdit sur route, les manœuvriers imprudents, les skippers inattentifs, les pilotes plus sujets à la consommation d'alcool qu'à celle d'eau minérale…

Chaque semaine, dans la salle des pas perdus du palais de justice, des délégués du procureur tentent de restaurer dans la tête des contrevenants la norme douloureusement enfreinte, grâce à un réapprentissage pédagogique de la règle de mer, à coups de visuels et de bonnes paroles, de messages de prévention et d'appels à la prudence renouvelée, mais le match n'est jamais gagné. Car c'est bien au large de Marseille, de Cannes et de Saint-Tropez que les accidents les plus graves, chaque été, endeuillent la côte.

11

L'insoutenable porosité de l'être

La porosité est à Marseille ce que sont les embouteillages à sa ville. Consubstantielle ou presque. Marseille est une bonne fille qui se donne plus aisément que sa petite sœur aixoise, plus recroquevillée sur elle-même. Une ville de mélanges, assurément, parce que c'est une cité portuaire qui porte en son sein quelque deux mille six cents ans d'histoire. Les soirées qui y sont organisées, même parmi les plus mondaines, mêlent singulièrement des invités de tous horizons, qu'il s'agisse des soirées décomplexées programmées dans les clubs de la ville ou des soirées plus privées, comme celles qu'organisait régulièrement il y a quelques années une élue marseillaise à son domicile. Mariée à un homme d'influence, elle réussissait chaque samedi soir la prouesse de faire venir chez elle avocats, policiers, préfets, journalistes et artistes. Un jour, une de ces invitées, pensant avoir croisé une jeune femme vendant ses charmes sur les réseaux sociaux, a cru bon de s'indigner de ce trop large spectre. Du coup, elle n'a plus été invitée… L'organisatrice n'aimait pas qu'on lui dicte – et elle avait bien raison – qui elle devait ou non faire venir chez elle.

À Marseille, cette diagonale symbiotique n'étonne personne. Les barrières morales tombent aisément. C'est une qualité et un défaut qui fait la spécificité de Marseille. À Paris,

Lyon, Bordeaux ou Aix-en-Provence, cette approche poserait problème, susciterait aigreurs et moues rentrées. Mais ici, beaucoup n'ont pas oublié d'où ils viennent, c'est aussi une vertu majeure. Ils savent se faire accueillants, quand d'autres coupent aisément les ponts avec leur milieu d'origine, dès lors qu'il est populaire. Un bel exemple d'intégration, mais qui, parfois, peut déraper, surtout quand politique flirte avec justice ou avec police.

L'histoire de Marseille est jalonnée de ces confrontations. Ainsi les canons de ses deux citadelles militaires que sont le fort Saint-Jean et le fort Saint-Nicolas seront tournés, dès le XVIIe siècle, vers l'intérieur de la ville et non pas vers l'extérieur. Louis XIV voulait, en 1660, non pas protéger Marseille d'éventuels envahisseurs, mais se prémunir contre Marseille la rebelle. Les canons virent le jour « pour y maintenir à jamais l'autorité du roi ». Le Roi-Soleil avait du nez. Il défiait ainsi la cité phocéenne de l'avoir défié. Pendant la Révolution, la ville prendra même pendant quatre semaines, sous la Terreur, le nom de « ville sans nom ».

« Carbone et Spirito sont mes amis »

Les relations qu'entretiennent souvent élus et membres du « milieu » marseillais, personnel politique et mauvais garçons, sont significatives de cette porosité de Marseille. Insoutenable porosité de l'être… Cette vilaine tendance a traversé l'histoire de la ville sans que jamais Marseille ne s'en offusque vraiment. Ainsi Simon Sabiani, premier adjoint au maire de Marseille de 1929 à 1935, lancé dans une diagonale qui le porte étrangement de l'extrême gauche vers l'extrême droite, fait-il afficher, en mars 1934, sur tous les murs de la ville, cette phrase : « Peuple de Marseille, Carbone et Spirito sont mes amis. Je n'admettrai pas qu'on touche à un seul de leurs cheveux. » Les deux caïds marseillais, qui contrôlent maisons de passe et trafics en tout genre, auraient-ils trouvé un allié de poids ? Ils seront les hommes de main de Simon Sabiani qui, par un juste retour des choses, leur octroie sa protection politique. Voilà qui jette le trouble et brouille les consciences.

Quelques années plus tard, ceux qui ont pris leur place sur le pavé marseillais, les frères Barthélémy et Antoine Guérini participent eux aussi du brouillage entre les politiques et le « milieu ». Antoine Guérini est encarté chez les socialistes. Il sait aussi parfois rendre des services aux gaullistes. Il affiche une certaine respectabilité mais c'est lui le vrai chef de « clan ». En 1959, il est élu conseiller municipal de Calenzana, en Haute-Corse, le village naturel des Guérini. À Marseille, il reçoit volontiers dans son cabaret, *Le Versailles*, rue Sénac, à un jet de pierre de la Canebière, tandis que le grand *Hôtel Méditerranée* et son bar *L'Annabel's*, sur le Vieux-Port, sont gérés par son frère Barthélémy. Grâce à leur entregent, les frères Guérini se sentent protégés. Antoine connaît les acteurs, les hommes politiques, les notables. Il joue parfois les juges de paix. Un jour, un substitut du procureur de la République se fait dérober sa voiture. Antoine Guérini fait rechercher l'auteur présumé. Le lendemain, la voiture est stationnée devant le tribunal avec un bouquet de fleurs à l'intérieur. Nul ne cherchera à remonter le fil plus avant. Le maire Gaston Defferre les connaît bien. Il tente de les tenir à distance, mais ce n'est pas une chose simple. Les Guérini sont affables en société, mais réputés durs en affaires en coulisses. Ils tiennent les bars, la prostitution, le trafic de cigarettes, le pastis de contrebande. Et nul n'ose leur demander des comptes.

Le dernier duel de Gaston Defferre

Est-ce une vilaine manie locale ? Quand Gaston Defferre a commencé lui aussi à dériver vers la rubrique des faits divers, il était déjà trop tard. Trop tard pour rattraper par la manche le premier magistrat de la ville. Trop tard pour rattraper l'une de ces petites phrases assassines qui nourrissaient de vifs débats à l'Assemblée. Car en 1967, « Gaston » est déjà maire et député SFIO. Et le bretteur cévenol à la voix gutturale n'est pas près de donner l'exemple. René Ribière, député gaulliste du Val-d'Oise, n'a pas aimé, lors des débats, se faire apostropher par le député des Bouches-du-Rhône et président de groupe, sur le ton de « Taisez-vous, abruti ! ». C'en est trop ! Defferre juge l'épisode aussi « grotesque » que « ridicule ». Ribière « le Parisien » rejoint la salle des Quatre-Colonnes et exige des excuses qui ne viendront pas. Qui a provoqué l'autre ? Est-ce l'édile en qualifiant ainsi René Ribière ? Ou bien René Ribière en osant défier ce rival politique jusqu'au bout ? Jacques Chaban-Delmas, président de l'Assemblée, reçoit même les témoins des deux rivaux pour tenter de les dissuader de se livrer à cette fresque épéiste. Même le général de Gaulle désapprouvera cet épisode qui n'honore pas, selon lui, un élu de la République.

Le 21 avril 1967, le maire de Marseille et le gaulliste René Ribière croisent donc le fer, en toute illégalité, sur le pré de Neuilly-sur-Seine, en un lieu qui sera tenu secret. Il faut laver l'affront dans le sang, mais en blanches chemises, jusqu'à se retrousser les manches. Le fond de l'air est printanier. Seule l'humeur est aigre. Defferre choisit l'arme : ce sera donc l'épée. Il touche à deux reprises son adversaire à l'avant-bras. Le combat est interrompu très vite. Quatre minutes de face-à-face. Pas davantage. Ribière n'est que blessé superficiellement. Les deux hommes tournent les talons. Évidemment, ils refuseront de se serrer la main. La politique n'est pas faite que de beaux joueurs. C'est que « Gaston » est de surcroît en état de récidive. Il a déjà fait le coup vingt ans plus tôt, en 1947, déjà député, le pistolet à la main cette fois, au radical Paul Bastid.

« Gaston » s'amusera maintes fois de l'épisode Ribière, en rappelant qu'il en est sorti vainqueur, que l'autre l'a cherché et bien cherché, à force de l'interrompre à l'Assemblée. Il racontera surtout qu'au cours de ce bref face-à-face, il ne visait qu'une chose : l'entrejambe de son rival, afin de contrarier sa nuit de noces, car Ribière se mariait le lendemain. Bref, il voulait l'aliter, mais pas pour la bonne cause… Sur la photo de mariage, Ribière panse ses plaies, à côté de sa jeune épouse compatissante.

Venturi, un « politique » sans écharpe

Le 6 avril 2008, lorsque Dominique Venturi, « Nick » pour les intimes, s'éteint à l'âge de 84 ans, des suites d'un accident cardiovasculaire, c'est un drame à la marseillaise qui se joue. Natif du quartier populaire du Panier, il s'est illustré lui aussi dans la Résistance, puis a joué habilement des coudes pour devenir l'égal de ceux qu'il côtoie. Et parmi eux, *primus inter pares*, Gaston Defferre, le maire de Marseille, de 1953 à 1986. « C'était l'une des rares personnes qui pouvaient aller voir Gaston et frapper à sa porte sans rendez-vous », nous confiera un de ses proches le jour de ses obsèques. Il y a ce jour-là, dans l'église et sur le parvis du Sacré-Cœur, sur l'avenue du Prado, plus de trois cents personnes, et autant de personnalités de gauche que de figures du « milieu ».

C'est d'ailleurs « Nick » Venturi qui faisait partie du commando qui, à la Libération, le 22 août 1944, a pris le contrôle des locaux du *Petit Provençal* rebaptisé *Le Provençal.* Venturi est désormais gérant de bar et il a une sulfureuse réputation. Il plonge dans le trafic de cigarettes et l'affaire du Combinatie, du nom de ce cargo qui transportait en 1952 cinq tonnes de « blondes ». Il est même présenté par les Américains comme l'une des têtes de la French Connection, même s'il ne sera jamais poursuivi pour cela. « Nick » ne s'est pas éloigné de ses camarades de la Résistance. Quand il faut faire le coup de force, on sait qui trouver.

Carte SFIO en poche, « Nick » joue le porte-flingue de « Gaston ». Louis Rossi, un de ses fidèles amis socialistes, fait appel à lui quand il faut, en 1949, aller batailler avec les communistes de Port-de-Bouc qui osent hausser le ton. En 1962, il offre une protection rapprochée à « Gaston », menacé de mort par l'OAS. En 1965, il fait le coup de poing dans la dixième section socialiste du parti occupée par des dissidents et rend à ses « amis » orthodoxes la tribune perdue. Mais les politiques, eux, n'ont pas toujours la fidélité chevillée au corps. « Gaston » lâche peu à peu « Nick ». D'autant que l'affaire des fausses factures de la mairie de Marseille vient de faire surface à la une des journaux. Elle éclabousse peu à peu tout le monde. L'instruction va mettre au jour un réseau structuré de corruption, de commissions occultes, de prestations fictives, de faux tampons et de ce qu'on n'appelle pas encore des « pots-de-vin ».

« Nick » et « Gaston » : je t'aime moi non plus

Des élus, des employés municipaux étaient, entre 1970 et 1980, « arrosés » régulièrement pour délivrer gentiment les marchés à la bande de « Nick » et à son entreprise, la très puissante CEGM, la Coopérative d'entreprise générale du Midi, spécialisée dans les travaux du bâtiment, faisant fi de toutes les règles de la concurrence. C'est que « Nick » a de solides appuis, dont Roger Salel, homme de confiance de Gaston Defferre, le sénateur Antoine Andrieux ou encore Jean Masse, l'adjoint au maire chargé de la voirie. C'est un jeune loup de la politique marseillaise, passé par l'École nationale d'administration (ENA), Philippe Sanmarco, qui éloignera peu à peu « Nick » de la porte de « Gaston ». Le haut fonctionnaire a ingénument mis son nez dans les finances municipales et découvert que « Nick » avait empoché plus de 70 millions de francs de lots. « Nick » sera évincé des marchés. Il sera même rayé de la liste des grands électeurs de la ville… Il est incarcéré le 7 juillet 1982 à la prison des Baumettes.

Le procès s'ouvre en septembre 1984. Il va durer trois mois. Quatre-vingt-quatre inculpés, soixante-quinze avocats et plus de cent journalistes. « Il ressemble plus à une grande foire provençale qu'à une audience classique », écrivent Jacques Derogy et Jean-Marie Pontaut, deux journalistes qui suivent l'audience[1]. « Nick » Venturi est reconnu coupable de faux, escroquerie à la TVA, abus de biens sociaux et corruption. Il écope de quatre ans de prison, dont trois ans ferme. À sa sortie des Baumettes,

1. Jacques Derogy et Jean-Marie Pontaut, *Enquête sur les mystères de Marseille*, Robert Laffont, 1984.

Gaston Defferre est décédé le 7 mai 1986. Les deux hommes ne se croiseront plus. « Nick » n'aura plus à lui rappeler les nombreux services rendus, quand « Gaston » avait besoin de lui. « Gaston » n'en fera plus d'inénarrables cauchemars. « Nick » n'a plus qu'à se faire oublier entre Marseille, la Corse et le Maroc. « L'opinion dominante à Marseille, écrivait déjà Émile Zola en 1867 dans *Les Mystères de Marseille*, était que le meilleur gouvernement est celui qui laisse aux spéculateurs le plus de liberté d'action. »

Marseille et le clientélisme

Longtemps, Marseille vivra sous clientélisme. Ce n'est qu'à compter de 1989 que cette tendance fléchit. « Avec sa nette victoire, Robert Vigouroux (le nouveau maire de Marseille) se sent en capacité de court-circuiter les partis et les élus en soutenant, et pratiquant assez largement, un amenuisement radical des politiques de redistribution clientélaire des ressources, écrit le sociologue Cesare Mattina. Si on ne peut jamais parler d'un arrêt définitif des politiques clientélaires, on peut avancer l'hypothèse d'un affaiblissement remarquable, entre 1989 et 1995, du gouvernement de la ville par la redistribution systématisée des ressources[2]. » Dans un livre titré *Un parmi d'autres*, le nouveau maire écrit d'ailleurs en 1989 : « Ne parlons pas de moralité, elle est difficile à évaluer et personne n'a vraiment le droit de s'ériger en juge, mais plutôt d'électoralisme, de clientélisme où l'essentiel est la promesse individuelle au détriment d'un projet général, recette courante. Leurs commensaux, barons et baronnets qui illusionnent jettent un discrédit, défigurent l'action publique. »

Le sociologue Cesare Mattina mettra un soin minutieux à combattre ce qu'il appelle « la marseillologie », « cette tendance très nette dans les discours vulgaires savants et semi-habiles à n'envisager cette ville qu'au prisme de son exceptionnalité, celle

2. Cesare Mattina, *Clientélismes urbains (Gouvernement et hégémonie politique à Marseille)*, Presses de Sciences Po, 2016.

de son site, de son histoire, de son immigration, de sa composition sociale et ethnique, de son économie et des pratiques politiques qui y ont cours ».

« Que ce soit sous l'angle de la stigmatisation ou de l'exaltation de ses atouts, Marseille, insiste le spécialiste, serait tour à tour la ville par excellence du banditisme et des milieux mafieux, des pratiques politiques les plus sulfureuses, des grèves à répétition, de la croissance exponentielle du vote FN, d'une présence massive d'immigrés et d'étrangers… À l'autre extrême, ce serait la ville branchée et renaissante à nouveau investie par le tourisme, le lieu où il fait bon vivre, la ville du lien social et communautaire lui permettant de ne pas exploser lors des révoltes de banlieue, la ville par essence cosmopolite… Nous nous inscrivons en faux par rapport à ces visions caricaturales. »

Il reprend ici les thèses de Michel Peraldi et Michel Samson, fins analystes des clichés marseillais[3]. Cesare Mattina n'aime rien tant que déconstruire les vérités toutes faites, les certitudes repues, les truismes de la rue. Loin d'être toute blanche ou toute noire, Marseille la polissonne aime simplement à jouer avec les nuances de gris.

La « guerre des cliniques »

Cela n'empêche pas la vie municipale d'être tachée, une fois encore, en plein mandat. La « guerre des cliniques » qui sévit à Marseille, entre 1988 et 1990, et fait deux morts sera une fois encore une illustration de cette porosité. Léonce Mout, le directeur de la Polyclinique Nord, la seule clinique privée des quartiers nord de la ville, est tué le 18 mai 1988, parce qu'il refuse de vendre son établissement. Le 16 janvier 1990, c'est le Dr Jean-Jacques Peschard, élu au conseil municipal de Marseille et proche du maire de l'époque Robert Vigouroux, qui est à son tour assassiné à la sortie d'un restaurant des mêmes quartiers nord.

3. Michel Peraldi et Michel Samson, *Gouverner Marseille (Enquête sur les mondes politiques marseillais)*, La Découverte, 2005.

L'enquête va démontrer que c'est un de ses pairs, un autre médecin, le Dr Armand Gallo, qui aurait fait le coup et commandité la mort de son collègue, au prétexte qu'il voulait sa place au conseil municipal. Il était seizième sur la liste, il fallait donc qu'un des quinze premiers succombe à une mort naturelle, une mort accidentelle ou une mort violente, pour que le médecin aux dents longues soit élu. Il n'en faudra pas davantage pour que les convoitises accouchent du pire des scénarios. Le Dr Gallo écopera en 1994 de quatorze années de réclusion criminelle devant la cour d'assises des Bouches-du-Rhône. Il a, depuis, recouvré la liberté et a su se réinsérer avec talent.

Au-delà, l'affaire des cliniques va mettre en lumière les singulières relations qui existent entre des hommes politiques, des chefs d'entreprise puissants et le « milieu » marseillais. Car le tueur, Roger Mémoli, est un homme connu de la justice. Il jouit même d'un casier judiciaire long comme une des armes longues qu'il aime utiliser pour régler ses comptes de la rue. Longtemps, le mot « guerre des cliniques » fera bondir les grands pontes de l'hospitalisation privée marseillaise de l'époque, qui y voient l'opprobre jeté sur leur noble profession. Mais comment désigner autrement que par le mot « guerre des cliniques » la rude bataille que se livrent les uns et les autres pour racheter des lits et accroître leur « empire » ?

Le « Monopoly » qui tue

Car tous savent, depuis un décret de la ministre de la Santé Michèle Barzach du 29 avril 1988, relatif au regroupement des établissements d'hospitalisation privés, qu'un rachat de 100 lits permet de n'en conserver que 80. Les 20 % qui font la différence disparaissent d'eux-mêmes à l'instant de la vente. Ils sombrent dans l'oubli le plus irréversible. Telle est la politique alors menée dans certaines zones du pays, dont la région Provence-Alpes-Côte d'Azur particulièrement sujette au suréquipement médical.

Un temps suspecté de se livrer à cette surenchère-là, lui qui possède alors quatre cliniques marseillaises, Jean Chouraqui, patron très influent, aussi insolent que génial, le paiera hélas de vingt-huit mois de détention provisoire pour des faits de complicité d'assassinat, avant d'être acquitté par la cour d'assises des Bouches-du-Rhône en 1994. Les temps sont rudes. Il est vrai qu'il passait ses mercredis soir à jouer au « Monopoly » avec ses amis avocats et notables, ce qui à l'époque était en soi un signe évident de culpabilité...

Jean Chouraqui fera de son histoire une pièce de théâtre, qui sera jouée à Paris et Marseille. Dans *Justice privée*, le directeur de cliniques met en scène l'inquisition judiciaire dont il dit avoir été victime de la part de policiers aveugles et de juges entêtés. Son travail de thérapie passera par là, mais peut-on se remettre de vingt-huit mois de détention injustifiée ? « Une injustice faite à un seul homme est une menace faite à tous », professait Montesquieu. On aurait dû relire plus tôt le baron de la Brède. Voilà qui nous aurait évité bien des désagréments, mais qui devrait nous apprendre beaucoup pour l'avenir.

Pourquoi il ne faut pas rester longtemps à Marseille

L'affaire Guérini, mise au jour par les juges Charles Duchaine et Fabrice Naudé, entre les années 2009 et 2020, a été l'occasion de découvrir qu'un chef d'entreprise, Alexandre Guérini, par son relationnel, était parvenu à mettre en coupe réglée l'univers du traitement des déchets. Rien de ce qui s'y faisait ne lui échappait. Il était en ligne directe et quasi quotidienne avec son frère aîné, sénateur et président (PS) du Conseil général des Bouches-du-Rhône. Une relation si singulière, sur fond de fraternité corse intéressée, que le juge Duchaine y a très vite vu « un binôme » d'une redoutable influence. Et cette influence passait par des contacts au plus haut niveau de la police, afin d'obtenir des informations de première main. C'est ainsi que Jean-Noël Guérini apprendra très vite, dès le mois d'avril 2009, qu'une enquête avait été ouverte, ciblant le politique et le chef d'entreprise sur de probables délits liés aux marchés des déchets.

L'affaire Guérini a aussi permis de découvrir que la machine Barresi-Campanella était partout et qu'elle avait gangréné l'économie locale. Et bien mieux que cela. Elle avait su établir des liens privilégiés avec les milieux les plus fermés qui soient, ceux qu'on ne pénètre pas aisément. C'est ainsi qu'un membre de la bande réussit à obtenir un rendez-vous en urgence chez un des médecins les plus en vue de la ville ou qu'un autre s'intéresse de très près à un agent immobilier qui fait profession de louer des villas aux joueurs de l'OM. Chez ces gens-là, on a le carnet d'adresses bien rempli et l'on sait entretenir les relations qui sauront servir un jour ou l'autre. La fine équipe intervient même directement auprès d'un élu de droite pour tenter de régler un problème de chantier avec la préfecture. Elle jouit aussi d'informations privilégiées sur les appels d'offres de la Régie des transports métropolitains (RTM), qui gère les bus et métros de la ville, et semble s'étourdir au téléphone pour une combinaison politique qui permettrait à la droite de récupérer la communauté urbaine, alors présidée par la gauche. Une solution, une seule : quand on est un homme de pouvoir, un homme d'autorité ou de justice, il vaut mieux ne pas rester longtemps à Marseille. C'est la seule garantie qui vaille contre les pressions de tous ordres.

12

L'OM, un club qui fait perdre la tête

Deux passions nourrissent Marseille depuis longtemps : l'opéra et l'OM. L'opéra est, comme qui dirait, plutôt un divertissement de classe supérieure. Mais tout le monde va voir jouer l'OM, tous les Marseillais et de toutes conditions. On les croise dans les travées du club, ils hurlent leur foi en l'OM. Le sociologue et ethnologue Christian Bromberger a parfaitement montré en 1995[1] que l'emplacement de chaque supporter dans le stade Vélodrome n'est pas laissé au hasard. Il répond à des codes sociaux, à des biographies en évolution, à des ascensions sociales, mais les uns et les autres, les riches et les pauvres de Marseille se rejoignent souvent autour de cette même culture de l'OM. Comme si le club permettait de dépasser les opinions et le statut social. Au-delà des « histoires de matchs », il y a des « histoires de villes » et même des « histoires de vies ».

Dans une passion et un imaginaire commun, chacun est réuni autour de chants, de rites, de banderoles et de couleurs – le bleu et le blanc –, celles de la ville, réputées fusionnelles, les uns dans les virages nord, les autres dans les virages sud, chacun

1. Christian Bromberger, avec Alain Hayot et Jean-Marc Mariottini, *Le Match de football. Ethnologie d'une passion partisane à Marseille, Naples et Turin*, Éditions de la Maison des sciences de l'homme, 1995.

grimpant tour à tour, lentement mais sûrement, l'échelle de la vie sociale jusqu'aux tribunes Ganay ou Jean-Bouin. « Le stade est un lieu où se concrétise l'imaginaire démocratique, exaltant l'égalité des chances », observe Christian Bromberger. Et le prix des places n'est pas le seul facteur qui détermine le siège de chaque supporter. Ne demandez donc pas aux Marseillais de renoncer à l'OM.

Y a-t-il une « taupe » à l'OM ?

Si tout le monde entend s'inviter au stade Vélodrome, le « milieu » ne s'en prive pas. Les cambrioleurs marseillais sont même fort bien informés. Étrangement, chaque fois qu'un joueur est en déplacement, sa villa se fait « visiter ». Et cela a commencé très tôt. En novembre 2010 et mai 2011, les frères André et Jordan Ayew sont cambriolés à deux reprises. En mars 2011, c'est le joueur argentin Lucho Fernandez qui est victime d'un braquage, quatre personnes armées s'introduisent dans sa villa, lui dérobent véhicule de marque, cartes bancaires et objets de prix. Choqué, il quittera Marseille peu de temps après. En juillet 2011, c'est le défenseur brésilien Vitorino Hilton qui fait à son tour les frais d'une équipe de braqueurs. Il est agressé par six hommes armés et encagoulés lors d'une soirée en famille. Frappé sous les yeux de ses proches, il résilie aussitôt son contrat pour signer à Montpellier. En mars 2014, c'est l'attaquant André-Pierre Gignac qui se fait dérober plusieurs véhicules, alors qu'il dispute un match contre le PSG. Viendra le tour de Mario Lemina en avril 2014. En novembre 2015, le défenseur néerlandais Karim Rekik est cambriolé pendant son sommeil. Suivront Lassana Diarra en avril 2016, Dimitri Payet en août 2017, Valentin Rongier en 2021 ou encore Sead Kolasinac en janvier 2023 lors du match OM-Rennes. Depuis 2021, une dizaine de joueurs ont vécu cette rude épreuve, avec parfois des épouses, des enfants ou des proches qui en subiront le lourd retentissement psychologique. Qui informe les cambrioleurs de l'absence des joueurs ? Y a-t-il une « taupe » à l'OM ? Une « taupe » qui plombe de l'intérieur l'image du club ? Rien de tel, en effet, pour faire fuir le meilleur des effectifs.

Un climat récurrent de « peur »

Même l'Espagnol Pablo Longoria a fini par se lasser de cette vilaine ambiance. N'y pouvant plus, sous le coup de pressions, menaces, tentatives d'extorsion et chantages de tous ordres, le président de l'OM a dit stop le 21 septembre 2023. « Basta ! » titrait le quotidien *La Provence.* Pablo Longoria raconte que, depuis de longs mois, il est la cible d'un mouvement qui vise à « faire peur ». Faire peur en toutes circonstances. « Démissionnez, sinon c'est la guerre », lui aurait-on gentiment glissé à l'oreille. « En 2023, un dirigeant de n'importe quel club ne peut subir ces menaces. Je ne les accepte pas. Si tu vas là-bas, j'ai un dossier sur toi. Si tu fais ça, je vais sortir quelque chose dans la presse. Si tu dis ça, je te menace. Si tu touches à lui, non, tu ne peux pas le toucher[2]... » « On ne peut plus dire : à Marseille, c'est comme ça, je ne l'accepte pas ! Il y a des limites dans la vie », riposte-t-il. Ses propos en disent long sur le climat qui règne au sein de l'OM. Les clubs de supporters sont-ils tentés de vouloir faire la loi ?

« Ce que je dénonce, c'est qu'il y a trop d'intérêts individuels autour de l'OM, dans beaucoup de domaines », insistera-t-il. Des propos sibyllins qui ne semblaient pas vouloir entrer dans le détail des faits reprochés. On imagine que cela n'est pas facile. La peur s'est-elle installée à l'OM ? La peur, signe, une fois encore, de la porosité qui peut exister entre le club et certains milieux. « Les tentatives de chantage ? Je n'ai pas assez de doigts pour les compter », cinglera le président Longoria. Étrangement, aucun nom, aucune identité, aucun groupe ne sera nommément cité. Dès le lendemain, c'est le propriétaire américain de l'OM, Franck McCourt, qui lui apportait son soutien. Dans un communiqué, il déplorait que la réunion entre clubs de supporters et direction de l'OM se soit « transformée en une démonstration alarmante d'agression ».

2. *La Provence*, 21 septembre 2023.

Il en appelait à « une atmosphère saine, propice à la victoire », « la garantie de la sécurité » des dirigeants devant être assurée.

Tapie-Bernès : des comptes à dormir debout

L'OM ne guérira donc jamais. En juin 1995, le soupçon de matchs achetés gagne Marseille. Dans le bureau du juge Pierre Philipon, le directeur général de l'OM Jean-Pierre Bernès livre quelques clés de compréhension. Comment le club le plus titré de France pourrait-il acheter des matchs qu'il peut gagner tout seul comme un grand, sur tapis rouge et verte pelouse ? Difficile de faire entendre pareilles sornettes aux supporters pour qui l'OM est de toute façon imbattable ? À quoi bon toucher l'arbitre, lui glisser quelques prostituées dans le lit pour réécrire le cours du match qui s'avance ? À quoi bon inciter l'adversaire à lever le pied ? Mais l'affaire Valenciennes-OM a éclaté à l'été 1993, alors que l'OM est tout juste auréolé de sa victoire en Coupe des clubs champions, le 26 mai 1993. Bernard Tapie rend visite au procureur Éric de Montgolfier et tente de lui expliquer que tout cela est faux. Une visite de courtoisie qui tourne au pire des scénarios. « Ce jour-là, il m'aurait offert une valise de billets, c'eût été pareil ! » nous confiera plus tard le magistrat.

Le soupçon des trois joueurs achetés, l'argent présumé de la corruption – 250 000 francs – retrouvé dans le jardin de la tante de l'un d'eux, les aveux des footballeurs, les contorsions de Bernès, les dénégations vertueuses de Tapie, une course folle entre Paris et Béthune chronométrée par le juge qui ridiculise le député Jacques Mellick : tout le monde, à l'OM, a une fois encore perdu la tête. Le 15 mai 1995, Bernard Tapie écope de deux ans de prison, dont un an ferme, pour corruption et subornation de témoin. La peine sera réduite à huit mois ferme le 29 novembre suivant, en appel, à Douai. L'ancien ministre purgera cent soixante-cinq jours de prison.

Rebelote. Dans l'affaire des comptes truqués de l'OM, Bernard Tapie écope, le 4 juillet 1997, de trois ans de prison, dont dix-huit mois avec sursis, devant le tribunal correctionnel de Marseille. L'année suivante, en appel, il fait même tomber la peine à trois ans avec sursis. C'est presque la fête…

Une nouvelle enquête ouverte par le parquet de Marseille

Après les années 1990 et 2000, marquées par une vilaine ambiance de pressions du « milieu » sur le club marseillais, voilà que le mal gagne de nouveau. Au palais de justice, on parle même d'une affaire OM saison 3 ou 4. Le Covid et ses positions distancielles aux vertus sanitaires n'y auront donc rien fait. L'OM reste l'OM. Compulsivement rongé par la tentation du pire. Le parquet de Marseille a donc décidé d'ouvrir, le 25 septembre 2023, une enquête préliminaire à la suite des révélations du président de l'OM Pablo Longoria.

« Les investigations sont pour l'heure ouvertes contre X », a précisé le parquet de Marseille. Les faits se seraient déroulés lors de la réunion du 18 septembre 2023 avec les groupes de supporters, ceux-là mêmes que Bernard Tapie avait, le premier, décidé d'associer à la gestion du club. Était-ce une erreur ? Depuis les années 1980-1990, le club leur délègue la vente d'abonnements, un système qui représenterait un manque à gagner annuel pour le club de 900 000 à 1 million d'euros. Certains ont dit qu'il avait fait entrer le loup dans la bergerie, d'autres qu'il ne pouvait en être autrement, tant ces clubs contribuent au quotidien à la vie, à la survie, et surtout à la flamme de ce club, que nul ne saurait voir s'éteindre. C'était, disait-on, une juste récompense.

Têtes, coups de tête et humeurs grises

L'OM fait tellement perdre la raison que les humeurs et les inimitiés sont parfois violentes. En septembre 2001, alors qu'il est directeur administratif et financier de l'OM, après avoir été longtemps juge-commissaire au tribunal de commerce de Marseille, Pierre Dubiton, qui, dans une approche très fusionnelle, aime à dire « mon club » quand il parle de l'OM, s'en prend à Etienne Ceccaldi, un ancien magistrat marseillais et ex-préfet de police de Nice, nommé directeur général du club par Robert Louis-Dreyfus, et lui porte un violent coup de tête. Ancien de l'OAS, engagé dans la Légion, Pierre Dubiton est connu pour son caractère entier. Tout le monde sait que Dubiton a ses têtes et ses coups de tête. Expert-comptable et commissaire aux comptes de métier, a-t-il succombé lui aussi aux sirènes hurlantes de l'OM ? Il répète partout qu'il s'est entouré de toutes les précautions nécessaires dans le cadre de l'exercice de son métier, qu'il a rendu visite au procureur pour « se couvrir », comme on dit dans le microcosme judiciaire. « Je suis le dindon de la farce », proteste-t-il. Mais en mai 2007, le tribunal correctionnel de Marseille condamne Pierre Dubiton à douze mois d'emprisonnement avec sursis et 7 500 euros d'amende pour abus de biens sociaux dans le cadre du transfert, en 2001, de l'Argentin Eduardo Tuzzio du club suisse du Servette de Genève à l'OM. Sa peine sera confirmée en appel l'année suivante.

Un sacré pavé dans la mare

Quand l'OM va mal, ce sont les clubs de supporters qui tentent de délivrer leur potion magique aux joueurs. Quand il va très mal, ils auraient toutefois tendance à se mêler de ce qui ne les regarde pas... Et ce n'est pas nouveau. Le directeur général de l'OM Etienne Ceccaldi avait en son temps, en avril 2002, fait ouvrir une enquête. Il était, disait-il, persuadé que le club était « sous tutelle du milieu ». Un sacré pavé dans la mare. Il sera dès lors question de sonder la nature de ces liens contre nature et de débusquer une éventuelle association de malfaiteurs au sein du club phocéen. Le magistrat honoraire était forcément plus porté que d'autres dirigeants sur cette question majeure : où passe la frontière entre le tolérable et l'intolérable ?

Le président du club, Robert Louis-Dreyfus, certains salariés du club, mais aussi certains agents de joueurs réputés sulfureux seront entendus par la police judiciaire. Mais en juillet 2002, le parquet de Marseille, celui-là même que fréquentait assidûment le directeur général de l'OM dans ses plus jeunes années, allait classer le dossier pour « charges insuffisantes ». Il est hélas plus facile de chercher des poux dans la tête de l'OM que de les y trouver.

Il n'empêche. En 2006, ce sont Robert Louis-Dreyfus, l'actionnaire majoritaire de l'OM, et son entraîneur Rolland Courbis qui comparaissent devant le tribunal correctionnel de Marseille. D'étranges phénomènes semblent affecter le club marseillais. Quelque 22 millions d'euros auraient été soustraits des caisses de l'OM. C'est un peu comme si RLD se volait lui-même... Une quinzaine de transferts conclus entre 1997 et 1999 sont réputés plus que suspects. Ils auraient fait l'objet de transactions occultes, de facturations fictives, de versements douteux à des intermédiaires, à des agents de joueurs qui n'en étaient pas tout à fait, parfois dans de bien commodes paradis fiscaux. Il apparaît que l'OM est un gros gâteau que tout le monde aime à se partager. Et tout le monde s'en lèche les babines sans que cela n'indispose personne, à part la justice.

L'humour caustique du président du tribunal

Trois semaines d'audience vont mettre au jour la mauvaise gestion du club. Le très sérieux président Vincent Turbeaux s'interroge. Il s'en amuse aussi. Il se demande même, un rien vipérin, « s'il ne faudrait pas mettre en place une direction administrative et financière à l'OM »... Gestion singulière que celle du club marseillais. Robert Louis-Dreyfus est condamné pour « faux et usage de faux » à trois ans de prison avec sursis et à 375 000 euros d'amende. Rolland Courbis écope de trois ans et demi de prison ferme, dont une partie cible des révocations partielles de condamnations antérieures, 375 000 euros d'amende et cinq ans d'interdiction d'exercer une activité dans le milieu du football. Les deux hommes font appel et la cour, en octobre 2007, allège leurs peines. Robert Louis-Dreyfus s'en sort avec dix mois de prison avec sursis et 200 000 euros d'amende. Rolland Courbis voit sa peine de prison ferme réduite à deux ans ferme et l'amende au même montant. Mais l'entraîneur marseillais devra quand même faire un tour par la case prison. Le 20 septembre 2009, il est interpellé à la sortie du stade Vélodrome, alors qu'il assiste au match de Ligue 1 OM-Montpellier. Il prend la direction des Baumettes. La grande maison carcérale n'est pas très éloignée du stade, mais l'air de la liberté y est plus contingenté.

Du « dossier Mercato » au marché du vide

En juillet 2011, le parquet de Marseille a une fois encore ouvert une enquête sur la base de soupçons de racket d'agents de joueurs par des membres du grand banditisme corso-marseillais. Nouvelle opération Mains propres. Les policiers ont analysé l'environnement fiscal, social, bancaire et téléphonique d'une soixantaine de personnes et de 110 sociétés. Un travail de fourmi au pays des cigales du ballon rond. Ils ont décortiqué 740 comptes bancaires sur une période allant de janvier 2007 à mai 2014. Ils ont aussi enquêté sur les singulières méthodes d'un homme fiché au grand banditisme, et qui semblait dicter, avec un certain énervement, sa loi à l'OM. Pour 18 transferts ou prolongations de contrats suspects, l'OM aurait inutilement déboursé 55 millions d'euros. Les transferts de Mamadou Niang, Loïc Rémy, André-Pierre Gignac, Lucho Gonzalez, Stéphane Mbia, Alou Diarra, Charles Kaboré, Fabrice Abriel ou encore Vittorino Hilton da Silva ont été disséqués. Mais le dossier s'est, au fil des ans, réduit comme une peau de chagrin, s'apparentant désormais à une presque banale affaire de malversations financières présumées avec des achats de joueurs à un prix surévalué, des reventes à perte, des durées de contrats et des prolongations abusives, des salaires disproportionnés et des primes indues… Le tout sur l'air déjà siffloté de la mauvaise gestion habituelle. Une série de dirigeants de l'OM, de Pape Diouf à Jean-Claude Dassier, en passant par Antoine Veyrat, défileront dans les bureaux des juges. Avec des abus de biens sociaux présumés, des associations de malfaiteurs prétendues, de toujours possibles faux et usages de faux au préjudice du club. Mais une fois encore, plus de dix ans plus tard, le dossier n'est toujours pas clos. On frise la prescription. Il dort au tribunal dans un carton humide. Il a déjà épuisé plus de six juges d'instruction. Et tous les dirigeants de l'OM mis en cause ont sorti la tête de l'eau. Ils ont réussi à faire annuler leur mise en examen devant la cour d'appel d'Aix-en-Provence. Le « dossier Mercato », comme l'avaient si joliment surnommé les enquêteurs, est en train de virer au marché du vide…

Une fessée qui n'arrange rien

Douze ans plus tard, le président Pablo Longoria a promis d'adresser une plainte en bonne et due forme. Il a toutefois indiqué qu'il avait décidé, en dépit du climat, de rester à l'OM, un club qu'il dirige depuis février 2021. Une défaite de l'OM en forme de fessée face au PSG, en championnat, sur le score de 4 buts à 0, le 24 septembre 2023, n'a rien arrangé à l'ambiance.

Dans un communiqué, l'OM fera valoir que « le directoire du club ne peut accepter les menaces personnelles » et que « ses membres ne peuvent tolérer des attaques individuelles et toute forme de diffamation publique infondée ». Les dirigeants des clubs de supporters ont, de leur côté, nié avoir exercé quelque menace que ce soit. À l'OM, le jeu du chat et de la souris semble loin d'être terminé.

13

Prison des Baumettes : une amie qui vous veut du bien

On peut être une jolie fille et demeurer fermée comme une prison… Construites à partir de 1939 et situées au bout du bout de la cité phocéenne, les Baumettes, presque plus connues pour leur adresse postale du 239 chemin de Morgiou, ont le nez dans les calanques de Marseille. Voilà qui était, il y a un siècle, pour leurs fondateurs, pousser le bouchon un peu loin, surtout quand on prive les gens de liberté. De leur fenêtre, les détenus ont toujours pu rêver la prison davantage que la vivre. C'est peut-être pour cette raison que certains pensionnaires ont souvent eu l'idée de se faire la « belle ».

En dépit de ses réfections successives, la prison fait figure de grande et vieille dame tutélaire. Elle continue d'afficher avec forfanterie, près d'un siècle après le début de son édification, ses sept péchés capitaux en guise de mur de ronde, dans une ville qui les pratique au quotidien, dans une cité qui colle au péché davantage qu'à la vertu.

C'est comme si ces sept péchés devaient chaque jour être rappelés à ses pensionnaires, avec l'espoir chevillé au corps de les bonifier, d'oublier les erreurs du passé, d'endurer le présent et de marcher sur le chemin du devenir. Et s'il fallait ici dresser des priorités, on dirait que, de ces sept défauts appliqués au délit ou au crime, la gourmandise arrive souvent au même niveau que la colère…

D'ailleurs, dans les nouveaux projets qui ont conduit à la destruction en 2022 des « Baumettes historiques » – puisque c'est le nom dont on les a affublées, mais il faut dire qu'elles ont largement contribué à la grande Histoire –, on a conservé le mur d'enceinte, la ligne de front, un mur signé Gaston Castel, classé monument historique, avec interdiction de le détruire. C'est qu'il en a vu de toutes les couleurs et surtout de toutes les évasions. Il en aurait des choses à raconter s'il se mettait à table… Alors, interdiction de le priver de mémoire !

La prison, devenue au fil des ans centre pénitentiaire, avec établissement pour peines, maison d'arrêt des femmes et prison pour hommes, est en effet à Marseille un acteur aussi multiforme qu'incontournable. Elle fait en quelque sorte partie de la famille. C'est plus qu'une amie, une amie qui vous veut du bien. Il n'y a pas loin du tribunal judiciaire à la maison mère, et même des beaux quartiers au quartier d'isolement, avec cette embastilleuse en chef, ce foyer des audacieux, ce bercail des « fadas » mué en dortoir du crime. On ne prête qu'aux riches…

Les Baumettes ont longtemps eu leurs cellules de neuf mètres carrés, où les détenus dormaient sans grogner outre mesure à trois, voire à quatre, entassés sur des matelas de fortune. Jusqu'à ce que le contrôleur des prisons Jean-Marie Delarue vienne mettre son nez en décembre 2012 dans la détention ordinaire et que le Conseil de l'Europe crie au scandale. On avait l'air de découvrir l'univers carcéral, ses rudesses et son inhumanité. Les Baumettes, avec leurs violences, leur surpopulation à trois chiffres et leur grande cavalcade des rats, ont bien failli causer un arrêt cardiaque à M. le contrôleur. Le tribunal administratif de Marseille l'a suivi. Lui aussi a bien failli faire un arrêt cardiaque. Du coup, il a mis aux arrêts la prison. Il a ordonné la remise en état des cellules sans délai, c'est-à-dire dans un délai de trois mois, faute de quoi il en cuirait à l'administration. Huit cent quarante-huit cellules seront concernées. Plus d'une sur trois sera rénovée, ce qui en disait long sur l'état de dégradation de dame prison.

De drôles de « pensionnaires »

Les Baumettes sont un personnage à part entière de la ville, la ville façonnant la prison et la prison façonnant la ville, comme dans une réciprocité aussi assumée que partagée. La presse ne s'est jamais privée, pour évoquer cet établissement mythique, d'y voir « un chemin pavé de bonnes détentions », les promesses n'engageant que ceux qui les croient...

C'est qu'elles en ont vu défiler des figures de la vie locale, régionale, voire nationale. De Bernard Tapie qui pestait en 1997 de se retrouver au bâtiment A, celui des « arrivants » des Baumettes, avec le tout-venant, avec le tout mêlé, à Maurice Arreckx, sénateur-maire de Toulon, qui confiait à sa sortie, non sans un certain toupet, que oui, il avait bel et bien un compte en Suisse et s'était bien gardé de le dire en temps utile à son juge. Il attendait seulement que le magistrat le trouve... Règle du jeu ou cynisme politique assumé, celui qui l'a finalement conduit derrière les barreaux ?

La détention a vu passer des figures connues, celles de grands voyous, dont Jacky Imbert ou les frères Checchi, Francis le Belge, et même Gaétan Zampa, le parrain présumé de la ville en ses années de feu. Pour un peu, ils organisaient les apéros du crime en détention ! Tous les membres de la « bande d'Endoume », ceux qui seront impliqués dans l'assassinat du juge Michel, y ont eu leur carreau, presque leur rond de serviette. Jamais à court d'un mauvais tour, en transit pour les centrales, les établissements pour longues peines.

Mais les Baumettes ont su rester de tout temps éclectiques. Elles n'ont jamais fermé la porte à qui voulait venir y faire un tour. Christian Marletta, le violeur et meurtrier d'une enfant de 12 ans à Marseille condamné en 1985 à perpétuité, Christian Ranucci, l'un des derniers condamnés à mort, Jo Césari, le chimiste émérite de la French Connection, « Nick » Venturi, l'un des plus emblématiques parrains du milieu corse de Marseille et protagoniste de la même French Connection, Albert Spaggiari, le génial auteur du casse de Nice. La prison mythique a aussi logé les raflés marseillais de 1942, quelque 6 500 soldats allemands en 1944, les Indochinois venus travailler pour la France, des Juifs de retour des camps, des résistants, des gitans et des harkis, Antoine et Barthélémy Guérini, devenus les rois de Marseille à la Libération, et même des chevaux de l'armée[1].

Gabrielle Russier, la professeure de français de *Mourir d'aimer*, accusée de détournement de mineur, y a passé une semaine en 1969, avant de recouvrer la liberté, puis d'apprendre qu'un parquet sans cœur et sans esprit visionnaire avait fait appel de sa condamnation, et de se donner la mort.

Un monde qui crée ses propres codes derrière les barreaux

Tommy Recco, le plus vieux détenu de France, restera comme l'un des plus assidus. Comme tous les grands noms du crime, il est passé par les Baumettes. Les Baumettes ont toujours eu leurs têtes. De préférence des têtes d'entêtés. Tommy Recco, qui s'est toujours dit « innocent à 100 % », « innocent comme le Christ », audacieuse équation, téméraire parallèle, ce qui a le don d'agacer ceux qui gardent les têtes dures.

Les Baumettes ont eu d'autres VIP. Des habitués, père et fils, tels que Francis Mariani, l'un des fondateurs du gang bastiais de la Brise de Mer, et Jacques, le fiston, qui a passé trente-huit années en prison, mais pas toutes aux Baumettes.

On a compté parmi les pensionnaires du chemin de Morgiou des gens de droit, des hommes de la partie, pourrait-on dire, de ceux qui peuvent difficilement feindre d'ignorer la règle commune, tel Charles Debbasch, éminent professeur de droit

1. « Les Baumettes, prison mythique, en voie de destruction », AFP, 3 septembre 2021.

administratif et doyen de la faculté de droit d'Aix-en-Provence, englué dans l'affaire Vasarély, qui goûta l'enfermement, sorte de travail dirigé pour étudiant retardataire, de novembre 1994 à février 1995. Des chefs d'entreprise, tel Jean Chouraqui, propriétaire de trois cliniques au début des années 1990, qui y purgera vingt-huit mois de détention provisoire, accusé de complicité d'assassinat dans une « guerre des cliniques » qui n'osait dire son nom, avant d'être acquitté aux assises des Bouches-du-Rhône.

Sans oublier Richard Roman, accusé d'un meurtre et d'un viol qu'il disait n'avoir pas commis le 26 juillet 1988 à la Motte-du-Caire, dans les Alpes-de-Haute-Provence, celui d'une petite fille de 7 ans, Céline Jourdan. C'était l'époque des « pointeurs », ceux que les autres détenus désignaient comme la lie de la détention, et que les surveillants protégeaient tant bien que mal, au risque de les découvrir un jour sans vie dans un coin de cellule. Frappé par d'autres. Singulière loi de la prison qui crée ses propres codes dans le huis clos de la détention, une sorte de nouveau code de l'honneur à la géométrie variable et bien incompréhensible. Acquitté lui aussi. Ce n'est pas parce qu'on est détenu qu'on est forcément coupable.

Ceux qui ont changé la prison

Alors, quelques-uns ont compris qu'il fallait bien changer les choses, comme d'autres, sous la gauche réformatrice de 1981, voulaient « changer la vie ». Ces hommes ont contribué à faire évoluer les Baumettes. Changer la prison, combat cher au philosophe Michel Foucault. Ne pas faire que « surveiller et punir ». Surveiller et réinsérer. Des hommes, comme Jacques Daguerre, un grand directeur d'une grande humanité, ont eu l'idée géniale d'en faire autre chose qu'un lieu d'humiliation. Presque un lieu de résilience. Sans dissimuler quoi que ce soit sous le manteau de Noé. Il n'était pas question de cacher. Dès la fin des années 1980, il ouvrira sa prison pour montrer ce qu'on y faisait, quand les prisons de France respiraient encore l'enfermement endémique. Il avait mis en place, en un temps où les mots étaient encore tabous et les codes pénitentiaires rigides, des ateliers pour aider les détenus à préparer la sortie. Il était favorable à la création de ces associations socioculturelles qui verront ensuite le jour un peu partout dans le pays et qui ont tout changé dans la vie carcérale. Beaucoup de détenus lui doivent d'avoir cru en l'avenir, parce qu'il les a aidés à se forger un présent tout en purgeant leur passé. L'architecte de la prison revisitée est ensuite devenu juge des enfants. Sans doute taraudé par l'envie permanente de changer le monde très tôt. Il est mort trop tôt. Comme tous les éclaireurs.

Qui, aujourd'hui, conteste ce rôle social de la prison ? Peu s'offusquent, près de quarante ans plus tard, de ce qui se fait en prison, comme l'ouverture récente aux Baumettes d'un restaurant gastronomique baptisé non sans humour *Les Beaux Mets* qui tente de réunir population carcérale et grand public. Peut-être a-t-on voulu perpétuer l'humour qui avait jailli ici jadis, avec la création, dans les années 1980, à quelques mètres de la prison, d'un bar nommé *Ici, c'est mieux qu'en face*. Il accueillait, à toute heure du jour et de la nuit, les familles de détenus venues rendre visite de tout l'Hexagone à l'un des leurs embastillés.

Aux *Beaux Mets*, les cuisiniers sont désormais des détenus et le public vient de l'extérieur, de la société civile ordinaire. Des détenus qui travaillent et préparent ainsi leur sortie, dans l'attente de jours moins contraints et donc plus délicieux. Avec deux objectifs majeurs : changer le regard sur la prison et offrir une seconde chance à ceux qui le méritent. Avec aussi cette idée révolutionnaire que la cuisine est universelle et qu'elle peut renverser des montagnes. Le reste, la cuisine interne à l'univers pénitentiaire, ne regarde que ceux qui ont la rude et linéaire charge, chaque jour, de garder cette population pénale.

Les coups de force des « matons »

La prison a aussi été un lieu de forte expression syndicale avec des hommes, comme Jacques Struzynski, délégué de l'Ufap, ou Joël Haug, son *alter ego* de FO, dans les années 1980 et 1990, qui ont tenté de porter haut la défense des valeurs syndicales et de faire progresser le statut de surveillant pénitentiaire. Ils iront jusqu'à souder les portes de la prison, un jour de grand mécontentement. Avec eux, grâce à eux, le surveillant ne sera plus le « maton » ordinaire, dénigré et numéroté, l'uniforme trop longtemps assimilé à un banal garde-chiourme d'incorrigibles asociaux. Grâce à ces hommes, le surveillant pénitentiaire gagnera le rang de policier. Il est devenu l'un de ceux qui contribuent à la sécurité de notre État de droit. Il reste certes encore beaucoup à faire, tant le ministère de la Justice a du mal à recruter dans cette profession, mais c'est un beau projet qu'une société qui entend protéger coûte que coûte ses pires individus et croit à une valeur sécurité ajoutée. Car les surveillants sont souvent confrontés au pire : la violence entre détenus, la violence entre détenus et surveillants, le caïdat en prison, le suicide de leurs pensionnaires, la mort, trop souvent la mort, comme un point après la virgule de la détention.

L'autre plaie, c'est la corruption. Christelle Rotach, qui a dirigé le centre pénitentiaire de Marseille de 2013 à 2017, raconte dans son livre *Directrice de prison*[2] l'un des moments les plus durs de sa vie professionnelle. Avec un axe majeur, la lutte contre la corruption des fonctionnaires, qui s'estiment souvent mal payés pour les risques qu'ils prennent chaque jour en détention et des phénomènes de cocotte-minute qui ne se racontent pas.

« J'ai été missionnée aux Baumettes pour faire la chasse aux ripoux, mais je marche sur des œufs, raconte-t-elle. Très souvent, les noms des surveillants corrompus arrivent par les détenus, ils sont donc à manier avec beaucoup de précautions. Un détenu voit arriver un surveillant stagiaire qui émarge à 1 500 euros par mois. On lui dit : "Je te mets 2 000 euros sur ton compte, si tu arrives à me faire entrer un portable." Et une fois que le gars est pris à la gorge, parce qu'il suffit d'une fois,

2. Christelle Rotach et Delphine Saubaber, *Directrice de prison*, Plon, 2019, 224 pages.

impossible de revenir en arrière : “Si tu parles, je dis que tu as rentré de la came.” Cela commence souvent comme ça ! »

Les dernières exécutions capitales

Aux Baumettes, à l’instar du mur d’enceinte mythique, on a aussi longtemps conservé la guillotine. Peut-être pour expliquer aux générations futures que nos ancêtres coupaient la tête des méchants. Elle a récemment été transférée au Mucem, le musée des civilisations de Marseille. Comme pour témoigner devant l’Histoire avec un grand H. Comme si elle portait elle aussi le poids irrémédiable des ans. Et ce lourd passé inavouable à bout de bras. Garde des Sceaux de François Mitterrand, Robert Badinter répétait à l’envi : « La guillotine au musée ! »

À trop voir passer des têtes, la guillotine en est restée très érodée par la douloureuse mission qui lui était assignée. C’est aux Baumettes qu’on a exécuté Christian Ranucci, le 28 juillet 1976. L’avocat marseillais Paul Lombard, l’un de ses défenseurs, a raconté comment, dès potron-minet, il avait assisté à ce règlement de comptes judiciaire. On ne se remet jamais de la décapitation. Il a aussi raconté comment sa vie a changé dès après. L’homme ne tue pas l’homme en dormant sur ses deux oreilles. Même avec le pire des pensionnaires des Baumettes qui avait peu fait amende honorable lors de son procès, quelques mois plus tôt. « Réhabilitez-moi ! » a tout juste eu le temps de lancer Christian Ranucci à ses bourreaux légaux. Ensuite, le couperet est tombé.

L’affaire dont il fut le piteux héros a foudroyé la France. La mort d’une petite fille de 8 ans, Marie-Dolorès Rambla, disparue un lundi de Pentecôte, le 3 juin 1974, à la cité Sainte-Agnès, dans le quartier marseillais des Chartreux, puis retrouvée morte. Le propriétaire d’un coupé 304, un représentant de commerce, est interpellé. Tout l’accuse. Il reconnaît les faits, dessine un plan précis du lieu où s’est déroulé l’enlèvement de l’enfant, désigne l’emplacement du couteau, puis plaide l’innocence avec une maladresse insigne. « Je n'ai pas gracié Ranucci et je ne le regrette pas », soufflera un jour le président Valéry Giscard d'Estaing. Le procès n'a jamais été révisé.

C'est aussi aux Baumettes qu'on a tué le dernier condamné à mort en France, Hamida Djandoubi, un apprenti pâtissier accusé en juillet 1974 d'avoir violé, torturé, puis tué sa compagne de 21 ans qui refusait de se prostituer pour lui. Ainsi les Baumettes ont-elles eu le privilège rare de vivre trois des quatre dernières exécutions capitales en France. Marseille, malgré elle, était devenue capitale judiciaire. « L'an mille neuf cent soixante-dix-sept, le 10 septembre, à 4 h 40, nous, Alphonse R., greffier en chef du tribunal de grande instance de Marseille, nous sommes transporté à la maison d'arrêt des Baumettes pour assister à l'exécution de la peine de mort prononcée le 25 février 1977 par la cour d'assises des Bouches-du-Rhône en réparation d'assassinat et actes de barbarie, viol, violences avec préméditation et port d'armes », a noté le fonctionnaire de justice. Un constat froid comme la mort.

« Il faut vite effacer les traces du crime »

Monique Mabelly, la doyenne des juges d'instruction, est commise d'office pour assister à cette exécution. La voix serrée, elle racontera ce qu'elle a vu et qu'elle consignera sur le papier dans les archives du crime : les deux dernières cigarettes du condamné à mort, un verre de rhum et la patience du bourreau qui tire à sa fin. « Cet homme va mourir, il est lucide, il sait qu'il ne peut rien faire d'autre que de retarder la fin de quelques minutes. Et ça devient presque comme un caprice d'enfant qui use de tous les moyens pour retarder l'heure d'aller au lit ! » Et puis, l'exécution, très vite. « J'entends un bruit sourd, poursuit-elle. Je me retourne, du sang, beaucoup de sang, du sang très rouge. Le corps a basculé dans le panier. En une seconde, une vie a été tranchée. L'homme qui parlait, moins d'une minute plus tôt, n'est plus qu'un pyjama bleu dans un panier. Un gardien prend un tuyau d'arrosage. Il faut vite effacer les traces du crime. J'ai une sorte de nausée que je contrôle. J'ai en moi une révolte froide[3]. »

Christian Ranucci, Jérôme Carrein et Hamida Djandoubi seront les « derniers condamnés à mort qui auront la tête tranchée », ainsi que le stipule la géologie du crime. Le président Valéry Giscard d'Estaing a successivement rejeté les trois demandes de grâce.

On songe évidemment, inéluctablement, au procureur Bertolier caustique, forcément caustique, avec son pas-tout-à-fait-semblable, le procureur Maillard, auquel l'écrivain Marcel Aymé fait dire dans *La Tête des autres* : « Dites donc, Maillard, c'est votre troisième tête. Pensez-y bien, mon cher. Votre troisième tête. À trente-sept ans, c'est joli. » Mais les temps ont changé. Heureusement. La justice de résultat n'a plus très bonne presse.

La machine à raccourcir

Pourtant, la guillotine a longtemps eu un gros succès. C'est Louis XVI qui a eu l'idée de la lame biseautée, plus efficace. Une lame de quarante kilos qui vous tombe sur la nuque de trois mètres de haut, le temps d'un clignement de paupières. Mal lui en a pris.

Cet appareil terrible a eu mille surnoms : « La machine Guillotin », du nom de son inventeur, le bon Dr Joseph Ignace Guillotin, philanthrope et franc-maçon, qui ne l'avait pas particulièrement conçu à l'origine pour cet usage exclusif. « Louison », « Louisette », « la veuve », « la grande veuve », et même « la veuve rouge », « le rasoir national », « le hachoir national » ou « la bascule à Charlot », « monte-à-regret », voire « l'abbaye de Monte-à-Regret », « la raccourcisseuse », « le coupe-cigare » ou encore « le Goncourt du crime ».

Guillotin voulait juste « que tous les citoyens condamnés à mort soient égaux dans le supplice », ce qui l'a « incité à

3. *La Provence*, 28 juillet 2020.

recommander l'emploi d'une même mécanique capable de dispenser la même mort pour tous, une mort rapide et où l'on n'aurait plus à redouter la maladresse éventuelle du bourreau[4] ».

Pas plus de cinq bourreaux ont été en activité sous la Cinquième République. Les bourreaux se cooptaient entre eux. Un métier très fermé. Le bourreau avait un adjoint et des aides-bourreaux. Chacun avait un rôle précis à jouer pendant l'exécution. Il y avait « l'exécuteur en chef », puis « l'affaleur », qui se portait sur la gauche du condamné, « le leveur », sur la droite, qui tenait les chevilles du coupable, et « le photographe », celui qui lui tirait le portrait au sens propre du terme, chargé de positionner correctement la tête dans la lunette. « L'exécuteur en chef » choisissait ses aides-bourreaux parmi les membres de sa famille ou ses amis. De 1949 à 1951, la guillotine était positionnée dans l'entrée principale des Baumettes, puis face à la porte, puis dressée dans la cour à partir de 1973.

« Attention à la marche, baissez la tête ! »

Dans la prison, on a spécialement aménagé une cellule, dite du « condamné à mort ». Elle se visite comme on va au cirque, et arrache longtemps plus de sourires que de rictus à ses spectateurs d'un jour. Le condamné dispose d'un petit bureau en bois sur lequel il a le droit de rédiger ses dernières volontés. L'architecte des lieux a même poussé le cynisme jusqu'à dessiner au plafond une forme de cercueil…

Dans la cour des Baumettes, il y a un petit dénivelé à l'entrée. Le bourreau aimait à dire : « Attention à la marche, baissez la tête ! » C'était de l'humour de bourreau, de bourreau sans humour, juste avant la dernière cigarette ou l'ultime verre de rhum, la dernière attention du monde des vivants pour ceux qui marchaient vers une mort certaine.

4. Didier Decoin, *Dictionnaire amoureux des faits divers*, Plon, 2014.

Le 9 octobre 1981, la loi française a aboli la peine capitale. Le 28 avril 1986, notre pays a signé le protocole additionnel numéro 6 de la Convention européenne des droits de l'homme. Le président Jacques Chirac a même fait inscrire, le 19 février 2007, ce principe majeur dans la Constitution française. Trente ans, presque jour pour jour, après la condamnation à mort de Hamida Djandoubi, le dernier des derniers guillotinés. La France s'interdit désormais toute marche arrière, toute volte-face judiciaire, tout reniement de ses options passées. Le droit français y veille, même si, à intervalles réguliers, les rebonds de l'actualité accouchent de joutes oratoires fort orageuses sur le sujet.

L'affaire des grâces médicales

Au début des années 1980, un dossier va jeter une lumière crue sur la cité phocéenne. La presse l'a pudiquement et improprement baptisé « l'affaire des grâces médicales ». Comme il est difficile de s'évader par la grande porte ou par les airs, on tente de le faire en se faisant une mauvaise santé. Une arnaque qui va mettre en piste un avocat marseillais, André Fraticelli, un médecin-chef, le Dr Alain Colombani, et révéler un trafic d'admissions arrangées à la prison-hôpital des Baumettes, considérée comme l'antichambre de la mise en liberté. L'avocat est en cheville avec le médecin. L'avocat a la foi de ses clients chevillée au corps. Il suffira d'à peine plus.

Les régimes de faveur vont fleurir à l'ombre des barreaux. Ce sera une façon détournée de faire entrer le soleil en prison. Il y a des « gros bonnets de la drogue », comme on dit alors, fort préoccupés par leur sort carcéral, parce que c'est à l'extérieur que tout se passe et se décide. Il y a aussi une poignée de détenus qui en profitent, parce qu'ils sont proches de ces « gros bonnets » ou qu'ils ont bénéficié d'une information privilégiée. Il reste à constituer le dossier. Il y en a qui sont prêts à payer et qui paient : 150 000 francs de l'époque pour l'avocat influent, 100 000 francs pour le médecin au certificat facile.

C'est la prison tout entière qui, à l'orée des années 1980, se met à souffrir de troubles respiratoires, de complications cardiaques ou de désordres psychiatriques, le but étant évidemment que le médecin de la maison d'arrêt certifie que l'état du malade est forcément « incompatible avec la détention », comme on dit dans le jargon pénitentiaire. Il y a les bons et les mauvais simulateurs, ceux qui se font retoquer mais qui insistent, et finissent par gagner le précieux sésame de sortie au grand jeu des « grâces médicales ».

Les écoutes téléphoniques sont croustillantes, mais elles seront écartées pour irrégularité. Jamais les murs des Baumettes n'ont été aussi peu étanches. Dans le lot, il y a des dossiers compromettants qui disparaissent. Marseille la sulfureuse ne peut juger pareil dossier, estime la magistrature. Dans un souci de bonne administration de la justice, le procès est donc délocalisé à Versailles. La montagne va accoucher d'une souris. Le 16 novembre 1983, les juges désavouent la procédure marseillaise. Ils renoncent à la connivence à évasion. Seules sont retenues les accusations d'attestations mensongères par amitié, complaisance ou légèreté. Le Dr Alain Colombani et l'avoçat André Fraticelli écopent d'un an de prison, dont huit mois avec sursis, les Drs Bernard Mariotti et Solange Troisier de six mois avec sursis. Les « grâces médicales » ont pris des airs de « grâces » partielles des principaux mis en cause… Au fil des ans, l'histoire des Baumettes, cette amie qui vous veut du bien, reste un fidèle partenaire des mauvais garçons, des grands trafiquants, mais aussi des édiles les plus influents.

Des évadés aussi célèbres qu'insolents

Son histoire dessine aussi son architecture. Il y eut même un projet, au sortir de la guerre, qui visait à relier la maison d'arrêt à l'autoroute en tirant une ligne droite depuis les quartiers sud, le boulevard Michelet, le Prado, réputés tranquilles, jusqu'à la porte d'Aix, comme pour s'évader de la ville. Une ligne droite pour des destins très gauches…

S'évader justement. Vils projets mais projets bien réels. Réussis ou avortés. Combien de détenus, reclus dans les neuf mètres carrés réglementaires de leur cellule individuelle, en ont fait le vœu inavouable ?

La prison a tellement fait partie de la vie de la cité qu'on s'en est évadé souvent, avec les moyens du bord, parfois roués, comme ce pensionnaire des Baumettes dans le camion des eaux usées, dans les années 1980. D'autres ont préféré se faire la tête d'un autre. Une sorte de délit de substitution. En avril 2002, un détenu tente de s'évader en se déguisant en surveillant, mais un vrai gardien exige de voir sa carte. Fausse, forcément. Il est démasqué. Le 31 mars 2016, un détenu réussit à franchir plusieurs sas en suivant un infirmier, puis en se faisant passer pour un policier. Sa fuite échoue devant la dernière porte. Un surveillant a eu un doute et l'a renvoyé à ses études carcérales.

En juin 2017, un détenu du bâtiment C tente l'évasion « à l'ancienne », en creusant et creusant encore dans le mur de sa cellule, au pied de sa fenêtre, sur une hauteur de vingt centimètres. Juste assez pour se glisser dans l'espace ainsi libéré et pour basculer dans le vide grâce au cordage qu'il a confectionné en nouant plusieurs draps. Pour se faire oublier, comme dans *La Grande Évasion*, il a disposé ses affaires dans son lit, afin de faire croire qu'il dormait profondément et de ne pas alerter les surveillants lors de la ronde. Il aurait ensuite réussi, grâce à un bidon plein de liquide, à se hisser au-dessus du grillage du bâtiment. Il lui reste alors à franchir le mur d'enceinte, le vrai coffre-fort des Baumettes, mais au mirador numéro 3, l'alarme se déclenche. Le 3 alerte le 5. Vaines sommations. Le fuyard se terre dans un buisson. Le simulacre de la dernière chance. À 7 h 15 du matin, la partie de cache-cache s'achève. Retour en détention ordinaire pour le détenu.

Djamel Meghoufel, le « Cyrano des prétoires », l'homme de la « bande de Gardanne », a réussi, lui, en 1992. Il jouissait pour l'occasion d'une équipe d'amis dévoués, avec quelques complicités de cœur ou de conviction. Et il l'a fait sur le ton de l'humour, pas toujours goûté par l'autorité judiciaire. Pourtant, en ces années brûlantes, Djamel Meghoufel est surveillé comme le lait sur le feu. D'autant que c'est le cousin d'un autre aspirant régulier à la liberté, Ahmed Otmane, surnommé « le roi de l'évasion ». Le 25 juillet 1992, Meghoufel fausse compagnie à ses surveillants et s'évade par hélicoptère. Quatre ans plus tard, il écope de sept ans de prison ferme. Il paie pour l'ensemble de son œuvre : son insolence, son goût immodéré pour la liberté et ses moqueries d'audience. « On ne fait pas un braquage avec un bouquet de fleurs », répond-il à ses juges. Et quand le président lui demande ce qu'il aurait fait si le pilote de l'hélico avait bougé, il ose : « Eh ben, on l'aurait tué ! » Autant dire qu'il ne brosse pas la justice dans le sens du poil de l'hermine.

L'angoisse des baptêmes de l'air

Sept ans plus tard, Meghoufel fait des émules. Les riverains du quartier des Baumettes aperçoivent une grosse abeille qui vibrionne dans le ciel d'un été naissant. Nous sommes le 26 juin 1999. Une résidente appelle le journal *La Provence* et glisse au journaliste de permanence : « Je ne sais pas ce qu'il se passe, mais ce n'est pas normal. Vous devriez accourir ! » C'est la presse qui alertera la police judiciaire. Le survol des prisons est effectivement interdit et cet appel ne présage rien de bon. Cinq hommes sont en train de s'évader, façon Michel Vaujour, suspendus à un filin. La « belle » par hélico. L'appareil a été détourné une heure plus tôt sur un aérodrome de la région au prétexte d'un baptême de l'air. Trop chargé, l'hélicoptère aurait pu s'écraser à tout moment. D'autant que les surveillants de prison vont tirer et toucher l'appareil. Quatre des cinq évadés, des pointures du « milieu », seront repris dans les jours et semaines qui suivent. Deux d'entre eux sont blessés. Le cinquième est mort. Désormais, rien ne sera plus comme avant. Les baptêmes de l'air hanteront les nuits des pilotes privés. Ils craindront, longtemps, de devoir aller cueillir, un matin, un pistolet sur la tempe, un grand malfaiteur dans le ciel pénitentiaire des Baumettes, de Luynes, d'Arles ou d'ailleurs.

En juillet 2002, les évadés écopent de peines de huit à dix ans de prison. L'avocat général défend avec force « la force de la loi contre la loi de la force ». La défense fait le procès de l'administration pénitentiaire et de son refuge préféré, le silence. Jean-Louis Raphel, l'artisan principal de cette échappée aérienne, est mort accroché au filin qui le transportait, croyait-il, vers un monde meilleur. Il n'a pas eu le temps de plaider sa cause.

Des filins qui ont tout changé

Il faudra attendre le début des années 2000 et la pose de filins anti-évasion qui quadrillent les cours des prisons pour voir reculer, dans l'esprit mutin des pensionnaires des Baumettes, l'espoir toujours présent de recouvrer la liberté. Vieille lune indomptable…

La prison faisait tellement partie de la famille que le juge Pierre Michel s'y transportait parfois pour aller rendre visite à tel ou tel détenu et lui suggérer bien évidemment qu'il fallait parler, faute de quoi la détention s'allongerait sans fin.

Depuis l'affaire des grâces médicales, la prison marseillaise a modelé la vie de la cité. On peut naître de belle extraction et de riche milieu, il n'est jamais exclu qu'on s'y retrouve un jour. Il ne faut jamais dire : jamais ! Quelques fils de bonnes familles ont fait un détour, encore récemment, par la grande Maison aux péchés indomptés.

Aujourd'hui, la « prison historique » n'est plus. Elle a laissé la place en 2017 à « Baumettes 2 » avec ses 1 182 places, en attendant « Baumettes 3 » et ses 740 places annoncées pour une ouverture en 2025. Même les vieilles dames méritantes ont droit aux liftings.

14

Bernard Tapie : des complots comme s'il en pleuvait

« Dans la vie, c'est comme au cirque. Si la femme de ménage fait tomber l'équilibriste, il n'y a plus de cirque. » Bernard Tapie a longtemps usé et abusé de cet aphorisme qui lui donnait le beau rôle. Cela n'était pas tout à fait un rôle de composition. L'expression en disait long sur sa capacité à marcher sur un fil. Le fil ténu de la vérité, le fil ténu des affaires, le fil non moins ténu de la vie politique et de ses coups de poignard ordinaires dans le dos.

Dès 1986, peu avant la mort de Gaston Defferre, Bernard Tapie a été adoubé à Marseille par deux personnes qui comptent, l'iconique Edmonde Charles-Roux, l'écrivaine et épouse du premier magistrat de la ville, et le rédacteur en chef du quotidien *Le Provençal* de l'époque, Jean-Louis Levreau. Deux personnages de l'écrit pour une star de l'oral. Ils seront ses cicérones dans une ville qui ne s'offre pas à tout le monde. Très vite, Bernard Tapie est comme un poisson dans les eaux troubles du Vieux-Port. Il y nage à merveille. Tout lui réussit. Il a été dûment coopté. Ainsi que cette ville aime à le faire. Il est apprécié des Marseillais. Il est à la tête de l'OM. Il a même été élu pour la première fois député des Bouches-du-Rhône en janvier 1989. Il a battu dans la sixième circonscription du département, traditionnellement à droite et réputée « imprenable », Guy Teissier, un cacique de la droite qui sait ce que le terrain veut dire.

Bernard Tapie est comme chez lui dans la cité phocéenne. Il ressemble tellement à cette ville. Il en est « le portrait craché ». Il a la couleur de Marseille, sa faconde, ses foucades, ses tocades, ses façons de jurer, ses colères, ses coups de menton. Il y a du mistral qui souffle, quand souffle Tapie. Bernard Tapie a dû quelque part faire sien le mot de Jean Giono en forme de conseil amical : « Sois toujours très imprudent, mon petit, c'est la seule façon d'avoir un peu de plaisir à vivre dans notre époque de manufactures. »

Il ne se prive pas de distribuer des anathèmes réguliers à ceux qui seraient tentés de lui barrer la route chez les politiques, qu'ils se nomment Jean-Claude Gaudin, Guy Teissier ou Jean-Marie Le Pen, mais aussi chez les socialistes, ses amis théoriques, et chez les journalistes trop curieux qu'il qualifie parfois aimablement de « raclures ».

Un homme qui n'est pas du sérail

Bernard Tapie comprend à la rigueur que le quotidien de droite, *Le Méridional*, lui taille des croupières. Il ne comprend pas en revanche que la presse de gauche, le journal *Le Provençal*, celui des « républicains et socialistes », évoque la demande de levée de son immunité parlementaire, quand la justice commence à lui chercher des poux dans la tête.

Pour Bernard Tapie, le monde se résume en deux catégories : « ceux qui sont avec lui et ceux qui sont contre lui ». Il a été formaté aux idées simples, quasi manichéennes : un journal de gauche est forcément de son côté.

A-t-il un jour cru que tout lui serait offert, depuis que l'hebdomadaire *Le Nouvel Observateur* a fait sa une sur lui en le présentant revêtu de la croix de commandeur dans l'ordre de la Légion d'honneur, tel un possible et futur président de la

République ? A-t-il cru que la voie lui serait ouverte ? Ou bien n'est-ce qu'une fable de journalistes ?

Car Bernard Tapie n'est pas du sérail. Il n'a pas fait ses classes comme les autres en gravissant un à un les échelons du Parti socialiste, ni en cirant les pompes des « éléphants », ni en leur astiquant la couenne. Il n'a pas les mêmes conventions sociales, ni les conventions du PS… Il ne s'est pas colleté avec les militants pendant des journées entières. Son seul maître, sa seule admiration, sa seule référence, c'est François Mitterrand. Il aime la maîtrise et le cynisme sous contrôle de cet as de la politique, qui, lui aussi, a dû attendre son tour. C'est d'ailleurs lui qui l'a fait ministre. Il ne veut pas d'un autre père en politique.

Pour les caciques du Parti socialiste, Bernard Tapie n'est pas fait comme eux. Il n'est pas de la même étoffe. C'est un autodidacte aux allures d'extraterrestre, un génie de la « com », mais il demeure pour eux un bateleur d'estrade. Le frigoriste s'est fait tout seul. Il n'est pas porteur des mêmes codes. Il ne parle pas leur langage. Il ne porte d'ailleurs pas le même regard sur la société civile. Cet homme-là est trop libéral, trop affairiste, trop impudent. Le personnage dérange. « Chez ces gens-là… », aurait dit Jacques Brel.

Le chewing-gum du capitaine Tapie

Alors, Bernard Tapie a la conviction, fondée ou pas, qu'ils ne vont pas se contenter de rester immobiles devant la fierté affichée par ce Marseillais d'adoption et sous le masque froid du sphinx Mitterrand.

C'est d'ailleurs François Hollande, alors député de Corrèze, qui dit son aigreur, lorsque Bernard Tapie réintègre le gouvernement Bérégovoy en décembre 1992. Il vient tout juste de bénéficier d'un non-lieu délivré par la juge d'instruction parisienne Édith Boizette dans l'affaire Tapie-Tranchant, à la suite d'un différend entre associés au sein d'une société de distribution de la marque Toshiba en France. « La première fois, c'était une erreur. La deuxième, c'est une faute ! » lâche Hollande, vipérin. Voilà Bernard Tapie résolument fondé à penser que ces socialistes, qui voudraient tant le laisser sur le carreau, ne sont pas des hommes de cœur...

Il est persuadé qu'ils vont tout faire pour le dézinguer. Lui tendre des pièges. Le mettre à genoux. En tout cas, qu'ils ne vont lui faire aucun cadeau. Son fils Stéphane en est resté intimement convaincu. Il n'en fera jamais mystère.

À l'instant où il est convoqué par le juge Pierre Philipon en 1995 pour y répondre de « faux, usage de faux et abus de biens sociaux » dans l'affaire dite des « comptes de l'OM », il est aussi en délicatesse avec le tribunal de commerce de Paris qui s'apprête à prononcer sa faillite personnelle, synonyme d'inéligibilité. Bernard Tapie est persuadé que c'est un coup monté. Il ne croit pas aux hasards conjugués des astres. Ce jour-là, il arrive au palais de justice de Marseille, mâchonne sans grâce un chewing-gum et peine à masquer sa nervosité. Peu importe.

« Monsieur Tapie, le chewing-gum, quand même ! » lui lance, agacé, le juge dans son cabinet situé au quatrième étage du tribunal. Tapie s'exécute mais sans grâce. Il colle aussitôt le chewing-gum sous le bureau du magistrat. Le juge et son greffier n'en croient pas leurs yeux. L'interrogatoire se déroule dans la douleur. Tapie bout. Il aimerait évidemment être ailleurs. Il s'empare spontanément du téléphone du juge et demande, sans ciller : « Il faut faire le zéro pour sortir ? » Le magistrat n'en croit pas ses oreilles cette fois. Il ne laissera pas téléphoner Bernard Tapie à l'extérieur pour s'enquérir de son sort parisien. L'homme d'affaires apprendra quelques minutes plus tard que le ciel s'est sérieusement assombri sur son destin politique. Il attend la décision du tribunal de commerce de Paris qui menace de le placer en faillite personnelle. Le juge Philipon, ce sera un peu le chewing-gum qui colle à la peau de Tapie, tel le sparadrap du capitaine Haddock.

Un coup de bluff avec la presse

Malgré tout, le magistrat sera plutôt « sympa » avec lui. Quand il le convoque pour sa première comparution, il avance la date. Ce sera le samedi et non le lundi, comme initialement prévu. « J'avais décalé l'interrogatoire pour éviter que le palais ne soit assiégé, par la presse entre autres », raconte-t-il dans un livre de souvenirs[1]. Le juge Philipon est plutôt un taiseux. Rien à voir avec son incorrigible mais fidèle greffier, le très bavard Max Clanet, que, longtemps, Tapie prendra pour son juge ! Pierre Philipon goûte peu les excès médiatiques. Il a toujours fait son travail dans l'ombre, sans réclamer ni honneurs ni projecteurs.

Ce jour-là, Tapie porte une moustache, des lunettes noires et un chapeau pour ne pas être reconnu. Le subterfuge fonctionnera à merveille. La presse en sera bluffée. « J'ai pu avoir accès aux turpitudes du football et du football à Marseille en particulier, écrit le juge. C'était passionnant et difficile à la fois. » Un dossier hors norme, qui eut ses rudesses, mais aussi ses grands moments contés par le magistrat instructeur : « Bernard Tapie se moquait volontiers de ses avocats et des joueurs de foot, par exemple en disant de l'un de ses avocats qui avait quitté le cabinet qu'il avait la prostate ». Ou lorsqu'était évoqué un joueur brésilien : « Lui, c'est les Brésiliennes du bois de Boulogne qui l'intéressent ! », tout en accusant les joueurs d'être « vraiment bêtes. Quand leur télé ne marche plus, ils appellent le club ! Je prenais ces plaisanteries au second degré[2]. »

Le rendez-vous secret de « La Turquoise »

Bernard Tapie sait certes détendre l'atmosphère, mais il est persuadé que la presse s'est tout entière liguée contre lui. En juillet 1995, il décide, pour se réconcilier avec eux, d'inviter un dimanche une poignée de journalistes, un petit cercle, ceux qui

1. Pierre Philipon, *Tribulations d'un Lyonnais à Marseille et ailleurs*, La Thune, 2022.
2. *Ibid.*

ont déjà beaucoup écrit sur lui, à « La Turquoise », sa résidence marseillaise, une magnifique demeure située au square Monticelli, dans le triangle d'or de Marseille, le quartier chic, à mi-chemin entre Périer et Roucas-Blanc. Spacieuse, la villa a été louée pour lui par le MRG, le parti qui le soutient alors. L'affaire des comptes de l'OM n'en est qu'à ses balbutiements, mais Tapie est encore convaincu qu'on veut sa peau. Pour expliquer sa version des faits aux journalistes qui n'ont pas vraiment pu dire non, il bondit de son canapé, vitupère, se dit innocent, peste contre la terre entière, décortique les chiffres, bouscule les comptes de l'OM pour dire sa bonne foi.

Bernard Tapie s'efforce de démontrer que les prêts aux joueurs cachés dans les comptes sont de vrais prêts, pas des prêts déguisés, encore moins des prêts occultes. Il voudrait expliquer, mais il n'est pas tout à fait commissaire aux comptes, et son attaché parlementaire, Marc Fratani, son fidèle compagnon de route d'alors, qui est présent, ne peut guère l'aider dans cette démarche d'expertise. Du coup, il se rend vite compte que les journalistes connaissent mieux le dossier que lui. Ce jour-là, la scène tourne au cocasse. Quand Tapie se lève avec la fougue qu'on lui connaît, il s'empare avec vigueur de ses lunettes pour se faire convaincant et heurte la volière où un perroquet se met à hurler et à voler dans tous les sens. Quand il pioche à la hâte une cacahuète ou une pistache, en guise d'apéritif servi aux journalistes, c'est le même scénario qui se dessine. Le perroquet répète docilement ce que dit Tapie et s'agite sans désemparer.

Tapie gronde. Et malgré son sens aigu de la répétition, c'est comme si le perroquet se liguait à son tour contre son maître… Il sera difficile de rentrer dans le détail des chiffres. Tapie a de l'instinct. C'est son intelligence. Il n'ira pas davantage sur ce terrain-là mais il n'en démord pas, il est une fois encore victime d'un complot. Bernard Tapie aurait dû peut-être davantage écouter Michel Rocard, qui avait sur le sujet une idée bien arrêtée : « Toujours préférer l'hypothèse de la connerie à celle du complot. La connerie est courante. Le complot demande un esprit rare. »

La liberté confisquée

Quand Bernard Tapie a commencé à faire de l'ombre aux autres, aux caciques du PS, ils ont décidé de lui faire la peau. « La plus grosse erreur que j'ai commise, c'est de me lancer un jour en politique », répétait-il à ceux qui voulaient bien l'entendre. C'était en tout cas sa façon raccourcie de dire que le monde politique est bien plus rude et raide que celui des affaires. C'est une des raisons, consciente ou inconsciente, qui motiveront le rapprochement de Bernard Tapie et de Nicolas Sarkozy bien plus tard, tous deux persuadés qu'ils étaient faits du même bois. Une sorte de partage d'ADN de l'infréquentable. Cette conviction intime qu'il avait finalement plus de choses en commun avec ce président de droite, marginalisé, fustigé par la plupart, qu'avec un François Hollande.

Bernard Tapie est convaincu que Nicolas Sarkozy lui aussi est victime d'un complot de ses adversaires politiques, et surtout, comme lui, de l'intérieur de son clan. Un scénario quasi identique, en tout cas dans la tête de Tapie.

Et puis, il y a les hasards de la vie. Outre la faillite personnelle, l'affaire VA-OM va lui valoir, dès 1993, de croiser la route d'un personnage hors norme. Un peu comme lui. Une sorte de héros moderne. Un homme à qui on ne dicte rien, le procureur Éric de Montgolfier, un homme libre, un magistrat indépendant, doté d'un talent oratoire incroyable, un surdoué du verbe et de la réplique, le pendant de Tapie mais en robe noire. « Monsieur Tapie, quel talent ! Je me demanderai toujours pourquoi, plutôt qu'une constellation, vous avez choisi d'être une nébuleuse ! » lui lance-t-il à Valenciennes, en plein procès de l'affaire VA-OM.

« Vous êtes une grande gueule ! »

Au procureur Montgolfier, qui lui apporte souvent la contradiction, il croit tenir tête et lui balance un jour : « Vous êtes une grande gueule ! » Le procureur ne se dérobe pas et riposte :

« C'est un compliment de spécialiste ! » La presse se régale de leurs face-à-face quasi quotidiens. Le magistrat trouve que Tapie en fait trop à l'extérieur de l'audience. Tapie a un sens inné pour donner aux journalistes, entre deux audiences, sa version des faits. Revisitée, forcément. Jusqu'au jour où, n'y pouvant plus, Éric de Montgolfier le bouscule : « Monsieur Tapie, si ce que vous racontez dehors, vous veniez nous le raconter à l'intérieur ! » L'homme d'affaires modérera, dès lors, ses ardeurs cathodiques. Montgolfier n'est pas dupe. Le magistrat a compris que Tapie ne conte pas à la presse la même version que celle qu'il récite à ses juges…

C'était la faute à pas de chance. Tapie aurait pu tomber sur un médiocre. Il devra ferrailler et ferrailler encore. Tapie ne gagne pas tous ses coups de Jarnac. Dans la foulée, il aura même droit à un séjour en prison de février à juillet 1997. La Santé, les Baumettes, la maison d'arrêt d'Aix-Luynes… Séjours dont il ne se remettra jamais vraiment. Même s'il eut droit à des parloirs plus ouverts, en catégorie « VIP », que d'autres détenus. Des parloirs plus longs avec son épouse, ou le droit de faire du vélo, acheté au petit matin chez *Décathlon* par le directeur de la maison d'arrêt de l'époque, privilège qui n'est pas réservé à tout le monde. L'épreuve de la détention l'a douloureusement habité. Quel autre homme que lui est plus épris de liberté de parole et de mouvement ? Il ne s'attendait pas à ce scénario de la privation d'aller et venir.

« Si la dernière chimio marche, je suis sauvé ! »

Bernard Tapie ne sera pas moins persuadé qu'on lui a joué une entourloupe dans l'affaire du Crédit lyonnais et qu'il s'est fait entôler. Une affaire qui durera vingt ans, dans laquelle il pestera et pestera encore contre l'État français, le CDR (Consortium de réalisation), son bras armé, tout entier ligué contre lui, à l'entendre, prêt à le dépouiller de ses biens. Pensez donc : 405 millions d'euros. Une paille ! Une paille qui aboutira – même s'il a perdu au civil – à sa relaxe pénale pour escroquerie dans l'affaire de l'arbitrage. Il a toujours nié avoir « volé le contribuable ».

L'accusation est convaincue que Bernard Tapie a mobilisé tous ses réseaux pour obtenir une justice arbitrale en sa faveur en 2008. Il riposte en dénonçant le « mauvais procès » qu'on lui fait. « Comment aurais-je pu circonvenir trois arbitres ? » se défend-il. « D'ailleurs, plaide-t-il, c'est Jean-Denis Bredin, qui était l'avocat du Crédit lyonnais depuis quarante ans. Pierre Mazeaud me détestait à l'Assemblée et Pierre Estoup connaissait, oui, mon avocat, mais tous les arbitres et tous les avocats sont amenés à se connaître au tribunal de commerce. Paris était alors la plaque tournante de l'arbitrage international. Bredin et Mazeaud ont dit chacun avoir été totalement indépendants des autres et si c'était à refaire, ils referaient exactement la même chose. »

Mais ce qui fait peut-être le plus bondir Bernard Tapie, c'est « qu'on ait jugé le civil avant le pénal ». « Cela n'arrive qu'à moi, vous le croyez, ça ? » fulmine-t-il. Comme s'il y avait urgence à le juger. Quant au retour à la case judiciaire qui a suivi, il n'y voit que « le bidouillage socialiste opéré par l'équipe de Hollande. » « On cherche pourquoi j'ai un cancer de l'estomac ! » s'exclamait-il, quand on le ramenait sur le terrain du tribunal de commerce de Paris et sur celui du Consortium de réalisation (CDR).

Ironie de l'histoire, c'est lui qui traitait ses adversaires d'« escrocs » au procès parisien de 2019. Quand on le cherche, on le trouve. « L'État a gagné le droit de payer les conneries du Lyonnais ! » C'est aussi lui qui se réjouissait du regard de certains de ses juges. « Dans un pays, dit-il, qui ne se résout décidément pas à être la Corée du Nord, on finit toujours par tomber sur des magistrats qui pensent à faire leur droit plutôt qu'à faire leur carrière. » Il pestait contre d'autres, ceux qui ont réclamé contre lui cinq ans de prison ferme au même procès, pour les mêmes faits. Tout en rajoutant, un rien caustique : « J'ai rappelé au procureur qu'il était plus optimiste que mes médecins… »

Bernard Tapie a été relaxé le 9 juillet 2019 par le tribunal correctionnel de Paris, présidé par Christine Mée. « Qu'est-ce qui vous motive ? » lui demandait la présidente. « Il y a des traitements qui vous font perdre et les cheveux et la mémoire. Les cheveux peuvent repousser ! » lui répondra-t-il. Son ultime combat, il le réservera pour la maladie. Avec ses mots et sa pudeur. « Si la dernière chimio marche, je suis sauvé ! » nous confiait-il alors.

Gaudin-Tapie : le match impossible

Bernard Tapie est mort relaxé le 3 octobre 2021. Ce sera son ultime victoire. Ainsi que l'a joliment dit l'ancien ministre Jean-Louis Borloo, aux obsèques de son ami : « Tu seras à la fois toute ta vie un mélange de secours populaire et de secours catholique, avec pour l'épopée un peu de comte de Monte-Cristo, un peu de Jean Valjean. Tu étais taillé pour Alexandre Dumas et pour Victor Hugo. Attaqué de toutes parts par des meutes invisibles, tu as été innocenté par la justice des hommes d'une agression qui t'aura miné pendant vingt-cinq ans et tellement affaibli quand tu avais besoin de toutes tes forces[3]. »

Bernard Tapie ne prendra pas Marseille. Marseille ne se donnera jamais à Tapie. Pourtant, la ville en aura eu la tentation folle jusqu'au bout. Jean-Claude Gaudin, qui sera élu premier magistrat en 1995, nous confiera plus tard que si Bernard Tapie s'était présenté aux municipales cette année-là, si Tapie l'avait pu en tout cas, s'il n'avait été rendu inéligible par sa faillite personnelle, jamais il « n'y serait allé », selon la formule gaudinienne. Cette éviction de fait comme de droit levait du coup une épine du pied à nombre de ses concurrents.

Bernard Tapie avait un talent fou pour s'adapter à tous les publics, si divers soient-ils, face auxquels il se présentait. Journalistes qu'il savait mettre dans sa poche, chômeurs des chantiers navals de La Ciotat auxquels il savait rendre l'espoir perdu,

3. Oraison funèbre de Jean-Louis Borloo, le 7 octobre 2021, église de Saint-Germain-des-Prés.

hommes et femmes de la rue qu'il savait enjôler, électeurs qu'il savait séduire, chefs d'entreprise qui le croyaient acquis à leur cause. La preuve que « BT », comme l'ont longtemps nommé ses proches, comme si nul n'osait dire Tapie ou simplement Bernard, faisait peur à plus d'un. Lui, le gourou qui aura envoûté la cité phocéenne, ne sera jamais maire. L'histoire marseillaise en eût sans doute été écrite différemment.

15

L'irrépressible tentation de céder à des modes

La bonne parole descend d'en haut. Malheur à celui qui n'appliquera pas la « parole divine », comprenez celle du garde des Sceaux, oracle des temps modernes. Une scène est symbolique à cet égard. Éric Dupond-Moretti est de passage à Marseille en mars 2022. Lors d'un point presse improvisé devant le tribunal judiciaire de Marseille, un journaliste de France 3 Méditerranée interpelle en sa présence la procureure de Marseille, Dominique Laurens, sur les effectifs de magistrats promis en renforts dans la cité phocéenne. Les sources locales et nationales ne donnent pas les mêmes chiffres. Cafouillages et approximations sont au rendez-vous, ce qui agace le ministre.

Pour dire les efforts consentis, le ministre tente de grossir les chiffres. Il ajoute dans le décompte ceux qui sont déjà arrivés et ceux qui ne seront là que plus tard. Le compte n'est pas bon, il vire même à la bouillabaisse, mais le garde des Sceaux interrompt à temps la procureure et lance au reporter trop insistant : « Vous n'allez quand même pas opposer Mme la procureure au ministre de la Justice ! » Cette scène en dit long sur la « parole divine » qui n'aime pas être contrariée. Elle pourrait se révéler inquiétante, si elle était érigée en règle permanente.

Ainsi des modes récurrentes qu'aucun magistrat du parquet n'ose réellement contester traversent le monde judiciaire. On ne contrarie pas un ministre, au risque de se retrouver muté à l'autre bout de la France. La parole ministérielle est formatée, calibrée, et les « micros tendus » – souvent cinq minutes, montre en main – sont davantage l'occasion de répandre « l'élément de langage », la bonne parole de l'État que de répondre avec pertinence aux questions d'actualité qui préoccupent les médias et qui sont souvent la voix des sans-voix, c'est-à-dire la voix de la rue.

Les plus récentes mobilisations ciblent les violences conjugales ou intra-familiales. Ce sera même la priorité des priorités affichées. Ces violences demeuraient naguère difficiles à aborder sur la place publique, alors que le machisme et le patriarcat triomphaient sans effort. C'était, disait-on sans trop se mouiller sous la pluie des accusations, « la parole de l'un contre la parole de l'autre ». Qui saurait choisir son camp ? Seulement voilà, le président Emmanuel Macron a fait des « féminicides » une de ses priorités. On a fait mine, dès lors, de découvrir l'ampleur des dégâts, alors que la maladie était déjà bien avancée. Pourquoi ses prédécesseurs n'ont-ils pas réagi plus tôt ? Absence de maturité à la française sans doute.

La politique pénale reste la loi majeure décidée par le Prince, auquel il n'est pas question de déroger, sauf à encourir les pires gémonies. Elle vient d'en haut pour irriguer les palais de justice de France. Autant dire que seul un procureur zélé pourrait se permettre de ne pas suivre le mouvement général. Les magistrats du parquet appliquent donc sans ciller et à la lettre ces « priorités ». Ils créent même des cellules vouées à ces questions dans les tribunaux.

Éloge de la parole libérée

Après MeToo et Balance Ton Porc, la France s'est donc fait en 2019 une tête de Grenelle des violences conjugales. Depuis le temps que les policiers racontent qu'ils voient défiler des femmes meurtries, des épouses à la dérive, des compagnes égarées qui croyaient à l'amour et n'entrevoient que la violence. Des conjointes qui veulent déposer plainte et qui n'osent pas, parce que parler, c'est difficile, c'est douloureux, et que le mari violent, le compagnon tyrannique fait office d'épouvantail. Il y faut du courage, l'envie de tourner la page et après des années de vie commune, ce n'est pas toujours aisé quand on a bâti une existence sur des sables qui se révèlent tout à coup mouvants.

Il fut même un temps, pas si éloigné que cela, où les policiers dans les commissariats demandaient même à ces femmes victimes : « Vous voulez déposer une plainte ? Vous êtes sûre ? Vous voulez vraiment divorcer ? » À celles qui répondaient non, le policier conseillait : « Alors, rentrez chez vous ! Sinon, vous allez encore vivre le pire. Si vous voulez vraiment divorcer, revenez donc nous voir ! »

Celles qui hésitaient repartaient, le dos courbé, l'âme chahutée, sans déposer plainte, apeurées à l'idée de retrouver le soir le conjoint qui les maltraitait. Les services de police ne traitaient pas pour autant ces dossiers par le mépris. Il serait totalement faux de l'affirmer. Dès 2007, les bureaux judiciaires et administratifs des commissariats de police de Marseille, mais aussi un groupe spécialisé de la sûreté départementale s'attelaient à ces dossiers avec attention.

On a cependant fait un grand bond en avant. « Les paroles seules comptent. Le reste est bavardage », professait Eugène Ionesco. Parler. Parler. Et parler encore. Oui, ça fait du bien. Rien n'est pire que le silence. C'est le silence des violences intrafamiliales qui cause le plus de mal, ces secrets de famille que l'on tait, parce que ces choses-là ne se disent pas, tout ce qu'on glisse sous le tapis, sous le manteau de Noé.

Napoléon aimait à dire que « la parole a été donnée à l'homme pour déguiser sa pensée ». Le mari violent est un être roué. Mais que déguise la victime, quand elle raconte la simple, la très crue réalité ? Plus de 120 féminicides enregistrés en 2023,

118 femmes tuées en 2022, 122 en 2021. Une mort tous les trois jours. Morbide comptabilité. « La parole est moitié à celui qui parle, moitié à celui qui écoute », aimait à dire Montaigne. Continuons donc d'écouter.

Au civil comme au pénal, on reste attentif au moindre capteur qui pourrait déboucher sur un féminicide. Dans le ressort du tribunal judiciaire de Marseille, pour la seule année 2022, ce sont plus de 5 500 faits de violences intra-familiales qui ont été recensés, dont ceux qui ont aussi touché des enfants. Plus de 500 auteurs sont suivis par les services d'insertion et de probation et plus de 300 stages de sensibilisation ont été ordonnés par les magistrats. Au 31 janvier 2023, ce sont 59 téléphones grand danger (TGD) qui étaient mis en circulation et 22 bracelets anti-rapprochement (BAR), ce qui plaçait Marseille en troisième position en France derrière Aix-en-Provence, site pilote, et Bobigny. Mais combien fonctionnent réellement ?

Le BAR est ouvert…

Au civil, la première vice-présidente Isabelle Imbert est chargée des ordonnances de protection. C'est elle qui décide des interdictions de contact, de paraître au domicile conjugal, voire de détention d'arme. L'an dernier, sur 150 demandes, le tribunal en a prononcé 80. « Il est rare que cela se passe dans la joie et la bonne humeur », témoigne le magistrat. Un travail difficile, où il faut savoir, chaque jour, peser le pour et le contre, prendre la mesure des preuves que produit chaque partie et de leur portée réelle. « Mais pour les bracelets anti-rapprochement (BAR) par exemple, je ne peux les prononcer que si l'auteur est d'accord. Or, j'ai des couples qui ont souvent des centres d'intérêt communs. » La victime doit démontrer qu'elle est exposée à « un danger actuel et immédiat », prescrivent les textes. Six jours pour statuer ! Il faut au juge se faire une opinion contradictoire et réagir avec promptitude. Dès qu'un auteur s'approche à moins d'un kilomètre de sa victime, le BAR va lancer une alerte au téléopérateur.

Pour la seule ville de Marseille, il faut compter cent alertes par jour, avec des auteurs qui s'exposent, en cas d'infraction, à une peine de deux ans de prison. « L'idée est d'arriver à maîtriser un auteur par tous les moyens, afin qu'il ne recommence pas », explique Isabelle Imbert. « L'ennui, c'est qu'on ne dispose pas de pouvoirs d'investigation. On prend ce qu'on nous donne et on rend une décision », fait observer Isabelle Herbonnière, vice-présidente au pôle civil du tribunal.

« Tolérance zéro » au pénal

Au pénal, les choses ont évolué considérablement. Anne Tertian, qui préside la chambre de la famille, n'hésite pas à parler de « tolérance zéro » : « La politique pénale du parquet consiste à poursuivre quasi systématiquement les non-respects des ordonnances de protection. » La durée moyenne de ses audiences pénales est de sept heures et trente-neuf minutes. Difficile de ne pas donner la parole à une victime qui veut la prendre, avec, comme dit Anne Tertian, « des enjeux importants en termes de vies humaines », c'est-à-dire le risque non dit de féminicide. Sans parler de la période du confinement qui a souvent eu « un effet cocotte-minute ».

Le parquet révoque aussi régulièrement les contrôles judiciaires des maris violents qui ne sont pas respectés, ce qui, pour eux, conduira souvent à la case détention. « Les choses se sont aussi nettement améliorées dans les procès-verbaux d'audition des victimes. Là où on a neuf pages aujourd'hui, on avait trois lignes hier ! » confie Isabelle Imbert. Inexorablement, le regard de la société a changé.

Les avocats marseillais au secours des femmes battues

Une convention de partenariat a même été signée, le 23 mai 2023, entre le barreau, le centre départemental d'accès au droit (CDAD) et l'Assistance publique des hôpitaux de Marseille. Elle met en place des consultations juridiques gratuites pour les femmes victimes de violences. « Le besoin, on savait qu'il existait », aime à résumer Me Nathalie Rampal, avocate spécialisée en droit de la famille et en droit de l'enfant. En janvier 2022 a émergé une belle promesse marseillaise : la création d'un lieu d'accueil, d'écoute, d'information juridique, de soin, d'accompagnement et d'orientation pour les femmes vulnérables et victimes de violences : la Maison des Femmes. Une première en France capable de décliner pareille action entre le citoyen et le tribunal judiciaire.

Le projet avait été initié dès 2020 par des praticiens hospitaliers, dont le Pr Florence Bretelle, cheffe du service de gynécologie de l'hôpital de la Conception, avec le soutien des institutions, et le parrainage de la chanteuse Clara Luciani. « Le tribunal judiciaire vient apporter sa pierre à l'édifice, se réjouit le bâtonnier de Marseille, Mathieu Jacquier. Et c'est le premier endroit en France où cela se passe. » L'accès au droit, « ce si fragile lien entre le citoyen et le tribunal », selon le mot d'Olivier Leurent, président du tribunal judiciaire et président du CDAD.

« L'accompagnement des femmes victimes, c'est la prise en charge juridique, mais ce sont aussi d'autres problématiques, sociale, familiale ou professionnelle », insiste le magistrat. Un rapport parlementaire baptisé *Plan rouge vif* a été remis le 22 mai 2023. Il dresse un état des lieux préoccupant, avec pour but d'améliorer à terme le traitement des violences intra-familiales. Et il formule cinquante-neuf recommandations, dont une réponse judiciaire plus rapide et la création de pôles spécialisés au sein des juridictions. Car la situation ne s'arrange pas en dépit des nombreuses campagnes de médiatisation et de la libération de plus en plus fréquente de la parole chez les victimes.

La procureure de la République, Dominique Laurens, a dit « la nécessité de prise en charge globale de ces femmes qui sont dans des situations compliquées, avec des moments de doute et des moments très engagés ». Disposer des clés qui permettent de prendre la bonne décision au bon moment, ne pas se contenter d'une plainte et mettre en œuvre le bon scénario : autant de

« clés » d'entrée qui permettent de sortir du flou conjugal et, comme dit la procureure, de « retrouver une vie normale », après la traversée d'un orage intra-familial.

« C'est bien la première fois qu'un tel protocole est mis en place », note Me Nathalie Rampal. En 2023, la Maison des Femmes a permis d'accueillir 1 800 consultations concernant 320 femmes recensées depuis l'ouverture un an plus tôt. Le train marseillais est désormais sur les rails. Mais le diagnostic n'est jamais le même, tant les femmes ciblées ont des profils différents et des itinéraires peu comparables. C'est tout le sens de cet accompagnement personnalisé que propose désormais la justice.

La traque des marchands de sommeil

Dans un autre registre, dès après l'effondrement de la rue d'Aubagne, le 5 novembre 2018, qui a fait huit morts, le parquet de Marseille s'est découvert une inextinguible passion pour la lutte contre l'habitat insalubre ou indigne. Pourquoi ce défi ? Sans doute parce que, plus que tout autre débat, celui-ci fait tache dans le paysage citoyen. On a beau corriger les délinquants routiers, tancer les trafiquants de drogue, embastiller les anges de la mort marseillaise, si la ville met en danger chaque nuit ses habitants, qui croient pouvoir dormir sur leurs deux oreilles, si le risque de trépasser dans son lit est imminent, le débat est clos.

Plus de soixante enquêtes seront ainsi diligentées dans la foulée. Une quarantaine visait des immeubles en péril pour des raisons diverses, refus d'exécuter les travaux prescrits par arrêté de sécurité, perception de loyers malgré l'interdiction d'y résider, etc. Vingt autres procédures ont été aussitôt ouvertes pour des soupçons d'insalubrité, à la suite de signalements sur la base de l'article 40 du Code de procédure pénale opérés par la ville de Marseille ou par les services de la préfecture des Bouches-du-Rhône. Depuis, il n'est pas une semaine sans que le tribunal correctionnel de Marseille n'ait à se pencher sur ces dossiers peu reluisants.

Le 14 septembre 2023, sept personnes ont été mises en examen dans le cadre d'une enquête sur la gestion d'immeubles et hôtels meublés destinés à l'hébergement d'urgence de personnes défavorisées. Parmi elles, six ont été placées sous contrôle judiciaire. La septième, un homme de 46 ans, mandataire de seize sociétés, qui est aussi le principal mis en cause, a été placée en détention provisoire. Chaque fois, c'est un signal fort qui est envoyé aux marchands de sommeil présumés. On ne joue pas avec l'habitat indigne et ceux qui persistent dans leurs agissements, souvent au préjudice de personnes vulnérables ou à la marge, iront en prison. L'intéressé a exploité, entre 2018 et 2023, plusieurs hôtels vétustes, dont certains étaient frappés d'arrêtés de péril ou faisaient l'objet d'avis défavorables de la commission de sécurité pour une poursuite d'exploitation.

Plus de mille arrêtés de mise en sécurité

Au total, ce sont 10 millions d'euros de fonds publics qu'il aurait indûment perçus, avec le fort soupçon d'avoir détourné une partie de ces sommes, versées par le biais d'associations, en procédant à une surfacturation des prestations d'hébergement. De surcroît, les investigations ont permis de montrer que les montants encaissés n'étaient pas réemployés pour l'entretien des immeubles, mais destinés à financer de nouvelles acquisitions. Les qualifications retenues sont celles de « travail dissimulé, escroquerie en bande organisée, recel, blanchiment et soumission de personnes vulnérables à des conditions d'hébergement indigne ». Les 6 personnes placées sous contrôle judiciaire ont obligation de verser des cautionnements dissuasifs, dont les montants s'échelonnent de 10 000 à 80 000 euros. Dans ce domaine à forte répulsion, le pompon est sans doute détenu par ce propriétaire de 4 immeubles et de 122 logements, suspecté en 2023 de louer des appartements exigus et insalubres à des prix prohibitifs. Un stakhanoviste de la location abusive. Le mis en cause est un ancien policier de 49 ans. Il pourra difficilement plaider que la règle de droit lui a échappé avec force. « Nous avons déjà signalé au procureur de la République 84 personnes qui étaient des marchands de sommeil, plus que l'ensemble de la dernière mandature », se réjouissait en mars 2023 Benoît Payan, le maire de Marseille. À ce jour, la mairie chiffre à plus d'un millier le nombre d'arrêtés de mise en sécurité pris pour des logements indignes, assure avoir réalisé pour 48 millions d'euros de travaux de sécurisation d'office. Elle a également signé avec les personnes évacuées une charte du relogement qui permet un accompagnement durable et indique avoir signalé à près de 150 reprises à la justice le comportement des propriétaires peu scrupuleux.

Les dérives des réseaux sociaux

L'autre sujet de préoccupation du tribunal judiciaire de Marseille est la traque tous azimuts des débordements constatés sur les réseaux sociaux. Une délinquance en hausse, dont le texte fondateur est la loi du 21 juin 2004 pour la confiance dans l'économie numérique, révisée en 2020, en 2021, puis à deux reprises en 2022. Quelques affaires médiatiques ont porté sur la place publique des injures qui ont pu cibler des « influenceurs ». Le juge civil a pour l'heure rendu dix ordonnances en 2019, trois en 2022 en référé, et octroyé sur le fond à deux reprises des dommages et intérêts qui vont de 2 000 à 3 000 euros. Au pénal, « en droit de la presse, la onzième chambre correctionnelle prononce 40 décisions par an – injures ou diffamations –, dont les deux tiers des publications passent par les réseaux sociaux », note Cécile Pendariès, la présidente de la chambre. Une tendance qui paraît elle aussi inéluctable mais qui ne semble pas encore effrayer les « criminels en herbe », tant les amendes sont légères. « Peut-être, observe le président du tribunal Olivier Leurent, le législateur devrait-il s'interroger sur la question que pose l'anonymat sur les réseaux sociaux ? » Car l'anonymat est le refuge bien connu de l'occulte et de l'opaque. Et les réseaux sociaux aiment à surfer sur ce vide sidéral normatif. Il est même des auteurs de propos diffamatoires ou injurieux qui font mine de découvrir qu'ils n'avaient pas le droit d'agonir leur voisin ou leur concurrent sur ces réseaux sociaux. C'est dire la naïveté, réelle ou feinte, de ce « nouveau monde » en construction.

Frapper les voyous au portefeuille

Combien de grands trafiquants ont-ils à peine pesté d'être condamnés à une peine de prison pour trafic de drogue, mais qui ont crié au loup quand la justice leur a annoncé qu'on allait les priver de leur Porsche, de leurs sacs Vuitton ou de leur belle demeure sur les hauteurs de Périer, acquise bien sûr en toute illégalité ? Comme le dit le président du tribunal Olivier Leurent, en parlant du nouveau procureur de Marseille, Nicolas Bessone : « Vous allez devenir le cauchemar des trafiquants de stupéfiants qui verront leurs montres, leurs Ferrari, leurs yachts et leurs biens saisis, puis confisqués. » C'est le cas d'un grand boucher marseillais dont la villa de luxe a été saisie dans l'un des quartiers chics de la ville. Ainsi la grande mode est à la saisie des avoirs criminels. Et, dernière trouvaille, à la redistribution des biens du crime à des associations de lutte contre les addictions de toutes formes.

On a même créé pour cela un organisme, l'Agrasc[1], qui organise des ventes en moyenne deux fois par an. Les plus spectaculaires ont eu lieu à Marseille en 2022, à Paris et à Besançon en 2023. Elles ont rapporté 814 000 euros pour la première et plus de 1,4 million d'euros pour les deux autres. La vente des avoirs criminels, ça rapporte gros ! Surtout à l'État. Une jolie revanche du destin. Confisquer à ses voleurs l'argent du crime, ils ne l'ont pas volé ! Ce que le tout nouveau procureur de Marseille connaît bien – il a dirigé l'Agrasc – et appelle joliment « un cercle vertueux ». Rendre à la collectivité ce qui a été indûment gagné par le crime organisé, qu'il s'agisse du produit d'extorsions, de rackets, de trafics de stupéfiants, du proxénétisme ou du blanchiment de l'argent sale plus généralement.

1. Agence de recouvrement des avoirs criminels saisis et confisqués.

Réaffecter les biens mafieux à la société

Mise aux enchères en octobre 2022, une Rolex Yacht Master se revendra ainsi à Marseille 13 200 euros, une autre Rolex 54 000 euros. Une Ferrari Berlinetta s'envole à 68 000 euros, une Ferrari 360 Modena F1 à 65 000 euros, une Porsche Panamera à 26 000 euros. Des Louboutin panthère suscitent la convoitise à 270 euros. Les pièces d'or trouvent preneurs entre 380 et 1 900 euros. Une opération « gagnant-gagnant » pour l'État qui, en même temps, se refait une image et une santé financière. D'autant qu'il sait expliquer que l'argent servira en retour à la collectivité publique, et donc à vous et moi.

« Une vente républicaine et citoyenne », selon Alain Caumeil, le directeur national des interventions domaniales. « Depuis la loi du 28 avril 2021, on peut même affecter socialement des immeubles confisqués, aime à dire Nicolas Bessone. On peut les remettre à une association d'utilité publique. La villa confisquée à un trafiquant de drogue par les lois de la cité va être rendue à la population et être demain confiée à une association de soutien scolaire. La boucle est bouclée. » La France marche sur les pas de sa consœur transalpine très réactive. En Italie, l'État a par exemple racheté des biens pour en faire des coopératives qui vont produire leur propre vin, au nez et à la barbe de ce qui était antérieurement la propriété de la mafia.

À Marseille, on a même vu d'anciens magistrats se rendre à cette vente et y acheter quelques bijoux de belle facture. Comme pour garder un lien avec leur activité passée tout en faisant une bonne affaire. Des avocats qui voulaient avoir un souvenir mais préféraient se faire discrets ont en revanche pris la poudre d'escampette, quand ils ont vu la caméra de France 2 filmant les heureux lauréats des lots mis aux enchères publiques. De là à ce que le fisc, aussi curieux que chafouin, ait une idée derrière la tête en demandant aux acquéreurs de justifier de la provenance de l'argent de leur achat… Et puis, on a croisé aussi, dans les locaux feutrés du palais du Pharo, cadeau de Napoléon à l'impératrice

Eugénie, quelques têtes patibulaires qui tentaient de racheter en douce un bien confisqué auquel elles tenaient particulièrement. Les temps sont durs pour tout le monde.

Une surdéfense de l'environnement

C'est un peu comme si l'évolution du réchauffement climatique nous avait tout à coup fait prendre conscience que notre planète était en péril imminent. À Marseille plus qu'ailleurs peut-être, où les bateaux de croisière ont entamé une ronde permanente, dans le quartier de l'Estaque, cela n'a longtemps ému personne. Tant que l'argent rentrait et que le touriste sortait… Jusqu'à ce que certains riverains, relayés par le maire socialiste de Marseille, Benoît Payan, s'en émeuvent. En effet, les 75 bateaux de croisière qui ont accosté en 2022 au port de Marseille, l'un des plus pollués de France, ont émis plus d'oxyde de soufre que les 369 000 véhicules immatriculés dans la cité phocéenne. En juillet 2022, l'élu lance une pétition et dénonce « une zone de non-droit ». Il entend solliciter du gouvernement la mise en place de normes strictes. Il est vrai qu'aménager des pistes cyclables sur la Corniche, à l'instant où, à l'autre bout de Marseille, on obstrue les bronches des Marseillais, cela manque résolument de cohérence…

Devant le tribunal correctionnel, on n'a certes pas attendu, dès lors que des armateurs étrangers dégazaient en Méditerranée, à prononcer de lourdes amendes dissuasives de plusieurs centaines de milliers d'euros, assorties d'une immobilisation du navire jusqu'au règlement de la note. Aujourd'hui, tout est écologie. Un colloque sur ce qu'on appellera désormais « les biens communs » est même organisé en septembre 2023 par la cour administrative d'appel de Marseille. Avec cette idée majeure qui fait son chemin qu'il est temps de garantir la gestion, la gouvernance et l'accès de ces biens pour les générations futures. Les recherches entreprises visent à repenser les concepts et les notions juridiques traditionnelles au prisme de la préservation de l'intérêt commun. Magistrats, avocats, praticiens du droit, enseignants, chercheurs, acteurs institutionnels et associatifs, étudiants et autres acteurs de la société civile se penchent sans tarder sur le sujet. Il est autant question de l'air, de l'eau, de la montagne, des forêts, du climat, de la biodiversité que du littoral. Et à Marseille, ce littoral est loin d'être négligeable, puisqu'il ne totalise pas moins de cinquante-sept kilomètres et que la commune est quatre fois plus grande en superficie que le grand Paris.

Pour la première fois, la cour d'appel d'Aix-en-Provence condamnera en juin 2021 quatre braconniers jugés pour une pêche illégale et massive dans le Parc national des Calanques à lui verser plus de 52 000 euros au titre du préjudice écologique. Une décision qui préfigure les premières prises de conscience depuis qu'a été votée en 2016 la loi sur la biodiversité. La ministre de la Transition écologique, Barbara Pompili, se réjouit de cette première. De 2013 à 2017, les quatre braconniers ont puisé sans compter oursins, mérous et poissons d'espèces protégées ou menacées, dans ce même Parc des Calanques, et prélevé indûment plus de quatre tonnes de produits de la mer. Systématique est désormais la constitution de partie civile d'associations telles que France Nature Environnement, la Ligue de protection des oiseaux, l'Association pour la protection des animaux sauvages et du patrimoine naturel ou encore la Surfrider Foundation qui veillent sur le « bien commun » en danger.

Une sorte de troisième voie

Et voici une autre nouvelle tête. La justice, faute de moyens et de célérité, a-t-elle trouvé son maître ? Elle se nomme conciliation. Une sorte de troisième voie. Comme si, dès lors qu'il ne restait plus rien, il restait le conciliateur et sa conciliation. Celle-là même qui faisait dire à Sir Winston Churchill qu'« un conciliateur, c'est quelqu'un qui nourrit un crocodile dans l'espoir d'être mangé en dernier ». Demain donc, si la justice ne fait plus d'effet, tels ces antibiotiques trop utilisés ou trop dégradés, tout passera par la conciliation. Avec pour objectif ultime de désengorger les tribunaux ou ce qui peut encore l'être.

On sera donc revenu au temps de Grandgousier, le sage roi prêt à tout concilier, cher à Rabelais. La justice, elle, la vraie, l'habituelle, prise en ses désordres ordinaires, passera dès lors pour une mauvaise fille. Elle restera synonyme de Picrochole, le colérique roi qui cherche la petite bête partout où il peut la trouver. Mais pour concilier, il faut être deux, voire trois. Ce sera hélas la preuve que la justice traditionnelle des hommes a échoué, et que sa manière de trouver des solutions n'agrée plus personne.

Car les conciliateurs abattent un travail incroyable. « Le périmètre de leur intervention exclut les affaires pénales, le droit de la famille et le droit administratif », rappelle Lionel Fleury, président des conciliateurs de France. Il n'empêche. Ils concilient chaque année plus de 100 000 affaires civiles, en tenant quelque 4 400 permanences et en recevant près de 1 million de justiciables, ce qui contribue, en fait autant qu'en droit, à désencombrer les tribunaux. Ils sont 2 500 en France et plus de 250 au sein de l'association régionale des conciliateurs d'Aix-Marseille, l'une des plus grosses de France. Avec des délais de traitement des affaires qui sont souvent de l'ordre de deux mois. En matière de conciliation, tout est important. On positionne les parties l'une face à l'autre. Il ne faut surtout pas que l'une ou l'autre se sente lésée ou minorée dans son rôle. Tout l'art de cette pratique, que l'on voudrait novatrice, consiste à rendre la parole à chacun, à faire en sorte que ceux qui ne se parlaient plus, ceux qui se regardaient de travers, renouent avec le sens du dialogue. Cela ne date pas d'hier pourtant. La conciliation a été créée en 1979 et l'on fait mine de la remettre à la mode. La vérité, c'est que la justice traditionnelle ayant failli, il faut trouver des échappatoires. Le plus souvent, les mairies se prêtent au jeu. Elles jouent les auxiliaires de justice aussi actifs que motivés et transforment même leurs salles des fêtes en salles d'audience.

Une mauvaise transaction vaut toujours mieux qu'un bon procès

Cela va du différend avec un voisin pour un problème de branche qui dépasse au conflit avec un logeur social, en passant par un problème automobile avec son garagiste. Les conciliateurs sont des facilitateurs. Ils ramènent souvent la paix dans les foyers. Pour autant, ils ne sont que défrayés de leurs missions et de leurs déplacements. Ils s'agacent donc d'entendre tous les jours que l'on recrute de nouveaux fonctionnaires ou assistants de justice, quand les conciliateurs de France œuvrent dans l'ombre. Le travail de contribution bénévole des conciliateurs au ministère de la Justice est estimé chaque année à l'équivalent de 8 millions d'euros. Mais ils ont souvent raison contre tout le monde et l'adage populaire leur donne raison : une mauvaise transaction vaut toujours mieux qu'un bon procès.

La loi du 18 novembre 2016 dite de « modernisation de la justice du XXIe siècle » va dans le même sens, qui incite fortement le juge à développer la médiation entre les parties en favorisant les modes alternatifs de règlement des conflits. Elle vise évidemment aussi à rapprocher le juge du citoyen. Le 4 décembre 2023, le ministère de la Justice, en association avec le Conseil national des barreaux (CNB), a même lancé une campagne nationale de valorisation de la justice amiable, afin de sensibiliser les justiciables à ces modes de résolution des différends. Il invite les divers acteurs judiciaires, dont les avocats, à s'approprier ces nouveaux outils. Et pour y parvenir, un slogan entend expliquer aux Français que la justice va être longue et douloureuse. Du coup, la campagne « Gardez votre énergie pour les bons moments » met en avant la possibilité d'un règlement apaisé des conflits.

Mais ces modes alternatifs ne sont-ils pas la preuve que la justice, dans le rôle qui lui était imparti, a failli ? Le garde des Sceaux l'a-t-il compris, lui qui croisait naguère le fer devant les cours et tribunaux traditionnels, qui ne voulait même pas entendre parler d'autre chose, et qui se bat aujourd'hui avec force arguments pour que passent conciliation, médiation et règlements amiables à toutes les sauces ?

16

Cold cases : il faut sauver le soldat ADN

Dans le silence des palais, il y a des fonctionnaires qui rangent, avec une rare conscience professionnelle, des scellés par dizaines, des pièces à conviction par centaines. Savent-ils qu'ils cheminent chaque jour dans les méandres du crime élucidé ou non ? Il y a à boire et à manger. Sur quelques centaines de mètres carrés sont concentrés les dossiers les plus violents, les affaires les plus troubles, les crimes les plus horribles. « Meurtre contre X », peut-on lire sur la plupart de ces documents à la couleur sépia, rongés par la mémoire et la poussière des ans.

Que faire des dossiers sans coupables ? Les envoyer au rebut, au prétexte que la justice a assez travaillé dessus, ou les garder coûte que coûte, au prétexte qu'un jour ou l'autre une preuve nouvelle surgira du néant judiciaire, qu'un ADN sera finalement identifié et que la course contre le criminel, le vrai, pourra reprendre efficacement ? Voilà un sacré challenge !

Dans ces souterrains de la mort, sous le palais de justice de Marseille, on compte à peu près trois cent cinquante mille pièces à conviction. Des armes de toutes sortes, même des armes conçues avec l'esprit torturé de l'homme qui veut tuer, des stupéfiants, des documents divers, des objets improbables, des faux billets comme s'il en pleuvait, des morceaux de lit, des meubles tachés qui ont forcément côtoyé le crime, un peu tout aussi et n'importe quoi. Il faut bien détruire, sinon comment faire ? Où mettre les nouveaux scellés qui ont été saisis çà et là dans les affaires naissantes ?

Un homme s'est dressé contre la destruction de ces pièces à conviction, avec l'espoir irrépressible qu'un jour ou l'autre la vérité triompherait. Il s'appelle Jacques Dallest. Procureur de la République de Marseille de 2008 à 2013, il n'a qu'un seul credo : il faut sauver le soldat ADN... Apparu dans les années 1980, il a fallu attendre les années 1990 pour que le culte de l'ADN se développe. Gardons-nous pourtant d'en faire la reine des preuves, celle qui aurait remplacé l'aveu.

On a bien vu que des innocents pouvaient parfois avouer sous le coup d'une pression des enquêteurs ou de quelque envie d'en finir. Et puis, le fichier des empreintes génétiques n'est né qu'en 1998. Il est aujourd'hui très perfectionné, mais il fut longtemps un jeune premier. Presque un premier de la classe. La culture *cold cases* promet de faire table rase de toutes nos certitudes scientifiques. Il faut douter et douter encore, se dire qu'on n'a pas assez cherché ou trop mal. C'est même un devoir de juge que de douter et douter encore. Cela permet d'éviter les erreurs judiciaires. L'Histoire, la grande, nous l'a tant appris.

Magistrat honoraire, Jacques Dallest continue d'expliquer la justice au profane. Il court les salons du livre et les conférences judiciaires à vocation pédagogique, persuadé qu'il faut faire avancer les mentalités. Il nous parle de la révolution qu'il a initiée, de l'espoir qui renaît chez les victimes. Il a enquêté sur ces crimes de sang, viols de prédation, meurtres non élucidés et autres disparitions inquiétantes qui n'ont pas trouvé d'explications. « J'ai toujours voulu être juge d'instruction, je l'ai été pendant dix ans à Rodez, puis à Lyon pendant sept ans. J'avais envie d'être sur le terrain. Je n'étais pas lecteur de polars, mais je me suis toujours intéressé au crime, de Zola à Dostoïevski. À

Lyon, on avait à traiter beaucoup de trafics de drogue, et notamment d'héroïne, et puis des crimes ordinaires. En quittant Lyon, j'avais recensé dix affaires de crimes de sang non résolues, dont certaines avaient commencé avant mon arrivée. Elles étaient toutes très différentes. Je me souviens notamment du meurtre et du viol d'une jeune lycéenne[1]. »

« Mes dossiers contre X »

À l'époque, la science ne bénéficiait pas encore des moyens de recherches liés à l'ADN. « Si le fichier des empreintes génétiques avait existé avant 1998, deux meurtres du tueur en série Guy Georges auraient pu être évités, poursuit-il. On en était encore au groupe sanguin et aux empreintes digitales. À l'époque, d'ailleurs, on clôturait trop vite les dossiers, c'est-à-dire au bout de deux ans. »

Le procureur Dallest avait senti que le vent tournait, que la mémoire judiciaire ne pourrait s'accommoder du silence et de l'oubli. « Je les avais appelés "Mes dossiers contre X". Les victimes étaient aussi moins présentes qu'aujourd'hui et il n'y avait pas Internet. Il y avait une espèce de fatalisme », déplore aujourd'hui le magistrat.

Avocat général à Bordeaux de 2004 à 2008, il participera à un groupe de travail sur les crimes en série, qui donnera lieu à un rapport en 2007, au terme duquel les plus curieux allaient formuler des préconisations. « Je me suis toujours intéressé à la problématique du crime », insiste Jacques Dallest. Est-ce une conjonction des astres ou plutôt des curiosités ? Elle va déboucher sur une démarche nouvelle : « Il y avait une greffière à Marseille qui tenait un listing de toutes les affaires criminelles classées. J'ai confié ce travail de recensement à un vice-procureur, Emmanuel Merlin. On avait ainsi identifié plus de cent affaires non résolues (braquages, meurtres, viols...).

1. *Les Nouvelles Publications*, 15 juin 2023.

L'idée fut de monter une cellule. On a rouvert certaines affaires, exhibé des scellés, recherché de l'ADN qui aurait été insuffisamment exploité. Je songe par exemple à une femme étranglée chez elle ou au bedeau retrouvé mort dans une église de la cité phocéenne. L'idée était de reprendre les crimes les plus anciens, mais pas les règlements de comptes. On a ressaisi la police judiciaire de certains dossiers, ainsi que des laboratoires. Dans certaines affaires, on a retrouvé de l'ADN, on a rouvert des pistes. Je pense à Sylvain Alloard, un marin du porte-avions *Clemenceau*, retrouvé mort sur un parking des quartiers sud, en 1998. Malheureusement, à ma connaissance, à ce jour, aucune de ces affaires n'a été élucidée. »

Constituer une véritable mémoire criminelle

L'idée était en fait de constituer une véritable mémoire criminelle en France. Marseille sera au départ le seul tribunal à faire cela. La justice disposait de ce listing des affaires classées. Il fallait chaque fois vérifier, notamment les dates de prescription. Du coup, il fallait regarder le dernier acte opéré par le juge d'instruction dans les dossiers. Le délai de prescription a été modifié par une loi de 2017. Il est passé de dix à vingt ans. À l'été 2018, Jacques Dallest adresse un mail à la direction des affaires criminelles et des grâces, dont le patron était alors Rémi Heitz, pour lui dire qu'il trouve intéressant de travailler à l'amélioration du traitement judiciaire des *cold cases* et cette idée a fait son chemin. En octobre 2019, il se voit confier la présidence d'un groupe de travail, composé de policiers, de gendarmes, d'avocats, de psychiatres…

Pendant deux ans, en plein Covid, ces « experts » du crime vont se réunir. Traquer la vérité dans l'ombre de la pandémie mondiale. Et produire en mars 2021 un rapport de quarante pages qui énonce vingt-cinq recommandations très pratiques, dont celle de créer un ou plusieurs pôles – le groupe de travail était favorable à la création de plusieurs –, ce que la loi permet.

L'idée était de former des magistrats spécialisés, car les juges d'instruction sont déjà très occupés dans leur juridiction par le quotidien des affaires. C'est ce qui a été accepté. Et puis, le groupe de travail a aussi créé la notion de « parcours criminel » qui est passé dans le Code de procédure pénale. Elle consiste à chercher à savoir, pour des enquêteurs, si un homme n'a pas commis d'autres crimes dans un laps de temps donné. La cellule est désormais centralisée à Nanterre. Elle consiste par exemple à essayer de savoir si des hommes comme Michel Fourniret, Guy Georges, Nordahl Lelandais ou Patrice Alègre n'ont pas commis d'autres faits qui auraient échappé à la sagacité de la justice. Désormais, on travaille sur des individus, et pas seulement sur des faits.

20 % de meurtres non élucidés chaque année

À combien peut-on estimer le nombre d'affaires non élucidées à ce jour ? Environ 300 dossiers, même si c'est un chiffre que personne ne pourra jamais certifier et qui évolue en permanence. Il y a chaque année en France entre 800 et 1 000 meurtres, dont 20 % ne sont pas élucidés. Sur ces crimes, le nombre de règlements de comptes tend à s'accroître. Dans le cadre de la loi du 22 décembre 2021 « pour la confiance dans l'institution judiciaire », le ministre de la Justice, Éric Dupond-Moretti, a fait le choix finalement de ne créer qu'un seul pôle *cold cases*, au moins pour l'instant. C'est chose faite depuis le 1er mars 2022, soit un an après le fameux rapport fondateur. D'ordinaire, les rapports sont déposés sur une étagère et on les oublie…

Le 1er mars 2022, 241 de ces dossiers dédiés aux affaires non élucidées ont été identifiés. Parmi eux, 173 dossiers de crimes non élucidés et 68 procédures de crimes sériels qui ont été ciblés. La liste précise reste évidemment secrète, nécessités de l'enquête obligent. Mais tremblez, criminels non encore démasqués ! La justice travaille. « Il restera bien quelques crimes parfaits ! » relève, beau joueur, le procureur Dallest, qui consent que nombre de criminels parviendront encore à passer entre les gouttes. Ainsi la justice va-t-elle jouer la montre. Lutter contre le temps qui passe, les témoins qui vont vivre ailleurs et la mémoire qui s'estompe.

Sur la totalité des dossiers, 69 % des enquêtes concernent des meurtres, 24 % des enlèvements ou séquestrations et 7 % des viols. Cinquante et une affaires concernent exclusivement des femmes victimes et une sur trois des mineurs. Le pôle déplore cependant que certains parquets de France répugnent encore à transmettre un dossier que nul n'est pourtant venu élucider à ce jour. La justice locale est-elle jalouse de ses dossiers, de ses enquêtes, voire de ses silences ? À quoi cela rime-t-il ?

Me Patrice Reviron, l'avocat de Gennady Popov, un homme d'affaires accusé du meurtre de sa femme, acquitté aux assises des Bouches-du-Rhône en 2012, après avoir été condamné dans un premier temps en 2011, déplore par exemple que l'enquête n'ait pas été poussée plus loin. Et si, comme il le dit, le pôle *cold cases* de Nanterre avait pu enquêter à temps sur François Vérove, dit « le tueur au visage grêlé » ou encore « le Grêlé », au temps où il résidait à Port-Saint-Louis-du-Rhône, puis Martigues ? Et si cet ancien policier et ex-gendarme mué en tueur en série, qui aura échappé à la justice pendant trente-cinq ans, était passé par Le Rove, une petite commune mitoyenne de Marseille, pour y commettre ce crime non élucidé avant de se suicider en 2021 dans le Gard ?

Retracer le parcours des criminels

De l'affaire du petit Grégory en 1984, en dépit des multiples suppléments d'enquête ordonnés, au quadruple meurtre de Chevaline, en Haute-Savoie en 2012, on continue de chercher. À la tête du pôle, on a nommé Sabine Kheris, ancienne doyenne des juges d'instruction du tribunal de Paris, qui avait réussi à faire admettre à Michel Fourniret son rôle dans la mort d'Estelle Mouzin, procédure dans laquelle huit magistrats instructeurs se sont succédé. Une attention nouvelle va être portée à la préservation des pièces, sortes de Graal judiciaire qui peuvent être la clé de tout.

Éric Dupond-Moretti entend que ces dossiers « restent judiciairement vivants ». La justice, qui aime parfois souffler le chaud et le froid, s'intéresse pour le coup au froid, voire au très froid. L'initiative sera-t-elle à la hauteur de ses attentes ? « L'avenir n'est peut-être qu'un perfectionnement », écrivait Jules Renard dans son *Journal.* Tout est peut-être là. Car c'est une révolution qui est en marche.

Une des innovations consiste depuis peu à tracer le parcours de vie des criminels, à mener une enquête transversale de personnalité, afin d'identifier des espaces criminels possibles jusque-là demeurés invisibles ou illisibles. Les affaires Fourniret ou Heaulme attestent de ce bien-fondé qui a déjà produit ses meilleurs effets.

Le pôle de Nanterre, dans le ressort de la cour d'appel de Versailles, compte aujourd'hui une douzaine de personnels, dont 3 magistrats au parquet et 3 à l'instruction. Il est épaulé par 3 greffiers, 2 juristes spécialisés et des enquêteurs qui ne le sont pas moins. Les magistrats sont détachés à 100 %. Et l'on recense désormais, à la fin de l'année 2023, au sein de cette structure entièrement dédiée au traitement des crimes sériels ou non élucidés, qui a épuré ses dossiers, 99 procédures en cours, dont 9 parcours criminels.

« Il restera toujours un chiffre noir du crime »

Trois ou quatre juges d'instruction qui se succèdent, persuadés que le précédent a déjà tout fait ou presque, voilà qui ne promet jamais rien de bon. Il fallait un regard neuf, presque candide, à l'ouverture d'un vieux dossier. « Même un dossier réexaminé il y a quelques années peut valoir le coup, avec des protocoles scientifiques de réévaluation plus efficaces », confie un policier marseillais qui a consacré sa vie aux enquêtes criminelles. Il parle d'ADN, bien sûr, les techniques ayant évolué, mais aussi des nouveaux modes de traitement en matière de téléphonie. « C'est bien pour les familles, c'est porteur d'espoirs », s'empresse-t-il d'ajouter, tant il est vrai que certaines enquêtes, de la mort du proviseur de la Ciotat, Clément Roussenq, en 2003 à celle du patron du port, Edmond Goubert, en 2002, de la disparition suspecte de Christine Barras en 1984 à la tragédie du « Bar du Téléphone » en 1978, n'ont jamais connu d'issues.

« J'aimerais que la culture *cold cases* se diffuse, plaide Jacques Dallest. Il faut avoir plus d'écoute des familles, garder toujours un œil ouvert sur l'évolution des dossiers et ne pas négliger les disparitions inquiétantes qu'on ne comptabilise pas. Il y a encore trop d'affaires où l'on a détruit les scellés. Il faut numériser les dossiers, interdire la destruction des scellés dans les affaires criminelles. Chaque juridiction doit tenir un état complet de ses crimes non élucidés. Sinon, on est obligé de compter sur la mémoire des uns et des autres, d'avancer au doigt mouillé, et ce n'est pas acceptable. Cela a au moins le mérite de redonner de l'espoir aux familles. On ne pourra pas dire qu'on n'aura pas tout fait pour élucider une affaire. Il restera toujours, bien sûr, un chiffre noir du crime. D'autant que la majorité des gens qui disparaissent sont des adultes, et ces disparitions-là, il est difficile de les ranger parmi les crimes. »

Comme pour donner du temps au temps, la récente loi d'orientation et de programmation du ministère de la Justice du 20 novembre 2023 pour les années 2023-2027 vient de prévoir, en son article 21, que « dans le cadre de crimes non élucidés, la destruction des scellés est interdite jusqu'à l'expiration d'un délai de dix ans à compter de l'acquisition de la prescription de l'action publique ». Autant dire que c'est désormais un délai de trente ans qui est ouvert pour résoudre les affaires. Il va toutefois falloir agrandir les sous-sols des palais de justice…

17

Règlements de comptes à la mairie

Depuis la partie de cartes de Marcel Pagnol, on sait qu'on a le droit de battre, voire d'abattre, son rival politique, y compris en lui fendant le cœur… Les tricheries sont admises, comprises dans le contrat. Mais tricher en politique n'est finalement que connaître la règle du jeu, qui est aussi la « règle du je », tant l'ego y a une part prépondérante, règle souvent tordue, frelatée. Celui qui ne sait pas s'adapter périra avant les autres. La trahison est mère de tous les vices politiques. Peu importe l'engagement, peu importent la couleur et l'obédience. On pourrait donc appeler ce changement soudain de la règle du jeu « la couleur de l'assassin ». La couleur, parce qu'elle va définir où se trouve le rival politique. Et l'assassin, parce que l'adversaire aura prémédité son coup.

La couleur est aussi très importante à Marseille, tant on aime y classer tout le monde. Couleur politique, parti pris idéologique, cloisonnement dogmatique. Comme si, plus qu'ailleurs, il fallait absolument faire entrer les gens dans des cases pour ne plus avoir à les en extirper. Parce que c'est tellement plus rassurant.

Dans une ville où la presse est majoritairement de gauche, l'élection de Jean-Claude Gaudin, en 1995, allait évidemment susciter convoitises, rivalités, voire anathèmes. Sa réélection, à trois reprises, en 2001, puis 2008 et 2014, va nourrir chez ses adversaires l'idée, bien connue en politique, du mandat de trop.

« Il aurait dû passer la main », entendait-on, lorsque le drame de la rue d'Aubagne, à deux pas de la Canebière, a frappé à la porte des Marseillais. C'était le 5 novembre 2018 et ses huit morts dans l'effondrement de deux immeubles vétustes allaient pousser à la mairie le Printemps marseillais, une audacieuse coalition emmenée par un médecin généraliste, Michèle Rubirola, plus passionnée par la plaisance que par la politique, et un socialiste bon teint, Benoît Payan, fin politique aux dents un peu plus longues.

Avant d'accuser le puits d'être trop profond…

L'affaire de la rue d'Aubagne allait faire surgir un thème récurrent et porteur pour la campagne municipale : celui de l'habitat insalubre, de son petit frère l'habitat indigne et des dangers que la mairie en place aurait fait courir à chacun des contribuables marseillais. Jean-Claude Gaudin, l'homme de droite, le républicain local, déguisé en punching-ball. Gaudin, le bouc émissaire. Gaudin, tel le Guignol rossé en place publique : voilà qui allait marcher. Et pour une fois, ce n'était pas une galéjade. Ajoutez la mise en cause de quelques élus, toujours de droite, un rien imprudents, qui avaient cru bon ces dernières années d'acheter un logement à petit prix pour le louer ensuite et la droite républicaine allait traverser à Marseille, entre 2018 et 2020, une zone de fortes turbulences.

Bien sûr qu'ils en rêvaient, les adversaires politiques de Jean-Claude Gaudin, vêtus de probité candide et de lin blanc, de voir sa tête rouler au bas de l'échafaud du logement indigne. Bien sûr que la mairie a tardé à rénover des immeubles vétustes. Bien sûr qu'on a sûrement oublié d'anticiper, comme à Gênes, le 14 août 2018, quand le pont autoroutier Morandi s'est effondré, faisant quarante-trois morts, et que les Italiens ont fait mine de découvrir tout à coup l'état dégradé de leurs ouvrages et viaducs.

« Avant d'accuser le puits d'être trop profond, le sage vérifie si ce n'est pas la corde qui est trop courte », aimait à dire Pagnol. Aujourd'hui, il ferait sans doute allusion à la corde qui sert à pendre, au moins symboliquement, ses adversaires politiques…

Jean-Claude Gaudin : « Je suis traité d'assassin »

Dans *Maintenant, je vais tout vous raconter*, le livre en forme de mémoires qu'il a publié en 2021, Jean-Claude Gaudin revient sur l'affaire de la rue d'Aubagne avec une réelle amertume : « Le principe de base est intangible : dans une ville, le maire est responsable de tout ! L'instrumentalisation du drame par la gauche et le déferlement médiatique qui l'a suivi ont rendu impossible toute tentative d'explication rationnelle. Le chœur des censeurs m'accable personnellement. Les éditorialistes, dans un réflexe moutonnier si caractéristique du fonctionnement médiatique, incriminent sans savoir, condamnent avant d'enquêter. Je suis traité d'assassin et, devant la mairie, les victimes sont symbolisées par huit cercueils en carton. »

« L'ultragauche est à la manœuvre, insiste-t-il. Ses réseaux exploitent le drame, grâce aux possibilités offertes par le numérique, et surfent sur les douleurs. L'indécence le dispute à la bassesse[1]. »

L'homme est réellement blessé. Qui, sincèrement, aurait survécu à l'affaire de la rue d'Aubagne, de quelque obédience politique qu'il fût ? Quel pouvoir n'aurait été montré du doigt ? N'y a-t-il pas, derrière les règlements de comptes qui se sont noués, un procès en sorcellerie instruit contre la majorité municipale de l'époque ? « Il y a quelque chose de pourri au royaume de France », aurait ironisé William Shakespeare, s'il avait jeté un œil sur nos désordres modernes méditerranéens.

Et voilà qu'au terme de cinq ans d'investigations, les trois juges d'instruction saisis de l'enquête sur le drame, Mathieu

1. Jean-Claude Gaudin, *Maintenant, je vais tout vous raconter*, Albin Michel, 2021.

Grand, Mathilde Bloch et Nathalie Roche, se sont acheminés en 2023 vers le renvoi en correctionnelle de quatre mis en cause seulement : l'expert en construction Richard Carta, le syndic d'immeubles Liautard, gestionnaire de la copropriété du 65 rue d'Aubagne, Marseille Habitat, la société d'économie mixte de la ville de Marseille propriétaire de l'immeuble du 63, et l'inévitable adjoint au maire en charge de la prévention des risques urbains, Julien Ruas. Lors d'une réunion pédagogique en présence des avocats des victimes, les magistrats ont expliqué, le 23 janvier 2023, que, sauf événement majeur ou découverte inopinée, les investigations s'arrêteraient là. Le rapport circonstancié des experts Fabrice Mazaud et Henri de Lépinay n'a pas permis de cibler quelque nouveau décideur ou politique que ce soit qui se serait abstenu de prendre les bonnes décisions en temps et en heure. À Marseille, les juges continuent de faire du droit.

En attendant le procès

Les avocats des victimes, comme Me Brice Grazzini, ont hésité à solliciter des actes complémentaires, songé aussi à d'autres auditions, voire mises en examen, en considérant que la justice n'avait pas identifié tous les auteurs présumés du drame.

« Si le dossier progresse encore, cela risque de rajouter deux ans de procédure. Or, il y a des victimes qui attendent avec impatience le procès », explique Me Pascal Luongo, un autre conseil des parties civiles.

Les avocats ont également envisagé de faire élargir la procédure à « la soumission de personnes vulnérables à des conditions d'hébergement indignes », sans doute pour montrer du doigt la même inaction des propriétaires concernés, mais c'était obliger le parquet à prendre sur le dossier un réquisitoire supplétif, avec de nouvelles investigations, et à faire reporter le procès. En l'état, un procès pourra bientôt avoir lieu. Il devrait dire, à l'automne 2024, voire au début de l'année 2025, qui a fait quoi ou plutôt qui a oublié de faire quoi…

Cela ne veut pas dire que les avocats des victimes ne feront pas citer directement en correctionnelle, à l'heure du procès – comme ce fut le cas dans de tragiques affaires passées, notamment l'effondrement de la tribune Furiani, en Corse, en mai 1992 –, d'autres personnes. Il n'est pas davantage exclu que la mairie de Marseille se constitue à son tour partie civile, afin d'avoir accès au dossier, et ce jusqu'au jour du délibéré.

Indulgence... ou vengeance ?

En attendant, on ne pendra donc pas Jean-Claude Gaudin à la pique de l'habitat indigne, lui qui a dit sur procès-verbal, avec l'authenticité qu'on lui connaît, toute sa compassion : « C'est un drame horrible. J'y pense quotidiennement et j'y penserai jusqu'à la fin de mes jours. » On ne redonnerait pas des couleurs à l'échafaud local. Pour un peu, la gauche en eût versé une larme. Dans *Le Milan, le Roi et le Chasseur*, Jean de La Fontaine nous invite ni au pardon ni à l'oubli, mais à la prudence : « Comme les dieux sont bons, ils veulent que les rois le soient aussi. C'est l'indulgence qui fait le plus beau de leurs droits, non les douceurs de la vengeance. » La politique est manifestement faite d'autre chose.

Reste donc Julien Ruas, l'adjoint réputé fautif mais toujours présumé innocent, le seul politique mis en examen pour « homicides involontaires et mise en danger de la vie d'autrui », attaché au bûcher des vanités municipales, seul contre tous. Il était le titulaire de la délégation de la prévention et de la gestion des risques urbains. En droit, le seul fait d'avoir été délégataire du pouvoir du maire le rend seul responsable. Du même fait, cette délégation exonère le maire en titre, Jean-Claude Gaudin. Cela ne veut pas dire qu'il ne faudra pas s'interroger quand même sur l'inaction municipale au plus haut niveau, ni faire entendre le maire lui-même, lors du procès à venir, pour en sonder toutes les finesses.

Julien Ruas a bien tenté, avec l'aide de son avocat, le bâtonnier Erick Campana, de faire annuler sa mise en examen par la cour d'appel d'Aix-en-Provence mais en vain. Dans un arrêt du 16 mars 2022, la cour a pointé l'absence de « suivi de signalement » concernant les immeubles des 63, 65 et 67 de la rue d'Aubagne, « notamment un état de vétusté caractérisé de longue date », le défaut de « remplacement de l'ingénieur » dédié au quartier Noailles, « le manque criant de personnel du service de la prévention et gestion des risques » ou encore la carence dans la réponse faite « aux propos alarmistes de l'expert ». Autant d'éléments, ont conclu les juges, qui auraient « permis la réalisation du dommage ». « Julien Ruas attend sereinement son procès, confie aujourd'hui son avocat. Il a toujours dit qu'il avait agi dans le cadre de ses prérogatives et fait tout ce qu'il pensait pouvoir faire. »

Créer un délit de marchand de sommeil

L'actuel maire de Marseille, Benoît Payan, a rebondi sur le tremplin de la polémique facile. Le 6 novembre 2023, à la veille des rendez-vous annuels du logement à Marseille, il s'est dit favorable à la création d'un délit de marchand de sommeil. Dans une tribune publiée le 4 novembre 2023 sur Le monde.fr et titrée « Posons enfin, dans la loi, une définition claire et sans équivoque du marchand de sommeil et de ses agissements », il a proposé au gouvernement un projet de loi pour reconnaître le délit de « marchand de sommeil » et renforcer les sanctions pénales à leur encontre.

« La lutte contre l'habitat indigne ne peut s'affranchir de la lutte contre les propriétaires qui abusent d'un cadre législatif mal défini pour se livrer en toute impunité à un commerce dangereux de location de logement indécent, mettant en péril la vie d'habitants, de familles entières, d'enfants », explique Benoît Payan. « Si le nombre de condamnations est loin de refléter l'ampleur de ce phénomène de marchands de sommeil, c'est parce que la loi ne donne pas aujourd'hui de définition juridique propre à la marchandisation du sommeil », insiste-t-il. À ce jour, la notion centrale des textes de loi en vigueur n'est, selon lui, « fondée que sur l'abus caractérisé de la faiblesse ou de la dépendance du locataire vis-à-vis de son bailleur et non sur le seul fait de commercialiser un logement indigne ». C'est pourquoi le maire de Marseille, qui a remis le détail de son initiative à la Première ministre Élisabeth Borne, demande au gouvernement de porter un projet de loi, afin de lutter plus drastiquement contre les marchands de sommeil. Ces nouveaux articles permettraient de faire évoluer le cadre législatif actuel pour apporter à la fois une réponse plus adaptée, un durcissement des sanctions et l'obtention de condamnations à la hauteur des délits commis.

Ce projet de loi présente trois axes principaux pour renforcer la lutte contre les marchands de sommeil : la création du délit de marchand de sommeil, qui facilite leur reconnaissance et leur condamnation, le renforcement des peines correspondantes – jusqu'à dix ans d'emprisonnement, 700 000 euros d'amende et trente ans d'interdiction d'acquérir un bien immobilier – et la création d'un fichier national des marchands de sommeil identifiés, permettant la coopération des organes de lutte contre l'habitat indigne.

Un Marseillais sur huit en situation d'habitat indigne

Selon les chiffres fournis par la mairie de Marseille, environ 40 000 logements privés sont aujourd'hui potentiellement indignes, soit 10 % du parc de logements de la cité phocéenne, ce qui concernerait près de 1 Marseillais sur 8. Pour la première fois, la municipalité s'est portée partie civile dans les procès de marchands de sommeil présumés et a procédé à plus de 150 signalements au procureur de la République, afin de faciliter le travail de la justice. Depuis 2021, plus de 120 procédures d'insalubrité ont été engagées par la ville et plus de 4 200 interventions de contrôles des immeubles, qui ont donné lieu à plus de 1 000 arrêtés de mise en sécurité, ont été opérées. Quelque 48 millions d'euros ont été votés pour la réalisation de travaux d'office et 10 millions d'euros dépensés par an dans la prise en charge et l'accompagnement social des victimes d'habitat indigne en lieu et place des propriétaires défaillants.

Ces drames oubliés

Il semble toutefois que les donneurs de leçons aient oublié quelques épisodes de la vie marseillaise. Notamment l'un des plus récents, celui de l'effondrement de trois immeubles de la rue de Tivoli, le 9 avril 2023, à la suite d'une probable explosion au gaz, faisant elle aussi huit morts. Ce drame a été suivi d'une série de dysfonctionnements à peine relayés par les médias. Et notamment le fait que les locataires n'ont pu récupérer une partie de leurs biens, ou que ceux-ci, placés un temps sous scellés, ont fait l'objet de vols et pillages. Leurs effets ont parfois été assimilés à une décharge sauvage. Nul à la mairie n'a songé qu'il fallait maintenir un dispositif de gardiennage. Les services municipaux ont certes reconnu « une erreur interne des services », mais il était trop tard pour nombre de ces victimes.

L'autre événement tristement oublié a eu lieu le 20 juillet 1996. Quatre morts et vingt-six blessés dans une folle explosion, place des Marseillaises, au pied de la gare Saint-Charles. Si la rumeur d'une bombe larguée en 1944 par les Américains a couru un temps, si elle a soudain arraché le quartier à sa torpeur matinale, c'est bien un branchement artisanal sur la cuisinière du quatrième étage qui était à l'origine du drame. Les employés du gaz, pourtant alertés la veille, n'ont rien vu. Jugés en correctionnelle, la propriétaire indélicate et les deux agents de GDF distraits ont tous les trois écopé de six mois de prison avec sursis, mais on n'a guère profité de la situation pour lancer une campagne de prévention sur le sujet. L'explosion de la place des Marseillaises aurait dû inciter l'ensemble des décideurs locaux à initier un plan de sécurité. Ce drame posait déjà des jalons et tendait des perches que nul n'a su saisir.

M. le maire fait des « heures sup »

« Les emmerdes, ça vole toujours en escadrille ! » L'élégante formule signée Jacques Chirac, qui en avait fait une de ses fulgurances aux accents de fatalisme corrézien, pourrait parfaitement s'appliquer à l'ancien sénateur-maire de Marseille. Car une autre affaire Gaudin a surgi en février 2021. Il y a toujours quelque chose de triste à voir un ancien élu devoir répondre de ses actes passés. Même si c'est la rançon de la gloire, l'envers de l'écharpe tricolore. Jean-Claude Gaudin, maire de Marseille pendant vingt-cinq ans, devait-il passer par la case garde à vue ? Devait-il être entendu, réentendu, à 81 ans, lui qui, depuis l'affaire Saincené en 1992, n'a eu de cesse de redouter la justice, tout en la respectant profondément ?

Il y a eu longtemps une manière d'incompréhension, comme si les politiques n'entendaient pas les juges et comme si les juges restaient sourds aux politiques. À 81 ans, on peut effectivement rêver de tirer sa révérence autrement, mais subir une double perquisition à domicile n'est jamais agréable pour personne. Devoir répondre longuement, très longuement, aux questions des enquêteurs non plus. On peut imaginer qu'on puisse rêver retraite plus apaisée. Devoir s'expliquer sur ce que la justice nomme froidement « détournement de fonds publics », cela est loin d'être une partie de plaisir. La qualification affole.

Pas de braquage municipal

On imagine mal Jean-Claude Gaudin partir avec des fonds sous le bras, comme dans un gigantesque braquage municipal, pour dire que ses collaborateurs directs ont travaillé jusqu'à un âge très avancé, trop avancé. Mais c'est ainsi. « En politique, la communauté des haines fait presque toujours le fond des amitiés », nous a enseigné Alexis de Tocqueville.

Ironie de l'histoire, quand dans notre monde présent, on reproche à certains de ne pas travailler, de travailler si peu, voilà qu'on reproche à d'autres d'avoir travaillé trop longtemps, trop tard, comme si le travail était devenu consubstantiel à leur vie. C'est qu'ils devaient aimer cela, Jean-Claude Gaudin, Claude Bertrand, celui qui a été son très loyal directeur de cabinet pendant plus de trente ans, et quelques autres qu'on a baptisés par fidélité du nom de la fameuse « vieille garde ». On ne va pas les plaindre, mais dès lors qu'il faut rendre des comptes, l'épreuve est douloureuse. C'est qu'on ne gère pas une mairie comme on irait à la pêche. En posant son regard éthéré sur les flots et en se contentant de siffloter. Il y faut du temps, du sacerdoce, surtout quand le sacerdoce dure. Et quand au soir de la vie, on rentre chez soi, on doit se sentir bien seul, à la bougie, malgré un quart de siècle de courtisans, face aux crépitements de l'actualité, face aux vrombissements du monde. On doit se dire qu'on a traversé l'existence à trop grande vitesse, qu'on a pris le TGV du pouvoir, que le pouvoir est une addiction folle, même si l'on a aimé passionnément le pouvoir.

Ils ne passeront pas leurs vacances ensemble

Il n'est pas le seul, Jean-Claude Gaudin, à pester contre les juges. En 2017, Nicolas Sarkozy les qualifiait de « petits pois ». François Hollande ne les aimait pas davantage, lui qui, dans le livre de Gérard Davet et Fabrice Lhomme[2], criait à la « lâcheté » de l'institution judiciaire, qui « n'aime pas le politique ». Ce qui est certain, c'est que ces deux microcosmes-là, le monde politique et le monde judiciaire, ne passeront pas leurs vacances ensemble. Ils ne se sont jamais compris. Chacun met en avant sa légitimité, celle de l'onction du suffrage universel pour l'élu, comme si elle l'absolvait de tout, tandis que les juges n'auraient, selon eux, que la pâle légitimité de leur école, de leur parcours, si élitiste soit-il, et de leur statut professionnel. Les juges, de leur côté, leur rappellent que la justice est « rendue au nom du peuple français ».

2. Gérard Davet et Fabrice Lhomme, *Un président ne devrait pas dire ça*, Stock, 2016.

« Être de droite ou être de gauche, c’est être hémiplégique », aimait à dire Raymond Aron. « Pas de liberté pour les ennemis de la liberté », martelait aussi Saint-Just jusqu’à en perdre la tête.

18

PHN, comme « Procès Hors Norme »

Pourquoi Marseille devrait-elle donc échapper à la règle selon laquelle une grande ville mérite un grand lieu de justice ? Paris a quitté l'île de la Cité pour installer son palais dans le quartier des Batignolles, du côté de la porte de Clichy, dans le 17e arrondissement. On a fabriqué une grande cage de verre réputée fonctionnelle aux allures modernes, faite de plus de verticalité que d'horizontalité judiciaire, le tout dans un décor boisé mais un rien déshumanisé.

Marseille disposait jusque-là de salles plutôt éparpillées, offrant de maigres capacités d'accueil. Le barreau de Marseille, sympathique auxiliaire de justice, a aussi longtemps prêté ses salles de la Maison de l'Avocat pour y loger ses petits copains en robes noires, quelques chambres civiles notamment, et permettre ainsi aux magistrats de siéger. Le tribunal de commerce de Marseille a apporté sa contribution au grand édifice de la justice en prêtant généreusement sa salle, la plus grande du ressort, aux fresques impressionnantes, aux vitraux centenaires et aux plafonds vertigineux, mais elle compte à peine plus de deux cents places.

Depuis le mois de janvier 2022, une salle dite « PHN », comme procès hors norme, a vu le jour dans le quartier de

Saint-Mauront, l'un des plus populaires de France, triste record européen du plus petit revenu. Faut-il y voir un signe ? Comme si la justice décidait de s'ouvrir au plus grand nombre. On a donc aménagé une salle de quatre cents places dans la cour d'honneur de la caserne du Muy, rue Bugeaud, le lieu privilégié où les anciens appelés venaient jadis s'inscrire et décliner leur état civil, avant de partir quelques mois plus tard à l'armée, comme on disait alors.

Pour faire du judiciaire, on a donc choisi du militaire, ce qui ne change pas beaucoup, badinent certains avocats. Les locaux ne respirent pas l'air des grands procès du temps passé, quand la justice était faite de solennité, d'or et de marqueterie, comme dans les grandes cours d'assises, de Paris à Dijon en passant par Aix-en-Provence. Mais on a habillé la salle de rideaux acoustiques, où les micros marchent plutôt mieux qu'ailleurs, ce qui est loin d'être négligeable.

Les lieux sont réputés fonctionnels et plus personne ne s'en plaint désormais, sachant que l'ingénieur en chef, Bernard Thireau, est fier de sa petite merveille et qu'il est aux petits soins avec sa salle. Avec des attentions de père de famille protecteur, il la bichonne, veille sur sa santé, y passe l'essentiel de son temps, s'efforce que la justice tourne, et pas qu'au ralenti, que tout soit opérationnel, ce qui est loin d'être le cas dans les autres maisons de justice du ressort de la cour d'appel d'Aix-en-Provence où l'on vit plutôt de bouts de ficelles et d'aménagements à la petite semaine.

Un bail de sept ans, non renouvelable

Quand il faut couper la salle en deux pour que deux procès au long cours s'y tiennent concomitamment, on la partage en deux et tout le monde s'y retrouve. Marianne se sent parfois un peu délaissée, mais on est *a priori* parti pour un bail de sept ans, non renouvelable, le temps de trouver mieux mais forcément plus cher, assurément plus cher dans un ministère qui vit chichement.

Jadis, un procureur marseillais s'amusait de l'obole qu'il sollicitait régulièrement de ses journalistes pour dire la pauvreté récurrente de son institution.

Le site est en fait mis à disposition du ministère de la Justice par le ministère des Armées jusqu'en 2027. Le bâtiment existant, d'une surface de plancher de cinq mille trois cents mètres carrés répartis sur trois niveaux, a été rénové, afin d'accueillir également le pôle de proximité et le pôle social du tribunal judiciaire de Marseille, mais il était difficile de faire du tout neuf avec du vieux. Quelques grosses pierres se sont bien échappées de la façade, mais pour l'heure aucun blessé n'est à déplorer, et les chefs de cour sont toujours en liberté… Il serait d'ailleurs cocasse de songer que l'un d'eux puisse un jour comparaître devant un tribunal pour ne pas avoir engagé dans les temps les travaux qui s'imposaient. La justice, celle qui passe son temps à poursuivre des chefs d'entreprise pour quelque « manquement à une obligation de prudence ou de sécurité », doit avoir une bonne étoile…

« C'est ici le séminaire architecture judiciaire ? »

Outre la grande salle « PHN », on dispose donc de 9 salles d'audience et de cabinet, d'une capacité qui va de 4 à 111 personnes. À elle seule, la « PHN » totalise 775 m^2, avec ses portes modulables et ses annexes indissociables : salle des délibérés, salle des témoins, experts et interprètes, salle réservée aux victimes. La modularité permet de fabriquer, selon les cas, 3 espaces d'une jauge unitaire de 120 places ou une seule de 400 places. Montant des travaux, 2,5 millions d'euros. Un petit budget pour le grand œuvre de la justice, presque sa pierre philosophale.

Dix grands écrans y clament les vertus cardinales de la République française « Liberté, égalité, fraternité ». Ils sont disposés en divers points de la salle, afin de permettre au public de suivre utilement et directement les débats, et d'y dérouler les documents, photos, vidéos ou scellés les plus importants.

« C'est ici le séminaire architecture judiciaire ? » aimait à plaisanter un avocat, à l'ouverture de la salle « PHN ». Quinze pupitres ont aussi été aménagés sur trois rangées à destination des avocats, ce qui est pour eux une révolution de palais, au sens propre du terme, par comparaison aux autres palais qu'ils fréquentent. La place de la presse est même prévue devant, sur la droite, là où elle doit se battre ailleurs avec les avocats – premier arrivé, premier servi –, ce qui est une autre révolution dans le regard qui a été porté sur les médias. Il est loin, en effet, le temps où la presse écrite avait sa place dédiée, marquée « Réservé à la presse », au premier rang des salles d'audience, comme dans celle des assises qui, par exemple, à Digne-les-Bains, dans les Alpes-de-Haute-Provence, a jugé l'affaire Dominici.

Le box des détenus est évidemment fait de verre transparent, même s'il n'est pas toujours garni. Le lieu a, selon les goûts, de vrais airs de salle gospel et des faux airs de la bibliothèque de Grenoble qui a servi à tourner le film *Les Rivières pourpres*, quand elle accueillait il y a plus de vingt ans le procès de la tragédie de la secte du Temple solaire. En tout cas, bien mieux et plus vite que le TGV, la justice marseillaise a pensé aux prises électriques. Et tant qu'il y a de la connexion, il y a de l'espoir…

Menteurs comme des arracheurs de dents

C'est ainsi qu'a été jugé à deux reprises, en première instance puis en appel en 2023, dans cette salle « PHN », l'affaire des dentistes, Lionel et Jean-Claude Guedj, accusés d'avoir mutilé entre 2006 et 2012 plus de trois cent vingt de leurs patients et patientes. Des victimes dont les dents ont été dévitalisées en masse, dont la vie sociale a été foudroyée, qui ont souvent perdu leur travail et l'amour de leur vie, qui sont venues hurler leur douleur dans cette salle conçue pour elles.

Longtemps, les deux dentistes ont nié avoir voulu leur faire un quelconque mal. Ils ne savaient pas que leurs soins allaient produire ce qu'ils ont produit. Voilà qui rendait à l'adage populaire ses vertus anciennes : menteurs comme des arracheurs de dents…

Ce grand procès public était bien la première attention que les victimes méritaient après tant d'années de mépris. Un dossier qui s'est soldé en appel, en octobre 2023, par la confirmation des peines de huit ans de prison ferme à l'encontre de Lionel Guedj, et de cinq ans ferme contre son père, Jean-Claude, tous deux reconnus coupables de « violences volontaires suivies de mutilation ou d'infirmité permanente », mais aussi d'escroquerie au préjudice de la Sécurité sociale. Ils devront lui rembourser plus de 1,3 million d'euros, en attendant que le préjudice des victimes, lui, soit définitivement consolidé et que les dentistes Guedj, père et fils, désormais interdits d'exercer, passent à la caisse.

Car l'appel n'a pas réussi aux mis en cause. Alors qu'en première instance le tribunal avait déjà confisqué comptes bancaires créditeurs, œuvres d'art, yacht et véhicules de prix leur appartenant pour quelque 2,2 millions d'euros, la cour d'appel, siégeant dans les mêmes lieux, a alourdi la note et prononcé ce qu'ils redoutaient au plus haut point : la confiscation de la luxueuse villa familiale située à Aix-en-Provence, évaluée par France Domaine à 936 000 euros, ainsi qu'un fonds de commerce de tabac très prisé – ce qui est normal pour du tabac –, sis sur le cours Mirabeau, toujours dans la cité du Roy-René.

Dans la même salle, on a aussi jugé en 2023 quelques autres affaires financières réunissant une dizaine de prévenus, quelques gros dossiers de trafics de stupéfiants non moins mobilisateurs, trois dossiers successifs de fraude à la viande de cheval qui mettaient en présence des as de la falsification vétérinaire qui, forcément, criaient au « henni », pardon au déni de justice, ou encore l'affaire du drame de Millas, ce tragique accident survenu le 14 décembre 2017 dans les Pyrénées-Orientales, au passage à niveau, entre un autocar et un TER et qui a fait quatre morts chez les adolescents et quatorze blessés graves.

De la chute de la société PIP à celle de la scène Madonna

On avait déjà délocalisé au parc d'exposition Chanot l'affaire des prothèses mammaires PIP (Poly Implant Prothèse), du nom de ces implants mammaires distribués à partir de 2001 dans 65 pays à quelque 400 000 femmes et remplis de gel silicone industriel non conforme. On a transformé une salle de palais des congrès en salle d'audience. Pendant un mois, plusieurs centaines de victimes assistées de plus de 300 avocats se sont pressées dans ce prétoire de 4 800 m^2 aménagés pour l'occasion.

En février 2021, après quatre mois de délibéré, la justice a aussi rendu sa décision après onze années d'instruction dans un autre procès au long cours, l'affaire de l'effondrement, au stade Vélodrome de Marseille, le 16 juillet 2009, de la scène Madonna. Deux morts, un ouvrier français de 52 ans et un autre, un Anglais de 23 ans, sans oublier les huit techniciens blessés. Avec des peines qu'on qualifiera de « symboliques » prononcées contre les quatre prévenus, les organisateurs et monteurs du concert, allant jusqu'à deux ans de prison avec sursis et 20 000 euros d'amende. « On était plus dans le montage d'un cirque sur une place de village qu'à celui de la scène d'une tournée mondiale, aura ironisé le procureur Michel Sastre. Ici, ce n'est même pas responsable mais pas coupable. C'est ni responsable ni coupable ! » Quant à la chanteuse Madonna, elle n'a jamais répondu à la convocation du juge, considérant qu'elle n'avait jamais été impliquée dans le volet technique du montage et qu'elle n'était jamais intervenue pour que cette même scène soit montée plus rapidement.

Drames aériens en série

Marseille a aussi jugé, le cœur serré, le drame de la Yemenia, même si le procès a eu lieu en direct, depuis le tribunal correctionnel de Paris en mai 2022, mais en visioconférence à Marseille. Il était bien normal de permettre aux quelque 560 parties civiles de savoir qui était responsable du drame des « avions poubelles ». La catastrophe a causé la mort, dans la soirée du 29 juin 2009, de 142 passagers, dont 66 Français – une majorité était partie de Marseille –, ainsi que de 11 membres d'équipage. Tous ont succombé au crash du vol Yemenia 626 à destination de Moroni, aux Comores. Seule une enfant de 12 ans a survécu à ce drame et c'est les larmes aux yeux que les proches des victimes ont pu entendre, depuis Marseille, Bahia Bakari la miraculée raconter, lors du procès, comment elle avait survécu au milieu des débris de l'avion sans être happée par ce que la justice a pudiquement appelé « la faune sauvage », comprenez les requins. Comment dire l'indicible, lorsqu'on survit à un crash aérien et qu'on tente de surnager au milieu des squales ?

Il faudra enfin bientôt juger une autre affaire emblématique très attendue, le dossier Apollonia, une arnaque immobilière de près de 1 milliard d'euros au préjudice de près de 500 médecins, chercheurs, pharmaciens et enseignants, avec 3 notaires au banc des prévenus qui auraient, selon l'accusation, pris quelques libertés avec leur déontologie d'officiers ministériels. Parmi les pratiques litigieuses ciblées, la falsification des revenus des emprunteurs ou encore une surévaluation de la valeur immobilière et des loyers des logements de 2,5 à 6 fois le prix. Seules rescapées : les banques qui ont joué avec le feu et fait mine de ne pas voir ce qu'elles auraient dû voir, mais que les parties civiles au procès n'entendent nullement ménager.

Seule finalement l'affaire du drame de la Germanwings ne sera jamais jugée. Marseille, seul pôle accidents collectifs avec Paris en France, n'aura pas à organiser un procès qui aurait été un crève-cœur. Les 3 juges d'instruction désignés ont conclu, le 21 février 2022, que le drame ayant causé 150 morts en 2015 sur une montagne des Alpes est la conséquence d'« un acte illicite, volontaire et délibéré » de son pilote de 27 ans sous antidépresseurs, mais un acte qui ne saurait être reproché à la compagnie aérienne allemande. Seul le copilote Andreas Lubitz à l'origine de ce terrible drame en est responsable et il est mort dans le crash de l'avion.

Les « actions collectives » des consommateurs en plein essor

Enfin, il ne faut pas négliger l'ascension en cours des *class actions* à l'américaine, ces procédures collectives menées par des consommateurs mécontents qui entendent obtenir réparation au civil comme au pénal. Des actions qui prennent de l'ampleur d'année en année. Des moteurs Renault qui engendrent une surconsommation d'huile et qui cassent soudain, des médicaments aux effets secondaires insoupçonnés, des respirateurs du géant néerlandais Philips, destinés aux patients souffrant d'apnée du sommeil et suspectés d'être cancérigènes : la liste est désormais longue. Plusieurs centaines de plaintes ont été déposées à Paris et à Marseille.

« Grâce à l'action collective que nous avons engagée, nous disposons désormais d'un poids certain, avec des moyens de recherche et la possibilité de mettre plus facilement en place des expertises », résume Me Géraldine Adrai-Lachkar au nom des victimes. Les avocats pourraient également invoquer devant la justice civile « le défaut d'information » du client et « le préjudice d'anxiété ».

Sans oublier les dérives du nouveau Lévothyrox, ce médicament utilisé pour traiter certains troubles de la thyroïde, pour lequel une action collective a été lancée contre la « nouvelle formule » mise sur le marché par le laboratoire Merck en mars 2017. Une instruction est en effet ouverte au tribunal judiciaire de Marseille au cabinet d'une juge du pôle de santé publique. Le laboratoire a été mis en examen pour « tromperie aggravée » le 18 octobre 2022. Mille à 1 500 plaintes ont été déposées à Marseille. Mais ce sont à terme plus de 10 000 patients qui pourraient être concernés. Mes Géraldine Adrai-Lachkar et Christophe Lèguevaques défendent à ce jour plus de 200 d'entre eux. « Il y a eu un défaut d'information du patient sur le changement de formule du Lévothyrox », assurent les avocats. Un changement d'excipient serait venu perturber le principe actif du médicament.

La belle idée controversée d'une « cité judiciaire »

Pour que la justice marseillaise trouve enfin sa vraie place et que les parties au procès ne passent plus leur temps à courir derrière des salles d'audience dispersées dans Marseille et mal renseignées, on a, dans un souci de pédagogie judiciaire, conçu en 2022 la belle idée de voir surgir bientôt une « cité judiciaire », selon la formule joliment employée par ceux qui ont placé beaucoup d'espérance dans ce projet. Car la salle « PHN » ne sera pas immortelle et les accords avec le ministère des Armées prendront fin en 2027.

D'un côté, les avocats marseillais, un puissant lobby de quelque deux mille six cents individualités, qui voulaient absolument que le palais de justice demeure au centre de Marseille. Ils jouissaient pour cela du soutien appuyé des commerçants pour qui la disparition du tribunal judiciaire, véritable poumon économique, serait un inévitable éteignoir. Ils ont même fait réaliser, au printemps 2023, avec la chambre de commerce métropolitaine (CCI) Aix-Marseille-Provence, une étude d'impact qui a estimé à 18 millions d'euros les retombées des professionnels du droit dans le centre-ville. Jean-Luc Chauvin, président de la CCI, a publiquement déploré, en cas de départ, « une mise à mort » de l'économie du centre-ville. « Nous ne pouvons nous résoudre à laisser partir le palais de justice. Si on veut être une métropole attractive, on a besoin d'un centre-ville attractif », a-t-il martelé. Le bâtonnier de Marseille, Mathieu Jacquier, se dira même convaincu que « le projet centre-ville est moins cher, sous certaines conditions, que ses concurrents, même s'il est bâti sur des sites éclatés », mais aux abords immédiats de l'actuel palais Monthyon.

De l'autre, le garde des Sceaux Éric Dupond-Moretti favorable à l'implantation d'une « cité judiciaire » dans une tour de 40 étages et de 40 000 m^2 dans le quartier d'Arenc, dans la zone Euroméditerranée en pleine expansion mais complètement excentrée. Avec une réserve foncière disponible, malgré quelques risques de zone inondable. Le projet avancerait dès lors beaucoup plus facilement.

Le petit déjeuner amer du 20 novembre 2023

Et puis, la décision est tombée, au petit matin du 20 novembre 2023. Le garde des Sceaux, de passage à Marseille pour installer le nouveau procureur de la cité phocéenne, est venu annoncer la mauvaise nouvelle. Le monstre des mers, celui que personne n'osait voir surgir de l'eau ailleurs que dans l'hypercentre, sorte de Loch Ness judiciaire, sera donc construit dans les quartiers nord de la ville. Courroux des avocats qui ont crié à la fausse concertation. Pour eux, les dés étaient pipés d'emblée. On a bien monté une concertation, à l'été 2022, mais à les écouter, elle n'était que de façade. Tardive, trop tardive et totalement improvisée.

Pris d'un maigre remords, le ministère de la Justice a dû se dire que tout cela n'était pas très respectueux du principe du contradictoire. Règlement de comptes ? Les avocats sont persuadés qu'on a davantage écouté les chefs de juridiction que leur voix et que le site vierge d'Euroméditerranée avait été choisi dès 2022. C'est que Marseille n'a jamais aimé les poussées de jacobinisme. Et pour elle, cette fois, tout aurait été décidé depuis Paris et seulement de Paris. Cartes faussées, jeu de bonneteau déguisé en procès fictif, les avocats, les pieds dans la robe et le nez dans Euroméditerranée, n'ont pas vraiment aimé cette décision quasi unilatérale. Pensez donc ! Une cité judiciaire dans une tour... Même New York n'aurait pas osé. Pour sa défense, le garde des Sceaux a pris soin d'annoncer au bâtonnier Mathieu Jacquier au petit matin la décision prise par son ministère et de faire un petit tour par la Maison de l'Avocat, mais les robes noires marseillaises ont mal digéré le petit déjeuner de ce 20 novembre 2023.

Un palais de justice enfermé dans une tour ?

Le ténor du barreau Michel Pezet, le premier, ne cachait pas publiquement, depuis beau temps, que « l'idée même d'enfermer la justice dans une tour est quelque chose d'insupportable ». On le comprend. Voilà une aberration en marche que l'Histoire ne saurait tolérer. Quant au troisième projet, celui de la zone de la Capelette, dans les quartiers est de Marseille, fortement poussé par le député (Renaissance) Lionel Royer-Perreaut, il posait lui aussi quelques problèmes de zone inondable et se serait trouvé sur un terrain de l'armée. Bref, on a voulu faire simple et les solutions compliquées auraient été très vite barrées de la mention « C'est mieux ailleurs ! ».

À la demande du ministre, le préfet de région Christophe Mirmand avait d'ailleurs remis à l'automne 2023 un rapport au garde des Sceaux qui dressait « un bilan avantages-inconvénients » de chacun des scénarios envisagés. Face aux divergences affichées par les divers acteurs en présence – avocats, élus, ministère, monde économique –, c'était évidemment le projet Arenc, le projet ministériel, qui tenait la corde. Cette décision a d'autant plus un goût de trahison pour les avocats marseillais qu'ils espéraient que leur ancien confrère devenu ministre serait leur meilleur porte-parole. Cela n'a pas été le cas. Un avocat converti à l'exercice de l'État n'est plus tout à fait un avocat. Éric Dupond-Moretti est, pour eux, définitivement passé de l'autre côté du mur.

Le ministre de la Justice a fait valoir, le 20 novembre 2023, qu'il était nécessaire, dans un souci de cohérence, de rassembler tous les services judiciaires sur un même site. « Il faut que la justice soit rendue dans un lieu à la hauteur de la mission fondamentale qui est la sienne. Les Marseillais méritaient d'avoir ce lieu. Il est difficile de courir d'un endroit à un autre », a insisté Éric Dupond-Moretti, lui qui a passé plus de trente années de sa vie professionnelle à courir les palais de justice.

« Améliorer le service public de la justice marseillaise »

Cela dit, la future cité judiciaire ne devrait « pas être inaugurée avant 2030 au mieux », a prévenu le garde des Sceaux, et le projet coûtera à lui seul 350 millions d'euros, soit le montant de l'engagement promis par le président Emmanuel Macron. « Nous partageons tous le souhait d'améliorer le service public de la justice marseillaise et cela passe par un palais de justice moderne », a insisté le ministre.

Il a précisé que les premières évaluations techniques avaient eu lieu, que « le terrain » avait déjà été « repéré » et qu'il se trouve « à quinze minutes du centre-ville ». Éric Dupond-Moretti a aussi expliqué qu'il eût été « très compliqué et très onéreux » de construire la « cité judiciaire » au cœur de Marseille. « Nous avons longtemps cherché un lieu en centre-ville et nous ne l'avons pas trouvé », a-t-il assuré, non sans avoir évoqué les « inquiétudes des commerçants marseillais » auxquelles il dit avoir pourtant été « très sensible ».

« Nous ne laisserons pas le centre-ville se dévitaliser »

Pour autant, le ministre a dit son intention de ne pas rayer de la carte les palais Autran et Monthyon, situés au centre de Marseille, qui sont encore la fierté de la justice marseillaise. Mais à quoi vont donc servir ces structures dépouillées de leur substance ? Vont-elles encore coûter au contribuable marseillais ?

« Nous ne laisserons pas le centre-ville de Marseille se dévitaliser », a-t-il promis. Le garde des Sceaux a ouvert des pistes pour y installer une éventuelle antenne de l'École nationale de la magistrature (ENM) – elle est actuellement située à Bordeaux –, pour une délocalisation partielle de l'École nationale des greffes, sise à Dijon, voire une implantation de l'École des barreaux du Sud-Est, sans oublier l'hypothétique création d'une maison du droit. Tout cela devrait faire l'objet d'une nouvelle concertation – une vraie ? – avec un préfet de région déjà très sollicité par le ministre, « d'ici au printemps 2024 ». Les promesses n'engagent, hélas, que ceux qui les croient.

19

À qui profite le crime ?

Arthur Conan Doyle, le père de Sherlock Holmes, fait dire à son héros que « lorsque vous avez éliminé l'impossible, ce qui reste, si improbable soit-il, est nécessairement la vérité ». Voilà qui promet de rendre les choses relativement simples. À Baker Street, au cœur de Londres, tout paraît si bien ordonné. Hélas, les choses, à Marseille, se révèlent souvent plus compliquées. Et la Méditerranée n'est pas la Tamise. Pourtant, le grand Sherlock tentait de nous rassurer encore un peu. « Un fait hors de l'ordinaire, plaidait-il, est plutôt un indice qu'un embarras. » Faute d'indices, on court souvent d'embarras en embarras. A-t-on oublié de soulever la bonne pierre ? D'entrouvrir la bonne porte ? Il y a, dans chaque crime non élucidé, un règlement de comptes qui s'ignore et un mystère qui perdure. Une vengeance qui triomphe, une jalousie qui n'ose dire son nom. Un petit pot de vilénies accumulées que la justice n'a pas su vider à temps. Il suffit parfois d'un rien, mais il suffit parfois aussi de quelques oublis en cascade.

Les noms des affaires résonnent comme des échecs : Barras, Goubert, Balard, Alloard, Planchon, Roussenq, Sturlesi, Sylla, Popov… Presque un inventaire à la Prévert de l'enquête qui n'aboutit pas ou qui court sans fin. Depuis cinquante ans, pour les enquêteurs marseillais de la brigade criminelle, tous ces noms ont une triste résonance. Les scellés ont été préservés, mais ils n'ont pas livré leurs clés. Les indices recueillis n'ont pas parlé ou alors les enquêteurs n'ont pas su les faire parler. En dépit des logiciels Anacrim et autres, de plus en plus utilisés, l'intelligence humaine n'a pas triomphé. Ou pas encore. Triomphera-t-elle un jour ? Il y a là le signe insigne que police et gendarmerie sont en tout cas passées à côté de l'essentiel. Les enquêteurs ne s'en glorifient que rarement. Ils n'ont de cesse, des années après, de se dire qu'ils ont sûrement eu, en garde à vue ou comme simple témoin, l'auteur machiavélique des faits, le criminel aux mains sales, celui qui donne la nausée, et de n'avoir pas su faire le bon recoupement. Et ils se reposeront jusqu'à la fin de leur vie d'enquêteur la question centrale, la question fondatrice, celle qui dicte tout : à qui profite le crime ?

L'aveu n'est plus depuis beau temps la reine des preuves. Le crime parfait serait le crime sans mobile, celui qui ne répond pas aux questions cartésiennes traditionnelles, mais il n'a pas de sens. Et il y a une différence majeure entre vérité et vérité judiciaire, expliquent magistrats et avocats. Une accusation se construit. Elle se bâtit indice après indice. L'affaire non élucidée est hélas une victoire pour le ou les tueurs, les comploteurs de l'ombre. C'est un assassin qui se frotte compulsivement les mains en silence. Pas vu, pas pris !

La preuve, le témoignage humain circonstancié ou l'aveu ne sont pas toujours au rendez-vous de l'énigme judiciaire. Et quand le mensonge est partout, il faut, avant d'avancer ses pions, savoir qui a menti, pour mieux « ouvrir ou fermer les portes », comme disent les policiers. Souvent, hélas, on a la singulière impression qu'il faut repartir à zéro.

Marseille prend ainsi des airs de Sicile. Le mystère s'épaissit pour ne plus jamais déboucher sur la vérité. Il entretient le doute avec son cortège de bruit et de fureur, de galéjades, d'incompréhensions. Difficile de savoir où passe le vrai du faux. C'est Marseille tout entière.

Qui a voulu faire taire la belle Christine ?

Affaire Christine Barras. Compagne d'un temps du Dr Jean-Jacques Peschard, élu et chirurgien marseillais. Disparue le 5 ou le 6 décembre 1984, jamais réapparue. Elle faisait fonction d'aide-soignante, à l'époque, dans une clinique marseillaise. Tombée amoureuse du Dr Peschard, bien qu'ayant plus du double de son âge. Au bloc opératoire, elle lui faisait la cour, lui apportait des gâteaux et même des roses parfois. Lui ? Un homme à femmes. Un médecin propulsé dans le chaudron politique, maire des 13e et 14e arrondissements de Marseille. Ami de Robert Vigouroux, l'occupant de la mairie centrale de l'époque. Un professionnel respecté, un homme d'idées aussi. On n'a jamais retrouvé la trace de Christine. A-t-on voulu la faire taire ? Parce qu'elle en savait trop et qu'elle aurait menacé de faire rompre quelques digues, quelques équilibres conjugaux ou municipaux ?

On a prétendu que la belle mais jeune femme, un rien ingénue, passait, à ski, lors de leurs évasions amoureuses empressées, de l'argent en Suisse. Elle en aurait même fait la secrète confidence à sa mère. Selon elle, il y avait près de 25 millions de francs sur le compte du bon Dr Peschard. Christine Barras savait-elle seulement faire du ski ? On n'avait pas encore imaginé cette passion sportive pour toute clé des coffres. Fantasme de journalistes. Plus de fumée que de neige. Ni blanches preuves ni comptes gris. Le blanchiment présumé a, depuis, trouvé de meilleurs scénaristes. On a retourné le jardin du Dr Peschard, sondé les murs de la clinique Wulfran-Puget où il travaillait. Sans succès. Quelques-uns ont imaginé que, peut-être, Christine Barras avait fait l'objet d'une hospitalisation d'office, mais en vain. Seule une lettre datée de 1985 sème encore le doute. Son auteur écrit au Dr Peschard et lui glisse : « Pour celle que tu sais, elle est en sécurité et on n'en entendra plus parler »… Le Dr Peschard n'est plus là. Ni pour causer ni pour démentir.

Le très influent « M. Goubert »

Edmond Goubert, janvier 2002. Un homme de 62 ans qui avait de l'influence sur le port de Marseille. Le patron de Marseille Manutention, une entreprise qui comptait au moins autant en bras qu'en réputation. Quelques mois avant sa disparition, il avait fait un passage éclair par le tribunal. Un autodidacte. Un travailleur de force. Quatre médailles du travail. Un homme qui ne se laissait pas marcher sur les pieds. On ne la lui faisait pas à « Momon » Goubert, comme l'appelaient les dockers sur un ton presque affectueux. Une figure locale. Disparue elle aussi. Du jour au lendemain. Même sa voiture, un véhicule de prix, une berline de vrai patron, une Peugeot 607, couleur bleu de Chine, intérieur cuir beige, n'a jamais reparu. À 10 h 54, le 11 janvier 2002, il a passé un ultime appel téléphonique depuis son portable. Il s'est inquiété de l'absence, à son poste de travail, d'un de ses dockers professionnels. Et puis, plus rien. Qui lui en voulait donc à ce point pour le rayer des eaux même troubles du port de Marseille ?

Car il n'avait pas l'âme d'un suicidaire, le père Goubert ! Marié, père de deux enfants, il mordait dans la vie à pleines dents. Un homme capable de faire l'aller-retour en Italie dans la journée pour signer un contrat. Fallait-il donc chercher plus avant dans et sur le port ? Explorer ses relations au sein du « milieu » ? A-t-il fait les frais d'un racket auquel il aurait refusé de céder ? Qui a voulu faire taire Goubert, le fort en gueule ? « Momon » en savait-il trop sur l'univers opaque du port de Marseille ? A-t-il refusé de rendre service à des gens qui l'ont mal vécu en retour ?

Seules révélations : les écoutes téléphoniques dans le cadre de l'enquête sur sa mort ont permis de mettre au jour un trafic international de cigarettes et de révéler un trafic d'influence à la petite semaine entre notables marseillais, mais pas de résoudre le mystère de sa disparition ni son mobile. La piste de la Camorra, la mafia napolitaine, était-elle sérieuse ? On a exploré en vain les bassins de Marseille à l'aide d'un robot sous-marin. « Attendre et espérer », va répéter son avocat de toujours,

Me Jean-Claude Valéra, citant volontiers la phrase d'Alexandre Dumas qui clôt *Le Comte de Monte-Cristo*. Il pense qu'un jour la vérité se fera d'elle-même. En 2007, le juge Serge Tournaire a rendu un non-lieu définitif.

Un drôle de médicament dans les cheveux

Qui en voulait à Jacques Balard, le restaurateur tranquille du boulevard Baille, en plein centre de Marseille ? Il a été retrouvé mort à 49 ans, le 14 août 2008, à 7 h 30 du matin, gisant dans son établissement *Le Mytilène*. Crise cardiaque ? Départ soudain, celui que nul ne peut anticiper ? La piste la plus évidente, celle dont il faut par nature et par méthode policière se méfier. Rien à voir avec la vérité, celle qui depuis le début du dossier fait la conviction de ses proches, sa sœur, sa mère : la piste d'un empoisonnement, insuffisamment exploitée.

Mort suspecte. Autopsie. Depuis près de vingt ans, ses proches y croient dur comme fer. La famille est parvenue à faire exhumer le corps, un mois après le décès, pour effectuer de nouvelles analyses. Jacques Balard n'avait manifestement nulle envie de quitter les siens sans leur dire au revoir. Sur un coup de tête, sur un coup de sang. De leur aveu, il n'avait pas le profil du dépressif ordinaire. « Un gentil garçon, mon Jacques ! » répète sans fin la mère du défunt. La découverte dans les cheveux de la victime d'un produit toxique, le Tégrétol, a questionné la justice. Elle a cherché. Le Tégrétol est un médicament qui peut induire des troubles cardiaques. Seulement voilà, aucun de ses proches ne se souvient que Jacques en ait absorbé de son vivant. Et aucune prescription de ce type n'a été retrouvée lors de l'enquête. La cour d'appel d'Aix-en-Provence, le 1er juin 2022, a finalement délivré un non-lieu.

Le proviseur qu'on assassine

Affaire Clément Roussenq, 2004. Un dossier « signalé », comme on dit. Longtemps demeuré prioritaire. Le proviseur du collège Virebelle de La Ciotat retrouvé mort poignardé au petit matin. Au tribunal judiciaire de Marseille, comme au commissariat central de Marseille, le mythique « Évêché », on a tout exploré. La vengeance est peut-être un plat qui se mange froid. Était-ce celle, lentement et minutieusement mûrie, d'un de ses élèves qui aurait été chassé du collège et qui aurait nourri quelque rancœur à son égard ? Celle d'un conflit avec un enseignant ? Voire la mauvaise rencontre, toujours possible dans les dossiers sans explication cartésienne ? Celle qui ne répond à aucun critère logique. Car Clément Roussenq est sorti de chez lui à la suite d'un coup de téléphone mystérieux qui lui annonçait nuitamment la rupture des amarres de son bateau dans le port. On a cherché partout, entendu des dizaines de témoins, pensant que dans le lot on débusquerait l'intrus. On n'a fermé aucune porte. Même la piste privée a été explorée en vain. Et celle de son appartenance à quelque « service secret » n'a pas de sens. Elle relève plus du fantasme de littérature de gare que de l'éducation raisonnable, dans un dossier qui touche au monde enseignant par excellence. Le dossier est aujourd'hui entre les mains du pôle *cold cases* de Nanterre.

Pas le moindre indice sur la piste du journaliste curieux

Fred Sturlesi, le journaliste marseillais de l'*Hebdo*, le « mag » longtemps adossé au groupe *La Provence* de Marseille, est décédé à l'âge de 38 ans, le 22 novembre 2010. Il a succombé à un hématome sous-dural consécutif à une fracture du crâne. C'est l'un des serveurs du *Bar de la Plaine*, son QG marseillais, qui l'a retrouvé inanimé, deux jours plus tôt, en face de son établissement, sur un trottoir de la rue Saint-Pierre, à 5 heures du matin. Il avait quitté un bar tout proche, où il avait passé la soirée avec des amis. Il serait reparti seul en direction de son domicile. Accident mortel ? Agression ? Altercation ? Faut-il imaginer la froide vengeance d'un contact professionnel qui lui en aurait voulu à la suite d'un « papier », comme on dit dans le monde de la presse, qui aurait déplu ? Même pas. Fred Sturlesi était curieux de tout, passionné de foot, fin connaisseur de littérature sud-américaine.

Reste une fois encore la mauvaise rencontre ou la mauvaise chute d'un objet lourd ou contondant que rien ne vient hélas étayer. Pas le moindre témoin. Pas le moindre indice. Son ordinateur portable a été passé au crible sans résultat. Pas d'image de vidéosurveillance probante non plus dans le quartier, celui de la Plaine, pourtant très fréquenté, même à une heure très avancée de la nuit. Et les prélèvements effectués sur ses vêtements n'ont rien donné non plus. Enfin, aucune trace des deux hommes qui auraient demandé à un taxi de prévenir les secours. L'information judiciaire ouverte pour « assassinat » n'a pas prospéré. En août 2013, le juge saisi a rendu un non-lieu. Le sens commun en reste aussi heurté que frustré. Il y a pourtant des proches qui auraient bien aimé savoir.

Triste poisson d'avril

Un étudiant tranquille lui aussi, en master 2 de mathématiques, Ibrahima Sylla. D'origine guinéenne, 28 ans, retrouvé mort le 1er avril 2007, lardé de trente coups de couteau, brûlé et abandonné en pleine nuit dans un sombre talus du campus de Luminy, au bout du bout de Marseille. Marié et futur père. Le jour, il travaillait à la « plonge » dans un restaurant de l'Escale Borély pour se faire trois sous d'étudiant désargenté, payer ses études et nourrir sa famille. La nuit, il révisait ses cours. Ni témoin ni mobile. Le 10 février 2012, la justice a rendu un non-lieu. Une affaire que les policiers diront ne pas être fiers de ne pas avoir résolue. Et pourtant, ils ont écumé toutes les pistes. L'autopsie a révélé l'utilisation, lors du crime, de deux armes blanches distinctes. L'hypothèse privée n'a rien donné, celle du vol n'a pas prospéré et la thèse éventuelle d'un marginal qui vivait non loin de là, dans les calanques, ne tient pas. Pas davantage que celle d'un crime rituel, commandité de Marseille, voire de la Guinée. On a retrouvé le téléphone portable d'Ibrahima Sylla sur la scène de crime. Il aurait pu parler, mais son analyse n'a débouché sur rien. Reste la piste de la mauvaise rencontre dont on ne sait rien. Sans témoin ni indice précis, la vérité a du mal à se frayer un chemin.

Les enquêteurs ont seulement mis le doigt sur un trou d'une heure à une heure et demie entre le moment où Ibrahima Sylla quitte son employeur et son arrivée sur les lieux. Le corps de la victime a été arrosé de white-spirit et enflammé. Chaque année, ses proches, mais aussi l'association créée à l'occasion de sa disparition refont le chemin qui conduit du campus au triste fossé dont il n'est jamais sorti. Ils continuent d'espérer que la lumière de la vérité se fera un jour et qu'on finira par jeter un voile pudique sur ce mauvais poisson d'avril de 2007.

La mort à deux balles de René Lucet

La mort de René Lucet, le 4 mars 1982, est de ces énigmes qui sont régulièrement contrariées, mais la justice a classé l'affaire. Il sera difficile de convaincre les incrédules. On revisite ainsi régulièrement l'histoire de cet homme venu remettre de l'ordre au sein de la caisse d'assurance maladie de Marseille, la « Sécu » locale. Deux balles dans la tête. Deux balles mortelles, mais un suicide, conclura la justice. René Lucet était en guerre contre la ministre de la Santé de l'époque, Nicole Questiaux. Voilà qui continue de faire rire les Marseillais. Et il n'avait pas que des amis sur la place phocéenne. Cette opération « sanitaire » aura-t-elle déplu à quiconque ? « Un suicide à deux balles », a parfois ironisé la presse satirique. « Impossible », hurlent les uns. « Galéjade », rigolent les autres. « Il n'y a qu'ici, à Marseille, qu'on se satisfait d'un suicidé avec deux balles dans la tête », commentent les derniers. Pourtant, des experts balistiques continuent de venir expliquer, à la barre des cours d'assises, qu'un tireur aussi résolu que costaud peut parfois, dans un geste de crispation, appuyer deux fois sur la détente pour se donner la mort. Et cela n'empêche manifestement personne de dormir.

Le marin est-il parti avec ses secrets ?

« Aidez-nous à relancer l'enquête si vous avez vu quelque chose ce jour-là ! » C'est par ce cri d'alarme et un appel général à la responsabilité d'autrui que l'oncle de Sylvain Alloard s'adressait, au mois de mars 2008, à la presse. Ce quinquagénaire ne s'est jamais accommodé de la disparition de son neveu, le 23 mars 1998, tué de deux balles dans la nuque devant son domicile de Valmante, dans les quartiers sud de Marseille. Dix années avaient passé. Nombre de pistes ont été exploitées mais la mort sauvage, à l'âge de 31 ans, du premier maître du porte-avions *Clemenceau* Sylvain Alloard n'a pas abouti.

Est-il tombé dans un guet-apens ? Père d'une petite fille, a-t-il fait l'objet d'une vengeance d'ordre privé ? S'apprêtait-il à révéler des secrets militaires que nul ne voulait entendre ? Un non-lieu a été prononcé par le premier juge en 2005, qui a débouché ensuite sur un supplément d'information, vite refermé par un second en 2007. En 2017, la justice a sollicité les gendarmes pour que le dossier soit soumis à leur puissant logiciel Anacrim. La gendarmerie a également repris une analyse scrupuleuse des écoutes téléphoniques. L'affaire a été plus récemment transmise au pôle *cold cases* de Nanterre. Les enquêteurs continuent de buter sur l'absence de charges suffisantes pour renvoyer quiconque devant une cour d'assises dans ce dossier. En saisissant l'opinion publique, les proches de la victime osent espérer qu'un témoin, hier taiseux, livrera un élément nouveau, ultime clé d'un crime au mobile inconnu.

Qui a tué le commercial Olivier Plançon ?

Hormis la gerbe de plombs qui a foudroyé Olivier Plançon, un commercial de 40 ans, le 8 novembre 2007, alors qu'il quittait le parking d'une société des Arnavaux, on ne sait rien. Ceux qui ont commis le crime se sont évaporés sur leur scooter après avoir tiré au fusil à pompe sur leur victime. S'agit-il d'une bavure pure et simple ? Les auteurs en voulaient-ils à l'argent qu'il transportait au nom de la société pour laquelle il travaillait ? Le mobile du vol a longtemps prospéré, mais les 15 000 euros qu'il avait sur lui n'ont pas disparu après le coup de feu. Ils étaient là et bien là. À la suite du décès d'Olivier Plançon, des dizaines de messages de sympathie ont afflué pour saluer la mémoire du défunt, une personnalité décrite comme sans ambiguïté. Au terme des centaines d'heures d'investigations déployées par la police judiciaire, le mystère Plançon demeure entier.

À quoi bon vingt-huit coups de couteau ?

« C'est un dossier qui risque de mourir en l'état », confiait Me Joël Bataillé en 2008. L'avocat du père de Karim Bensouna aura pourtant tout tenté. Même un transport sur les lieux. Comme pour refaire avec la famille le dernier chemin de son fils, âgé de 24 ans, un garçon sans histoire, léger déficient mental, poignardé le 28 février 2004 de vingt-huit coups de couteau, chemin du Vallon-de-Toulouse, dans le quartier de Saint-Tronc. Pourquoi cet acharnement sur un homme sans défense ? La famille a bien placé son espoir dans une ultime commission rogatoire ordonnée par la juge, mais depuis le drame, c'est le silence qui, hélas, s'est installé. Aucun témoin direct. Aucun indice déterminant. Une centaine d'appels adressés à la police, mais aucune vraie piste. On a bien découvert un couteau, mais le prélèvement ADN n'a rien donné. Et l'analyse comportementale diligentée, destinée à établir un profil criminel, a débouché sur un cul-de-sac.

L'infatigable quête du mari accusé

Et puis, il y a l'histoire que l'on croise rarement dans les annales du crime, celle du mari accusé d'avoir fait exécuter sa femme, que la justice a envoyé en prison et qui, plus de dix ans après les faits, semble ne conserver envers cette même justice aucune rancune. Condamné en première instance par la cour d'assises d'Aix-en-Provence en septembre 2011 à quinze ans de réclusion, puis acquitté en juin 2012. C'est l'histoire de Gennady

Popov, un homme d'affaires d'origine russe qui a fait fortune en France et qui dépose plainte contre X avec constitution de partie civile pour savoir qui a pu tuer son épouse Natalia, brûlée vive le 4 octobre 2004, tout près de Marseille. Il a fait rouvrir l'enquête en octobre 2014. Une sorte d'entêtement à n'y rien entendre. Une manière de persévérance qui se noie dans les méandres de l'âme humaine.

Gennady Popov est-il le vrai mari perclus de douleur, victime d'une erreur judiciaire ? Ou bien joue-t-il depuis le début un double et trouble jeu ? Son avocat, Me Patrice Reviron, un redoutable traqueur de failles dans les plis et replis des enquêtes, un avocat d'investigation, l'un de ceux qui aiment à débusquer dans les dossiers ce qui cloche, ce qui claudique, est et reste persuadé de l'innocence de son client. Il soutient que trop de pistes ont été insuffisamment exploitées. Il est parvenu à faire rouvrir le dossier. Un nouveau juge a été désigné, qui a procédé à l'audition de deux suspects trop longtemps laissés de côté, selon l'analyse qu'en fait Me Reviron. Mais le magistrat a refermé le dossier par un non-lieu en décembre 2021. Non-lieu contesté à nouveau par l'avocat de Gennady Popov, mais de nouveau confirmé par la cour d'appel d'Aix le 18 janvier 2022.

La même cour a aussi évacué la piste invoquée par la défense d'un possible crime commis par le tueur en série François Vérove, dit « le Grêlé », qui aurait séjourné dans le secteur géographique de Martigues, au prétexte que les faits qui lui étaient reprochés couraient de 1986 à 1994, soit dix ans au moins avant le début de l'affaire Popov. L'avocat a même sollicité la reprise du dossier par le pôle *cold cases* de Nanterre, à la curiosité institutionnelle désormais affichée, mais en vain. Me Reviron s'apprête aujourd'hui à engager une action en responsabilité contre l'État pour faute lourde du service public de la justice.

Il y a ainsi, dans la mythologie de Marseille, des mystères à tiroirs, des silences récurrents, des trous dans la mémoire collective qui ne demandent qu'à croiser un jour la vérité. « Le pessimisme est d'humeur, l'optimisme est de volonté », disait le philosophe Alain. On a donc cherché et cherché encore. Mais en vain. Depuis cinquante ans, les affaires non résolues restent aussi nombreuses que signalées, en dépit des pistes explorées. Il y a de la vengeance dans l'air, mais les enquêteurs continuent de buter sur les mobiles. Tous ces dossiers n'en finissent pas de prolonger le grand mystère de Marseille.

20

Des ratés à l'allumage judiciaire

Comme le dit Fabrice Castoldi, président de chambre à la cour d'appel d'Aix-en-Provence : « Je préfère les enquêtes minutieuses aux symphonies inachevées. » Tout le monde n'est pas Mozart et les investigations finissent parfois dans le mur. Surtout si la police traîne des pieds. Voilà qui devient vite suspect. C'est par là que pèche parfois notre démocratie. Avec ce sentiment singulier que la police ne s'est pas épuisée à la tâche pour savoir qui a fait quoi. Ou la sensation désagréable que, d'emblée, une série d'investigations qui eurent été nécessaires ont été laissées de côté.

Cela est-il le fait de l'incompétence, celui de la légèreté, ou bien de quelque complaisance, voire d'une complicité inavouable et inavouée, au prétexte que le mis en cause n'est pas un citoyen comme un autre ? La justice protège-t-elle la police ? Dans nombre d'affaires marseillaises, la question reste posée avec acuité. Du coup, le justiciable a des doutes. Et le doute n'est jamais bon.

L'affaire de la Bac Nord

Octobre 2012. L'affaire de la Bac Nord secoue Marseille. Les « ripoux », tendance Philippe Noiret et Thierry Lhermitte, auraient investi la cité phocéenne et lui imposeraient sa loi au quotidien. Tout le monde a l'air de découvrir le singulier métier qu'exercent les policiers de cette brigade anti-criminalité (Bac) qui fait du « saute-dessus » dans les quartiers nord de Marseille, les plus rudes de la cité phocéenne, ceux où tout est permis. En retour, les policiers se sont-ils dit qu'ils avaient tous les droits ? C'est ce que pense très vite la « police des polices » saisie de ce dossier. « M. Propre » débarque en terre connue. Cinq cents grammes de cannabis dissimulés dans les faux plafonds des vestiaires, des revendeurs de drogue qui dénoncent des vols et des rackets commis par des fonctionnaires, sept policiers jetés en prison : le casting paraît réglé.

Après avoir dénoncé « une véritable gangrène », les autorités s'en remettent au silence tranquille d'un magistrat d'expérience, le juge d'instruction Pierre Philipon. Sept ans plus tard, en juin 2019, il renvoie dix-huit membres de cette brigade devant le tribunal correctionnel et nuance son propos. D'ailleurs, il a renoncé à la « bande organisée » parfois mise en avant. Il observe certes que « les pratiques professionnelles des fonctionnaires de la Bac Nord étaient très largement dévoyées ». Selon lui, « bien au-delà d'un simple laisser-aller professionnel ou d'un manque de rigueur, chaque opération de police devenait en réalité prétexte, soit à l'attribution de produits en vue d'une éventuelle rémunération d'informateurs officieux, soit à un enrichissement personnel ».

La réalité judiciaire sera encore plus nuancée. Il reste, à l'appui des accusations, des vols de drogue, de cigarettes ou d'argent, ce qui n'est pas rien, le tout corroboré par des centaines d'heures de conversations interceptées dans les bureaux, mais aussi par la sonorisation des six voitures de la Bac en 2012.

En revanche, le juge a aussi abandonné la qualification de « violences volontaires » sur les gardés à vue qui leur étaient reprochées. Sur les dix-huit mis en examen, onze seront condamnés à des peines légères, avec un maximum d'un an de prison avec sursis, qui écrasent les préventions les plus sérieuses. Les sept autres sont purement et simplement relaxés. Et deux des accusations les plus embarrassantes seront rejetées pour être « insuffisamment caractérisées ». Parmi elles, la perquisition illégale dite « à la mexicaine », dans un appartement nourrice, où les policiers auraient tenté de voler 2 000 euros de marchandise. Et les confidences d'un trafiquant qui prétendait que 9 000 euros lui avaient été dérobés lors de son interpellation en 2012.

« Ni au-dessus ni au-dessous des lois »

« Les policiers ne sont ni au-dessus ni au-dessous des lois », aime à résumer Me Alain Lhote, l'un des avocats qui ont défendu les policiers mis en cause. Une nuée d'accusations non corroborées par l'enquête, des éléments de preuves rares, des sonorisations parfois incompréhensibles : tout cela a finalement abouti à des condamnations en demi-teinte. L'affaire de la Bac Nord fut surtout l'occasion de lever quelques hypocrisies ou fausses pudeurs sur la façon de travailler des enquêteurs et de clarifier les méthodes. Les « bien-pensants » se sont fait plaisir en accrochant quelques têtes au sommet de leurs baïonnettes, des uniformes à leur tableau de chasse. Mais beaucoup ont déchanté. La police n'y a rien gagné. Elle en est sortie ternie, la Bac Nord foudroyée, et les trafiquants ont cru, au moins un temps, qu'ils avaient gagné un combat qui n'en était pas un.

Le parquet général d'Aix-en-Provence a renoncé à son appel, preuve évidente qu'il a bien senti que l'accusation serait difficile à soutenir. On a brandi la volonté d'en finir avec un dossier scandale, ce qui est faux. Chacun sait que la justice n'aime pas les brebis galeuses et qu'elle se montre souvent bien plus répressive envers ceux qui ont fauté. Le réalisateur Cédric Jimenez en fera un film. « Il ne fait de nous ni des anges ni des héros », commentera Bruno Carrasco, un « ex » de la Bac Nord, chef de groupe, qui s'est battu pour faire entendre « sa vérité » et qui a même conseillé le réalisateur sur le film[1].

Quand la police réécrit l'histoire

« Il devient difficile de mettre de la mesure et de la sérénité dans ce contentieux, explique la procureure adjointe Sylvie Odier, au risque d'être taxée d'anti- ou de pro-police. » Tout est dit ou presque. L'été 2023 aura en effet posé et reposé maintes fois le débat sur les violences policières, les « pro » et les « anti ». Un débat très clivant, comme on dirait aujourd'hui. Ambiance règlements de comptes. Comme s'il fallait, en guise de préalable, choisir son camp. Ce 27 septembre 2023, la salle d'audience du tribunal correctionnel de Marseille est pleine. D'un côté, les collègues de travail des deux policiers qui comparaissent sont venus en nombre. De l'autre, les proches des trois victimes qui accusent les fonctionnaires de police de violences attendent ce procès, en rang serré et avec une impatience manifeste, depuis plus de deux ans.

Tout a commencé le 30 avril 2021, lors d'une soirée clandestine en plein confinement, lors de la pandémie de Covid. Trois jeunes fêtards qui se trouvaient dans le quartier Saint-Charles sont surpris par la police sur un échafaudage. Les forces de l'ordre les somment de descendre. Le ton monte rapidement. L'un des jeunes est plaqué sur le capot d'un véhicule. Il reçoit des coups, tandis que sa copine, à quelques mètres de là, tente de voler à son secours. Elle sera gazée et projetée au sol. Un troisième est repoussé violemment. Les jeunes s'en tireront avec cinq jours d'incapacité temporaire de travail (ITT) pour le premier, trente pour la deuxième, deux pour le dernier. Blessée au coude, la jeune femme, infirmière de profession, ne pourra reprendre son travail pendant neuf mois.

Mais ce sont les conditions d'interpellation qui vont poser problème et créer la polémique. Les policiers ont-ils usé de la

1. *La Provence*, 18 août 2021.

force strictement nécessaire ? Les victimes assurent que non. Leur avocat, Me Thomas Hugues, s'est battu pendant deux ans pour que la qualification aggravée de violences volontaires avec arme soit rajoutée à la note des policiers. Elle fait encourir jusqu'à sept ans de prison à l'un d'eux. Les deux hommes, respectivement âgés de 34 et 47 ans, sont des policiers aguerris, des « chasseurs » en poste à la brigade anti-criminalité (Bac) Centre.

La vidéo qui dérange

Une vidéo filmée par un riverain a été annexée à la procédure. Elle sera le fil d'Ariane de ce procès. On y voit tout, ou presque. Difficile de tricher. Tricher : c'est bien ce que reproche Me Thomas Hugues, au nom des victimes, aux policiers interpellateurs. Selon lui, lors de leurs auditions, comme à la barre du tribunal, ils jouent avec les mots, comme on jouerait avec le feu, en évoquant ici une « soufflette », des « coups de percussion », un « geste de dégagement », un « mouvement de tête » ou une « étreinte arrière » pour ne pas avoir à parler crûment de violences volontaires et de dérapages incontrôlés, bien éloignés de leurs missions habituelles.

Pour accommoder les faits à sa propre vérité, on a changé les mots. C'est de plus en plus fréquent pour mieux travestir une réalité qui dérange. La tentation évidente est celle de tomber dans le « tous pourris ». C'est faux. Ce que l'on constate, c'est que ces dérapages sont le fait d'une minorité de policiers, en phase de perte des repères déontologiques.

Cow-boys blasés ou insuffisamment respectés par leur hiérarchie, ils se sont bâti des codes qui ne sont que les leurs et tentent de faire régner la loi, leur loi, dans la rue. Avec une certitude bien saugrenue au XXIe siècle : pas vus, pas pris ! Bien mal leur en a pris, car la vidéosurveillance est désormais partout. Et quand ce ne sont pas les réseaux municipaux qui filment, ce sont les riverains, les curieux, qui enregistrent et diffusent tout et partout. De même que les voyous des cités se sont approprié leurs périmètres et n'apprécient pas les intrusions des bandes rivales, ces policiers considèrent à tort que la rue est leur monde et qu'on ne saurait les en exclure. Ils se trompent.

Saisie de l'affaire, la « police des polices » a fait le tri. « Ce dossier met en lumière une manière de se comporter sur la voie publique qui n'est pas admissible », scandera la procureure Sylvie Odier, qui n'a réclamé aucune interdiction d'exercer, mais six mois de prison avec sursis contre l'un des policiers, âgé de 34 ans, cinq mois avec sursis contre le second, le chef de bord de 47 ans. Les deux brigadiers-chefs ont été évincés un temps de la voie publique, avant de pouvoir y revenir à leur demande.

Les avocates des policiers, Mes Carine Dip et Félicie Jassem, ont plaidé la relaxe. Elles estiment que leurs clients ont fait usage de la stricte force nécessaire et légitime. Il faut, selon elles, se garder de « regarder la vidéo avec émotion ». Le 25 octobre 2023, les deux hommes ont été condamnés respectivement à des peines de huit et six mois avec sursis. Ils ont fait appel.

Les victimes avaient aussi déposé une plainte pour « faux en écritures publiques », après avoir constaté que les procès-verbaux ne décrivaient pas fidèlement les faits constatés. Après un classement sans suite en novembre 2022, une information judiciaire criminelle a été ouverte fin septembre 2023 pour ces mêmes faits à la suite d'une nouvelle plainte avec constitution de partie civile déposée par l'avocat des victimes. Un juge d'instruction marseillais est désormais chargé d'instruire cet aspect du dossier.

Affaire Zineb Redouane : le dossier sensible dépaysé

À 80 ans, Zineb Redouane se trouvait à la fenêtre de son appartement, au quatrième étage, en plein centre-ville de Marseille, lorsque, le 1er décembre 2008, une grenade lacrymogène tirée depuis la rue l'a heurtée en plein visage. C'était l'acte III des « Gilets jaunes » et le bitume marseillais était en feu. Transportée d'urgence à l'hôpital de la Conception, la victime n'a pas survécu à ses blessures. Quoi qu'on dise, quoi qu'on fasse, « Mektoub » – le destin, en arabe – ne suffit pas, cinq ans plus tard, à justifier les faits.

Si l'on relit le rapport d'autopsie, on apprend que cette coiffeuse à la retraite qui passait l'essentiel de son temps entre Alger et Marseille, « Mama Zineb », comme la surnommaient ses proches, aurait succombé à « un traumatisme facial avec fractures de l'ensemble de l'hémiface droite et des fractures costales ». Zineb a perdu connaissance, puis a été victime de cinq arrêts cardiaques successifs. Le dernier sera fatal.

Le tir des CRS était-il involontaire ? Pourquoi l'un d'eux l'aurait-il visée ? En avril 2019, un des avocats de la partie civile fera valoir que « la juridiction de Marseille semble protéger le policier, dans la mesure où le tireur n'a jamais été identifié ». Le parquet de Marseille a-t-il été imprudent, en affirmant d'abord qu'aucun « lien de cause à effet » ne pouvait être « établi entre la blessure et le décès », puis en rectifiant le tir et en reconnaissant qu'« il n'a jamais été question de nier qu'elle a reçu un projectile au visage » et que « la blessure est indiscutable » ? De surcroît, le même parquet a indiqué un temps que la mort résultait « d'un choc opératoire et non d'un choc facial ».

Pour préserver la sérénité de l'enquête, le procureur général d'Aix-en-Provence, Robert Gelli, a donc sollicité le dépaysement de l'affaire. Il avait relevé que, selon deux témoignages de CRS, un magistrat du parquet était effectivement présent sur les lieux de la manifestation, un magistrat au-dessus de tout soupçon, brassard orange au bras, gilet pare-balles et sac d'intervention sur le dos. Pour ne pas ajouter à la confusion, c'est désormais chose faite depuis le mois d'août 2019. L'affaire a été délocalisée à Lyon, ce qui n'a jamais vraiment satisfait Me Brice Grazzini, l'un des avocats de la famille, pour qui la CRS de Saint-Étienne dépend hiérarchiquement de la cour d'appel de Lyon. Un raté à l'allumage judiciaire que le magistrat lyonnais devra purger avec sobriété. En tout cas, cinq ans plus tard, l'affaire n'est toujours pas jugée. De couac en couac, seul un procès permettra de confronter les versions et de dire qui est le véritable auteur du tir mortel.

Affaire Maria : « omerta » et zones d'ombre

Juin 2023 : la justice décide de lever l'opacité qui règne depuis plus de quatre ans maintenant sur les coups de pied et de matraque présumés reçus par Maria, une jeune fille de 19 ans, le 8 décembre 2018, vers 18 heures, lors d'une manifestation particulièrement tendue à Marseille, à l'occasion de l'acte IV des « Gilets jaunes », une manifestation à laquelle elle ne participait pourtant pas.

En effet, le 7 juin 2023, la chambre de l'instruction de la cour d'appel d'Aix-en-Provence a infirmé l'ordonnance de non-lieu rendue le 25 janvier 2022 et renvoyé le dossier au même juge d'instruction marseillais. « Ma cliente est contente. En tout cas, cette décision judiciaire lui a redonné le sourire », réagit Me Brice Grazzini, son avocat.

Maria était ce jour-là accompagnée de son petit ami. Elle rentrait de son travail comme vendeuse chez *Zara*, lorsqu'elle a été touchée. La jeune femme, qui avait chuté, avait indiqué alors qu'elle avait été frappée, puis gazée. Maria sera hospitalisée pendant onze jours. Elle portait une grosse blessure à la cuisse, les stigmates d'un traumatisme crânien, avec trente points de suture à la tête, ainsi que diverses contusions.

Une information judiciaire pour « violences aggravées et non-assistance à personne en danger » avait été ouverte par le parquet de Marseille le 25 juillet 2019. Mais les investigations opérées n'ont manifestement satisfait personne. L'enquête conduite par l'Inspection générale de la police nationale (IGPN) n'a pu à ce jour déterminer ni identifier les véritables auteurs de ces blessures.

Me Brice Grazzini avait, dès décembre 2020, dénoncé « l'omerta » judiciaire s'exerçant, selon lui, sur les fonctionnaires de police. « Personne ne reconnaît personne, personne n'a tiré, personne ne se souvient des faits en cause », pestait-il alors. Il avait en conséquence sollicité du juge un complément d'information. Il avait pointé une à une les investigations manquées et lancé un appel à témoins, en promettant que l'affaire n'en resterait pas là. La justice vient de lui donner raison. Les investigations attendues devraient permettre de lever les zones d'ombre du dossier.

Le logiciel Pégase de la police, qui permet de connaître les commentaires en continu, a connu ce jour-là « un dysfonctionnement informatique » qui paraît suspect aux yeux de la partie civile. Enfin, un témoin qui habitait juste au-dessus du lieu des faits et aurait assisté à toute la scène de violence n'a pas été entendu.

Chose singulière, le parquet général d'Aix-en-Provence a abondé dans le sens de la partie civile, se refusant lui aussi à la fin des investigations. Des images filmées par des témoins extérieurs, notamment rue de la Glacière, en plein centre-ville de Marseille, ont été transmises à la justice. Plusieurs policiers susceptibles d'être intervenus avaient été placés en garde à vue mais jamais mis en examen, et les bandes de vidéosurveillance de la ville auraient été effacées.

Pour Me Grazzini, le film de cette journée du 8 décembre 2018 est loin d'avoir été tracé dans le détail : « C'est un travail de titan qui va devoir reprendre. Il faut tout recouper. »

Les maladresses qui viennent d'en haut

Comment s'extraire de la nasse policière ? Une petite phrase et puis s'en va, pensait-on. Pour soutenir un de ses fonctionnaires marseillais écroué dans une autre affaire de violences présumées, le directeur général de la police nationale, Frédéric Veaux, a osé souffler, le 23 juillet 2023, dans *Le Parisien* : « Avant un éventuel procès, un policier n'a pas sa place en prison. » C'était la phrase de trop, le mot qu'il fallait taire, le sein qu'il fallait cacher, la déclaration de guerre à la magistrature. Du coup, les gens d'hermine se sont fâchés tout rouge.

La magistrature entend continuer à juger en conscience. Elle entend le dire et le répéter à tous les sourds de France. Le président du tribunal judiciaire de Marseille, Olivier Leurent, est monté au créneau. Francois Molins, l'ex-plus haut magistrat de France, l'a rejoint dans cette diagonale bien compréhensible de l'indignation. Laissons les juges juger et les vaches républicaines seront bien gardées. Tout à ses tourments intérieurs, Frédéric Veaux en a-t-il oublié « la séparation des pouvoirs », ou plutôt « l'équilibre des pouvoirs » cher à Montesquieu ? L'exécutif qui respecte le législatif qui respecte le judiciaire sans marcher sur les pieds du voisin ? Savant dosage qui requiert mesure et circonspection.

Il aurait dû relire ses classiques, le « super-flic » ! Mais avait-il d'autres choix, lui qui, en octobre 2022, avait déjà cassé le vase de Soissons ? Il avait consommé son assurance-vie de directeur général de la police nationale. C'est qu'il s'était mis à dos tous les policiers de PJ et bien d'autres encore pour avoir joué collé-serré avec son ministre sur le thème de la honteuse réforme en projet. Il avait déjà brûlé ses cartouches. Alors pouvait-il faire autrement, cette fois, que de resserrer les troupes, de soutenir ses rangs, d'abonder dans leur sens, sauf à laisser l'uniforme entrer en rébellion durable ?

Le policier n'a pas le droit de grève ? Qu'importe ! À défaut de droit de grève, les mécontents – entre 800 et 1 000 selon les estimations de la police et des manifestants pour une fois unis dans une même comptabilité de la rue – ont inventé « le code 562 », une sorte de droit de retrait partiel qui indique qu'ils n'assureront plus que les missions essentielles et d'urgence. Service minimum pour policier au maximum. Marre d'être pris pour des chiffons de papier, pour les serpillières de la République. Ils ont crié leur droit inaliénable de dire non. Pas d'initiative tue l'initiative, et la police sans initiative, c'est l'ordre républicain réduit à la portion congrue, avec derrière lui, sans lui, la société qui tremble sans oser l'avouer publiquement. On ne joue pas impunément avec les allumettes de la République, quand on est le chef de la police.

Un pays qui brûle ceux qu'il a tant aimés

Finalement, tout nous ramène à une seule question : quel est donc ce pays qui marche sur la tête, ce pays si inconstant qui brûle, en cet été 2023, ses policiers, ceux qu'il a tant aimés, ceux à qui il doit tant ? Même s'ils ne s'appellent pas tous Franck Brinsolaro, comme ce policier marseillais, tué le 7 janvier 2015 à *Charlie Hebdo*, alors qu'il protégeait le dessinateur Charb, les policiers méritent-ils le portrait qu'on dresse d'eux : réducteur, caricatural et systématiquement, linéairement violent ? N'y aurait-il pas, derrière tout cela, un vilain petit air de règlement de comptes ? Et qui se cache derrière ?

Hier, on voulait tous être le Charlie d'un policier. Aujourd'hui, malheur à celui qui sortira de son rôle, du schéma républicain qui lui a été initialement et déontologiquement tracé. Car nos policiers sont par nature la représentation publique de la République. Leur uniforme en témoigne, même leur civil uniforme à peine apparent qui se résume parfois à un brassard de police. Alors, on exige d'eux l'exemplarité républicaine. On oublie que, si on a vu un temps en eux des surhommes, à *Charlie Hebdo*, au *Bataclan* et ailleurs, ils restent des hommes, avec leurs doutes, leurs indécisions passagères, leurs peurs. Ils sont humains, trop humains, désespérément humains. On devrait relire Nietzsche. L'homme qui se croit si génial conserve inexorablement une part de faiblesse et de médiocrité. C'est ce qui rend les policiers à la fois si proches et si différents de nous. On peut les croiser à la boulangerie de son quartier mais on peine à les imaginer casqués sur le terrain, dévoués au bien public, courbés sur l'intérêt général avec un sens quasi sacrificiel.

On les aime quand ils volent à notre secours. On les abhorre pourtant quand ils nous distribuent contraventions et leçons de bonne conduite publique. On oublie aussi qu'ils n'ont parfois que quelques secondes sur le pavé marseillais pour prendre la bonne décision. Qui oserait dire qu'il ne se tromperait pas à leur place ? Qui saurait dire qu'il a touché au bon endroit, tel Cyrano de Bergerac ?

On oublie aussi que c'est l'État qui les envoie sur le terrain, l'État brutal, l'État policier, l'État on-ne-me-résiste-pas, l'État on-ne-me-la-fait-pas, l'État centralisateur au sens de ses décisions ordinaires. Paris contre le désert français. Car, sans le savoir, aux plus hauts sommets de l'État, ceux tant décrits par Pierre Birnbaum, l'élite méconnaît la base, même son élite policière. L'État ignore que, s'ils sont tous policiers ou gendarmes, il y a autant de distance et de culture de terrain entre un policier du Raid et un gendarme du bout de France, entre un policier de brigade anti-criminalité et un chasseur de forcenés habitué à intervenir nuitamment et à dénouer les situations les plus enkystées.

Or l'État a de moins en moins le temps de former ses policiers. Il a déjà à peine le temps de vérifier qu'ils s'entraînent à tirer deux à trois fois par an avec leur arme de service pour rester dans le coup. Cet État feint de la même façon d'ignorer que ses policiers, à force d'être trop souvent livrés à eux-mêmes, se sentent seuls, désespérément seuls, et prennent parfois de mauvaises habitudes, celles qui un jour ou l'autre accoucheront du pire.

Le maintien de l'ordre : un vrai métier

On oublie surtout que le maintien de l'ordre est un métier policier à part entière, une technique qui ne s'apprend que sur le terrain, qui exige adaptation et réadaptation permanentes. Pendant la longue mobilisation des « Gilets jaunes », pour avoir assisté au travail des policiers depuis l'état-major de « l'Évêché », le commissariat central de Marseille, on a découvert de quoi était faite cette stratégie. C'est une véritable stratégie de guerre qui se noue sur le terrain. Il faut savoir débusquer les leurres de l'adversaire, ses coups pendables et ses coups de Jarnac. Une stratégie qui ne doit rien laisser au hasard. S'adapter et se réadapter sans cesse à la stratégie de l'adversaire. Ni amateurisme ni ingénuité.

Depuis le poste de commandement central, le patron de la sécurité publique donne des ordres de mise en place et de remise en place du dispositif. Avec des préceptes majeurs : ne jamais laisser de place au vide, car la nature, surtout la nature manifestante, a horreur du vide. Adopter la juste riposte à la juste attaque, au risque de passer pour trop violent et de faire dégénérer la situation. Laisser venir l'adversaire pour l'obliger à se découvrir, sans trop le laisser venir non plus. Savant et délicat dosage. Exercice permanent d'équilibriste. Un jeu du chat et de la souris qui n'en finit pas et qui a souvent raison de la patience des meilleurs policiers, peu formés à cette animale confrontation.

Les policiers restent toutefois l'un des corps les plus contrôlés. Ses 150 000 éléments représentent à eux seuls 5 % des 2,5 millions de fonctionnaires de l'État. À preuve : l'institution a prononcé en 2022 plus de 2 200 sanctions[2].

« Les ratés ne vous rateront pas », disait Bernanos. C'est bien ce que doivent penser nombre de policiers criblés de critiques depuis de longs mois par ceux qui n'y entendent rien. On les a pourtant follement aimés pendant la crise de la rue et la révolte des « Gilets jaunes » qui a surgi en octobre 2018. On les a désirés et admirés à en pleurer dans leur chasse aux terroristes des années 2015-2019. On en a fait des héros du terrain prêts à sacrifier leur vie pour d'autres et voilà que, tout à coup, on leur reproche de sacrifier celle des autres pour un oui et pour un non.

2. *Le Figaro*, 11 août 2023.

Une nouvelle enquête pour des violences policières présumées

On appellera cela la loi des séries. Ou plutôt la loi d'un mauvais été. Une quatrième enquête pour des faits présumés de violences policières en marge des émeutes urbaines de juillet a été ouverte par le parquet de Marseille, a-t-on appris le 30 août 2023 de source judiciaire. Elle fait suite à la plainte déposée le 19 juillet par un homme de 36 ans qui a indiqué avoir reçu plusieurs coups de matraque et souffrirait de sept fractures de l'hémiface gauche. La procédure a été ouverte pour « violences en réunion avec arme ayant entraîné une ITT de plus de huit jours, abus d'autorité pour faire échec à l'exécution de la loi et menace ou acte d'intimidation en vue de déterminer une victime à ne pas déposer plainte ou à se rétracter », précise-t-on de même source.

Les faits ciblés se seraient produits dans le quartier de la Plaine, au cours de la nuit du 1er au 2 juillet 2023, entre 22 h 30 et 23 heures. Les enquêteurs sont à la recherche de témoins et passent au crible les vidéosurveillances susceptibles d'accréditer les faits. Un policier a été placé en garde à vue. Il a été entendu par les hommes de l'Inspection générale de la police nationale (IGPN), la « police des polices ». Il s'agit de la quatrième procédure ouverte après les émeutes qui ont causé la mort de Mohamed Bendriss, 27 ans, et les tirs de LBD qui ont blessé à la tête deux autres victimes, Abdelkarim, son cousin, et un nommé Hedi. Des faits qui faisaient eux-mêmes suite à la mort du jeune Nahel, fin juin, à Nanterre, lors d'un refus d'obtempérer sur un contrôle routier.

Dans le dossier le plus lourd, celui qui a entraîné la mort de Mohamed Bendriss, le 2 juillet 2023, à la suite d'un tir de LBD, la vidéo publiée par Mediapart et Libération montre ce père de famille en train de remonter à scooter la colonne de véhicules des policiers du Raid. Tandis que le deux-roues emprunte le trottoir d'en face, un des policiers, qui se trouve alors positionné sur la tourelle d'un véhicule blindé, dirige son arme contre lui et tire une première fois. D'autres détonations suivent et l'on perçoit en fond sonore la voix de plusieurs témoins qui semblent lancer : « Arrêtez ! Il a rien fait ! Il a rien fait ! » Touché au thorax, Mohamed Bendriss poursuit sa route avant de s'effondrer quelques mètres plus loin, victime d'un arrêt cardiaque, près du domicile de sa mère. Deux jours plus tard, une information judiciaire sera ouverte par le parquet de Marseille pour « coups mortels avec usage ou menace d'une arme ».

Des ripostes légitimes ou illégitimes ?

Le 10 août 2023, trois policiers du Raid ont été mis en examen pour « violences avec arme ayant entraîné la mort sans intention de la donner », avant d'être remis en liberté mais placés sous contrôle judiciaire. L'enquête va devoir dire si l'usage du LBD et des *bean bags* était proportionné et justifié, ainsi que l'assurent deux des mis en cause, c'est-à-dire, comme l'a fait valoir dans d'autres dossiers le parquet de Marseille, si la violence utilisée était légitime ou illégitime au regard des circonstances. Le troisième mis en cause conteste les tirs.

La même ouverture du contradictoire a été mise en place dans le dossier des violences de Saint-Charles. C'est tout le travail du juge. Douter et douter encore, avant de juger. N'oublions pas le mot de Platon : « Quand les hommes auront appris beaucoup de choses, ils croiront être bien savants et ne seront que de faux sages. »

21

Qui veut la peau de la PJ ?

Ils auraient pu faire de l'humour mais le sujet ne s'y prête pas. Ils auraient pu, pour parodier un peu plus Charles de Gaulle dans notre démocratie en déroute, écrire sur leurs affichettes brandies avec témérité : « Non, les policiers ne sont pas des Veaux ! » Ce limogeage d'Éric Arella, le patron de la police judiciaire marseillaise, par son directeur général Frédéric Veaux, en octobre 2022, valait bien un clin d'œil. Ils ont préféré l'image du cercueil à la rose rouge, barré de la mention « PJ ». En noir bien sûr, car pour eux, policiers de PJ, c'était à coup sûr la PJ qu'on allait enterrer, à court ou moyen terme, si le gouvernement validait cette réforme.

Pourquoi s'entêter, quand les professionnels vous disent qu'il ne faut pas ? Ils ne sont pas fléchis sur leurs petits avantages corporatistes, les « flics » de PJ, même s'ils touchent une petite prime que n'ont pas leurs collègues de la sécurité publique ! Ils préféreraient passer leurs soirées dans le cocon familial avec femme et enfants, plutôt que de devoir planquer en douce pour faire tomber des trafiquants de stupéfiants.

Et, pendant ce temps, ce sont les grands voyous qui rient sous cape. Ils gagnent des jours et des jours de chiffres d'affaires à cinq ou six chiffres, les roués malfaiteurs ! D'autant qu'ils n'étaient pas totalement contre cette réforme, les fidèles serviteurs de la PJ. Leur directeur, le très charismatique Éric Arella, a même joué le jeu. Ouvert des portes. Ouvert sa porte. Car la réforme porte en elle une série de non-sens. Comme la départementalisation des enquêtes, à l'heure où le crime s'internationalise.

Reverser les hommes de PJ en sécurité publique ne résoudra pas tout. Mais la goutte d'eau qui a fait déborder le vase de l'insupportable, ce sont les mots et les postures de leur ministre Gérald Darmanin. Comment oser dire que les résultats de la PJ de Marseille ne sont pas bons, alors qu'à l'été 2022, il est venu soutenir ici que les taux d'élucidation des homicides étaient supérieurs à la moyenne française. Quand on veut tuer son chien, on l'accuse de la rage. Il l'avait pourtant, la rage, Éric Arella, mais c'était celle de courir derrière les voyous, nuits comprises. Qui ne l'a croisé nuitamment sur le terrain, sur telle ou telle scène de crime ? Comment, de surcroît, lui reprocher son manque de loyauté, quand on connaît le personnage ? Le ministre connaît-il donc si peu ses hommes ? Il fallait bien un fusible. Gérald Darmanin lui reprochera d'avoir mal géré la crise. Le chef a toujours raison. Mais on n'a jamais raison contre tout le monde.

« Des cautères sur une jambe de bois »

Car voilà bien une réforme qui a fait la quasi-unanimité contre elle. On a le sentiment que Gérald Darmanin a cherché les coups. Pourquoi cet entêtement ? Même les policiers de la PJ qui ne sont ni syndiqués ni revendicatifs de nature étaient opposés à cette réforme, tant elle mettait, selon eux, en péril le vrai rôle de la police judiciaire à la française. Adieu la lutte au quotidien contre le crime organisé, ses réseaux, ses insolences, ses blanchiments, et le plus grave est qu'elle remettrait en cause le modèle de notre démocratie.

« Nous ne sommes pas contre une réforme de la police nationale, mais le choix d'un directeur unique n'est pas une bonne idée ni le choix de l'échelon départemental. Les enquêtes de PJ se font davantage au niveau régional, le département ne correspond à rien. On travaille tous les jours hors du département », confie ce haut cadre de la PJ dans le sud de la France.

Pour ce professionnel, si la réforme entend pour l'essentiel venir combler « les trous » de la sécurité publique, « c'est demander à la PJ de mettre des cautères sur une jambe de bois », cingle-t-il. Pour lui, bien au contraire, il convient de continuer à « sanctuariser les moyens et les missions de la police judiciaire ». Une police qui choisit ses objectifs en fonction des avancées de son enquête, « en toute indépendance » et non en fonction des caprices, des exigences soudaines d'un préfet de police ou d'un ministre, d'un effet d'affichage lié à la satisfaction ou aux caprices récurrents d'une opinion publique. « Si c'est cela, si la réforme est menée à son terme, insistait-il il y a un an, je vous parie que, dans dix ans, on recréera une police judiciaire ! »

Un chef de groupe de la PJ de Marseille tient le même discours : « Par cette réforme, on va rapprocher la justice de l'exécutif. C'est une atteinte à la séparation des pouvoirs. » Par exemple, ce professionnel explique que le chef d'une organisation criminelle peut compter toucher en moyenne 300 000 euros par semaine grâce aux multiples remontées d'argent qu'il a générées. Son organisation est, dit-il, comme « une chaîne alimentaire ». Entraver les moyens de ceux qui luttent contre cette « chaîne alimentaire » ou la laisser perdurer « serait une grave erreur » : « Une journée d'investigation perdue et on s'éloigne de l'interpellation et c'est l'organisation qui gagne du terrain, au prétexte qu'on va nous mettre sur d'autres missions. La police judiciaire va passer à côté de sa vocation sociale et la sécurité publique ne va pas y gagner grand-chose ! »

Ainsi cite-t-il le cas de ce gros trafiquant traqué, qui a dû quitter Marseille et s'exiler à Dubaï. « Si on l'avait laissé faire, il aurait mis tout le monde dans sa poche et il aurait marché sur la gueule de tout le monde. L'important, pour nous, c'est que le boulot soit fait », observe-t-il vertement.

Avoir la main sur les enquêtes ? Une vieille lubie

« C'est comme si on supprimait des médecins spécialistes pour leur demander de venir renforcer les généralistes dans leurs territoires. C'est une très mauvaise idée », analyse l'ex-commissaire Yves Jobic et patron de l'anti-gang[1]. On n'a même pas l'excuse de la première fois en la matière. La réforme parisienne de 1999 qui avait créé à Paris la police urbaine de proximité avait, à l'époque, amputé d'un tiers de ses effectifs la police judiciaire du 36 quai des Orfèvres. Elle n'a pas produit ses meilleurs effets. D'autres gouvernements ont ensuite estimé, à tort ou à raison, que la proximité n'était pas le cœur du métier…

Faut-il donc se contenter d'analyser la dernière réforme comme un symptôme de la récidive ? Ou bien faut-il y voir une lubie politique qui confine à la bêtise : éloigner les flics spécialisés des dossiers spécialisés ? Certaines sources ont évoqué la tentation politique permanente de vouloir contrôler les enquêtes, d'avoir la main sur elles, surtout dès lors qu'elles sont sensibles, surtout quand elles touchent le pouvoir, affaires politico-financières comprises, à l'heure où les médias savent tout ou presque. La piste n'est même pas certaine.

Elle serait le fait de quelques technocrates réformateurs qui, pour pallier les prétendus vides observés çà et là, n'auraient rien trouvé de mieux que de renforcer des services enkystés en déplaçant les effectifs – il y a trois mille cinq cents policiers en sécurité publique dans les Bouches-du-Rhône – pour résoudre davantage d'affaires. C'est bien mal connaître le fonctionnement de la police. Une dialectique du chiffre qui fait fi de la qualité des enquêtes et donc du démantèlement des réseaux. Plutôt qu'un jeu de pions, c'est un jeu de dominos qui se dessine, une pièce en faisant chuter une autre, puis les suivantes, au risque de faire définitivement trébucher notre démocratie et de compromettre la sécurité du pays.

1. Yves Jobic, *Les Secrets de l'antigang (Flics, indics et coups tordus)*, coécrit avec Frédéric Ploquin, Plon, 2022.

En réponse aux vives réactions des fonctionnaires, même les plus haut placés, le ministre de l'Intérieur, Gérald Darmanin, a certes ouvert la voie à des amendements, mais il a validé la réforme avec un directeur unique de la police nationale qui réunit désormais, sous les ordres du préfet, renseignement, sécurité publique, police aux frontières et police judiciaire. Les policiers frondeurs ont même été rejoints par les magistrats. François Molins, procureur général de la Cour de cassation, estimait dès septembre 2022 que la réforme était « porteuse d'un certain nombre de dangers » et qu'elle n'allait pas « dans la bonne direction ». Pour lui, on prend le risque de « détruire quelque chose qui fonctionne ». La preuve de cette aigreur professionnelle qui n'en finit pas de monter : la création, le 17 août 2022, d'une Association nationale de la police judiciaire (ANPJ), apolitique et sans étiquette syndicale, à l'heure où les syndicats brillaient par leur silence. Depuis, ils se sont mobilisés.

« Quatre fois mauvaise ! »

Pour Marc Cimamonti, procureur général de la cour d'appel de Versailles et ex-procureur adjoint à Marseille[2], « cette réforme en cours de la police nationale avec l'abaissement programmé de la police judiciaire se résume en un mot décliné quatre fois : mauvaise ». Mauvaise, car « elle signe la disparition de la PJ déconcentrée et autonome à la disposition des autorités judiciaires ». Il est fort à craindre que le pouvoir remette son nez, là où il n'osait plus le mettre. Gérald Darmanin, l'apprenti sorcier de cette réforme, nourrit-il quelques rancœurs envers la police judiciaire ? « Mauvaise, dans sa gestation avec une généralisation décidée sans expérimentation véritable. » Il était urgent d'aller vite. À quoi bon ? « Mauvaise dans ses modalités avec des moyens d'enquêteurs constants. » Pourquoi faire moins bien, quand on peut faire mieux ? « Mauvaise, enfin, en ce qu'elle va conduire, selon Marc Cimamonti, à une moindre expertise dans

2. AFP, 7 septembre 2022.

le traitement des formes organisées, professionnelles et complexes de la délinquance. » Bref, les grands voyous se frottent les mains.

La fronde des juges

Pour s'opposer à cette réforme, quelque quatre-vingts juges et enquêteurs se sont rassemblés, le 16 mars 2023, à Marseille, sur les marches du palais Monthyon, afin de dire une nouvelle fois non au projet. Les uns avaient le verbe triste, les autres l'humeur grave. Les sourires étaient rares et les effusions contenues. Car c'est un vent rebelle mais un vent assumé qui, une nouvelle fois, soufflait alors sur les marches du palais de justice Monthyon. Parmi les présents, beaucoup de policiers de PJ évidemment, des hommes de terrain, tombés très tôt dans la marmite de l'investigation, mais également des juges d'instruction et des magistrats du parquet, d'ordinaire peu mobilisables sur le terrain de la fronde judiciaire, venus les soutenir pour dire et redire avec la même constance depuis le mois d'octobre 2022, et le limogeage d'Éric Arella, le grand patron de la PJ marseillaise, que rien ne va plus au sommet de l'État.

« Le certificat de décès de la PJ est déjà signé »

La plupart arboraient des tee-shirts blancs barrés du sigle ANPJ comme Association nationale de la police judiciaire, et de la mention « Sauvons l'investigation ». « Le certificat de décès est déjà signé », aimait à résumer Thomas, un des frondeurs et porte-parole de l'ANPJ. Et tous ces « flics » en civil de rappeler qu'ils peuvent se targuer d'un taux de résolution des affaires de 87 % et de la saisie de 332 millions d'euros d'avoirs criminels en 2022 en France. L'ANPJ a bien espéré que les choses évoluent, que le ministre revoie sa copie, mais « rien n'a finalement changé », conclut-il.

Pour Gérard Guilpain, l'ancien patron de la PJ marseillaise (1996-2006), « si on tue la PJ, dans trois ans, c'est la catastrophe. Les plus grands cocus vont être les magistrats. On ne me fera pas croire que cette réforme a été faite sans l'accord de Gérald Darmanin et des plus hauts niveaux de l'État. On a voulu tuer les Brigades du Tigre. On a voulu que la PJ perde son indépendance et on a voulu la mettre résolument sous le joug du politique. Désormais, le préfet sera avisé avant le procureur de la République[3] ».

Florent Boitard, délégué régional de l'Union syndicale des magistrats (USM), le syndicat majoritaire chez les magistrats, fait observer que « la délinquance ne connaît pas de frontières ». Limiter les saisines de la PJ au seul département des Bouches-du-Rhône, auquel on a rajouté les Alpes-de-Haute-Provence et les Hautes-Alpes, relève pour la plupart d'une démarche « cosmétique ». Ce magistrat confie volontiers ses craintes que la moindre information sensible « ne remonte aux préfets et donc au ministre de l'Intérieur ».

Pour Nathalie Roche, juge d'instruction et délégué du Syndicat de la magistrature (SM), qui définit la mission du juge comme « une autorité poil à gratter », il y a lieu de s'inquiéter plus que raisonnablement : « On n'a plus de garanties sur l'étanchéité des enquêtes. » C'est bien ce qui mine durablement la motivation des juges et policiers.

La réforme est passée dans les textes

En ce début d'année 2024, la réforme de la PJ vient donc de passer dans les textes, en dépit de quelques petits aménagements ou corrections. Le décret d'application laisse aux magistrats le choix du service d'investigation qu'ils entendent désigner. Mais le lien hiérarchique nouveau créé avec le tout nouveau directeur départemental de la police nationale (DDPN) laisse évidemment en suspens la question des dossiers sensibles, à caractère économique et financier, ou de ceux qui toucheraient à la probité des élus. C'est aussi la raison pour laquelle, au parquet de Marseille,

3. *La Provence*, 16 décembre 2022.

on affiche, dit-on, « un optimisme raisonné », mais qui ne va pas sans « vigilance ». Il faut bien reconnaître que la réforme n'a pas chahuté l'opinion publique. Les policiers de PJ n'ont pas voulu redescendre dans la rue. Ils préfèrent faire leur travail en conscience.

Une petite lumière est venue éclairer leur voie désormais tracée. Le nouveau procureur de Marseille, Nicolas Bessone, a choisi son camp. On ne pourra pas l'accuser de jouer la carte de l'ambiguïté. Il a rappelé ce qu'il a appelé « les lignes rouges tracées par la conférence des procureurs généraux ». Lors de son discours d'installation au tribunal judiciaire, en présence du garde des Sceaux Éric Dupond-Moretti, le 20 novembre 2023, il a fait un petit retour sur les fondamentaux : « Ne pas diluer la police judiciaire dans la résorption des stocks de la sécurité publique, laisser la liberté de choix du service enquêteur aux magistrats, maintenir l'autonomie de la PJ dans la gestion des dossiers sensibles qui a fait la grandeur de l'institution. » Tout est transparent. Il est difficile d'être plus clair. Sans doute a-t-il voulu définitivement faire oublier la vieille formule de Talleyrand qui disait de Joseph Fouché : « Un ministre de la police est un homme qui se mêle de ce qui le regarde et ensuite de ce qui ne le regarde pas. »

22

Mieux vaut connaître le juge que la loi

« Il y a l'avocat qui connaît la loi et l'avocat qui connaît le juge. » Le mot de Coluche est loin d'être une galéjade. Ne riez pas sous cape, ne pouffez pas. Au quotidien judiciaire, il prend tout son sens. Tout démontre en effet qu'un avocat qui connaît le tribunal, son président ou ses juges, obtiendra un meilleur résultat que celui qui ne les connaît pas, qui débarque en terre inconnue et s'expose forcément à tous les scénarios du possible. D'où l'intérêt de toujours préférer un avocat du cru à un avocat extérieur, même de talent.

Le « ténor » extérieur qui croit être meilleur que les autres, même auréolé d'une réputation de feu, se trompe souvent. Il devra mettre de l'eau dans son vin et de la mesure dans sa plaidoirie. L'avocat parisien qui débarque à Marseille et croit diffuser sa science infuse à un tribunal de province, comme s'il s'adressait à des « gueux » du droit, a toutes les chances de finir dans le mur et de repartir, l'hermine en berne, dans sa capitale préférée. Il aura de surcroît, comme c'est souvent le cas, ego oblige, l'idée saugrenue de penser que nul ne l'a compris et que, décidément, ces juges méditerranéens n'entendent rien à rien…

À Marseille, mieux vaut donc connaître son juge avant de comparaître. En tout cas, il conviendra de savoir qui a la réputation d'être plutôt répressif et qui est plutôt laxiste, de savoir comment se déroulent habituellement les débats sous sa présidence. Pour les autres, le ventre mou de la magistrature, l'avocat se laissera porter et son client avec lui. Certains avocats particulièrement roués savent, mieux que quiconque, se désister ou demander un renvoi sous des prétextes habiles ou fallacieux au dernier moment, sachant qu'ils auront face à eux un raide président.

Un prévenu qui reste sourd au monde

« Selon que vous serez puissant ou misérable, les jugements de cour vous feront blanc ou noir. » La Fontaine n'est jamais très loin. La justice n'est pas égale pour tous. Je citerai volontiers ce dossier évoqué il y a quelques années devant le tribunal correctionnel d'Aix-en-Provence. Un instituteur de la Côte Bleue, située entre Marseille et Martigues, présenté comme pédophile, niait les faits avec force. Des dénégations qui étaient en contradiction totale avec le schéma décrit par une demi-douzaine de mères d'enfants, qui, toutes, développaient le même scénario des attouchements endurés qui avaient traumatisé leurs enfants. Il y avait là une manière d'indécence qui choquait tous les observateurs, à l'exception du principal concerné. Mais qu'importe. C'est le droit d'un prévenu de nier contre tous, de nier contre les évidences. C'est son choix risqué mais assumé. Un déni total qui va lui coûter quarante-huit mois de prison, dont quarante mois avec sursis. Huit petits mois ferme. Au prononcé du délibéré, les victimes étaient choquées. Huit mois ferme, comme une perche tendue qui lui aurait peut-être permis de tourner la page après un bref passage en détention. Mais le mis en cause n'en avait pas assez. Engoncé dans ses dénégations, il a cru bon de faire appel de ce jugement particulièrement clément. Libre, il a même préféré ne pas écouter la presse qui l'avait, selon ses mots, « assassiné », qui lui avait glissé à l'oreille de ne faire surtout pas appel et de changer d'avocat. Mais le prévenu a préféré ne rien entendre de tout cela.

Six fois plus ou huit fois moins qu'en première instance

Bien mal lui en a pris. Rejugé huit mois plus tard par la cour d'appel d'Aix-en-Provence et toujours accroché à son déni, tel un varappeur à son rocher, il a finalement écopé de quatre ans de prison ferme et a été arrêté à la barre. À l'énoncé du délibéré, l'homme parut tomber des nues. Il se souviendra longtemps de cet exercice de forfanterie qui l'a envoyé derrière les barreaux. Un bon avocat lui aurait sans doute conseillé de se faire tout petit. Car il faut parfois savoir se faire tout petit devant ses juges pour échapper à une répression trop forte. D'autant que le défilé des victimes à la barre de la cour n'avait laissé que peu de place au doute judiciaire, ce vertueux chemin pavé de bonnes intentions, dans la tête des magistrats.

Et ce n'est pas son avocat, un civiliste aussi entêté qu'imprudent, peu habitué à la matière pénale, qui l'a aidé, en commençant sa plaidoirie par la contestation agacée des dommages et intérêts demandés par les parties civiles. Voilà une audacieuse posture qui n'aura eu que pour effet d'indigner plus encore ses juges.

Quelques mois plus tard, c'est un grutier déjà condamné pour des faits d'infraction à la législation sur les stupéfiants qui fera la rude expérience d'un tribunal marseillais peu acquis à sa cause. Le président n'était pas réputé particulièrement répressif, mais il était plutôt versé dans les affaires financières et il avait ce jour-là en charge la chambre des vacations, celle que se coltinent à tour de rôle les magistrats de permanence. On était certes au temps des « peines planchers » chères à Rachida Dati, qui invitaient à doubler la note en cas de récidive, sauf élément de personnalité particulier. Bilan : quatre ans de prison ferme. L'homme partira en détention sous les yeux éplorés de sa femme et de sa fille, qui ne comprenaient ni la hauteur ni la violence de la peine infligée. Quatre ans ferme : une peine habituellement infligée à des trafiquants chevronnés ou durablement inscrits dans la délinquance. Or ce n'était pas son cas. Le trafic reproché était embryonnaire.

L'homme fera appel. Six mois de détention et un appel plus tard, le prévenu écopera devant la cour d'appel d'Aix-en-Provence de six mois ferme, soit huit fois moins que la première condamnation. Une peine qui correspondait davantage à son profil, d'autant que le mis en cause jouissait de raisonnables garanties de représentation, qu'il travaillait, avait même un bon salaire et avait une famille à nourrir.

Voilà qui montre au moins une chose : deux scénarios, deux compositions judiciaires, deux regards contrastés sur la répression. La preuve que la justice est rendue par des hommes et des femmes qui n'ont pas toujours la même lecture de dossier. Chacun projettera sur une même affaire son regard personnel, fait de son passé intime et de son parcours professionnel. Difficile de suivre les uns et les autres dans leurs méandres tantôt répressifs, tantôt plus indulgents. Comment, dès lors, croire en la justice ? Faut-il se contenter de s'en remettre totalement à elle ? Oui, sans doute, mais non sans en éprouver quelques indomptables frissons…

L'avocat qui croyait que le match était gagné

Jugez encore avec cette affaire d'agression sexuelle dans laquelle le procureur avait requis, à la vitesse de l'éclair, la relaxe faute d'éléments probants. Il s'autorisera même, ce jour-là, une petite diatribe envers ses prédécesseurs du parquet de Marseille – ce qui arrive rarement – qui, dans ce dossier, ne seraient pas allés au bout des choses et auraient fait une lecture erronée de la procédure. L'avocat de la défense, le buste regonflé et le sourire aux lèvres, eut le malheur de penser que la messe était dite et qu'il lui suffirait d'abonder dans le sens du ministère public pour gagner la partie. C'était, hélas, aller vite en besogne. Il aurait dû se méfier. Car, quelques minutes plus tard, son client écopera de trois ans ferme et d'une soudaine arrestation à la barre. Son avocat n'en a cru ni ses yeux ni ses oreilles. Il dut, hélas, accepter la décision.

Le dernier exemple en date est celui vécu par un marchand de sommeil marseillais. Pour avoir entretenu, entre 2010 et 2015, l'obsessionnelle idée d'attaquer, souvent à l'aide de prête-noms, tous les permis de construire déposés par des promoteurs, en faisant valoir que ces projets gâchaient la perspective du panorama phocéen, il se retrouva vite derrière les barreaux, suspecté d'« extorsion » facile. Mais la cour d'appel d'Aix-en-Provence a finalement eu, en décembre 2022, une lecture différente et requalifié les faits en simple escroquerie. La peine de trois ans de prison ferme assortie d'un mandat de dépôt prononcée contre lui en première instance s'est changée en dix-huit mois ferme sans obligation de passer par la case prison. Deux fois moins ! Qui saurait expliquer à cet homme que la seconde lecture judiciaire de son dossier n'était pas du tout la même que la première ? Qui saurait lui expliquer pourquoi il a fini derrière les barreaux, au nom de la défense des intérêts bien compris de la société, notamment le trouble à l'ordre public ?

Quelles leçons en tirer ?

Reconnaissons qu'il y a là des distorsions qui trouvent peu d'explications dans les faits reprochés. « Le dépôt de recours contre les permis est un sport typiquement marseillais », a simplement badiné la cour dans son exposé des faits du 3 octobre 2022. Sans doute faut-il trouver derrière ces mots le geste consenti par les magistrats en direction d'une moindre répression. Et l'on ne peut même pas accrocher cette belle décision à la boutonnière des deux avocats de la défense en appel. Mes Pierre Ceccaldi et Jean Boudot, bien que fort talentueux, avaient déjà transpiré à la barre lors du premier procès. Tout au plus la cour a-t-elle aggravé la peine d'amende qui est passée de 45 000 à 100 000 euros, avec le souci bien compris de frapper le mis en cause au portefeuille, dans le but de lui faire passer l'envie de faire de l'argent sur le dos de ses concitoyens mal logés.

Voilà quatre exemples criants de ce dont la justice peut accoucher avec des juges qui n'ont pas du tout la même analyse du dossier. Quelles leçons en tirer ? Qu'un avocat ne doit jamais se laisser endormir par une molle accusation qui irait, une fois n'est pas coutume, dans le sens de la défense. Qu'un tribunal n'est pas du tout tenu de suivre docilement les réquisitions d'un procureur de la République. Qu'il faut toujours se méfier d'un appel, l'appel pouvant se révéler pire qu'un premier procès. C'est toute la relativité de notre justice qui interroge. Comment résoudre cette équation douloureuse ? Quand faut-il faire appel ? Et quand vaut-il mieux battre sa coulpe et exécuter une peine, au risque de prendre plus cher au second tour d'examen, sauf à être un vrai innocent et à vouloir le faire reconnaître haut et fort par ses juges ?

Un aveu est-il préférable à des dénégations forcenées ? Vaste débat. Les avocats diront que, faute de preuves, il vaut toujours mieux plaider l'innocence bafouée plutôt que de reconnaître les faits. En droit français, sauf exceptions rares en l'état de notre droit, c'est en effet à l'accusation de démontrer que vous êtes coupable, et non à l'accusé ou au prévenu de faire la preuve de son innocence ou de sa bonne foi.

« Prenez garde aux choses que vous dites »

Si, en revanche, les faits sont accablants, si les éléments de preuves sont circonstanciés, il est périlleux de s'entêter, vous conseillera un avocat qui a la tête sur les épaules et la robe bien accrochée. Inutile de s'acharner. Le tribunal saura toujours vous accorder ce que l'on appelle la prime à la franchise, une sorte de rabais de la peine, comme qui dirait un « geste commercial » qui permet parfois d'éviter la prison ferme.

En dire le moins possible reste toutefois une stratégie de bon sens. Attention aux mots que vous emploierez ! « Prenez garde, disait Victor Hugo, aux choses que vous dites. Tout peut arriver d'un mot qu'en passant vous perdîtes. » Celui qui est peu averti des faits de la cause judiciaire aura toujours tendance à dire une ânerie, quelque chose qui se retournera contre lui. Et puis, il ne faut pas oublier, comme disent souvent les avocats, qu'« il n'y a pire ennemi que son propre client ».

Le bon avocat est aussi celui qui fera répéter son client avant l'audience, qui lui conseillera d'employer tel mot plutôt que tel autre, qui saura lui dire comment il est préférable de s'habiller le jour du procès. Tel est le sens et telle est l'utilité des exercices préparatifs de la défense. Il y a sur le sujet mille anecdotes. Comme celle racontée par cet avocat pénaliste corso-marseillais qui avait demandé à sa cliente, par trop dilettante, de « s'habiller ». Quelle ne fut pas sa surprise le jour de l'audience ! Elle s'était habillée mais sans doute trop pour un naturel dévergondé, ce qui incita cet avocat à souffler à ses pairs : « Je lui avais dit de s'habiller. Pas de se déguiser en pute ! »

On a vu aussi des avocats plaider la relaxe de leur client pendant plus d'une heure, tandis qu'à l'instant de partir délibérer, le tribunal laissait la parole une dernière fois au mis en cause. Le prévenu avait tout oublié ou presque et lâchait naïvement, en guise de dernier mot : « Je regrette. » Ce qui évidemment faisait tomber, tel un château de cartes, tous les arguments de son conseil. On a vu d'autres avocats encore critiquer vertement la profession de boucher. Ils ne savaient pas, hélas, que la présidente était fille de boucher. Son client a dégusté… Mais c'était, pour le coup, la faute à pas de chance.

Quant aux assises, où les jurés sont tirés au sort sur les listes électorales, elles laissent la place à l'incertitude la plus totale, s'agissant de magistrats d'un jour qui en savent très peu sur la chose judiciaire et que les magistrats auront tout loisir de formater en quelques heures, voire quelques jours. « À quel point la justice humaine est chose douteuse et précaire, c'est ce que, durant douze jours, j'ai pu sentir jusqu'à l'angoisse », écrivait d'ailleurs André Gide lui-même dans *Souvenirs de la cour d'assises*.

Le principe de la personnalisation de la peine

Et puis, il y a en France le vieux principe dit de la « personnalisation de la peine », qui permet de distribuer des peines différentes à des prévenus différents, pour des situations pourtant identiques. Tout le monde n'est donc pas égal devant la sanction. C'est un principe qui permet de faire beaucoup de choses. D'épargner la prison à un primo-délinquant, de laisser une chance à un malfaiteur qui aura manifestement commis une erreur de jeunesse, de condamner sans faiblir un multirécidiviste, de croire à la parole donnée par un beau parleur qui saura, tout seul, comme un grand, depuis le box des accusés, convaincre ses juges sans avoir besoin d'un avocat – on en a croisé quelques-uns, mais ils sont rares –, de laisser en liberté un soutien de famille, celui qui verse au dossier une promesse d'embauche, imposture néanmoins fréquente dont les magistrats ne sont pas dupes.

Les cordonniers sont les plus mal chaussés

Les variations ordinaires de notre justice sont tellement d'actualité que le justiciable ne nous croirait pas, si on lui racontait qu'un de ces juges d'instruction marseillais, réputé de qualité, eut le malheur de divorcer il y a quelques années. Croisé ce jour-là sur le Vieux-Port, à quelques centaines de mètres du palais de justice, il nous livra ses humeurs contrariées. « Figurez-vous que je divorce et aucun avocat marseillais ne veut me défendre ! C'est incroyable, non ? » me glissa-t-il à l'oreille, décontenancé. « Quand je vous disais que les cordonniers sont les plus mal chaussés ! » ajouta-t-il sur le ton de celui qui avait presque perdu tous ses repères. Il chercha et chercha encore en vain, avant de débusquer un avocat toulonnais qui allait accepter de défendre sa conjugalité blessée. Marseille l'ingrate avait oublié l'excellent magistrat qu'il était.

23

Le nombrilisme, ça se soigne

Quand vous pénétrez dans une enceinte judiciaire, faites comme le personnage de Dante, laissez à l'entrée tout espoir. Beaucoup ont oublié le joli mot de Simone Rozès, la première femme qui occupa les fonctions de première présidente de la Cour de cassation, adressé à ses pairs : « Ne perdez pas la foi, faites vivre la flamme ! Notre métier est dur, mais l'exercer est un honneur, un privilège. Alors, tenez bon ! » La justice est une vieille dame cacochyme. En attendant d'être aveugle, elle est pourtant restée comme sourde au monde extérieur.

Comme dit Me Frédéric Monneret, un grand avocat pénaliste marseillais qui cultive l'humour en guise de résilience institutionnelle, « le char de la justice a rarement été pris en excès de vitesse ». Elle peine à changer. On l'observe tous les jours. Les diverses chirurgies esthétiques opérées depuis trente ans n'ont que très peu contribué à refaçonner le visage de cette patiente épuisée par les ans et les usages. Parlons à peine du temps perdu. Elle refuse encore, sauf dans quelques tribunaux précurseurs, novateurs, bref follement révolutionnaires, d'ouvrir des audiences qui pourraient débuter à heure fixe pour libérer les avocats plus tôt ou les faire venir plus tard, assurer un meilleur flux, tenir compte des obligations du justiciable, même si c'est lui qui doit rendre des comptes, et favoriser pour tout le monde une gestion plus souple de l'emploi du temps.

Non, le juge, en sa position sociale, préfère l'idée confortable, rassurante mais très égotiste, que ses auxiliaires restent à sa disposition. À son entière disposition. Le juge est nombriliste. Le juge aime faire attendre mais il n'aime pas qu'on le fasse attendre. Vieille lune d'une catégorie d'élites sorties de l'ENM, la prestigieuse École nationale de la magistrature, qui voudraient que tous les fonctionnaires et tous les greffiers de France lui soient dévoués, taillables et corvéables à merci.

Le temps judiciaire

Contre vents et marées et contre toute évidente modernité, on continue de convoquer les justiciables et toutes les parties à 8 h 30 ou à 14 heures pour leur expliquer à midi, voire à 19 heures, l'air contrit, un rien faux-cul, qu'il est bien tard et qu'on ne va pas pouvoir les juger… On a bien conçu des audiences au pénal, comme au civil, dites de « mise en état », mais elles sont encore trop rares. Trop longues. Et elles sont souvent l'occasion de perdre plus facilement encore son temps, puisqu'elles ont pour vocation de ne fixer qu'une chose : la date où l'affaire sera effectivement jugée sur le fond.

C'est l'occasion rêvée pour les avocats de solliciter des renvois, de réclamer des mises en liberté ou des modifications de contrôle judiciaire, de sorte que le tribunal devra rédiger des kilomètres de papier de jugement « avant dire droit », c'est-à-dire avant le jugement au fond, même si les juges les moins souples ou les plus professionnels, du haut de leur hermine érodée par l'expérience, tentent de résister avec force. Mais comment dire non à une demande de renvoi formulée par un avocat qui plaide pendant quinze jours aux assises ? Les assises sont, dans le paysage judiciaire, dites « prioritaires ». Alors, tout le monde s'aligne et le temps passe et passe encore… « Le devoir des juges est de rendre la justice, aimait à dire La Bruyère ; leur métier de la différer ; quelques-uns savent leur devoir et font leur métier. »

Messes basses et « pompiers » à l'audience

C'est aussi et souvent pour les magistrats l'occasion de régler quelques comptes avec les mauvaises têtes, car les magistrats, comme tout le monde, ont leurs têtes, les « baveux » procéduriers, et leurs frères siamois, les as du dilatoire, les revanchards, les agressifs, les donneurs de leçons, et surtout les retardataires, ceux qui ont eu une panne de réveil, qui n'osent l'avouer, les petits futés qui préfèrent dépêcher à l'audience leur dernière collaboratrice pour essuyer les plâtres et se faire rabrouer par le tribunal. Courage, fuyons !

On recrute depuis près de vingt ans des assistants et assistants spécialisés à tour de bras, en provenance des impôts, des douanes, de la médecine, de la pharmacie et de quelques autres vertueuses administrations, mais combien d'experts techniques en informatique, en sonorisation, voire en son tout court, pour rendre les audiences plus audibles et plus fluides ? Il n'y a toujours pas ou trop peu de responsables techniques ni de la maintenance dignes de ce nom pour que les visioconférences avec les prisons se déroulent dans la sérénité, sans interruption du son ni de l'image, ni pour faire fonctionner les micros dans les salles d'audience, alors qu'il existe ceux qu'on appelle couramment dans le jargon judiciaire les « pompiers », ces magistrats de remplacement, ces « soldats du feu » prêts à bondir à l'audience pour jouer les jokers du banc de touche, les remplaçants de la dernière minute, dès qu'un juge est malade ou inexorablement coincé dans un embouteillage.

Les audiences deviennent dès lors des « messes basses », où, pourvu que le juge entende, il ne déploie aucun effort pour que les débats soient audibles de tous, avocats, journalistes et public compris. C'est ce qu'on appellera le « tout-à-l'ego » judiciaire ! Il est vrai que le juge est aussi souvent peu formé à l'oralité des débats. Cela conforte, hélas, dans le regard de l'observateur le plus ingénu, la triste idée que la justice préfère l'entre-soi à la publicité des audiences. Et cela n'est jamais très bon. Comme si la justice préférait se façonner entre robes noires pour avoir le moins de comptes possible à rendre à l'extérieur, au profane, au béotien de la chose judiciaire.

La justice marseillaise invente les travaux forcés

C'est ainsi qu'à Marseille, dans la nuit du 26 au 27 août 2016, on a battu tous les records de France en période de vacations judiciaires. Résultat, une présidente qui maîtrise peu les débats et la notion de temps, une procureure bavarde qui refait chaque fois l'inventaire des faits reprochés pourtant décortiqués quelques minutes plus tôt, un policier de la garde du palais qui s'endort, une avocate enceinte qui plaide à 2 heures du matin et qui a bien failli accoucher à l'audience, sans oublier le logiciel informatique, celui sans lequel rien n'est possible, le système, dit « Cassiopée », comme la prometteuse constellation, qui gère les ordinateurs du ministère de la Justice… et qui s'arrête en plein travail. La constellation, hélas, s'est changée en nébuleuse. « Cassiopée », telle une fille fourbue par une nuit de labeur, est allée se coucher. À 1 heure du matin aussi, toutes les lumières du tribunal se sont éteintes. Les magistrats devront regagner leur bureau dans le noir.

JLD ou « Jamais Là pour Dîner »

Faisant fi de la technologie en cours, la greffière a donc dû rédiger les mandats de dépôt à la main. « La justice marseillaise invente les travaux forcés », titrera la presse le lendemain. L'audience estivale de comparutions immédiates aura commencé à 14 heures pour s'achever à 5 heures du matin. Quinze heures de rang. Vingt dossiers, trente-deux prévenus à juger. La circulaire Lebranchu du 6 juin 2001, qui a toujours invité les juges à renvoyer les dossiers au-delà de six heures de débats, a été violemment piétinée. Posant cette question majeure : un juge en heure sup peut-il être un bon juge ? A-t-il encore toute l'attention requise pour rendre une saine décision ? Sûrement pas. C'est souvent à cet instant qu'il se prend les pieds dans le tapis des textes récemment modifiés, qu'il avale sa jurisprudence, qu'il commet ce qu'on appelle des « erreurs matérielles » qu'il faudra, bien sûr, rectifier ensuite, voire qu'il prononce des peines qui ne sont même pas prévues par le Code pénal. Pour dire ce quotidien tardif, ces audiences qui s'achèvent tard dans la nuit, Catherine Charbit, juge des libertés et de la détention (JLD) à Marseille, s'était rebaptisée non sans humour « Jamais Là pour Dîner ».

Et pas un seul instant, au plus haut niveau du tribunal, alors qu'on en était parfaitement informé, on n'a pensé à dédoubler cette folle audience. Bravo pour le sens aigu de l'anticipation ! On a pourtant su faire pour l'Euro de football de 2016. Mais le ballon rond a sans doute ses raisons que la justice ordinaire ne mérite pas… On a marché sur la tête, ou plutôt sur la lune.

On en vient ainsi à tellement marcher de travers que les principes en sont foulés aux pieds. C'est le cas de Francis Vanverberghe, un grand voyou marseillais, dit « Francis le Belge » qui avait réussi la prouesse, dans les années 1980, avec l'aide de son avocat, Me Frédéric Monneret, de faire condamner la France pour atteinte déraisonnable au « délai raisonnable » de jugement. Depuis, les clins d'œil appuyés de la justice européenne ont invité le juge français à se pencher un peu plus sur les dates, mais la France persiste à être le mauvais élève de la classe.

Sans doute trop soucieuse de pratiquer à sa façon le vieil adage latin, cher à l'empereur Auguste, « *Festina lente* » (Hâte-toi lentement), elle a maintes et maintes fois été condamnée - triste exemplarité - pour se ficher comme d'une guigne du respect de ces libertés publiques qu'elle a elle-même édictées il y a plus de deux siècles.

« La justice tour d'ivoire, c'est fini »

« La justice tour d'ivoire, c'est fini », aime à répéter le procureur Jacques Dallest, l'un des rares magistrats à porter un regard critique sur sa propre institution. « Le métier apprend à se sortir de soi, à connaître ses forces et ses faiblesses. On est confronté à ce qu'il y a de meilleur et de pire dans l'être humain, ce qu'aucun autre métier peut-être ne permet, explique-t-il. J'y ai d'ailleurs appris que l'être humain est capable d'une somme de bassesses et de turpitudes. Face à cela, il faut rester le plus professionnel possible, avoir de l'empathie pour les victimes, mais il faut également savoir rester optimiste sur la nature humaine, se dire qu'un jour le pire des individus peut se réinsérer. La justice doit parler, s'exprimer, se faire connaître à l'extérieur, communiquer sur ce qu'elle fait. Bientôt, les procès seront filmés. Je suis pour l'ouverture de la justice au public. Et si le magistrat juge, il doit aussi accepter d'être jugé, comme disait Pierre Truche, un grand procureur. Tous les tribunaux devraient être dotés d'attachés de presse qui fassent connaître le monde judiciaire. Pas seulement la justice pénale, mais aussi la justice civile, la justice de proximité… La justice ne doit pas se draper dans sa superbe en restant dans son entre-soi. Il faut mieux expliquer les jugements. Si elle ne le fait pas, d'autres le feront à sa place. »

Le spectacle ridicule des rentrées solennelles

La justice s'aime tellement qu'elle passe son temps à s'autocongratuler : tel est le spectacle ridicule qu'offrent chaque année les chefs de juridiction. L'occasion de faire le point sur les avancées réalisables avant d'être réalisées, sur les derniers chiffres de la délinquance et les réponses pénales ou civiles apportées, l'occasion aussi d'oublier ce qui ne va pas – elle ne va pas s'autoflageller ! –, ce qu'on appelle pudiquement le « chiffre noir » de la justice, celui qui ne se raconte pas. On ne perd donc pas une occasion de cirer les pompes de son voisin de chambre, de chambre de justice bien sûr. On ne sait jamais : demain, après-demain, il peut devenir le chef qui vous cooptera à son tour. Ainsi assiste-t-on régulièrement en janvier, puis en septembre, à un cérémonial d'autocongratulation en habit de soirée, entre seuls initiés. Et rien ni personne ne doit venir déranger ce lisse ordonnancement judiciaire.

« L'on dit à la cour du bien de quelqu'un pour deux raisons, écrivait déjà La Bruyère. La première, afin qu'il apprenne que nous disons du bien de lui ; la seconde, afin qu'il en dise de nous. » Voilà qui n'a pas pris une ride, et les rides de la justice ne semblent pas, à les observer, ternir l'institution en déroute. La justice n'aime pas qu'on la critique. On ne commente d'ailleurs pas les décisions de justice. C'est ainsi. Un principe, en principe. Le mécontent doit faire appel, voilà tout, seule manifestation du courroux que lui aura inspiré une décision. Mais quand la presse écrit que certains de ses magistrats sont particulièrement répressifs, la justice brandit alors le « droit de réponse » officiel, adressé d'ailleurs plutôt au rédacteur en chef qu'au journaliste lui-même, ce qui évidemment n'est pas très courageux, mais qui de surcroît est du plus mauvais effet. Le journaliste n'apprécie pas ce contournement de sa plume et le rédacteur en chef n'aime pas être importuné par du « papier bleu », qui menace d'entamer les deniers de son entreprise de presse.

Et pourtant, cela fuit à tous les étages de la fusée judiciaire. Une fuite des humeurs. Une coagulation des indignations. Une colère noire face au noir horizon qui se profile pour tous les auxiliaires de justice, qu'ils soient avocats, greffiers ou fonctionnaires de justice. Le service public est en danger, l'absentéisme est à Marseille de 12 %, ce qui en dit long sur l'envie de travailler des personnels.

Le juge et l'avocat, son pire ennemi

« Le client attend l'avocat, l'avocat attend le juge et le juge attend l'avancement. » Gabriel Delattre, avocat et homme politique français, député radical-socialiste des Ardennes, jetait, sous la Troisième République, un œil fort caustique sur ceux qui le jugeaient. Honoré Daumier s'est amusé à dessiner, parfois avec cruauté, les gens de robe, rouge ou noire, les « corbeaux ou vautours perchés dans les prétoires ». Même le juge Gilbert Thiel, dans son livre *On ne réveille pas un juge qui dort*[1], consent que, chez les juges comme ailleurs, on peut trouver le meilleur et le pire.

D'abord, les juges n'aiment personne, et pas vraiment les avocats, qui gagnent souvent leur vie mieux que les premiers, alors que les premiers estiment qu'ils ont réussi un concours plus difficile, celui de l'ENM. L'ire est totale quand, de surcroît, ils découvrent dans un dossier, au détour d'un interrogatoire, que l'avocat a empoché plusieurs dizaines de milliers d'euros pour défendre telle ou telle crapule du « milieu »... Vieux conflit, jamais vraiment purgé. Il y a cette blague, acide, forcément acide, qui circule chez les magistrats et en dit long : « C'est quoi plusieurs avocats enchaînés au fond d'un lac ? C'est un bon début ! » Elle fait beaucoup rire. Surtout les magistrats.

Une vieille dame qui « jargonne »

En dépit des efforts consentis, la justice reste une vieille dame qui jargonne. Toujours difficile à comprendre pour le profane, elle continue de se nourrir d'expressions, de périphrases, voire de sigles abscons. « C'est sa coquetterie ! » martèlent les anciens. « Pourquoi faire simple quand on peut faire compliqué ? » pourrait-on inscrire au fronton de nos palais, en lieu et place de « Liberté, égalité, fraternité ». À moins que quelque esprit caustique ne lui préfère la formule : « Liberté, égalité, complexité ». Les avocats continuent de « demander la grosse », ce qui n'est pas un vilain mot destiné à la greffière méditerranéenne, mais qui veut dire qu'ils cherchent à se procurer l'original d'un jugement. On persiste, dans tous les

1. Gilbert Thiel, *On ne réveille pas un juge qui dort. Entretien avec Daniel Carton*, Fayard, 2002.

tribunaux de France, à « vider le délibéré », ce qui fait référence au moment où le juge rend sa décision dans une affaire. On a inventé dès 1984 le « TTR », traduisez traitement en temps réel des procédures pénales, ce qui, pour la justice, était un aveu : celui évidemment qu'elle les traitait jusque-là en temps différé, et donc qu'elle procrastinait à loisir, pour le plus grand déplaisir du justiciable…

Plutôt que de créer un « plaider coupable » à la française, on lui a préféré le terme barbare de CRPC, comprenez « comparution sur reconnaissance préalable de culpabilité ». Difficile de faire plus alambiqué. À côté, la QPC (question préalable de constitutionnalité) ferait presque figure de simplification administrative audacieuse pour dire qu'un justiciable entend invoquer l'inconstitutionnalité d'un texte. On a même cru bon, il y a peu, de créer des tribunaux judiciaires pour remplacer les tribunaux de grande instance (TGI) qui avaient pourtant su traverser les ans avec une belle santé et une belle dignité. Va donc pour les tribunaux judiciaires ou TJ ! Au prétexte qu'il y aurait des tribunaux administratifs et qu'il urgeait de distinguer les uns des autres. Sur ce point, d'ailleurs, on frise la formule pléonastique. Un tribunal reste avant tout judiciaire. C'est même son fondement. C'est un peu comme si on créait des « écoles d'éducation » ou des « trésoreries de la fiscalité imposable » sans faire frémir nos aînés attachés à la langue vernaculaire.

Derniers mirages en date

Ne soyez pas dyslexiques. Car vous confondriez très vite les juridictions interrégionales spécialisées (Jirs), chargées de lutter contre le crime organisé, et les Gir (groupes interministériels de recherches), anciennement dénommés groupes d'intervention régionaux, à la composition volontairement éclectique – gendarmes, policiers, douaniers, impôts, Urssaf, inspection du travail –, depuis qu'ils traquent la délinquance financière sous toutes ses formes, et notamment l'économie souterraine.

Dernier mirage en date : la création, aux termes de la loi du 9 décembre 2016, dite « loi Sapin 2 », des conventions judiciaires d'intérêt public (CJIP), qui, dans les affaires de délits financiers, se traduisent par un accord conclu entre une entreprise et la justice pénale dans le but d'éviter des poursuites, mais aussi – faut-il l'avouer ? – dans le but évident de remplir les caisses de l'État d'espèces sonnantes et trébuchantes de plus en plus rares. Laissons donc au juge le soin de « jargonner ». Sans doute tire-t-il de sa mission la science infuse qui fait tant défaut au justiciable lambda, mais qu'il ne vienne pas reprocher au justiciable de n'y rien entendre ou de lui faire répéter.

« Acquittator » et la planche à billets

Éric Dupond-Moretti est un sage homme. Mais « Acquittator[2] » a bien changé. Il se soucie de la santé financière de ses 9 341 magistrats de l'ordre judiciaire qui ont été augmentés de 1 000 euros brut en octobre 2023. Voilà une bonne nouvelle pour les intéressés, une moins bonne nouvelle pour les 22 500 fonctionnaires de justice de France qui, lorsqu'ils consultent leur fiche de paie, se rendent compte qu'ils ont obtenu dans le même temps entre 40 et 120 euros d'augmentation… Il paraît que c'est juste un « rattrapage » pour mettre à niveau les juges judiciaires par rapport aux juges administratifs. Une querelle d'ego l'emporterait donc sur un brin d'équité professionnelle, quand on sait que les greffes judiciaires sont submergés. Et que les autres auxiliaires de justice, assis sur les divers paliers de l'échelle, auraient mérité une petite attention.

Voilà qui va aussi faire plaisir aux Français, en termes de solidarité nationale, sachant qu'un magistrat touche en début de carrière 2 650 euros net, que le salaire médian est de 4 700 euros

2. C'est le surnom que je lui ai donné il y a quinze ans au terme d'une conférence qui s'était déroulée à la Maison de l'Avocat, à Marseille, au temps où la presse judiciaire comptabilisait un à un ses acquittements obtenus devant les cours d'assises. Surnom qui, depuis, lui est resté.

et de 6 200 euros net au bout de trente ans. Avaient-ils vraiment besoin de ce coup de pouce à 1 000 euros mensuels ? D'autant que si l'on regarde de près le budget de la justice voté pour 2024, l'augmentation généreusement accordée aux magistrats compte pour plus de 88 millions d'euros, quand l'enveloppe de revalorisation pour tous les autres corps de fonctionnaires, greffiers compris, représente 15 millions. Seuls les personnels pénitentiaires, chouchous d'un garde des Sceaux qui a su pourtant détester en son temps l'enfermement, obtiennent 47 millions.

Le débat sur nos élites richement dotées va ressurgir à coup sûr. Voilà qui va réjouir de la même façon les enseignants, professeurs, agents de mairie, policiers et gendarmes, fonctionnaires des autres collectivités territoriales, dont le salaire n'a pas – ou peu – été revalorisé depuis beau temps. Quelle revalorisation accorde-t-on à ces piliers de notre démocratie ? 1 000 euros d'augmentation par mois pour les magistrats : si Éric Dupond-Moretti, le garde des Sceaux tout juste sauvé des eaux par la Cour de justice de la République, entend ainsi se refaire une image auprès des magistrats, il se met l'épitoge dans l'œil. Ils n'attendent qu'une chose : qu'il passe la main en dépit de ses libéralités de manche. Éric Dupond-Moretti a inventé le salaire inflationniste des juges. Dans « Acquittator », il y a cette fois le suffixe « tort » qui résonne bien fort.

Le juge et son greffier

Le juge forme pourtant un véritable binôme avec son greffier. Sans son greffier, porteur comme lui d'une robe noire, biberonné comme lui à la rigueur judiciaire, point de procédure valide et validée. Le greffier est certes le scribe scrupuleux de tous les actes du juge, mais il en est surtout le certificateur. Il est le garant de la procédure. Aussi, quand, le 26 juin 2023, les greffiers en colère descendent dans la rue pour protester contre le « mépris » institutionnel que leur voue depuis tant d'années leur administration de rattachement, on aperçoit bien sur les marches des palais, à Marseille ou à Aix-en-Provence, quelques magistrats venus leur témoigner leur solidarité. Mais ils sont rares. Ils se comptent sur les doigts d'une main. Et l'on a, une fois encore, la triste sensation que le juge joue perso.

Pourtant, les greffiers ne réclament pas, comme leur voisin de bureau magistrat, une augmentation de 1 000 euros par mois brut. Les greffiers savent ce que sont les interrogatoires ou les audiences qui se terminent parfois tard dans la nuit. Florent Boitard, vice-procureur à Marseille et délégué régional du syndicat majoritaire, l'Union syndicale des magistrats (USM), n'en disconvient pas : « Les greffiers ont des intérêts hyperlégitimes. Nous avons besoin de greffiers bien payés, plus nombreux et qui travaillent dans de bonnes conditions. »

Alors, à plusieurs reprises, les greffiers vont crier leur désarroi. Ils se vivent comme les laissés-pour-compte de la justice. Sur leurs robes noires, noires de colère, on lira : « La justice craque et ses greffiers aussi. Stop aux promesses », « Mal à notre robe », « Les éternels oubliés », « Face au mépris, la colère » ou encore « À la justice, on authentifie tout, sauf la reconnaissance ». Le temps est à la verte formulation du mal-être des greffiers.

Pour Isabelle Fernandez, déléguée régionale sud du syndicat Unsa, « les greffiers sont aussi indispensables au fonctionnement de la justice que les magistrats. Marseille est une grosse boutique en termes de criminalité et, en plus, elle a récupéré une masse de contentieux nationaux. Aujourd'hui, c'est toute la machine qui s'enraie ». Avec près de 200 greffiers, mais 10 à 20 personnels manquants, le tribunal judiciaire de Marseille est au bord de la rupture. Une motion sera adressée fin juin au ministre. Elle dresse l'inventaire des brimades subies. À côté des magistrats, les revendications des greffiers – revalorisation du point d'indice et de la prime de greffier, ouverture de négociations, fin de la rupture d'égalité entre greffiers, maintien de l'ancienneté acquise, etc. – restent modestes. Elles sont en tout cas d'une linéaire dignité.

Une « erreur indiciaire » qui frise l'erreur judiciaire

Le 3 juillet 2023, rebelote. Les greffiers descendent de nouveau dans la rue. Pendant ce temps, au tribunal pour enfants de Marseille, certains magistrats ne trouvent rien de mieux que de comploter dans le dos des greffiers avec les avocats. Ils se liguent pour tenir les audiences malgré l'absence des greffiers. Bel exemple de solidarité de robes, qui remontera au plus haut. Une fois encore, les juges jouent perso. Le 20 septembre 2023, les greffiers récidivent et convoquent l'humour. Ils se disent « victimes d'une erreur indiciaire ». Une « erreur indiciaire » qui frise « l'erreur judiciaire ». La direction des services judiciaires leur propose 50 euros brut mensuels d'augmentation. Pas un kopeck de plus. « Si tu vois tout en gris, déplace l'éléphant ! » dit un proverbe indien à vocation optimiste. Les greffiers ne voient hélas plus rien en rose depuis longtemps…

Sur les marches du palais Monthyon, à Marseille, quelques juges d'instruction, quelques présidents de chambres ont fait le déplacement. Les greffiers apprécient. Mais, sur la photo, combien de procureurs ou de procureurs adjoints en titre, combien de chefs de juridiction ? Aucun. La carrière avant toute chose. Surtout ne pas s'exposer, ne pas froisser la haute hiérarchie. Chaque professionnel est resté sur son quant-à-soi. Et les avocats sont aux abonnés absents. Ils sont pourtant parmi les plus concernés par le cours de la justice.

Des auxiliaires de justice « traités comme des serfs »

« Rappelez-vous ce qu'est un greffier, écrivaient ces auxiliaires de justice en juin 2023 à Éric Dupond-Moretti, leur garde des Sceaux, puisque, apparemment, vous avez oublié sa place incontournable dans la machine judiciaire, depuis que vous avez quitté vos anciennes fonctions d'avocat ! »

Les greffiers s'étonnent aussi que nombre de professions du droit et de la sécurité – les éducateurs, les personnels pénitentiaires et les agents de probation notamment –, qui leur sont proches, soient passées en catégorie A, alors qu'eux sont, pour la plupart, toujours cantonnés en division B du championnat truqué de la justice française... Seule une catégorie privilégiée de greffiers devrait avoir bientôt le droit de rejoindre les A.

Peut-être le ministre devrait-il relire les jolis mots de l'éditorialiste Félix Rome, qui, dans la revue *Dalloz* de mai 2014, titrait « L'armée des ombres » et évoquait en leur nom « ces palais dont ils ne sont pas les princes et dans lesquels ils sont souvent traités comme des serfs », ces hommes et ces femmes greffiers qui ne sont pas prêts à tout, « parce que, chez ces gens-là, parodiant Jacques Brel, on ne bloque pas la justice, monsieur, on la sert, on ne la prend pas en otage, monsieur, on la rend » ?

Se sentant un rien coupable d'indifférence de robe, le garde des Sceaux Éric Dupond-Moretti a toutefois promis de créer d'ici 2027 mille huit cents nouveaux postes de greffiers. Tardive prise de conscience.

À côté des greffiers, les interprètes, auxiliaires de justice à part entière eux aussi, présents à l'instruction, présents en continu aux audiences, vivent des fins de mois de plus en plus difficiles. Ils attendent docilement d'être payés. Trois, quatre mois de retard, parfois six mois... Ils ignorent chaque fois, en consultant leur fiche de paie, quelle aura été le bon vouloir mensuel de Thémis. Leur ministère leur dit qu'il « n'a plus de crédits ». Pour augmenter les magistrats, il en dispose pourtant sans peine. Deux poids, deux mesures. Et les magistrats, eux, n'attendent pas, le dos courbé, le mois suivant pour être payés.

Les hochets de la République

« Il ne suffit pas de refuser la Légion d'honneur, médisait le compositeur et pianiste français Erik Satie. Encore faut-il ne pas la mériter. » Le juge d'instruction Gilbert Thiel[3] a décor-

3. *Cf.* page 347.

tiqué avec soin cette tentation inassouvie de la médaille chez les magistrats. « Si vous recevez une distinction, relève-t-il, c'est que quelqu'un vous l'a donnée. Et pour qu'on vous la donne, il a fallu soit que vous la demandiez vous-même, soit que quelqu'un vous ait proposé comme bénéficiaire potentiel. Mais, dans les deux cas de figure, vous avez donc dû au moins faire savoir que vous ne la refuseriez pas. »

Voilà qui dessine en effet les traits d'une profession redevable, qui l'est ou s'apprête à le devenir, ce qui n'est pas très rassurant en termes d'indépendance. « La justice, comme la femme de César, ne doit pas pouvoir être suspectée », insiste Gilbert Thiel. Et il a bien raison. Inutile de créer le trouble ou de faire naître une suspicion. Cela n'empêche pas certains de porter leurs décorations avec autant de fierté que d'ostentation, ce qui leur donne des airs de militaires en campagne. La grande « fraternelle » judiciaire se livre ainsi à des concours de médailles, de la bleue à la rouge et de la rouge à la bleue.

C'est bien ce que décrit Gilbert Thiel : « À certaines audiences solennelles de rentrée, j'ai parfois eu l'impression de voir à la tribune – enfin, je veux dire sur l'estrade – la troïka du Kremlin lors du défilé de l'Armée rouge, jadis, sur la place de même couleur. Mais l'armée est l'armée. Et peut-être la justice s'honorerait-elle d'obéir à une logique différente en refusant d'exhiber sur ses robes, tenues d'uniformisation par excellence, des collections de médailles qui cliquettent et de croix qui tintinnabulent. Puisque, justement, ce n'est pas M. Untel qui vous juge, mais "un" juge. Distinction et uniformisation ne peuvent faire bon ménage. » Georges Clemenceau n'y voyait que « les hochets de la République ». Ceux avec lesquels on peut jouer à loisir, mais le justiciable n'en demande pas tant. Il veut juste être jugé justement.

24

Les fausses idées sur la justice

Longtemps, on a dit, écrit et répété que les familles de victimes avaient besoin de faire leur deuil, que ce deuil passait par un nécessaire procès. Ce fut, dans les années 1990, une antienne incontournable. Aujourd'hui, on appellerait presque cela « un élément de langage ». Il ne se passait pas une journée sans que l'on entende la victime de quelque délit ou crime se réfugier derrière cette parole de secours. Parole prétendument salvatrice. Parole attrape-tout. Comme si ce « deuil » allait permettre à chacun et à tous de survivre à cet « accident de la vie », la mort violente d'un proche. Comme si, après le pire, on pouvait passer à autre chose. La « résilience » chère à Boris Cyrulnik finit ici dans le mur des lamentations qu'on ne parviendra jamais à chasser. L'idée du « deuil à faire », du « deuil en cours », du « deuil fait » est une bien fausse idée que l'ex-procureur de Marseille Jacques Beaume, le premier, aimait à combattre. Une mère qui enterre un fils, une épouse qui perd un mari dans un règlement de comptes ne se remettront jamais de ces disparitions. Et ce n'est pas un procès, en dépit de toutes les vertus que l'on peut lui prêter, qui viendra assouvir ce manque. D'abord parce qu'une audience, même publique, ne permet que rarement de répondre à toutes les interrogations que se posent de leur vivant les proches les plus affectés. Ensuite, parce qu'un procès qui va être audiencé trois, quatre, voire cinq ans après les faits n'aura souvent que pour effet terrible de raviver les douleurs qui avaient commencé à s'estomper, les plaies qui avaient commencé à se refermer. Les victimes devront vivre avec leur douleur toute leur vie. Rien ne remplacera la perte de l'être cher, même si la justice vient parfois éroder les angles et jouer le rôle d'un baume passager sur les plaies les moins cicatrisables. Sans compter qu'on a, plus récemment encore, inventé un autre élixir de douleur, la fameuse « marche blanche », sorte de manifestation silencieuse à forte répétition, qui, elle aussi, en dépit de ses vertus symbiotiques, ne fait que rappeler aux victimes qu'elles vont souffrir et souffrir encore.

Le « code d'honneur » des voyous

Le « code d'honneur » des voyous n'existe pas. « Il faut bien convenir que la poésie du milieu est morte et que, dans ce domaine, tout romantisme littéraire est périmé », ironisait déjà l'écrivain Blaise Cendrars. Les méchants d'hier n'étaient pas moins méchants. Même au temps jadis, quand René La Canne, vieux gangster repenti, affirmait ne plus reconnaître les siens sur l'air de : « Le milieu n'a plus de morale ! » Le crime organisé s'exprimait avec autant de violence, même si le fusil d'assaut, la kalachnikov et les balles de 7,62 ont pour beaucoup remplacé le calibre 9 mm et le 11,43. C'est là une autre fausse idée. Contrairement à ce que l'on entend de façon récurrente sur les radios et les chaînes d'information en continu, au risque de forger une imagerie confortable, le « code d'honneur » des grands voyous d'hier n'avait rien à envier à ce qu'il se passe aujourd'hui, avec jusqu'à 8 morts en moins de quinze jours sur le pavé marseillais au mois d'août 2023. Tout au plus existait l'interrogation de la parole du chef de réseau ou du chef de clan, faute de quoi ses bras armés ou ses petites mains encouraient le pire pour avoir pris telle ou telle initiative intempestive. Les morts succèdent aux morts à Marseille jusqu'à l'année 1846, date à laquelle les observateurs se réjouissent de « la faiblesse de la criminalité à Marseille ». Mais ce n'est que partie remise, que revanche différée… Le crime reste dans la cité phocéenne au cours du XIXe siècle « le plus vieux compagnon de route de l'humanité », comme le dira un magistrat marseillais. Le 31 mars 1973, le bar *Le Tanagra*, sur le Vieux-Port, de sinistre mémoire puisqu'il a déjà fait 3 morts cinq ans plus tôt, est le lieu d'une fusillade qui ajoute 4 morts et 2 blessés à la chronique de la mort subite. Et la piste d'une « guerre de territoires » pour le contrôle du marché des stupéfiants est déjà évoquée.

La vengeance est un plat qui se mange chaud

Quand, le 1er février 1977, Jacky Imbert, dit « Le Mat » (Le Fou), reçoit à Cassis vingt-deux impacts de balles dans le corps, il fait figure de miraculé, mais il s'assoit aussitôt sur le code d'honneur. Ceux qui ont tenté de lui donner la mort passeront étrangement de vie à trépas dans les mois qui suivent. Et de mars 1977 à avril 1978, on comptera pas moins de douze morts entre clans rivaux. La preuve que la vengeance est un plat qui se mange chaud, voire très chaud… De la même façon, en 1992 et 1993, la bataille pour le contrôle du *Rétro 25*, une discothèque très convoitée située entre Marseille et Aix-en-Provence, sur la commune de Luynes, donne lieu à pas moins de vingt-cinq règlements de comptes.

On trouve donc, au cours du XXe siècle, sur le trottoir marseillais, autant de morts qu'aujourd'hui, avec parfois des tueries record. On ne reparlera pas ici du *Bar du Téléphone* (dix morts en 1978), ni de la tuerie du *Bar des Marronniers* (trois morts en 2006), ni du carnage de la bastide de la Douronne à Auriol (six morts en 1981), records qui restent à tout le moins inégalés. Seuls les mobiles ont changé. Les « guerres de territoires » se faisaient par nature d'activités. Aujourd'hui, ce sont plutôt les zones géographiques et les périmètres des cités, nouveaux terrains de jeu, qui commandent ces rivalités. Hier, on se battait pour le contrôle de la prostitution, des boîtes de nuit ou des machines à sous. À présent, le nerf de la guerre tient essentiellement au contrôle du marché très lucratif des stupéfiants.

La justice manque-t-elle vraiment de moyens ?

Comme le relevait le président du tribunal judiciaire de Marseille, Olivier Leurent, dans son discours de rentrée, le 30 septembre 2022, « l'effort historique réalisé en faveur du tribunal de Marseille par le ministère de la Justice traduit la prise de conscience, peut-être tardive mais réelle, du rattrapage qu'il convenait d'opérer pour remettre à flot ce magnifique navire ». Les effectifs du siège sont ainsi passés de 113 magistrats en 2020 à plus de 130 en 2023. Aucune juridiction n'a connu une telle progression. Au parquet, les effectifs sont passés de 38 en 2013 à 56 dix ans plus tard. Il n'y a pas d'équivalent en France, sauf au tribunal de Bobigny. Cette évolution est historique. Aussi l'argument du manque de moyens ne suffit-il pas à expliquer les retards pris dans de nombreux dossiers, les stocks qui s'accumulent et les affaires qui sont parfois jugées plus de dix ans après les faits.

Le 31 août 2023, le garde des Sceaux Éric Dupond-Moretti annonçait la création, dans le cadre de la loi d'orientation et de programmation 2023-2027 pour la justice, de 256 postes – hors départs à la retraite – dans le seul ressort de la cour d'appel d'Aix-en-Provence, avec 87 magistrats, 97 greffiers et 72 attachés de justice, ce qui en fait la cour la mieux dotée des 36 cours d'appel de France, derrière celle de Paris.

Quid du service public de la justice ?

C'est davantage la gestion du personnel, sujet de frictions à répétition entre chefs de cour, qui est en cause. Les magistrats ne sont pas suffisamment cadrés en termes d'objectifs. Et l'administration de la justice est mal organisée, avec notamment une surabondance de greffiers en chef formés à faire plus de statistiques et de tableaux que de terrain, tandis que les greffiers de correctionnelle, directement soumis aux audiences sans fin et aux caprices de l'actualité, tirent la langue. À quoi cela sert-il, sinon à tresser la corde d'Ocnos ? Sert-on réellement le service public de la justice ou bien les intérêts d'une machine judiciaire dévouée aux seuls effets de manche de son ministre ?

Enfin, contrairement aux agents administratifs et aux greffiers, les magistrats ne sont nullement tenus de « pointer », c'est-à-dire de justifier de leurs heures de présence, ce qui fait d'eux les seuls maîtres à bord, les seuls commandants de leur propre navire. Il existe certes une hiérarchie mais qui ne réagit souvent qu'avec tardiveté. Autant dire que les magistrats du siège font à peu près ce qu'ils veulent dans une administration attachée à l'indépendance de ses juges, qui répugne à les tancer en cas d'absence du navire marseillais. Au parquet, le lien hiérarchique est plus pesant, le contrôle et la pression sont plus prégnants, mais il est rare que les « tire-au-flanc », dont tout le monde connaît les noms et les vilaines habitudes, se retrouvent mis au ban de leur tribunal. Tout au plus connaîtront-ils une progression de carrière plus lente.

L'imposture du statut des repentis à la française

Oui, le statut des repentis à la française est une escroquerie, ou plutôt une imposture. À qui veut-on faire croire que la France a créé les conditions pour inciter d'éventuels repentis à prendre la parole et à renseigner utilement la justice ? Pourtant créé par la loi Perben II du 9 mars 2004, bien qu'entré en vigueur seulement dix ans plus tard, ce statut ouvrait droit à une protection physique et leur garantissait un anonymat certain. Il promettait aussi la réelle prise en compte par les magistrats de l'effort consenti par le mis en cause et lui offrait la perspective, non négligeable, de bénéficier d'une certaine clémence lors du procès à venir. Il ouvrait ainsi la voie à des exemptions, voire à des réductions de peines, en des circonstances précises mais limitées. Pour le procureur de Marseille Nicolas Bessone, il est plus que jamais temps de réformer ce statut. D'ailleurs, le magistrat lui préfère de loin le terme « collaborateur de justice ». Un statut qu'il dit « insuffisamment utilisé, probablement parce qu'il contient des incertitudes juridiques qu'il convient de corriger ». « Ce n'est pas saint Paul sur le chemin de Damas », aime à dire Nicolas Bessone, qui en appelle à une extension du statut, y compris « à ceux qui ont du sang sur les mains directement ou par commandite », voire au « bas du spectre », notamment « ces femmes isolées qui servent de nourrices d'armes, d'argent ou de drogue et qui ne parleront pas si on ne les accompagne pas ». Mais c'est là, pour l'heure, une révolution que la France n'a pas encore mise en œuvre.

Qu'en est-il aujourd'hui, dix ans après sa mise en service ? « Le nombre de repentis, longtemps resté négligeable, a amorcé depuis 2022 un reflux », relève le journaliste du *Monde* Jacques Follorou[1]. On compterait une petite et discrète cinquantaine de ces informateurs, mais le chiffre est aussi préservé que la cassette d'Harpagon. Rien à voir avec les statuts mitonnés aux petits oignons par les Américains ou les Italiens, des statuts sur mesure avec profils sur mesure, qui ouvrent droit à des changements de noms ou de nouvelles vies, ailleurs, autrement, ainsi que le film *Malavita* et son héros Robert de Niro les ont mis en scène au cinéma, non sans un certain humour.

Une bourde lourde de sens en plein procès

Le cas du témoin dont le visage est tout à coup apparu en public, à l'écran, en plein procès parisien du braqueur Redoine Faïd et de ses douze complices, le 5 octobre 2023, vient une fois encore confirmer l'amateurisme à la française en la matière et le peu de respect que notre justice accorde à ces « collaborateurs de justice ». Seul un paravent en bois dissimulait le visage de celui qui, avec sa famille, a dû entre-temps changer de nom et de statut. De quoi sera fait demain l'avenir de cet homme ? Sera-t-il traqué jusqu'à la mort par ceux qu'il a dénoncés ? Et surtout quels efforts la France est-elle prête à consentir pour rattraper sa bourde ? Aura-t-il droit à vie à un garde du corps ? Devra-t-il se faire refaire le visage dans quelque clinique de l'ombre pour continuer à vivre au soleil ?

1. *Le Monde*, 22 mars 2023.

En Italie, Tommaso Buscetta, témoin clé du « maxi-procès » qui a abouti en 1987 à la condamnation de plusieurs centaines de mafiosi siciliens, passe pour un des précurseurs. C'est l'histoire d'un homme qui a livré sa « famille », celle de Cosa Nostra, à la justice, l'homme qui a osé briser l'omerta, l'homme par lequel le scandale est arrivé. Tommaso Buscetta, premier vrai *pentito* (repenti) de l'histoire du crime organisé. Avec Buscetta, on a basculé de la tragédie grecque dans la tragédie à l'italienne.

Dans un rapport qui a été remis le 7 février 2023 au garde des Sceaux Éric Dupond-Moretti, et cité par *Le Monde*, Bruno Sturlèse, le président de la Commission nationale de protection et de réinsertion, dite « des repentis », analyse le dispositif français mis en place comme « en état de crise existentielle ». En guise de bilan, l'auteur invite le pouvoir politique à « une refonte globale » du système, « afin de ne pas se trouver désarmé face au défi majeur de la lutte contre les dérives mafieuses ».

Le cas Claude Chossat

À Marseille, les deux rares expériences vécues en la matière se sont en effet révélées d'une maigre efficacité. Un repenti irakien qui, au milieu des années 2000, avait donné quelques importantes clés de compréhension dans un dossier marseillais sur fond d'importation internationale de drogue a eu la désagréable surprise de découvrir qu'il n'était pas vraiment protégé de ses codétenus, comme il l'entendait.

Il est resté le premier jour à côté de ses complices présumés qui ne le lâchaient pas des yeux. Un policier l'a effectivement surveillé de près, mais dès le second jour de procès, la justice a fait comprendre au mis en cause qu'elle n'avait pas les moyens de veiller sur lui en continu, ce qui ne manquera pas de susciter la colère des deux avocates qui le défendaient. En signe de protestation, ses deux conseils se sont retirés des débats, non sans avoir dénoncé cette dangereuse mascarade.

Quant à l'épisode Claude Chossat, le premier repenti corse, biberonné aux méthodes du gang bastiais de la Brise de Mer, dont les déclarations explosives ont couru les médias, et qui fut entre 2004 et 2012 un allié de poids des juges d'instruction, il a vite compris que sa meilleure protection serait la médiatisation de sa parole davantage que le retour sur investissement que pourrait lui accorder la justice pour bons et loyaux services rendus.

Claude Chossat n'a jamais nié avoir renseigné la justice sur une quinzaine de dossiers sensibles sur fond de cercles de jeux, de paradis fiscaux, mais aussi sur l'assassinat de Richard Casanova, l'un des leaders les plus charismatiques de la Brise, abattu le 23 avril 2008 à Porto-Vecchio. Il a mis au jour les laideurs de l'île de Beauté et démonté un mythe, celui du gang auquel il appartenait. Plusieurs juges d'instruction ont salué sa courageuse démarche. Il en a fait un livre bouclier[2]. Entre ceux qui désignent Chossat comme un « manipulateur » et ceux qui saluent sa démarche de vérité, tout tourne autour de la parole. Car, dans les prétoires, celui qui parle n'a pas toujours la belle image. Il n'est surtout pas certain de gagner la reconnaissance éternelle. Marié et père de deux enfants, il se fait discret, depuis, et contingente ses apparitions publiques.

Témoignage sous X et loi du silence

Quant au témoignage sous X, présenté à sa création en 2002 comme la panacée qui allait mettre fin à la « loi du silence », il a fait les gorges chaudes des cours d'assises pendant quelques années et promis de résoudre quelques affaires sensibles. Dans les faits, il aura à peine plus de succès que le statut du repenti à la française. L'article 706-58 du Code de procédure pénale prévoit toutefois désormais, lorsque l'audition d'une personne « est susceptible de mettre gravement en danger la vie ou l'intégrité physique de cette personne, des membres de sa famille ou de ses proches, que le juge des libertés et de la détention, saisi

2. Claude Chossat, *Repenti*, Fayard, 2017.

par requête motivée du procureur de la République ou du juge d'instruction, [puisse], par décision motivée, autoriser que les déclarations de cette personne soient recueillies sans que son identité apparaisse dans le dossier de la procédure ». Ni son nom ni son adresse ne seront donc mentionnés. Et toute personne qui en ferait la révélation s'exposerait à une peine de cinq ans d'emprisonnement et de 75 000 euros d'amende. Mais pour l'avocat devenu ministre de la Justice Éric Dupond-Moretti, on ne se méfie jamais assez des témoins sous X. « Plusieurs fois confronté à des X dans le cadre de mon exercice professionnel, assure-t-il, j'ai pu constater combien il demeure complexe de faire le tri entre un témoignage véritable et le désir de vengeance d'un menteur[3]. »

Derrière tout cela, il y a ce qu'on dit et ce qu'on tait, les jeux de pouvoirs et d'influences qui se tissent entre juges et suspects, l'enquête qui avance et celle qui piétine, la parole qu'on délivre et celle qu'on ne délivre pas, ce qui va aider à faire progresser la justice et ce qu'on cache sous le voile impudique de l'oubli, sous le lit des vérités pas vraiment bonnes à dire. Il y a le mot terrible « collaborateur de justice » qui réveille parfois un lourd passé à la française. L'important est que la justice passe et que la vérité triomphe. Quitte à faire mentir le proverbe sicilien : « La meilleure parole, c'est celle qu'on ne dit pas. »

3. Éric Dupond-Moretti, *Le Dictionnaire de ma vie*, Kero, 2018.

25

Je ne suis pas celui qui écoute aux portes

« La liberté de la presse ne s'use que quand on ne s'en sert pas. » Ne jamais perdre de vue le vieux mais joli principe cher au *Canard enchaîné*. La ligne force, le tempo quotidien, ce sera donc deux pages par jour, parfois un peu plus, dans le quotidien *La Provence*. Difficile de faire moins, tant l'actualité est riche. Tant le lecteur aime cela. Marseille, ses histoires, encore ses histoires. C'est l'histoire qui a toujours compté. Surtout la bonne. Mais comment l'identifier ? A-t-elle un ADN particulier ?

Pendant plus de trente ans, j'ai donc collecté, enquêté, dû répondre aussi au piquant surnom de « La Fouine » que m'avaient attribué certains fonctionnaires de justice ou de police. Avec en tête le mot de Beaumarchais, dans *Le Mariage de Figaro* : « Il n'y a que les petits hommes qui redoutent les petits écrits. » Voilà qui ne me déplaisait pas, finalement. Mettre mon nez partout, c'était plutôt un bel hommage, une belle reconnaissance.

Je n'étais pas en revanche « celui qui écoute aux portes », comme le croyait un juge d'instruction chargé du banditisme marseillais, peu au fait des gens et des choses de presse. Comme si un journaliste pouvait faire un article en se contentant d'écouter aux portes. C'est un peu comme si j'avais pensé de lui qu'il mettait en examen sans ouvrir son dossier, sans dresser l'inventaire des charges qui pesaient sur ses « suspects » du jour, au doigt mouillé, à la tête du client, sur délit de faciès, dirait-on aujourd'hui... Il y a toujours des professionnels qui font fausse route, qui vont droit dans le mur, se trompent et persistent à se tromper. Mais tant pis. Une chose est sûre : la vérité n'est pas une fille facile.

L'Évêché, la grande Maison

Un journaliste de *La Provence* a toujours eu pour mission de passer ses journées à « l'Évêché », week-ends compris, non pas pour s'y amender sur le plan christique après avoir côtoyé tant de crimes et de criminels, ni pour y faire pénitence de quelque dérive journalistique – l'Évêché, c'est le nom du commissariat central –, mais pour y puiser le flot ininterrompu de ces affaires qui sont le sel de la vie marseillaise.

« L'Évêché » fut donc notre seconde maison. Au rez-de-chaussée et au premier étage, selon les âges, les mutations de services et les caprices des chefs, la DDSP, la fameuse direction départementale de la sécurité publique, et la sûreté départementale, l'une des plus en pointe, qui gèrent les enquêtes majeures. Au deuxième étage, la fameuse police judiciaire (PJ) et son couloir très protégé qui abrite les secrets les mieux gardés du crime marseillais. Une cinquantaine de marches à gravir pour atteindre le Graal des affaires policières, le crime programmé, celui des rancœurs ressassées et souvent mises à exécution, avec le fameux état-major tour à tour animé par les commissaires de police Catherine Lenzi, André Céméli, Muriel Anquet, puis Marie Daures.

Trente années de secrets, d'interpellations en série, de perquisitions réussies, consignées dans une sorte de livre d'or, le registre des affaires en cours. Et quatre fins limiers, à l'humour parfaitement aiguisé, pour les décliner. Quatre personnes habilitées à communiquer avec la presse, dressées aussi pour en dire parfois le moins possible, pour éviter la « fuite », cet « ennemi public numéro 1 » de la PJ. Donner certes quelques informations mais avec la modération que l'on imagine, avec un principe majeur : ne jamais nuire à une enquête, ne parler que quand l'affaire a été élucidée et ne causer que lorsqu'on ne peut plus faire autrement.

Pourquoi le fait divers fait-il tant courir les journalistes ?

Au fond, qu'est-ce que le fait divers ? Pourquoi fait-il tant courir les foules et les journalistes avant elles ? Dès le Moyen Âge, il attirait le peuple. Les « complaintes chantées » racontaient des drames de proximité. Était-ce pour mieux les exorciser ? Ou bien le sang et les larmes aimantaient-ils déjà la population ? Les histoires des « canards sanglants », déclamées en pleine rue et collées sur les murs, ont pris le relais aux XVIIIe et XIXe siècles[1]. Non, les faits divers ne racontent pas des histoires de chiens écrasés, encore moins de chiens méprisés. « Ce sont des anecdotes qui renvoient à l'essentiel », observe joliment le journaliste Claude Sales. Le fait divers court de l'humain à l'humain, même si c'est souvent en passant par l'inhumain. « Tout journal, de la première à la dernière page, n'est qu'un tissu d'horreurs, notait Charles Baudelaire. Guerres, crimes, vols, impudicités, tortures, crimes de prince, crimes des nations, crimes des particuliers, une ivresse d'atrocité universelle. »

Le philosophe Michel Foucault y voyait « un échangeur entre le familier et le remarquable ». « Les faits divers, ce sont aussi des faits qui font diversion », considérait le sociologue Pierre Bourdieu. Rien ne serait donc anodin. Ils permettraient de regarder ailleurs pour moins s'apitoyer sur le cours du monde, et derrière lui sur la chose politique en marche. Pierre Larousse, dans son *Grand Dictionnaire universel du XIXe siècle*, en fait un concentré des nouvelles du monde : « petits scandales, accidents de voitures, crimes épouvantables, suicides d'amour, couvreurs tombant d'un cinquième étage, vols à main armée, pluies de

1. Cité par Pascal Galinier, *Le Monde*, 9 septembre 2023.

sauterelles ou de crapauds, naufrages, incendies, inondations, aventures cocasses, enlèvements mystérieux, cas d'hydrophobie, d'anthropophagie, de somnambulisme et de léthargie[2] ». La vie, la mort. La voilure est effectivement très large.

« Si j'attrape celui qui vous a donné les infos ! »

L'état-major de la police judiciaire et ses bureaux feutrés ont toujours été le cœur du réacteur, le premier salon où l'on cause entre « super-flics » des choses d'importance, des dossiers chauds. Le « deal » a longtemps consisté, en cas de « fuite » majeure, de solliciter des journalistes trop curieux un répit de vingt-quatre ou quarante-huit heures, pour ne pas briser une enquête. Autant de palabres à n'en plus finir sur l'opportunité de publier ou de ne pas publier, dans un contexte de forte concurrence journalistique qui pouvait évidemment modifier la donne chaque jour.

Avec le temps, les choses se sont améliorées. Mais il est vrai que j'entends encore le patron de la PJ de Marseille, Éric Arella, me dire un jour, à propos d'un indice ADN qui avait permis de résoudre une affaire de droit commun, dont il n'avait parlé, de son propre aveu, qu'à un nombre restreint de ses collaborateurs : « Si j'attrape celui qui vous a donné les infos, je peux vous assurer qu'il va se retrouver à la PJ de Lille ! »

Bien sûr, on ne savait pas. On avait bien cherché, mais on n'en gardait qu'un vague souvenir. On avait oublié le généreux donateur de cette belle « info ». En tout cas, la mémoire journalistique joue parfois de vilains tours... Et l'article 109 du Code de procédure pénale (CPP) sur le secret des sources journalistiques est, depuis le 1er janvier 2001, notre bouclier démocratique le plus sûr. « Tout journaliste, entendu comme témoin sur des informations recueillies dans l'exercice de son activité, est libre de ne pas en révéler l'origine. » Sans lui, point de révélations, point

2. Pierre Larousse, cité par Didier Decoin, dans son « *Dictionnaire amoureux des faits divers* », Plon, 2014, p. 314.

de « flics » causeurs, point de gendarmes bavards, avec la peur au ventre de se retrouver poursuivis pour violation du secret de l'enquête, voire de l'instruction.

Mais une affaire dans la presse, c'est aussi l'assurance qu'elle ne sera plus étouffée. Comme ce fut le cas dans les années 1990, quand deux familles de bateliers marseillais ayant pignon sur rue, et même pignon sur mer, s'étaient vu confisquer leurs très populaires navettes du Frioul en commettant quelques malversations. Un commissaire de police proche de la droite traditionnelle se retrouva mis en cause. Un magistrat du parquet vint me trouver pour me glisser à l'oreille que les gardes à vue avaient commencé et que les navires avaient été saisis sur le Vieux-Port. « Pourquoi ? » lui demandais-je naïvement ce jour-là, avec une curiosité à peine retenue. « Parce que j'ai bien peur qu'on essaie d'étouffer l'information en haut lieu ! » me répliqua-t-il. En tout cas, l'information était dans le journal. Il eût été aussi difficile que déplacé de faire taire les enquêtes qui débutaient.

On-off

L'autre scénario toujours possible est la confidence reçue d'un magistrat, qui permet de connaître à l'avance une décision du tribunal, parfois dans des affaires d'importance, mais qu'en faire ? Vous imaginez un journaliste donner la condamnation d'un notable deux jours avant la date prévue par le tribunal ? Le journaliste passerait pour plus idiot qu'il ne l'aurait conçu et le prétendu « scoop » n'en serait pas un. Ce serait même un flop. Plus fréquent est le « off », comme *off the record* – en dehors du micro –, la bonne information que confie au journaliste une source de qualité, un ministre, un président de tribunal ou de cour d'appel, un élu fort bien renseigné, un « flic » bien placé, un avocat qui aura reçu la confidence d'un magistrat. Ce « off »-là permet souvent de comprendre beaucoup de choses, de restituer un cheminement judiciaire. Il n'a pas vocation à être raconté ni diffusé. Il pourra toutefois être utilisé, autrement, bien plus tard, pour nourrir un autre regard, le journaliste ayant le devoir continu de ne pas citer sa source. Malheur à celui qui ne respecte pas le contrat. Il sera ostracisé. La parole donnée a valeur morale autant que judiciaire.

« Droit de suite » et comptabilité du crime

Le joli mot d'Albert Londres me revient sans cesse : « Notre métier n'est pas de faire plaisir, non plus de faire du tort. Il est de porter la plume dans la plaie. » « Tel un taon sur le flanc d'un cheval un peu mou », aurait dit Socrate, évoquant son rôle d'agitateur sans fin, promu au rang d'aiguillon de la société athénienne. Avant de faire accoucher les esprits, avec sa légendaire « maïeutique », il voulait réveiller les consciences assoupies.

Passer du temps avec les policiers de terrain, c'est la garantie de bénéficier, un jour ou l'autre, dans un moment de flottement, au gré d'un joli coup du destin, de l'information exclusive, celle que les autres n'auraient pas, le fameux « scoop », celui qui motive tous les journalistes de France, la plupart des correspondants régionaux de la presse nationale, tiraillés entre actualité brûlante, sujets politiques et sujets société n'ayant pas les moyens de passer leur temps en continu à « l'Évêché ». « Nous, les journalistes, disait humblement Joseph Kessel, nous sommes des clochards qui dînons à la table des rois ! » C'est un peu cela. C'est même totalement cela.

Après les gardes à vue, c'était quasiment en direct, pour les affaires de moindre importance, la garantie de savoir qui serait transféré au palais de justice et qui passerait en comparutions immédiates – on dit plus communément « CI » –, deux jours plus tard, avec débat public au fond garanti. Ce sera ainsi le réservoir inépuisable des violences commises par les supporters de l'OM, par soir de grand ou de petit match, qui finissaient aux geôles avec des interdictions de stade et parfois même quelques mois de prison ferme dans la besace sportive. Le tribunal comme inéluctable miroir de notre société adulte et citoyenne.

La « justice TGV »

L'idéal a toujours été de courir à ces audiences, ces sorties de gardes à vue en ligne directe, inépuisable réservoir à histoires, petites ou grandes, ce que j'ai appelé « la justice TGV », parce que celui qui comparaît peut repartir lesté d'un an de prison ferme après avoir été jugé en un quart d'heure. C'est aussi une justice qui décide d'écrouer dans un délai record. À défaut de juger le mis en cause sur le fond, elle fera le choix de l'envoyer en détention provisoire dans l'attente de son procès deux mois plus tard, de le placer sous contrôle judiciaire ou de le remettre en liberté purement et simplement. Une sorte de justice où tout peut basculer en un quart d'heure. Il suffit que l'avocat soit mauvais, que le président soit contrarié, de mauvaise humeur ou banalement répressif, mauvaise conjonction des astres, et c'est la case prison qui guette.

La comparution immédiate est aussi le tribunal de l'actualité, cette drogue dure du quotidien. « Le tribunal, cet inventaire de la vie dangereuse, de l'humour, de l'amour, des simples, des humbles, des innocents, des fadas et des déclassés, des légendes, des dialectes, des fautes de langage, des bons voleurs, des vagabonds, des va-nu-pieds, des receleurs », comme aurait dit Blaise Cendrars.

Des micro-fictions en quelque sorte, à ceci près que tout ici est vrai. Tout est vivant et grave. Tout est humain ou inhumain, pétri d'ambiguïtés et de vérités indicibles, le tout émergeant à la surface des mots, en filigrane des rituels immuables de la machine judiciaire. J'acquerrai ici, au fil des ans et des audiences, dans cet espace corseté, la certitude que, dans la vie, nul n'est noir ou blanc. Tout le monde est forcément gris, gris clair ou gris foncé, mais gris, assurément. Cela permet de comprendre beaucoup de choses. Et d'éprouver parfois une évidente compassion.

Pour le reste, pour les dossiers plus compliqués, ceux qui exigent expertises, contre-expertises et longues investigations, la justice court à la désignation inévitable d'un juge d'instruction, qui prendra son temps, et l'on reparlera de l'affaire plus tard, souvent bien plus tard. Ce sera donc l'occasion de mettre en place une chronique dite « droit de suite », pour partager avec le lecteur l'envie irrépressible de savoir ce qu'a pu devenir telle affaire ou telle autre qui avait tant passionné naguère, les dates anniversaires comptant au moins autant que les avancées de l'instruction.

L'été, en guise de chroniques, le journal revenait aussi régulièrement sur les grandes affaires passées qui ont marqué *La Provence*, en essayant de retrouver des témoins ou des acteurs de l'époque : juges, avocats, victimes, experts, enquêteurs et parfois même les criminels eux-mêmes, dès lors qu'ils avaient recouvré la liberté.

Ce n'était pas une mince affaire, mais le terreau marseillais a toujours été fertile et avec les années, les langues se déliaient assez facilement. Tuerie d'Auriol, *Bar du Téléphone*, assassinat du juge Michel, mort de René Lucet… Les dossiers étaient nombreux et la vérité jamais totalement dite. Tout cela faisait revivre la chronique des faits divers qui ne comptait pas que des vivants. Entre 2008 et 2013 par exemple, on a recensé à Marseille pas moins de 250 règlements de comptes, dont 112 furent mortels. Ainsi naîtra la soif inextinguible de tenir une comptabilité serrée de tous ces méfaits et gestes. Voilà qui serait bien pratique. Le service de la documentation de *La Provence*, qui participa activement à cet inventaire de la mort, sera un précieux, curieux et fidèle allié.

La gourmandise passée du *Petit Marseillais*

Quand les investigations sont achevées, c'est au tour de la cour d'assises des Bouches-du-Rhône de nous communiquer les « rôles », autrement dit le menu mensuel du crime organisé, avec ses couleurs et ses tendances du mois : crime conjugal, crime crapuleux ou crime organisé sur fond de règlement de comptes, vols à main armée, sans oublier les viols en tout genre, dont on ne dit pas assez qu'ils représentent près d'une affaire sur deux en Provence. Les affaires de viols retiennent pourtant beaucoup moins l'attention des journalistes, d'abord parce que les débats y sont souvent à huis clos, lorsque la victime le sollicite, ensuite, parce que les faits sont d'une intimité souvent violente, difficile à étaler sur le papier. Cela ne veut pas dire qu'on ne rend pas compte des dossiers de viols, d'autant que certaines victimes refusent, et de plus en plus, le huis clos, parce qu'elles veulent crier à la terre entière ce qu'elles ont tristement vécu, et qu'elles le font souvent avec l'espoir affiché, comme elles disent, que « cela n'arrivera plus à d'autres »…

Au XIXe siècle, dans *Le Petit Marseillais*, l'ancêtre du journal *La Provence*, quatre à six pages étaient chaque jour consacrées à la déclinaison de toutes ces affaires. Il y avait même des fictions judiciaires. L'illustration était rare et l'écriture serrée. La chronique judiciaire a toujours eu ses subtils admirateurs. L'affaire des empoisonneuses du Panier, en 1868, a d'ailleurs permis au *Petit Marseillais* de prospérer. C'était au temps jadis où les journaux cultivaient encore l'espoir de conquérir des lecteurs. Il n'y avait que le papier. Rien que le papier. C'était écrit dans le journal, c'était forcément vrai. Point de chaîne en continu, ni de quotidien gratuit, ni de réseaux sociaux pour venir gâcher la fête de l'événementiel. En décembre 1868, le tirage du *Petit Marseillais* passe en effet de 6 000 à 18 000 exemplaires, puis à 42 000, joli record pour l'époque. C'est qu'il y a dans l'histoire tout ce qu'adore le public : de l'amour, de l'adultère, de la trahison, du sang, des larmes et une intrigue sulfureuse. Trois Marseillaises natives de l'un des plus vieux quartiers de Marseille sont accusées d'avoir empoisonné leurs maris à l'arsenic et à la belladone, la « belle dame » en italien, sur les conseils avisés d'une tireuse de cartes, avec la complicité active du pharmacien de l'époque, un herboriste sachant herboriser.

Poison violent

« L'empoisonnement est, pour la plupart des cas, un crime commis dans la famille », écrit *Le Petit Marseillais* du 7 septembre 1868, sous la plume de son rédacteur en chef Émile Page.

Aujourd'hui, on dirait à peu près la même chose d'un agresseur sexuel ou d'un meurtre à coups de couteau commis avec acharnement. L'affaire a tellement de succès que *Le Petit Marseillais* en tient le feuilleton ininterrompu. On en cause partout. Dans les salons du grand monde, à la Bourse aux affaires, dans les loges bavardes des concierges et même chez le marchand de vin qui se fait marchand de commérages.

Arrêtées, puis transférées d'Aix à Marseille, les « veuves joyeuses » faillirent bien être lynchées. En décembre 1868, devant la cour d'assises des Bouches-du-Rhône, les coupeurs de têtes sont légion. Ils se feraient bien les mains. Et les dents. Nul ne veut manquer le moindre rebondissement ni le petit détail de cette obscure conspiration herbeuse. Quatre des cinq suspects écoperont des travaux forcés à perpétuité. La veuve Marie-Rose Salgado, certes peu gâtée par un mari paresseux, brutal et alcoolique, s'en sortira avec vingt années de prison. Marseille boira le poison. La cité phocéenne mettra des années à se remettre de ce soupçon, mais la chronique judiciaire avait fait ses premières armes avec succès.

Caprice de diva pour une photo coupée

Un siècle et demi plus tard, la chronique judiciaire a toujours autant de succès, tant elle conte et raconte l'histoire chahutée de l'humanité. À Marseille, le déroulé des « affaires » est un serpent de mer. Être chroniqueur judiciaire, c'est forcément citer des noms dans la presse et donc déplaire et déplaire encore. Il y faut du tact et de la mesure, car on peut chaque jour tuer des réputations. Mais il faut aussi savoir dire et écrire ce qui mérite d'être dit et écrit.

Mis en cause judiciairement au faîte de sa popularité, le sénateur et président (PS) du Conseil général des Bouches-du-Rhône Jean-Noël Guérini n'aimait pas faire la une du journal *La Provence*. Il se vengea longtemps en annulant le mercredi une publicité prévue dans le journal le jeudi après un article du lundi ou du mardi qui lui avait déplu. C'était sa manière de faire entendre sa voix d'élu blessé. C'est ainsi que le journal perdit, entre 2009 et 2015, sous sa présidence, plus de 2 millions d'euros de budget publicitaire du département des Bouches-du-Rhône. Cacique local, Jean-Noël Guérini croyait faire plier la presse, mais rédaction et direction tinrent bon et firent jusqu'au bout confiance à leurs journalistes d'investigation, qui, chaque semaine, en toute indépendance éditoriale, révélaient ce que le juge et les gendarmes avaient débusqué. Guérini n'aimait pas davantage voir ses pieds coupés sur les photos. Cela frisait l'offense présidentielle. Il s'en ouvrit un jour auprès du rédacteur en chef, persuadé que le journaliste l'avait fait exprès. Caprice de diva. Non, ce n'était qu'une banale question de taille de photo. Du coup, il avait droit, le lendemain, à une sorte de « droit de réponse photographique » : ses pieds tout en pied ! Le rédacteur en chef, un rien pusillanime, s'était entre-temps confondu en excuses d'avoir pu commettre le podal outrage. La paranoïa n'était pas très loin.

Colères de stars

Le même Jean-Noël Guérini savait aussi piquer des colères, quand il apercevait la presse, là où il ne pensait pas la croiser, au tribunal, au sortir d'une mise en examen ou d'un interrogatoire : « Vous voulez devenir quoi ? Le chef du service juridique de *La Provence* ? Devenir un personnage imminent ? » Ce à quoi on peinait à lui répondre en lui apprenant la différence entre l'adjectif « imminent » et son trompeur voisin de chambrée « éminent ». L'homme n'avait pas beaucoup d'instruction, même si, au fil des tribunes et de son parcours politique, il apprit beaucoup et progressa beaucoup. Il se contentait même souvent de lire ses petits bouts de papier prérédigés lors des confrontations devant le juge, ce qui, pensait-il, lui éviterait de dire la bêtise qu'il ne fallait pas dire, ce qui ne l'a hélas pas empêché d'en dire beaucoup…

Même réaction qui le rendait fou de rage, lorsqu'il découvrait dans un éditorial du dimanche le mot d'un journaliste évoquant son principal ennemi politique, Renaud Muselier, ex-ministre (LR, puis Renaissance) et président du conseil régional, et disant de lui qu'il avait finalement « eu raison trop tôt ».

Au-delà des politiques, de grands voyous marseillais, qui se croyaient capables de « tenir » la presse, n'hésitaient pas à saisir par le bras avec vigueur un journaliste qui voulait mettre leur nom dans le journal dans une affaire de blanchiment en bande organisée. Tel autre par exemple, jugé pour proxénétisme, ne voulait pas de photo, surtout pas de photo. Pourquoi ? Parce qu'il venait de créer une société de distribution de café et qu'il craignait forcément que cette échappée proxénète nuise durablement à la qualité de son café… « Vous me faites perdre de l'argent ! » me lança-t-il un jour. Après quoi, mon photographe, fort avisé, me glissa à l'oreille : « Tu as entendu ? Il a reconnu les faits ! Oui, il t'a dit : "Vous me faites perdre de l'argent !" » Pour un proxénète, c'était effectivement un aveu.

Entre la chance et le flair journalistique

Être journaliste dans l'univers corseté du fait divers, c'est aussi avoir du flair et beaucoup de chance. Sans une once de chance, rien n'est jamais possible. Mais le tango serré que l'un et l'autre peuvent parfois entreprendre est souvent la meilleure des recettes. Ainsi, au mois de décembre 1988, j'eus l'occasion de faire un grand reportage sur la prison des Baumettes. Un sujet titré « Voyage au centre des Baumettes » qui me vaudra d'ailleurs de devenir le premier lauréat de la Fondation Varenne, qui récompense les meilleurs professionnels de la presse écrite régionale. Un reportage nourri d'angles différents et accompagné de l'interview surprise d'un détenu accusé du pire des crimes sur une enfant de 7 ans, qui évoquait notamment ses conditions de détention.

Au fil de la visite, j'allais en effet rencontrer au quartier d'isolement Richard Roman, l'un des meurtriers présumés de Céline Jourdan, qui, pour la première fois, se défendait d'avoir commis un tel crime. Il sera effectivement acquitté quatre ans plus tard aux assises. J'aurais pu passer mon chemin et oublier qui était cet homme, mais quel journaliste aurait, ce jour-là, résisté à la tentation du scoop ?

Flagrants délices

Du fait divers à la justice, celle des procès, il n'y a qu'un pas. Un pas qui donne du goût au sel des audiences publiques, tant la magie est grande. Ce fut longtemps pour moi le vertige sans fin des bons mots du monde judiciaire, ce que j'ai baptisé mes « flagrants délices ». Mots de présidents ou de présidentes, fulgurances de prétoire, répliques empêtrées ou non dénuées d'humour des prévenus et des accusés, répliques d'avocats, qui, pendant plus de trente ans, ont dit leur vérité à leur façon. Mots parfois crus, parfois maladroits. La langue française y a souvent été torturée, sans que le juge n'accroisse pour autant la sanction pour atteinte grave à notre belle langue vernaculaire. Jouer avec les mots comme autant de petites bulles de légèreté dans cette hétéroclite procession d'individus jetés à la barre du tribunal, c'était le plus grand des bonheurs de l'observateur que j'étais.

26

Vingt propositions pour sauver Marseille

Au terme de ce constat qui ne laisse pas d'inquiéter, il est plus que jamais temps de prendre des mesures urgentes. C'est à ce seul prix, à mon sens, que l'on sauvera Marseille. Le plan de l'ancien ministre de la Ville, Jean-Louis Borloo, remis au président de la République en avril 2018, avait pourtant posé plus que des jalons, aussi prometteurs qu'intelligents. Il disait, il y a six ans déjà, l'urgence de la situation et proposait des mesures concrètes. Le président Emmanuel Macron a préféré le ranger, au moins pour l'instant, dans un placard. Ce constat était-il trop cru ? Trop pragmatique ? Ou bien trop révolutionnaire ? La France en général et Marseille en particulier ne sont-elles donc pas disposées à entendre certaines vérités et à mettre en œuvre les bouleversements qui s'imposent ? Le pays rebelle de 1789 est-il à ce point criblé de frilosités qui l'empêcheraient de regarder la réalité en face ? Il semble que les esprits évoluent pourtant.

Pour la première fois, dans une tribune qu'ils ont conjointement signée dans le journal *Le Monde* en septembre 2023, une cinquantaine d'élus en appellent à « un plan national et européen » contre le trafic de drogue : « On ne doit pas choisir entre prévention, éducation et fermeté. Lutter contre le trafic de drogue, c'est agir pour la sécurité des Français. » Pour une fois, on trouve dans ce collectif des options politiques divergentes, telles que Benoît Payan, maire de Marseille (DVG), Johanna Rolland, maire de Nantes (PS), Martine Aubry, maire de Lille (PS), ou Christian Estrosi, maire de Nice (Horizons).

Le ministre de l'Intérieur Gérald Darmanin déclarait en mars 2023 que « la lutte contre le trafic de drogue est plus que jamais la mère de toutes les batailles ». Il est temps de mettre les actes en accord avec les discours. Le plan « Marseille en grand » prévoit que l'Agence nationale de rénovation urbaine (ANRU) déploie à Marseille son plus grand chantier avec 650 millions d'euros investis dans la seule problématique du logement. Cela ne suffira pas. On peut toutefois saluer la démarche de la secrétaire d'État chargée de la citoyenneté et de la ville, Sabrina Agresti-Roubache, qui, en novembre 2023, a promis d'accélérer le plan « Marseille en grand ». Hélas, ce plan reste encore trop flou et trop largement insuffisant dans son approche de la sécurité à restaurer.

1. LE TRAFIC DE STUPÉFIANTS DOIT DEVENIR UN CRIME

Il faut criminaliser les infractions d'offre, de cession et de transport de stupéfiants. Le trafic de drogue n'est à l'heure actuelle qu'un délit passible d'une peine maximale de dix ans, de vingt ans en cas de récidive. Seules les importations en bande organisée finissent devant une cour d'assises, sont passibles de trente ans de réclusion et de 7,5 millions d'euros d'amende et sont jugées par des magistrats professionnels. Mais ces procès sont très exceptionnels, trop exceptionnels en France. Ils ciblent les dossiers les plus lourds. La plupart des trafics démantelés finissent en correctionnelle. Un tel renforcement de la législation encombrerait évidemment les cours d'assises, mais il en va de la survie de ce pays. Il faut savoir ce qu'on veut. Au début des années 1970, au temps de la French Connection, la France a mis un terme aux « laboratoires » clandestins de Marseille qui inondaient d'héroïne les États-Unis. À lui seul, le juge Pierre

Michel, qui ne cachait pas sa détermination à lutter contre ce fléau majeur, a fait tomber soixante-dix trafiquants en sept ans. Mais il aura fallu une prise de conscience commune des deux pays au service de l'intérêt collectif. De la même façon, il faut accroître les peines encourues pour les trafics d'êtres humains, dès que des jeunes mineurs sont enlevés, séquestrés ou torturés en guise de prises de guerre dans les trafics de stupéfiants les plus violents pour faire taire la concurrence, même si à ce jour la loi leur fait encourir jusqu'à dix ans de prison et 1,5 million d'euros d'amende. Seule une législation dérogatoire permettra de sortir du chaos, de la même façon que le garde des Sceaux Éric Dupond-Moretti a, le 30 septembre 2021, créé le Code de justice pénale des mineurs qui a tiré un trait sur l'ordonnance de 1945, devenue illisible et totalement inadaptée à l'enfance délinquante d'aujourd'hui. Le nouveau code a mis en place une justice plus réactive, plus individualisée, avec une responsabilité accrue des mineurs, des obligations, des interdictions, des échéances et des mesures de réparation.

2. FAIRE DE LA LUTTE ANTI-STUPS UNE DÉCLARATION DE GUERRE ET ENGAGER L'ARMÉE

Repenser totalement l'esprit de la lutte contre la drogue et le définir comme une véritable « guerre », copiée sur le mode opératoire du gouvernement mexicain en lutte contre les cartels de Sinaloa ou de Jalisco nouvelle génération. Cette « guerre » civile a impliqué massivement, dès le mois de décembre 2006, l'armée mexicaine. En 2009, plus de 35 000 militaires et policiers étaient au combat contre environ 100 000 hommes des cartels de la drogue et leurs unités paramilitaires. Ce choix sociétal a causé plus de 50 000 morts au Mexique entre 2006 et 2012. D'où la nécessité d'engager l'armée française dans ce combat. Il y va de la survie de nos institutions démocratiques.

3. PROCÉDER À DES CONFISCATIONS SYSTÉMATIQUES

Procéder à la confiscation et à la vente systématique de tous les biens saisis dans les affaires de trafic de stupéfiants. C'est déjà le cas et les tribunaux font un effort pour vendre les biens criminels des voyous, mais ils se heurtent encore trop souvent à la frilosité de certains magistrats qui ont peur de vendre ou de confisquer à tort. Or ces confiscations, même avant jugement, doivent devenir une priorité et non une exception. C'est déjà partiellement le cas, dès lors que ces avoirs criminels peuvent subir une forte dépréciation au fil des ans (montres, voitures de luxe, appartements, bateaux...). De surcroît, ces biens placés sous gardiennage coûtent très cher à la collectivité.

4. CRÉER DE NOUVELLES PEINES AU SERVICE DU BIEN PUBLIC

Doubler les peines prononcées contre les petites mains du trafic de drogue de peines de travaux d'intérêt général (TIG), au service d'associations ou de services publics – peines passibles de prison si elles ne sont pas exécutées –, pour tous ceux qui se rendraient coupables de violences sur la police, de dégradations de biens publics, afin de leur faire comprendre l'importance du pacte républicain. Renforcer également le délit de « non-justification de ressources », qui n'est punissable à ce jour que de trois ans de prison et de 75 000 euros d'amende. Cela permettra de confondre ceux qui affichent un train de vie disproportionné, en décalage total avec leurs moyens réels.

5. ASSURER L'OMNIPRÉSENCE DES CRS

Mettre en place dans les cités une présence pérenne des compagnies CRS (vingt-quatre heures sur vingt-quatre), et non pas des CRS ponctuelles (CRS 8, 81 et autres...) qui courent de cité en cité en libérant régulièrement l'espace public aux trafiquants, avec des *check points* systématiques assurés par les forces de l'ordre. La doctrine marseillaise consiste encore trop souvent à utiliser une compagnie de CRS pour démanteler, dans une même journée, une vingtaine de « points de deal ». Là encore, le message reste insuffisant, avec la mention « Peut mieux faire ».

L'un des derniers exemples en date confirme que les trafiquants tentent de se réinstaller rapidement. Ce fut encore le cas le 29 novembre 2023, au terme d'une opération Place nette qui a abouti à plus de 20 interpellations, à la saisie de plus de 50 kg de cannabis, de 25 000 euros en liquide, et duré deux jours dans la cité Font-Vert. Pourtant, dès l'après-midi, le « plan stup » avait rouvert, alors que les trafiquants pensaient être tranquilles. Heureusement, les forces de l'ordre ont refait un passage éclair dans la cité, qui a permis de saisir à nouveau 800 g de cannabis, 30 g de cocaïne, ainsi que des numéraires.

6. CRÉER UN VRAI STATUT DE LA VICTIME COLLATÉRALE

La mise en place de ce statut permettrait de garantir la solidarité pour tout le monde en cas de rupture du pacte républicain. Il reste toutefois difficile de faire la différence – et on ne le sait généralement qu'au terme de l'enquête, des années plus tard – entre la victime d'un règlement de comptes, réelle victime qui a pris une balle perdue, comme dans le cas de Socayna, cette étudiante de 24 ans, tuée en septembre 2023, dans sa chambre de la cité Saint-Thys, alors qu'elle révisait ses cours de droit sur son ordinateur, et ces autres victimes parfois atteintes de projectiles alors qu'elles se trouvent dans le véhicule d'une personne ciblée. Que faisaient-elles là ? Ignoraient-elles vraiment tout de ceux qui les accompagnaient ? C'est le cas de ce jeune Savoyard de 16 ans débarqué à Marseille en gare Saint-Charles à l'automne 2023, un de ces apprentis « jobeurs » recruté sur les réseaux sociaux, qui a pris la direction de la cité La Bricarde pour être présent sur le « point de deal », où il sera tué quelques heures plus tard, le 13 novembre 2023. Et que penser de cette jeune femme tuée elle aussi, deux jours plus tôt, dans la voiture cible, sur le parking d'un restaurant *McDonald's* du 16e arrondissement ? Inconnue des services de police, elle n'avait le tort que de fréquenter un des jeunes du « réseau » du quartier. Pour sa part, le procureur de Marseille Nicolas Bessone invite tous les Marseillais « à récuser le concept de victimes innocentes et son pendant de victimes coupables qui dressent une hiérarchie entre les différentes victimes ». « Cela nous permet trop facilement de nous désintéresser de ces drames en disant : "Finalement, tant qu'ils se tuent entre eux, cela ne me concerne pas" », déclarait-il le 20 novembre 2023.

7. DES COMPARUTIONS IMMÉDIATES POUR LES PETITES MAINS

Développer la comparution immédiate – réponse pénale rapide à la sortie de la garde à vue, au cours de laquelle le mis en cause est directement présenté devant un tribunal correctionnel – pour la détention de stupéfiants par les consommateurs, avec fortes amendes à la clé. Le but évident est de faire chuter la demande pour mieux tarir l'offre.

8. ROUVRIR LES SERVICES PUBLICS

Il faut rouvrir les services publics prioritaires (postes, bureaux municipaux) dans les quartiers prioritaires. Une initiative qui donnerait une réelle visibilité à ces administrations et permettrait de déjouer plus facilement les stratégies d'implantation des trafiquants, qui créent en leur absence des zones de non-droit, encombrent les cages d'escalier, dressent des herses, établissent des *check points* ou bloquent les escaliers des cités avec des caddies, ce qui, chaque fois, fait reculer la présence républicaine.

9. LE RETOUR DES COMMISSARIATS

Réinstaller les commissariats dans les cités, afin de dissuader les trafics. C'est l'idée défendue notamment par le maire de Marseille (PS) Benoît Payan, son adjoint chargé de la sécurité Yannick Ohanessian et la directrice de la police municipale de la cité phocéenne Céline Lefléfian, selon laquelle il est temps de rétablir « un îlotage moderne ». On l'a vu dans maintes affaires : c'est souvent un policier de proximité qui fait remonter à d'autres services d'enquêteurs plus spécialisés une information puisée aux meilleures sources, le bon « tuyau » d'un « indic », celui qui vient d'en bas, voire de la population elle-même, et qui va permettre d'identifier un suspect ou de jouir d'une bonne piste qui mettra au jour un réseau clandestin.

10. UNE VRAIE POLICE DE PROXIMITÉ

Redéployer une police de proximité digne de ce nom destinée à être un vrai trait d'union entre forces de l'ordre et citoyens, à assurer une mission de service public pérenne et non plus ponctuelle. Un citoyen lambda sera en effet davantage incité à se confier à un policier qu'il croise tous les jours dans son quartier, auquel il aura pu en toute confiance faire part de ses craintes ou de ses soucis quotidiens en termes de sécurité, qu'à un policier inconnu, croisé à la hâte derrière un comptoir impersonnel.

11. DÉPLOYER DES « CORRESPONDANTS DE NUIT »

Déployer cinq cents « correspondants de nuit » dans les cités, afin de restaurer la « tranquillité publique ». Ces « correspondants » pourraient être l'équivalent des « voisins vigilants » que l'on croise parfois dans les villes et villages de France et qui posent un regard plus attentif que d'autres sur les phénomènes d'insécurité et leurs différentes manifestations. Avec cette idée nouvelle qui commence à faire son chemin dans les consciences : la sécurité est désormais l'affaire de tout le monde. La police et la gendarmerie ne peuvent être partout. Mais attention, cette vigilance a des limites. Il n'est pas question d'établir une manière de justice privée.

12. RESTAURER LE LIEN, GRÂCE À DES VOLONTAIRES

Il serait bon de recourir, en lien avec les associations locales, à des volontaires issus des quartiers pour renouer le dialogue entre la police de proximité et les habitants du quartier. Dans toute forme de société civilisée, il est nécessaire de mettre en place des « référents », qui sont généralement des citoyens plus sensibilisés que d'autres à une cause ou à une autre. Il existe déjà de nombreux « référents » dans l'univers de la justice (référents terrorisme, référents habitat indigne, référents violences conjugales…). Pourquoi ne pas prolonger ce trait d'union à la société civile ?

13. CRÉER UNE *TASK FORCE* DE GREFFIERS

Créer une *task force* de greffiers correctionnels dans chaque tribunal judiciaire, corps à ce jour sous-dimensionné qui a besoin de renforts en période de mouvements sociaux, de violences urbaines ou de déferements stups, pour tenir les audiences, surtout de comparutions immédiates, de plus en plus nombreuses. Il faut en revanche supprimer ou reconvertir le corps des greffiers en chef, frappé de perte du réel judiciaire, trop occupé à un travail statistique inopérant. À l'heure du pragmatisme, la France a-t-elle réellement besoin de statisticiens et de gestionnaires en nombre, si c'est pour n'en tirer ni conclusions ni modifications majeures en termes de mobilisation et d'organisation du travail judiciaire au quotidien ?

14. RÉHABILITER LA COMMISSION MUNICIPALE DE SANCTION PARENTALE

Réactiver la commission municipale de sanction parentale et son évidente visibilité par le grand public, une commission qui convoque les parents en cas de dérives des enfants, dans le but de responsabiliser les parents, telle que l'avaient mise en place la municipalité Gaudin et son adjointe à la sécurité Caroline Pozmentier jusqu'en juillet 2020. Le député (Renaissance) des Bouches-du-Rhône Lionel Royer-Perreaut, associé à 11 autres parlementaires de France, a déposé, devant le bureau de l'Assemblée nationale, le 20 juillet 2023, une proposition de loi qui va dans ce sens et qui mettrait en place une peine d'intérêt général pour les parents d'enfants délinquants. Une initiative qu'il qualifie de « mesure de bon sens ». « Puisque l'école de la République et l'État ne peuvent pas tout, a précisé l'élu, il est plus qu'important de faire prendre conscience aux parents de leur responsabilité dans les agissements de leur enfant. » Il rappelait aussi que sur les 875 personnes interpellées dans la nuit du 29 au 30 juin 2023, en France, lors des émeutes estivales, la moyenne d'âge était de 17 ans.

15. CRÉER UNE COMMISSION DES ALLOCATIONS

Instaurer une commission des « allocations républicaines » qui décide de l'attribution, du maintien, voire de la suppression, des allocations familiales aux parents d'enfants impliqués dans les trafics de stupéfiants. Ce sont évidemment des décisions lourdes de sens, mais qui pourraient être précédées d'avertissements. Le chemin de la République est pavé de droits et de devoirs. Il est aussi et surtout fait de responsabilisation au quotidien.

16. METTRE EN SURSIS LE LOGEMENT SOCIAL

Il faut instaurer une commission du logement social dans chaque département qui décide ou non de retirer un logement de cette catégorie. Trop de gens réellement pauvres et qui pourtant travaillent chaque jour attendent souvent plusieurs années une attribution qui ne vient pas, alors que ces demandeurs cochent tous les critères pour obtenir ces logements. À Marseille, quarante-cinq mille demandes de logement social sont en attente de traitement à ce jour. Ce qui signifie qu'un Marseillais sur dix-huit est dans ce cas de figure.

17. GÉNÉRALISER LE SERVICE NATIONAL

Rendre définitivement obligatoire le Service national universel (SNU), qui a mobilisé 14 000 jeunes en 2021 et 32 000 en 2022, pour l'étendre chaque année aux 800 000 d'une même classe d'âge, afin de les former à la citoyenneté et de pallier les pertes de repères républicains. Jadis, le service militaire avait pour mission de sociabiliser les plus jeunes en leur enseignant les règles de vie en société, ce qu'à ce jour aucun autre service, à part le SNU, n'est susceptible de restituer.

18. CRÉER UNE « ACADÉMIE DES LEADERS »

Comme le suggérait opportunément le rapport Borloo d'avril 2018, il serait bon de créer, à côté de l'ex-École nationale d'administration (ENA), supprimée par le président Macron en avril 2021, et devenue en 2022 l'Institut national du service public (INSP), une « académie des leaders » qui permette d'offrir une chance d'ascension sociale aux plus déterminés des jeunes des cités en difficulté et leur ouvre de fait la possibilité d'accéder aux plus hauts postes de la fonction publique.

19. CRÉER UNE AGENCE EUROPÉENNE DES PORTS ANTI-STUPS

Il est temps de créer une agence européenne de protection des ports, sur le modèle de Frontex, l'agence européenne des garde-frontières et garde-côtes, créée en 2004, qui surveille les frontières de l'Union européenne, même si celle-ci n'a pas toujours produit ses meilleurs effets. Elle aurait pour missions d'accroître, dans les ports européens, la technologie de lutte contre les importations de drogue par conteneurs et de renforcer les contrôles douaniers. Seuls, en effet, 4 % des ports européens sont à ce jour équipés de dispositifs anti-drogues sophistiqués. Autant dire que demeurent trop de « trous » dans l'emmenthal de la sécurité portuaire… Les trafiquants de tout poil le savent et en jouent à merveille.

20. ORGANISER DE VÉRITABLES ÉTATS GÉNÉRAUX DE LA SÉCURITÉ

Enfin, afin de coordonner toutes ces initiatives en forme de vaste « plan Marshall » pour la France, il convient d'organiser de véritables « états généraux de la sécurité ». Il est évident aussi qu'il faut y inviter l'ensemble des professions qui touchent à l'ordre public et à la sécurité (policiers nationaux, policiers municipaux, gendarmes, surveillants pénitentiaires, douaniers, agents de sécurité privée…). C'est à ce seul prix que tous se sentiront réellement, individuellement et collectivement, investis de leurs missions, et non pas marginalisés ou considérés à tort comme des acteurs mineurs – le passé l'a trop souvent montré –, ce qui n'a que trop longtemps eu pour effet de produire frustrations et démobilisations à un moment où le pays devait se sentir uni.

*

Remerciements

Fruit d'un long travail d'analyse qui a porté sur plus de trente ans, cet ouvrage n'aurait pas tout à fait été cet ouvrage, si certains n'avaient aidé l'auteur, grâce à leur mémoire aussi vivace que vivifiante, à se souvenir de certains épisodes de la vie marseillaise.

Je tiens à remercier particulièrement ici Jean-Louis Pietri, Jacques Dallest, Rudy Manna, Mathieu Croizet, Alain Lhote, Frédéric Delmonte, Romain Capdepon, Florent Bonnefoi, Séverine Pardini-Battesti et Pierre Rancé, mais aussi les nombreux avocats, magistrats, enquêteurs et journalistes discrets que je ne cite pas ici, pour leur soutien précieux dans la reconstitution de mes neurones judiciaires et policiers.

Bibliographie

– Amigo, *La Vérité sur le casse de Nice*, Les Petits Matins, 2010.

– Aurore Boyard, *L'Avocation (La vie des avocats enfin révélée)*, Fortuna Éditions, 2014.

– *Avocats : le verbe et la robe*, ouvrage collectif, Prat Éditions, 2009.

– Bruno Aubry et Séverine Pardini-Battesti, *Nouveaux Bandits (Après les parrains, les caïds)*, L'Express-Roularta, 2013.

– Bruno Aubry, *Les Parrains de la côte*, L'Écailler du Sud, 2005.

– Bruno Carrasco et Séverine Pardini-Battesti, *Sacrifié de la Bac Nord*, Les Presses de la Cité, 2015.

– Caroline Pigozzi et Jean-Yves Le Borgne, *Accusés, levez-vous (Photos et documents rares des grands procès)*, Gründ-Plon, 2022.

– Cesare Mattina, *Clientélismes urbains (Gouvernement et hégémonie politique à Marseille)*, Presses de Sciences Po, 2016.

– Christelle Rotach et Delphine Saubaber, *Directrice de prison*, Plon, 2019.

– Christophe Berliocchi, *La Guerre des parrains*, Éditions du Rocher, 2022.

- Christophe Gavat, *Cap Canaille*, Fayard, 2020.
- Claude Chossat, *Repenti*, Fayard, 2017.
- Commissaire Robert Broussard, *Mémoires*, tomes 1 et 2, Plon, 1997 et 1998.
- Didier Decoin, *Dictionnaire amoureux des faits divers*, Plon, 2014.
- Dominique Simonnot, *Justice en France (Une loterie nationale)*, Éditions de la Martinière, 2003.
- Dominique Verdeilhan, *Les Magistrats sur le divan*, Éditions du Rocher, 2017.
- Éric de Montgolfier, *Le Devoir de déplaire*, Michel Lafon, 2006.
- Éric Dupond-Moretti et Stéphane Durand-Souffland, *Bête noire*, Michel Lafon, 2012.
- Éric Dupond-Moretti, *Le Dictionnaire de ma vie*, Kero, 2018.
- François-Xavier Testu, *Le Bouquin des méchancetés*, Robert Laffont, coll. « Bouquins », 2019.
- Frédéric Ploquin et Christine Imbert, *Jacky Le Mat (Le parrain, le showbiz et les politiques)*, Plon, 2023.
- Frédéric Ploquin, *Ils se sont fait la belle (Le récit des évasions les plus folles)*, La Mécanique générale, 2021.
- Frédéric Ploquin, *Les narcos français brisent l'omerta*, Albin Michel, 2021.
- Gérard Davet et Fabrice Lhomme, *Un président ne devrait pas dire ça*, Stock, 2016.
- Gilbert Thiel, *On ne réveille pas un juge qui dort. Entretien avec Daniel Carton*, Fayard, 2002.
- *Grandes plaidoiries et grands procès (L'art de l'éloquence depuis le* XV*e siècle)*, sous la direction de Nicolas Corato, Heredium, 2004.

– *Histoires vraies (Le fait divers dans la presse du XVIe au XXIe siècle) (Choix d'articles de presse)*, Magnard, 2007.

– Jacques Dallest, *Cold cases (Un magistrat enquête)*, Mareuil Éditions, 2022.

– Jacques Derogy et Jean-Marie Pontaut, *Enquête sur les mystères de Marseille*, Robert Laffont, 1984.

– Jacques Follorou et Vincent Nouzille, *Les Parrains corses*, nouvelle édition, Fayard, 2009.

– Jacques Pradel, *Les Grandes Affaires criminelles pour les nuls*, First Éditions, 2016.

– Jean Bazal, *Le Clan des Marseillais*, Guy Authier éditeur, 1974.

– Jean-Charles, *Drôle de justice*, Presses de la Cité, 1980.

– Jean-Claude Gaudin, *Maintenant, je vais tout vous raconter*, Albin Michel, 2021.

– Jean-Louis Festjens, *Crimes, affaires et faits divers*, L'Archipel, 2017.

– Jean-Michel Décugis, Pauline Guéna et Marc Deplongeon, *Ministère de l'Injustice*, Grasset, 2022.

– Jean-Michel Verne, *Les Nouveaux Mystères de Marseille*, Robert Laffont, 2022.

– *Les Grands Procès (1944-2010) (100 audiences exceptionnelles)*, sous la direction de Pascale Robert-Diard et Didier Riou, Le Monde-Les Arènes-Europe 1, 2009.

– *Les Grands Procès*, ouvrage collectif, sous la direction de Nadeije Laneyrie-Dagen, Larousse, coll. « La Mémoire de l'humanité », 1995.

– Pascale Robert-Diard, *Dans le ventre de la justice*, Perrin, 2006.

– Paul Lombard, *Dictionnaire amoureux de Marseille*, Plon, 2008.

– Paul Lombard, *Un petit monde*, Plon, 2001.

– Pierre Philipon, *Tribulations d'un Lyonnais à Marseille et ailleurs*, La Thune, 2022.

– Pierre Rancé, *Les Ennemis jurés (Juges et politiques)*, Robert Laffont, 2020.

– Renaud Muselier, *Le Système Guérini*, Jean-Claude Lattès, 2011.

– Roger Marion et Francis Zamponi, *On m'appelle Eagle Four*, Seuil, 2007.

– Romain Capdepon, *Les Minots*, Jean-Claude Lattès, coll. « Les Invisibles », 2019.

– Séverine Pardini-Battesti, *La Vérité, toute la vérité, rien que la vérité (Perles de tribunal)*, Éditions de l'Opportun, 2016.

– Tonino Benacquista, *Malavita*, Gallimard, 2004.

– Yves Jobic, *Les Secrets de l'antigang (Flics, indics et coups tordus)*, Plon, 2022.

Table

Composé par Facompo, Rouen

Paru chez Mareuil Éditions

Histoire de la police judiciaire de Marseille, Alain Tourre, ancien patron de la pj de Marseille, 2019

Imprimé en France par CPI Firmin-Didot
en janvier 2024
N° d'impression : 178012
Dépôt légal : janvier 2024